# Masuren

## Mit Königsberg, Danzig und Thorn

Maren Rathke



Trescher Verlag

7., aktualisierte und erweiterte Auflage 2010

Trescher Verlag Berlin
Reinhardtstr. 9
10117 Berlin
www.trescher-verlag.de

ISBN 978-3-89794-175-5

Herausgegeben von Detlev von Oppeln und
Bernd Schwenkros

Reihenentwurf und Gesamtgestaltung:
Bernd Chill
Gestaltung, Satz und Bildbearbeitung:
Ulla Nickl
Lektorat: Corinna Grulich, Volker Hagemann
Stadtpläne und Karten: Bernd Schwenkros,
Johann Maria Just, Martin Kapp
Kaliningrad-Kapitel: Volker Hagemann



Gedruckt auf chlorfrei gebleichtem Papier

MIĘDZYNARODOWY
ROK ASTRONOMII 2009

## Essays

# Vorwort

*Man könnte Vater und Mutter verlassen, Kühlschränke, Farbfernseher und Telefonapparate, um in Masuren das einfache Leben zu leben.*

*Arno Surminski*

Jahrzehntelang existierte Masuren in Deutschland fast nur noch in der Erinnerung. Von der Schönheit der Landschaft und ihren liebenswerten, manchmal ein wenig kauzig daherkommenden Menschen erzählten Schriftsteller wie Ernst Wiechert, Siegfried Lenz und Arno Surminski, und vor den Augen der Leser entstand allmählich das Bild eines ebenso einfachen wie gemütlichen Landstrichs, wie ihn Surminski in seiner ›Reise nach Nikolaiken‹ beschreibt: »Als der Herr noch auf Erden wandelte, kam er am späten Nachmittag, als er schon müde war, ins Masurische und erschuf, bevor er einschlief, mit sanfter Hand und ohne viel nachzudenken, die masurische Wildnis. Seitdem ist Masuren ein Land ohne Eile, das gerne die Zeit verschläft.«

Ein bisschen ist es heute noch so, obwohl es das alte ›Masuren‹ natürlich längst nicht mehr gibt – und auch in ›Mazury‹ die Zeit nicht stehengeblieben ist. Vor allem im letzten Jahrzehnt wurde viel investiert, und es ist eine touristische Infrastruktur entstanden, die unterschiedlichste Ansprüche befriedigt. Die Unterkunftsmöglichkeiten reichen von eleganten Hotels und Ferienanlagen über gepflegte Frühstückspensionen bis hin zum Urlaub auf dem Bauernhof, und es gibt eine große Auswahl an Campingplätzen in idyllischen Lagen. Dazu gesellt sich ein vielfältiges Freizeitangebot mit allen nur denkbaren Wassersportmöglichkeiten: Masuren ist in erster Linie ein Paradies für Paddler und Segler, aber auch eines für Radfahrer, Reiter und Wanderer.

Wer sich heute in den nordöstlichsten Winkel Polens aufmacht, wird trotz allen Neuerungen immer noch ein ›Land ohne Eile‹ vorfinden, eine noch nahezu unzerstörte Natur mit über 3000 Seen, Flüssen und Kanälen, die sich mit Wäldern, sanften Hügeln und weitem Bauernland abwechseln. Er wird eine Fülle von bedeutenden historischen Baudenkmälern vorfinden: Ordensritterburgen aus der Zeit der Backsteingotik, barocke Wallfahrtskirchen, technische Errungenschaften aus dem 19. Jahrhundert und düstere Hinterlassenschaften des Nazi-Regimes. Steinerne Zeugen, die von der wechselhaften Geschichte Masurens erzählen.

Kaum jemand vermag sich dem Reiz des nordöstlichen Polen zu entziehen. Mit Kornblumen und Klatschmohn geschmückt sind die Felder, auf Dachfirsten und Telefonmasten baut Meister Adebar seine Nester, und knorrige Bäume zieren die kopfsteingepflasterten Alleen, über die, selten zwar, aber gelegentlich doch noch, ein altes Fuhrwerk klappert. Trotz Smartphone, W-Lan und anderen Attributen des 21. Jahrhunderts, die auch in Masuren Einzug gehalten haben, scheint die Zeit tatsächlich ein bisschen stehen geblieben zu sein.

*Die Dorfkirche von Kwitajny bei Pasłęk*

# Hinweise zur Benutzung dieses Reiseführers

Nach einem allgemeinen, über Geschichte und Natur, Essen und Trinken sowie über **Land und Leute** informierenden Teil beschreibt dieses Buch neben den Städten Gdańsk (Danzig), Malbork (Marienburg) und Toruń (Thorn) die Landschaften des nordöstlichen Polen: die Woiwodschaft Warmińsko-Mazurskie (Ermland-Masuren) und den nördlichen Teil der Woiwodschaft Podlaskie, die Suwalszyzna. Die **Landschaften und Städte Nordostpolens** sind in geografisch sinnvolle regionale Kapitel unterteilt, denen jeweils eine Übersichtskarte voransteht.
In den einzelnen Kapiteln werden nach einem kleinen Überblick über die Region die zugehörigen Städte und Ortschaften mit ihren Sehenswürdigkeiten beschrieben sowie Tipps für Ausflüge in die nähere Umgebung gegeben. Dabei sollen die Stadtpläne für größere Ortschaften und touristische Zentren einer ersten Orientierung dienen. Sie können ausführliches Kartenmaterial, das besonders für einen längeren Aufenthalt von Nutzen ist, nicht ersetzen. Üblicherweise halten die Touristeninformationen eine große Zahl Stadtpläne, Landkarten, Paddel- und Wanderkarten parat.
Die Adressen der Informationsstellen befinden sich in den **Informationskästen** im Anhang an die beschriebenen Orte; dort gibt es auch Unterkunfts- und Restauranttipps sowie Hinweise zu Freizeit- und Wassersportmöglichkeiten. Die dort angegebenen Preise für Unterkünfte beziehen sich auf ein Doppelzimmer mit Frühstück in der Hochsaison bei einer Spontanübernachtung. Sie spiegeln den jeweils höchsten Preis wider und sollen lediglich der Orientierung dienen. Rabatte, Arrangements und wechselnde Angebote sind üblich, ein Preisvergleich lohnt immer.
Dem Reiseführer sind außerdem ein kleiner **Sprachführer** und ein umfangreicher reisepraktischer Informationsteil **Reisetipps von A bis Z** beigefügt.
Da es sich um Regionen der Republik Polen handelt, werden selbstverständlich die **polnischen Namen** verwendet; die historischen deutschen Namen sind in Klammern dahinter gesetzt. Abweichungen von dieser Regel sind vor allem der Lesefreundlichkeit geschuldet, da die polnische Sprache über extreme Konsonantenhäufungen verfügt, die den Text schwer lesbar machen würden. Wenn im Kapitel über Gdańsk (Danzig) die ›Kościół św. Mariacki‹ unter dem deutschen Namen ›Marienkirche‹ beschrieben wird, bedeutet das keine politische Aussage.
In Klammern gesetzte Übersetzungen von Namen und Landschaftsbezeichnungen, wie beispielsweise ›Mazurski Park Krajobrazowy‹ (Masurischer Landschaftspark) oder auch umgekehrt Mauersee (Mamry-See, Jezioro Mamry) sind ebenfalls als Lesehilfe gedacht. Im Ortsregister sind die Namen polnisch-deutsch und deutsch-polnisch aufgeführt.

**Häufig verwendete polnische Begriffe:**

| | | | |
|---|---|---|---|
| uliza (ul.) | Straße | zamek | Burg |
| plac (pl.) | Platz | rynek | Markt |
| aleja (al.) | Allee | jezioro | See |
| brama | Tor | puszcza | Wald |
| kościół | Kirche | św. | Sankt (heilig, in Straßen- und Kirchennamen) |
| ratusz | Rathaus | | |

## Zeichenlegende

- Allgemeine Informationen, Touristeninformationen
- Schiffsanleger, Ausflugsdampfer
- Schmalspurbahnen
- Hotels und Pensionen
- Hostel, Jugendherberge
- Campingplätze
- Restaurants
- Bars, Clubs
- Museen
- Theater, Festivals, Veranstaltungen
- Verleih von Wassersportgeräten, Wassersportmöglichkeiten
- Strandbad, Badestrand
- Fahrradverleih
- Reiterhöfe
- Golfplatz
- sonstige Sportmöglichkeiten
- Ausflüge, Besonderes
- Einkaufsmöglichkeiten

## Das Wichtigste in Kürze

### Allgemeine Informationen

In fast jeder größeren Ortschaft befindet sich eine **Touristeninformation**, die mit allgemeinen Informationen zu Stadt und Region, Ausflugs- und Unterkunftstipps, Adressen zahlreicher lokaler Anbieter und einer umfassenden Servicepalette aufwartet, oft auch in deutsch und/oder englisch.

Die wichtigsten Informationsstellen für Polen im deutschsprachigen Raum sind die Fremdenverkehrsämter in Berlin und Wien:

**Polnisches Fremdenverkehrsamt Berlin**
Kurfürstendamm 71, 10709 Berlin
Tel. 030/21009-20, Fax -14

**Polnisches Fremdenverkehrsamt Wien**
Lerchenfelder Str. 2, A-1080 Wien
Tel. 01/5247191, Fax 524719129

Internetadresse für beide: www.polen.travel.

### Einreiseformalitäten

Polen ist Mitglied im Schengen-Verbund, das heißt, die Grenz- und Passkontrollen zwischen Polen und Deutschland, Polen und Litauen, Polen und der Slowakei sowie Polen und Tschechien entfallen. Bürger der Schengen-Länder, darunter Deutsche, Österreicher und Schweizer, müssen beim Grenzübertritt keinen Pass oder Personalausweis vorzeigen. Ein **gültiges Reisedokument** (Personalausweis oder Pass) muss aber auch weiterhin mitgeführt werden.

**Kinder unter 16 Jahre** reisen entweder mit eigenem Lichtbildausweis oder sind im Dokument ihrer Eltern eingetragen.

Für die **Einreise in die russische Exklave Kaliningrad** benötigt man ein russisches Visum, das man mittlerweile nicht mehr an der Grenze bekommt, sondern sich schon in Deutschland besorgen muss.

## Anreise mit dem Auto

EU-Bürger oder Schweizer benötigen neben dem nationalen Führerschein den KFZ-Schein.

Eine **Grüne Versicherungskarte** wird nicht verlangt, kann aber nützlich sein, da sie die Abwicklung im Schadensfall erleichtert.

Achtung: Steuert eine andere Person als der KFZ-Halter selbst den Wagen, so ist dazu eine **schriftliche Vollmacht** des Eigentümers erforderlich.

## Anreise mit Bahn und Rad

Bis auf wenige Ausnahmen werden Fahrräder in InterCitys, EuroCitys und EuroNight-Zügen befördert; die Mitnahme ist reservierungspflichtig.

Im kleinen Grenzverkehr werden Räder außerdem in einigen RE- und RB-Nahverkehrszügen transportiert.

In jedem Fall ist der Kauf einer **Internationalen Fahrradkarte** obligatorisch.

## Anreise mit dem Boot

Gemäß dem Schengen-Abkommen entfällt für Personen auf Sportbooten die Pflicht, einen Hafen mit Grenzstelle anzulaufen.

Der **internationale Bootsschein** wird als Registrier- und Eigentumsnachweis anerkannt. Bei Anreise mit dem Boot auf dem Trailer ist die Grüne Versicherungskarte erforderlich.

Eine Wassersport-Haftpflichtversicherung ist nicht vorgeschrieben, kann aber nicht schaden.

## Geld

Der **Wechselkurs** im April 2010 betrug 1 Euro/3,85 Złoty, 1 Złoty/0,26 Euro sowie 1 SFr/2,66 Złoty, 1 Złoty/0,36 SFr.

**Banken** (üblicherweise Mo–Fr 8–18 Uhr, Sa 9–14 Uhr geöffnet) und **Wechselstuben** (Kantor) tauschen Bargeld zum aktuellen Kurs. An den Rezeptionen der meisten großen Hotels wird auch getauscht, der Kurs ist dort etwas ungünstiger.

In allen größeren Städten und touristischen Ortschaften befinden sich **Geldautomaten** (bankomaty), an denen man mit der Maestro-(EC-)Karte unkompliziert Bares ziehen kann.

Gängige **Kreditkarten** wie Eurocard, MasterCard und Visa werden von den meisten Hotels und Restaurants, Tankstellen und großen Geschäften akzeptiert.

## Wichtige Telefonnummern

**Notruf**: 112
**Polizei**: 997
**Feuerwehr**: 998
**Rettungsdienst**: 999
**Pannendienst des Polnischen Motorverbands** (PZM): 981
**ADAC-Ruf**: deutschsprachiges Tel. in Polen 061/831 98 88, außerdem Tel. 0049/89/22 22 22
**ÖAMTC-Ruf**: deutschsprachiges Tel. in Polen 061/831 99 02, außerdem Tel. 00 43/1/251 20 00
**TCS-Ruf**: nur ins schweizerische Netz, Tel. 00 41/22/417 22 20
Einheitlicher **Sperr-Notruf** bei Verlust oder Diebstahl der Kredit- oder Maestro-(EC-)Karte: **11 61 16** (aus dem Ausland mit Vorwahl 0049) oder Tel. 00 49/(0)30/40 50 40 50
**Vorwahl Polen**: 00 48
**Vorwahl Deutschland**: 00 49
**Vorwahl Schweiz**: 00 41
**Vorwahl Österreich**: 00 43

**Ausführliche reisepraktische Hinweise finden sich in den Reisetipps von A bis Z ab Seite 308.**

## Herausragende Sehenswürdigkeiten

### Toruń
Das historische Zentrum mit prachtvollen Backsteinkirchen, Speichern, Türmen, Toren und Bürgerhäusern ist das polenweit größte und am besten erhaltene mittelalterliche Stadtensemble und UNESCO-Welterbe (S. 86).

### Gdańsk
1000jährige Hansestadt, Königin der Ostsee, UNESCO-Welterbe. Reich verzierte Patrizierhäuser und backsteingotische Kirchen, der Königsweg, das Rechtstädtische Rathaus, Artushof, Krantor, Mottlau-Ufer und eine Fülle bedeutender Sehenswürdigkeiten mehr machen Gdańsk (Danzig) zu einer Perle unter den polnischen Städten (S. 106).

### Malbork (Marienburg)
Die imposante Festung der Deutschordensritter, im 13./14. Jahrhundert errichtet und heute UNESCO-Welterbe, ist die drittgrößte Burganlage Europas und die größte backsteingotische Burg überhaupt (S. 99).

### Frombork
Auf dem Kathedralhügel zu Frombork hob Nikolaus Kopernikus die mittelalterliche Welt aus den Angeln. In der berühmten Kathedrale liegt er zur ewigen Ruhe (S. 140).

### Elbląg-Ostróda-Kanal
Seit Mitte des 19. Jahrhunderts verbindet der Kanal das Frische Haff mit der Iława-(Oberländischen)Seenplatte. Seine kuriosen ›Schiefen Ebenen‹, auf denen die Schiffe huckepack über Land rollen, sind eine viel besuchte Touristenattraktion (S. 137).

### Olsztynek
Auf fast 100 Hektar zeigt das Masurische Freilichtmuseum historische Höfe und Fischerkaten, Windmühlen und Holzkirchen des alten Ostpreußens, des Samlands und des Weichsellands (S. 166).

### Święta Lipka
Die bildschöne Barockkirche von Heiligelinde zählt zu den bedeutendsten Marien-Wallfahrtskirchen in Polen. Prunkvollster Schatz im Gotteshaus ist die überbordend verzierte Mosengel-Orgel, die mehrmals täglich bei Orgelvorführungen erklingt (S. 198).

### Wolfsschanze
Bei Kętrzyn nahe der Großen Masurischen Seen liegen die Ruinen des ›Führerhauptquartiers Wolfsschanze‹. Auf dem weitläufigen Bunkergelände fand am 20. Juli 1944 das Attentat auf Hitler statt (S. 212).

### Masurischer Landschaftspark
Ermland-Masurens ältester Naturpark umfasst den Śniardwy-See, Polens größtes Binnengewässer, und weite Teile der Puszcza Piska (Johannisburger Heide). Dörfer mit typischen Holzhäusern, staubige Sandwege und romantisches Wiesenland, durch das sich die malerische Krutynia schlängelt, zählen zum landschaftlich Schönsten, was Masuren zu bieten hat (S. 242).

### Wigry-Nationalpark
Die einzigartige Wald- und Seenlandschaft im äußersten nordöstlichen Winkel Polens lädt zu geruhsamen Wanderungen und zum Wasserwandern ein. Am Wigry-See im Herzen des Nationalparks bietet das barocke Kamaldulenser-Kloster heute auch Touristen Einkehr und Stille (S. 268).

Eine in weiten Teilen noch unberührte Natur mit mehr als 3000 Seen und dichten ursprünglichen Wäldern macht Polens Nordosten zu einem Traumreiseland.

Auf halber Strecke zwischen Atlantik und Ural, Nordkap und Mittelmeer liegt die Region im Herzen Europas.

# Land und Leute

# Polen im Überblick

**Name**: Polska.
**Status**: Republik.
**Sprache**: Polnisch.
**Fläche**: 312 685 $km^2$.

*Die polnische Flagge*

**Höchster Berg**: Rysy-Gipfel in der hohen Tatra (2499 Meter).
**Höchster Berg in Masuren**: Dylewska Góra (312 Meter).
**Tiefster Punkt**: Raczki Elbląskie südlich von Elbląg nahe Frischem Haff (1,8 Meter unter dem Meeresspiegel).
**Längster Fluss**: Wisła (Weichsel, 1047 km).
**Weitere lange Flüsse**: Odra (Oder, 854 Kilometer), Warta (Warthe, 808 km), Bug (772 km).
**Größter See**: Jezioro Śniardwy in Masuren (Spirdingsee, 113,8 $km^2$).
**Tiefster See**: Jezioro Hańcza in der Woiwodschaft Podlaskie (108,5 Meter).
**Nachbarländer**: Russland, Litauen, Weißrussland, Ulkraine, Slowakei, Tschechien, Deutschland.
**Einwohner**: 38,121 Millionen.
**Landeswappen**: weißer Adler auf rotem Grund.
**Nationalflagge**: weiß und rot.
**Nationalhymne**: Mazurek Dąbrowskiego, nach einer Dichtung von Józef Wybicki (1747–1822).
**Staatsform**: Parlamentarische Demokratie mit Zweikammernparlament, bestehend aus Sejm (erste Kammer und höchste gesetzgebende Instanz mit 460 Abgeordneten) und Senat (100 Senatoren). Beide Kammern werden alle vier Jahre Wahlen gewählt.
**Regierungschef**: Ministerpräsident; als oberstes Organ der Exekutive steht er dem Ministerrat vor.
**Staatsoberhaupt**: Staatspräsident, er wird für fünf Jahre direkt vom Volk gewählt, ist oberster Landesrepräsentant und verfügt über weitreichende Kompetenzen (Möglichkeit zur Auflösung des Parlaments, Vetorecht bei der Gesetzgebung, Oberbefehlshaber der Streitkräfte u.a.).
**Bevölkerungsdichte**: 122 Einwohner/$km^2$; Woiwodschaft Warmińsko-Mazurskie 59 Einwohner/$km^2$.
**Hauptstadt**: Warszawa (Warschau, 1,7 Millionen Einwohner).
**Weitere große Städte**: Kraków (Krakau, 756 600 Einwohner), Łódź (Lodsch, 750 000), Wrocław (Breslau, 633 000), Poznań (Posen, 561 000), Gdańsk (Danzig, 456 000), Szczecin (Stettin, 408 000).
**Religion**: 96 Prozent Katholiken.
**Nationale Minderheiten**: Deutsche (ca. 150 000, überwiegend in Schlesien), Weißrussen (ca. 49 000, überwiegend in Ostpolen), Ukrainer (ca. 31 000).
**Wichtigste polnische Wirtschaftszweige**: Lebensmittelindustrie, Energiewirtschaft, Bergbau, Maschinenbau, Elektrotechnik, Fahrzeugbau, Textilindustrie.
**BIP/Einwohner**: 13 799 US-Dollar (2009).
**Erwerbslosenquote**: 10,8 Prozent (2009).
**Inflationsrate**: 3,7 Prozent (2009).
**Durchschnittsverdienst**: 3114 Złoty (2009).
**Gesetzlicher Mindestlohn**: 1317 Złoty (2010).

# Das nordöstliche Polen

Den größten Teil des nordöstlichen Polen nimmt die Woiwodschaft Warmińsko-Mazurskie (Ermland-Masuren) ein. Auf 24 200 Quadratkilometern dehnt sie sich etwa in den Grenzen des historischen südlichen Ostpreußens aus und beheimatet, als viertgrößte Woiwodschaft des Landes, kaum anderthalb Millionen Einwohner. Damit zählt Ermland-Masuren zu den am dünnsten besiedelten Landschaften Polens.

Mit weit über 3000 Seen, ausgedehntem Wiesen- und Ackerland und im Süden und Osten riesigen Wäldern ist die Region die ›grüne Lunge Polens‹. Im Nordwesten berührt sie an der Danziger Bucht das schilfwogende Frische Haff (Zalew Wiślany). Östlich davon schließt sich Warmia (Ermland) mit seinen eindruckvollen Kirchen und Marienwallfahrten an. Südwärts erstreckt sich das von Seen und sanften Hügeln geschmückte historische Oberland. Und ganz unten im Süden beginnt Mazury (Masuren), ›Land der dunklen Wälder und kristall'nen Seen‹, wie es das alte Ostpreußenlied besingt.

Von der Dylewska Góra (Kernsdorfer Höhe), die als höchste Erhebung im nordöstlichen Polen auf 312 Meter ansteigt, zieht sich Masuren mondsichelförmig über die Großen Masurischen Seen hinauf zur Szeska Góra (Seesker Höhe) bei Gołdap im nordöstlichsten Winkel Polens. Sandergebiete, Kiefern- und Fichtenurwälder und vor allem tausende Gewässer machen die Schönheit der Landschaft aus. Die genaue Anzahl der Seen hat bisher noch niemand ermittelt, doch so viel ist sicher: Insgesamt ein Sechstel Masurens ist von Wasser bedeckt.

Ebenso schön zeigt sich unter einem weiten baltischen Himmel die Suwalszczyzna im Dreiländereck Polen, Litauen, Weißrussland. Ihre Fülle von Seen verliert sich in der Puszcza Augustowska, einem der größten und einsamsten Urwaldgebiete Europas.

Umso lebhafter erscheint an der Danziger Bucht die altehrwürdige Hansestadt Gdańsk (Danzig). ›Königin der Ostsee‹ wird sie genannt, und zweifellos gehört sie, von der UNESCO zum Weltkulturerbe der Menschheit erklärt, zu den schönsten und sehenswertesten Städten in Polen.

*Feldweg im Oberland*

# Geografie und Natur

Oft werden Ermland und Masuren mit der Region der Großen Masurischen Seen gleichgesetzt. Dabei sind die Landschaften, die man entdecken kann, noch wesentlich vielfältiger. Ermland, polnisch Warmia, dehnt sich, im Westen durch den Fluß Pasłęka (Passarge) begrenzt, von Frombork (Frauenburg) am Frischen Haff in Form eines Dreiecks Richtung Südosten aus. Mit Wiesen, Feldern und weitem Ackerland erstreckt sich das traditionelle Bauernland östlich bis auf die Höhe von Święta Lipka (Heiligelinde) und südlich bis Olsztyn (Allenstein), der alten ermländischen Kapitale und heutigen Hauptstadt der Woiwodschaft. Anders als das bis 1945 protestantische Masuren ist das Ermland von jeher katholisch geprägt und nennt eine stattliche Anzahl bedeutender Kirchen, Bischofsburgen und Pilgerstätten sein eigen.

Das historische Oberland umfasst in seiner West-Ost-Ausdehnung in etwa das Gebiet zwischen Wisła (Weichsel) und Pasłęk und in Nord-Süd-Richtung ein Territorium von Elbląg (Elbing) südlich vom Frischen Haff bis Iława (Deutsch Eylau) an der Iława-Seenplatte (Oberländische Seenplatte). Dank seiner vielen schönen Gewässer wird das südliche Oberland aus touristischen Gründen auch als ›Westmasuren‹ bezeichnet und die Seen-Ansammlung rund um die Wassersportzentren Iława und Ostróda als ›Westmasurische Seenplatte‹. Bis ins 19. Jahrhundert hinein wurde die Landschaft wegen ihres sanften Auf und Abs auch ›Hockerland‹ genannt. Das malerische Moränenland gehört zum Baltischen Höhenrücken, der das nordöstliche Polen mit Höhen bis knapp über 300 Meter durchzieht.

Im Süden und Osten der Woiwodschaft liegt das ›Land der tausend Seen‹, wie man Masuren nennt. Niemand hat je die genaue Zahl seiner Gewässer ergründet, und ebenso wenig vermag man zu sagen, wo exakt die Region ihren Anfang nimmt und wo sie endet. Denn nie wurde sie von politischen Grenzen definiert. Masuren ist stets nur die Landschaft der großen Wälder und Seen gewesen. Sie zieht sich von der Dylewska Góra (Kernsdorfer Höhe) nahe Ostróda (Osterode) über das Gebiet Olsztynek (Hohenstein) und die südlichen Sanderlandschaften von Nidzica (Neidenburg) und Szczytno (Ortelsburg) bis zu den Großen Masurischen Seen hinauf und endet auf Höhe der Linie Gołdap (Goldap), Olecko (Marggrabowa/Treuburg) und Ełk, dem früheren Lyck, der historischen Hauptstadt Masurens.

An Masuren schließt sich im nordöstlichsten Winkel Polens zur litauischen Grenze hin die Suwalszczyzna an, die Region um Suwałki, die aufgrund der Schönheit ihrer Natur auf keinen Fall unerwähnt bleiben darf. Sie ist bereits Teil der Woiwodschaft Podlaskie, ebenso wie etwas weiter südlich die traditionsreiche Sommerfrische Augustów am Rande der Puszcza Augustowska. Sanft gewellte Plateaus, von schmalen Flussläufen und langen Rinnenseen tief eingeschnitten, Findlingsfelder und jäh aus der Landschaft emporragende Drumlins (Hügel mit tropfenförmigem Umriss) zeigen an, dass die Suwalszczyzna wie keine andere polnische Landschaft ein Kind der Eiszeiten ist. Zusammen mit den Gebirgsregionen gehört sie zu den kühlsten Klimazonen in Polen und wird nicht umsonst scherzhaft ›Polnisch-Sibirien‹ genannt.

# Hügel, Steine und Sand

Die Landschaften Nordostpolens sind Teil des mitteleuropäischen Tieflands. Von Schleswig-Holstein bis nach Masuren durchzieht es der Baltische Höhenrücken, ein vielfach hintereinander gestaffeltes Hügelland mit zahlreichen Flüssen und Seen – Kinder der letzten Eiszeit, die vor rund 500 000 Jahren begann und vor etwa 12 000 Jahren endete.

Mehrfach überzogen in diesem Zeitraum Eismassen von Skandinavien her das Land, wälzten dabei wie Schaufelbagger riesige Mengen an Geröll, Kies, Sand und Gesteinen vor sich her oder transportierten sie im Gletscherinneren mit sich. Beim Rückzug des Eises in wärmeren Perioden hinterließen die Gletscher langgestreckte, quergestellte, bis zu 300 Meter hohe Schutthügel – Endmoränen –, von denen die Dylewska Góra (Kernsdorfer Höhe) südlich von Ostróda als höchster Punkt Masurens in den Himmel hinaufragt.

Die zwischen Eismassen und Gletscherbett zermahlenen, abgesunkenen Gesteine formten zusammen mit an Gletscherböden ausgeschürften Geschieben sanft gewellte Grundmoränen-Landschaften, die neben den Endmoränen ebenfalls typisch für Ermland-Masuren sind und zusammen die Region ›stein-reich‹ machen. Davor breiteten sich, meist von einem Gletschertor ausgehend, weite Sandergebiete aus. Das aus den Gletschern herausfließende Wasser setzte, so im südlichen Masuren, tischebene, unfruchtbare Kiese und Sande ab, auf denen wie in der Puszcza Piska (Johannisburger Heide) und der Puszcza Augustowska am liebsten Kiefern und Wacholder gedeihen.

*Hügelland bei Ostróda*

Land und Leute

## Flüsse und Seen

Tausende Seen zählt man in der Woiwodschaft Warmińsko-Mazurskie. Fast alle sind eiszeitlicher Herkunft und entweder Grundmoränen- oder Rinnenseen. Von ihrer Ausdehnung her handelt es sich bei den Grundmoränenseen in der Regel um die größeren Gewässer. Sie bildeten sich einst aus eiszeitlichen Schmelzwasseransammlungen in großräumigen Becken, die über keinen Abfluss verfügten. Zu ihnen zählen beispielsweise die Großen Masurischen Seen: der Jezioro Mamry (Mauersee) und der Jezioro Śniardwy (Spirdingsee), letzterer das größte Binnengewässer in Polen.

Die Rinnenseen, lang und schmal, entstanden in den Spalten, Rissen und Furchen, die abfließende Gletscherwasser in den Untergrund gegraben hatten und die sich anschließend mit Süßwasser füllten. Die meist sehr tiefen Rinnen erstrecken sich grundsätzlich in Nord-Süd-Richtung, oft sind die Seen gewunden und liegen kettenförmig aneinandergereiht. Beispiele sind der sichelförmige Jezioro Nidzkie (Niedersee) südlich von Ruciane-Nida, der vielen als der schönste See Masurens gilt, und der Jezioro Hańcza nördlich von Suwałki, mit 108 Meter der tiefste Rinnensee Mitteleuropas.

Wenn die Höhenunterschiede in Ermland-Masuren auch gering sind, reichen die kleinen Buckel und Hügel doch aus, um die Seen in unterschiedliche Richtungen zu entwässern. Die Wasserscheide verläuft auf Höhe einer Linie zwischen Mikołajki (Nikolaiken) und Suwałki: Alles nördlich davon strömt nach Norden, alle Flüsse südlich davon Richtung Süden. So gelangt das Wasser aus dem Jezioro Mamry (Mauersee) und dem Jezioro Niegocin (Löwentinsee) nach Nordosten über die Węgorapa (Angerapp) in den Pregel, während das Wasser aus dem Jezioro Śniardwy (Spirdingsee) südlich über die Pisa (Pissek) in den Narew und damit letztendlich in die Weichsel fließt.

*Malerisch schlängelt sich die Krutynia durchs Land*

*Im Land der tausend Seen*

Der überbordende Wasserreichtum machte über viele Jahrhunderte hinweg die ohnehin schwierigen Böden Masurens, des Oberlands und auch großer Teile des Ermlands sauer und schwer zu bewirtschaften. Auf den Äckern versanken die Bauern förmlich im Schlamm, und auf den Futterweiden staute sich zwischen nassen Mooren und Brüchen das Wasser oft bis in den Frühsommer hinein. Erstmals unter Friedrich dem Großen begann dann mit Hilfe ausgeklugelter Abzugskanalsysteme die künstliche Entwässerung – eine technische Glanzleistung des 18. Jahrhunderts. Bereits von 1765 bis 1772 wurden Schifffahrtskanäle zwischen dem Mauersee (Jezioro Mamry), Lowentinsee (Jezioro Niegocin) und Talter Gewässer (Jezioro Tałty) ausgehoben. Zwischen 1798 und 1801 machte man von Johannisburg (Pisz) aus die Pissek schiffbar, so dass das Holz aus der Johannisburger Heide über Pissek, Narew und schließlich die Weichsel bis zur Ostsee transportiert werden konnte.

Im 19. Jahrhundert machten sich die Wasserbau-Experten schließlich den Umstand zunutze, dass in der Region trotz extrem hohem Grundwasserspiegel nur geringe topografische Höhenunterschiede zu überwinden waren. Zahlreiche Seen wurden in jener Zeit durch Kanäle zu einem großzügigen Wasserwegenetz miteinander verknüpft. So werden die Gewässer der Oberländischen (Iława-) Seenplatte durch den Oberländischen Kanal (Elbląg-Ostróda-Kanal) seit Mitte des 19. Jahrhunderts miteinander verbunden – eine Meisterleistung der Ingenieurbaukunst. Mit seinen kuriosen ›Schiefen Ebenen‹ ist er heute eine vielbesuchte Touristenattraktion. Die miteinander verbunden Gewässer der Großen Masurischen Seen bieten von Nord nach Süd auf insgesamt 170 Kilometern vor allem Seglern, Paddlern und Kanuten durchgehend paradiesische Wassersportmöglichkeiten.

## Flora und Fauna

Wasser, Wiesen und Wald. So könnte man die Landschaften Nordostpolens in wenigen Worten beschreiben. War ursprünglich einmal ganz Polen mit Wäldern bedeckt, ist es heute noch etwas mehr als ein Viertel der Landesfläche. Die größten zusammenhängenden Waldgebiete befinden sich in den südlichen Karpaten, den Sudeten sowie im nordöstlichen Polen in Masuren und der Suwalszczyzna. Auf unfruchtbaren Sandböden und sumpfigem Untergrund bestehen dort noch vier riesige Waldgebiete: die Puszcza Piska (Johannisburger Heide), die Puszcza Borecka (Borkener Forst), die Puszcza Romincka (Rominter Heide) und schließlich, im äußersten Nordosten, die Puszcza Augustowska.

Waldbildend sind Fichten und vor allem die anspruchslosen, widerstandsfähigen Kiefern, die auch auf extrem kargen Böden Wurzeln schlagen. Im Unterholz wachsen Wacholder und Haselsträucher, Beeren, Moose und Farne. Vereinzelt blühen auch seltene Orchideenarten. Auf nährstoffreicheren Böden wie im südwestlichen Oberland gesellen sich zu den Nadelbäumen Eichen, Buchen und Ahorn und im Frühling blühende Teppiche von Anemonen, Veilchen und Leberblümchen hinzu. Flusstäler schmücken Pappeln und Weiden, und in den sumpfigen Niederungen geben sich Birken, Erlen und Eschen ein Stelldichein.

Hirsche, Rehe und Wildschweine, Füchse, Dachse und sogar Exemplare der äußerst seltenen Luchse tummeln sich in den Wäldern. Bis weit in die Neuzeit hinein hausten dort außerdem Wölfe, Wisente und Bären. Erst Anfang des 19. Jahrhunderts wurde der letzte Meister Petz in Masuren erschlagen. Derweil überlebte der Wolf und lässt sich heute gelegentlich wieder sehen.

### Puszcza Romincka

Dann und wann wandert ein Elch aus dem Baltikum in die Puszcza Romincka hinab. Auf 260 Quadratkilometern erstreckt sich nordöstlich von Gołdap die einsame Waldregion im Dreiländereck von Polen, Litauen und der russischen Exklave Kaliningrad. Hügel und Feuchtniederungen, lichte Wald- und Heidegebiete wechseln sich mit Mooren und buntem Wiesenland ab. Von der schnurgeraden Grenze zur Enklave Kaliningrad durchschnitten, liegt der größere Teil der Puszcza Romincka heute auf russischem Territorium, und mit einem Blick auf die Landkarte ist zu erkennen, dass es dort keine Ortschaften mehr gibt. Die Bevölkerung wurde nach 1945 vertrieben oder zwangsumgesiedelt, weshalb sich die Natur das Land vollständig zurückerobert hat. Wölfe und Luchse finden ebenso wie Elche und Rothirsche ideale Lebensbedingungen vor, und Spaziergänger genießen die stille, einsame Wildnis.

### Puszcza Borecka

Zwischen Giżycko und Gołdap dehnt sich, kaum weniger urwüchsig, auf 250 Quadratkilometer die Puszcza Borecka mit ihren Wäldern und Brüchen, Sümpfen und Seen aus. Sie ist die Heimat einer Rotte der Anfang des 20. Jahrhunderts in freier Wildbahn ausgestorbenen Wisente. Für die Rettung der Art spürte man damals auf abenteuerliche Weise die letzten Exemplare auf, die irgendwo auf der Welt in Zoos oder Privatbesitz überlebt hatten. Von 57 Tieren, die man fand, war wiederum nur ein Dutzend für die Zucht geeignet. Man verbrachte sie in den Białowieża-Nationalpark südöstlich von Białystock und begann mit einem mühevollen Wiederaufzuchtprogramm. 1952 konnten die ersten Wisente erfolgreich ausgewildert werden, die Art war gerettet – und das bedeutet: Ausnahmslos alle heute lebenden Exemplare dieser scheuen Verwandten der Bisons stammen von der Białowieża-Zucht ab. 1956 siedelte man eine Rotte der urtümlichen Zottelgesellen in der Puszcza Borecka an. Rund 70 tummeln sich dort heute im Reservat nahe dem Flecken Lipowo, wo sie sich am besten während der Fütterung an der Wisentzuchtstation beobachten lassen.



## Puszcza Augustowska

Mit über 1100 Quadratkilometern ist die Puszcza Augustowska zwischen Suwałki und Augustów das größte zusammenhängende Waldgebiet Polens. Der größte Teil dieser menschenleeren, seen- und sumpfreichen Landschaft, der auf den flachen eiszeitlichen Sanderflächen markante Erhebungen fehlen, bleibt sich selbst überlassen und bildet ein undurchdringliches Dickicht. Zwischen urwüchsigen Kiefern, Erlen und Birken schlängelt sich von Norden her die Czarna Hańcza durch den Augustów-Urwald. Der sehr seltene Schwarzstorch hat in den Baumwipfeln ein Refugium. Auch der lange Zeit verschwundene Europäische Biber ist mittlerweile zurückgekehrt und legt in den zahlreichen Gewässern seine Staudämme an. Neben Elchen trifft man außerdem Moorkäuze oder auch Schneehasen an – eine Tierwelt, die eigentlich eher für Tundra und Taiga typisch ist.

*Gänse sind beliebte Hausvögel*

## Puszcza Piska

Da die Sandböden für eine landwirtschaftliche Nutzung ungeeignet sind, zeigt sich auch die südwestliche masurische Schwester der Puszcza Augustowska, die 1000 Quadratkilometer große Puszcza Piska, in einem nahezu ursprünglichen, dichten grünen Kleid. Zwischen den mit Kiefern- und Fichtenwäldern, Heiden, Erlenbrüchen und Sümpfen übersäten Sanderflächen steht im lichten Unterholz die masurische Nationalpflanze ›Kaddig‹, wie man den Wacholder auf ostpreußisch nannte. Je nach Jahreszeit wachsen Himbeeren, Walderdbeeren, Blaubeeren und Brombeeren und darüber hinaus Pilze in allen nur denkbaren Variationen. In den unberührten Waldwinkeln haben in der Nähe von Gewässern die vom Aussterben bedrohten Seeadler eine Heimat gefunden. Über 20 Horste werden mittlerweile gezählt.

Überhaupt ist Nordostpolen dank seiner zahllosen Flüsse und Seen ein Paradies für Wasservögel. An den Großen Masurischen Seen mit ihren endlosen Schilfgürteln finden sich riesige Graureiher-, Kranich- und Kormoran-Kolonien. Über den Wäldern und Torfmooren rund um die großen Gewässer ziehen Fischadler und Schelladler ihre Kreise. Bussarde, Habichte, Turmfalken gehen auf Beutefang, ebenso Uhus, Schleiereulen, Steinkäuze und Sperber. Wo ein See zu vermooren beginnt und kleine Inselchen von verknäulten Wurzeln auf ihm treiben, während vom Ufer her Rohrkolben und Kalmus das Wasser erobern, nisten Kiebitze, Rohrdommeln und eine Vielzahl von Schnepfenarten. Die mit Wollgras und Sonnentau, Moosbeere und Sumpfporst bewachsenen moorigen Wiesen bestellen ihnen mit allerlei Lurchen und Echsen, Insekten und Krabbelgetier eine reiche Tafel.

*In Popielno werden die ausgestorbenen Tarpanpferde rückgezüchtet*

## Vögel

Unbestrittener König der nordostpolnischen Wasser- und Vogelwelt ist der Schwan, der allerorten stolz sein weißes Gefieder putzt. Der Łuknajno-See bei Mikołajki zählt zu Europas größten Höckerschwan-Brutgebieten. Haubentaucher und Gänsesäger lieben die fischreichen Gewässer, und in der Nacht schwärmen die fliegenden Säuger aus: Rauhautfledermaus, Braunes Langohr und Wasserfledermaus.

Als Hausvögel werden wie fast überall auf der Welt Hühner gehalten, und die von Feinschmeckern besonders zu Weihnachten gerühmten polnischen Gänse. Nicht zu vergessen ist der Storch: Glücksbringer, Freund und Begleiter der Menschen durch die schöne Jahreszeit, der überall im nordöstlichen Polen seine Sommerquartiere bezieht.

*Störchen begegnet man häufig in Masuren*

# Nationalparks und Naturschutzgebiete

In Polen werden große Anstrengungen unternommen, um die Vielfalt und die Ursprünglichkeit der Pflanzen- und Tierwelt zu erhalten. Auf einem Drittel der Landesfläche ist die Natur in unterschiedlichen Intensitäten geschützt: in insgesamt 23 Nationalparks (zum Vergleich: Deutschland zählt 14), rund 1400 Naturreservaten, 129 Landschaftsparks, mehr als 400 Landschaftsschutzgebieten und beinahe 6500 ökologischen Nutzflächen.

In den Kernzonen der Nationalparks (Park Narodowy) ist die Natur vollständig sich selbst überlassen. Ebenso bieten die Naturreservate in den Landschaftsparks (Park Krajobrazowy) streng geschützte Lebensräume für bedrohte Pflanzen- und Tierarten. Die Kategorie ›Landschaftspark‹ ähnelt dem deutschen Naturpark, doch kann das Schutzniveau bisweilen durchaus dem im Nationalpark gleichen. Die verschiedenen Etikettierungen begründen sich vor allem in der administrativen Zuordnung. Nationalparks unterstehen der Warschauer Zentralregierung, während Landschaftsparks von den Woiwodschaften verwaltet werden.

## Wigry-Nationalpark

Der erste aller polnischen Nationalparks ist der 1921 gegründete, in die UNESCO-Weltnaturerbeliste aufgenommene Białowieża-Nationalpark südöstlich von Białystock. Als einer der jüngsten wurde 1989 der Wigry-Nationalpark

*Im Suwalski-Landschaftspark*

(Wigierski Park Narodowy) in der nördlichen Puszcza Augustowska aus der Taufe gehoben. Zwischen Torfmooren, Seen und sechs Flüssen stehen auf rund 15 000 Hektar bis zu 200 Jahre alte Kiefern und Fichten – und über 750 geschützte Pflanzenarten, die Hälfte aller in Polen unter Naturschutz stehenden Pflanzen. In den Wäldern leben Wölfe und Füchse, Rehe, Hirsche und Wildschweine, am Wasser Bisamratten, Flussotter und der typischste aller Wigry-Bewohner, der Biber. Seeadler, Fischadler, Falken und Weihen, der bunte Eisvogel und auch der Auerhahn haben hier eine Heimat. An den Uferlinien der Seen leben in breiten Schilfgürteln Haubentaucher und Höckerschwäne. 20 Fischarten tummeln sich in den Gewässern, die insgesamt etwa ein Fünftel des Nationalparkgeländes bedecken – mit der Perle im Herzen des bezaubernden Wasser-und-Land-Mosaiks: dem Wigry-See, der dem Nationalpark seinen Namen gab.

## Suwalski-Landschaftspark

Neben den beiden Nationalparks liegen im Nordosten Polens über 100 Naturreservate sowie eine stattliche Reihe geschützter Landschaftsparks. Im Dreiländereck Polen/Russland/Litauen erstreckt sich rund um den Hańcza-See der wildromantische Suwalski-Landschaftspark (Suwalski Park Krajobrazowy) mit Drumlins, Findlingsfeldern und anderen markanten postglazialen Erscheinungsformen.

## Masurischer Landschaftspark

Die Grenzen des für viele landschaftlich schönsten und zugleich ältesten, bereits 1977 gegründeten Masurischen Landschaftsparks (Mazurski Park Krajobrazowy) umschließen komplett den Jezioro Śniardwy (Spirdingsee), Polens größtes Binnengewässer, sowie weite Teile der Puszcza Piska (Johannisburger Heide). Wo das sanft gewellte Geländerelief in die ebenen Sanderflächen übergeht, zieren den Park neben dem Śniardwy-See weitere 59 Seen und eine überaus reiche Pflanzen- und Tierwelt.

## Iława-Seenplatte

1993 wurde der Landschaftspark Iława-Seenplatte (Park Krajobrazowy Pojezierze Iławskie) nördlich von Iława ins Leben gerufen. Zahlreiche Wasservogelreservate und über 40 Seen, darunter der Jeziorak-See, mit 27,5 Kilometer Ausdehnung von Nord nach Süd der längste See Polens, sowie schöne Buchen- und Kiefernwälder laden zu ausgedehnten Wanderungen und zur Naturbeobachtung ein. Nicht weit entfernt wartet im Landschaftspark Dylewskie-Hügel (Park Krajobrazowy Wzgórz Dylewskich) zwischen bunten Wiesen und Buchenwäldern die 312 Meter hohe Dylewska Góra (Kernsdorfer Höhe) auf ihre Besteigung

## Elbinger Höhe und Weichselnehrung

Im äußersten Nordwesten der Woiwodschaft Warmińsko-Mazurskie dehnt sich auf einer Fläche von 13 500 Hektar zwischen Elbląg und Frischem Haff der Landschaftspark Elbinger Höhe (Park Krajobrazowy Wysoczyzna Elbląska) aus. Das mit Buchen und alten Alleen geschmückte Hügelland steigt unmittelbar über dem Meeresspiegel auf Höhen bis fast 200 Meter an und bietet von Aussichtspunkten herab herrliche Fernblicke über Frisches Haff und Frische Nehrung.

Auf der gegenüberliegenden Haffseite liegt der Landschaftspark Weichselnehrung (Park Krajobrazowy Mierzeja Wiślana), der den gesamten polnischen Teil der zwischen 500 Meter und zwei Kilometer schmalen Nehrung einnimmt. Breite weiße Dünenhügel wechseln sich mit sumpfigen dunklen Mulden ab, dazwischen gedeihen vor allem Kiefern, aber auch Buchen und Eichen. Preiselbeeren und Heidekraut schmücken das sandige Land, als dessen Höhepunkt die Düne Wielbłądzi Grzbiet (Kamelrücken) 49 Meter über dem Meeresspiegel aufragt.

*Im Masurischen Landschaftspark bei Zgon*

# Klima

Polen liegt in der gemäßigten Klimazone mit gegen Osten zunehmend kontinental beeinflusstem Klima. Als Folge dieser Grenzlage ist das Wetter in Ermland-Masuren bei großen Temperaturunterschieden zwischen Sommer und Winter in der Regel eher unbeständig. Kontinentale Luftmassen aus dem Osten treten am häufigsten auf, außerdem atlantische aus dem Westen sowie Lüfte polaren Ursprungs. Die Winde kommen im Herbst und im Frühjahr meistens aus Süden und sind dadurch relativ niederschlagsarm, während sie in Sommer und Frühherbst vorwiegend aus westlichen oder nördlichen Richtungen blasen und niederschlagsreich sind.

Der Frühling hält wegen des größeren kontinentalen Einflusses relativ spät Einzug, oft erst Ende April, Anfang Mai, und selbst dann können die Nächte noch frostig sein. Um so heißer wird es im Sommer, wenn die Lufttemperaturen fast immer mehr als 25 Grad erreichen und das Thermometer häufig sogar über die 30-Grad-Marke klettert. Um die 20 Grad kühle Seen bieten in diesen Tagen eine willkommene Erfrischung. Insgesamt zeigen sich Juli und August meist sonnig und warm, doch kann es durchaus zu größeren Niederschlägen kommen. Besonders im August fällt der Regen meist in Form angenehm erfrischender Gewitter vom Himmel.

Trocken und mit strahlendem Sonnenschein zeigt sich der Herbst im Allgemeinen von seiner schönsten Seite. Doch dann ziehen vom Haff und den Seen her schon wieder Nebel auf, und auch die Nächte sind bereits wieder kühl. Mit Fortschreiten des Jahres kündigt sich neblig und regnerisch, teilweise auch stürmisch, schließlich der Winter an. Bald regiert Väterchen Frost, das Thermometer zeigt eisige Minusgrade, und es fällt Schnee. Von klirrender Kälte umfangen, dauert insbesondere in Masuren und der Suwalczyzna der Winter relativ lange, mindestens bis Anfang April, wobei Januar, Februar am eisigsten und schneereichsten sind. Im Mittel werden 130 Frosttage gezählt, mit nächtlichen Temperaturen bis zu manchmal minus 25 Grad. Etwa 100 Tage lang liegt eine Schneedecke über dem Land, und von Ende Dezember bis Ende März sind die Seen gefroren.

*Ein Badetag im Hochsommer*

# Ein Blick in die bewegte Geschichte

Wann genau die geschichtliche Aufzeichnung für das heutige nordöstliche Polen beginnt, lässt sich nicht mit Sicherheit sagen. Gegen Ende des 1. Jahrhunderts nach Christus berichtete zwar schon der römische Historiker Tacitus über die unbekannte Region, doch waren noch einmal weitere neun Jahrhunderte nötig, um auch die Namen ihrer Bewohner in Erfahrung zu bringen. Erst 965 tauchte in einem Schreiben des Reisenden Ibrahim ben Jakub die Bezeichnung ›Brus‹ (Prußen) für die Menschen auf, die damals den Landstrich bewohnten.

Die Prußen zählten zu den baltischen Stämmen, lebten in großen Familienverbänden und verehrten einen Vielgötterhimmel. Noch bis ins 17. Jahrhundert war ihre mit dem Litauischen, Kurischen und Lettischen verwandte Sprache überliefert – obwohl das Volk als solches zu jenem Zeitpunkt längst nicht mehr existierte. Bereits im 10. Jahrhundert traten für sein künftiges Schicksal weit entfernt folgenschwere Ereignisse ein: 919 wählten die deutschen Fürsten den Sachsen Heinrich zum ersten König eines ›Regnum Teutonicorum‹, 936 folgte sein Sohn Otto I., den man 962 in Rom zum Kaiser des Heiligen Römischen Reichs krönte; wenige hundert Kilometer weiter östlich schlossen sich etwa zur gleichen Zeit unter dem Polanen-Fürsten Mieszko I. die polanischen Stämme zusammen.

Ein Waffengang 963 gegen Otto I. endete mit Mieszkos Niederlage, woraufhin Großpolen, sein Reich zwischen Oder und mittlerer Warthe, dem römischen Kaiser tributpflichtig wurde. Drei Jahre später nahm Mieszko I. den christlichen Glauben an, womit der Fürst, wie seinerzeit üblich, mitsamt seinen Untertanen in die Gemeinschaft des christlichen Abendlands eintrat. Großpolen mit seinen Hauptorten Gniezno (Gnesen) und Poznań (Posen) wurde zum nordöstlichen Vorposten der abendländischen Staatengemeinschaft. Noch 966 rief man das Missionsbistum Poznań ins Leben – ein entscheidender Schritt auf dem Weg zur polnischen Staatswerdung.

## Eine Heiden-Mission

Auf dem römischen Kaiserthron folgten auf Otto den Großen seine Nachkommen Otto II. und 983 Otto III. Jenem letzteren, von glühender Frömmigkeit beseelten Herrscher über das Abendland huldigte Mieszko 985 und unterstellte Polen dem Schutz des heiligen Stuhls Petri in Rom. Sieben Jahre später verstarb der große Fürst aus dem Piasten-Geschlecht – Spross des legendären Ahnen Piast, von dem alle Könige Polens der Piasten-Dynastie abstammen sollen – hochbetagt und ging als erster herausragender Herrscher der Polanen in die europäische Geschichte ein. Den verwaisten Herzogthron bestieg sein Sohn Bolesław Chrobry (um 965–1025), der Tapfere, wie man ihn nannte. Er eroberte Krakau und die Wislanen-Stämme, die an der Weichsel siedelten, baute damit die Vormacht Polens unter den Westslawen aus und wurde im Jahr 1000 von seinem Freund, Kaiser Otto III., im Akt von Gnesen zum ›Bruder und Mitstreiter‹ ernannt, womit das Piasten-Land gleichberechtigter Teil des mittelalterlichen Verbands im Sacrum Imperium wurde.

*Bolesław I. Chrobry*

Nur drei Jahre zuvor, 997, war Wojciech (Adalbert), Bischof von Prag und späterer polnischer Nationalheiliger, auf einer Missionsreise im Prußenland ums Leben gekommen. Prußische ›Heiden‹ hatten den christlichen Märtyrer erschlagen. 999 sprach ihn der Papst heilig, im darauffolgenden Jahr wurden seine sterblichen Überreste nach Gniezno überführt, wo man sie in Anwesenheit Kaiser Ottos III. mit großem Prunk beisetzte. Noch im selben Jahr 1000 erfolgte Gnieznos Erhebung zum Erzbistum, womit eine eigenständige polnische Kirchenhoheit geschaffen war und die Tributpflicht, die seit 963 bestanden hatte, entfiel.

An seinem Lebensabend befand sich Fürst Bolesław Chrobry auf dem Höhepunkt seiner Macht. Das polnische Reich dehnte sich von der Odermündung über die Danziger Bucht und den östlich davon gelegenen Bug bis südlich an die ungarische Grenze aus. In seinem Todesjahr erfüllte sich Bolesławs größter Wunsch: 1025 wurde er mit päpstlichem Segen unter dem Namen Bolesław I. Chrobry zum ersten König von Polen gekrönt.

Nur die Prußen widersetzten sich weiterhin allen Missionierungsbestrebungen. Immer wieder fielen sie plündernd und mordend über ihre südlichen polnischen Nachbarn in Masowien her – ihre Antwort auf die Expansionsunternehmungen von Seiten des masowischen Herzogs Konrad I. von Masowien (Mazowiecki, 1187–1247) ins Prußenland. Konrads Eroberungsversuche scheiterten schließlich. 1226 rief er zum militärischen Beistand den Deutschen Orden ins Land.

## Der Deutsche Orden

Die Anfänge des Deutschen Ordens liegen im heutigen Israel in der Stadt Akko (damals Akkon), wo seit dem Dritten Kreuzzug Ende des 12. Jahrhunderts verschiedene christliche Ordensbruderschaften kranke und verwundete Kreuzritter pflegten; so auch im Feldlazarett des ›Orden des Spitals St. Marien vom Deutschen Haus zu Jerusalem‹, aus dem bald darauf der Deutsche Orden hervorging. 1198 zum geistlichen Ritterorden umgewandelt, entwickelte er sich in kaum anderthalb Jahrhunderten zu einer der schlagkräftigsten Militärmächte Europas.

Nach dem Fall Akkons und einem gescheiterten Versuch der Deutschritter, sich nachfolgend im Burzenland (Siebenbürgen) niederzulassen, erschien dem Ordenshochmeister Hermann von Salza der Hilferuf Konrad Mazowieckis 1226 umso willkommener. Im Gegenzug für die Kriegs-Dienstleistung garantierte der Herzog dem Orden das Kulmer Land und darüber hinaus alle weiteren Ländereien, die die Deutschritter von den Prußen künftig noch erobern würden. Diese Zusage ließ der Deutsche Orden durch den römischen Kaiser in der Goldenen Bulle von Rimini vertraglich besiegeln: »Daher haben wir dem Meister die Vollmacht erteilt, in das Prußenland (…) einzudringen‹, lautet der Text, ›und überlassen und bestätigen dem Meister, seinen Nachfolgern und seinem Hause sowohl besagtes (Kulmer) Land (…) wie auch alles Land, das er mit Gottes Zutun in Prußen erobern kann.« Unterzeichnet: Friedrich II., Kaiser des Heiligen Römischen Reichs.

1230 zog ein erster Ordens-Konvent an die untere Weichsel und gründete Thorn. 1232 folgte Kulm, 1234 sicherte Papst Gregor IX. in der Goldenen Bulle von Rieti die Schenkung an die Deutschherren ab. Unter dem Landesmeister von Preußen, Hermann von Balk, schritt die Eroberung der Region zügig voran. 1237 wurde Elbing gegründet, 1255 die Burg Königsberg. Zahlreiche kleinere Ansiedlungen in der ›Großen Wildnis‹ – wie die Eroberer das Land nannten –, dem späteren Ermland und Masuren, schlossen sich an. Siedler aus Flandern, Westfalen, Sachsen, Schlesien und aus Masowien ließen sich nieder und machten das Land urbar, während die Prußen entweder getauft oder getötet wurden. Von geschätzten 200 000 Prußen verlor im Zuge der Kolonisierung vermutlich ein Drittel, vielleicht auch die Hälfte der Bevölkerung das Leben.

So rasch ging die Landnahme vonstatten, dass die masowischen Teilfürsten und der polnische König bald erkannten, dass sie mit dem Deutschen Orden nicht einen Verbündeten, sondern eine konkurrierende Imperialmacht herbeigerufen hatten. Aufstände der Prußen 1260 bis 1274 schlug der Orden erwartungsgemäß blutig nieder. Bereits 1283 war die Unterwerfung Preußens abgeschlossen. Sämtliches bisher von Prußen besiedeltes Land war nun in Ordenshand.

*Die gewaltige Marienburg war Sitz des Hochmeisters des Deutschen Ordens*

## Die Schlacht von Tannenberg/Grunwald

1308/09 folgten Annektion und Erwerb Danzigs und Pommerellens. Ebenfalls 1309 wurde der Ordenshochmeistersitz von Venedig in die Marienburg (Malbork) an der Nogat verlegt. Schnell stieg der stramm organisierte Ordensstaat zu größter Blüte auf und befand sich Anfang des 15. Jahrhunderts schließlich auf dem Höhepunkt seiner Macht. Das Staatsgebiet erstreckte sich westlich von der Neumark am Oderstrand bis weit östlich der Großen Masurischen Seen, im Süden von Thorn bis nördlich zum Finnischen Meerbusen hinauf.

Mit großer Sorge verfolgte man im benachbarten Polen den anhaltenden Expansionsdrang der Deutschordensritter. Dort war 1370 mit dem Tod von König Kazimierz III. Wielki (des Großen, Regierungszeit 1333–1370), der ohne Nachkommen blieb, nach über 400 Jahren die Piasten-Dynastie erloschen. Das Reich ging an Kazimierz' Schwestersohn über, König Ludwig I. von Ungarn aus dem Hause Anjou, und nach diesem an seine Tochter Hedwig (Jadwiga). Als Zehnjährige wurde Jadwiga 1384 zur polnischen Königin gekrönt und zwei Jahre später, 1386, mit dem litauischen Großfürst Jogaila vermählt.

Die gemeinsame Feindschaft gegen den Deutschen Orden verband den heidnischen Litauer – dessen riesiges Reich etwa das heutige Litauen, Weißrussland, Teile Westrusslands und der Ukraine umspannte –, mit den christlichen Polen. Für die Ehe mit Jadwiga nahm Jogaila das Christentum an, und unter dem Taufnamen Władysław II. Jagiełło (Regierungszeit 1386–1434) ging er zusammen mit seiner Gemahlin als Begründer der fast 200 Jahre in Polen herrschenden Jagiellonen-Dynastie in die Geschichte ein. In Personalunion waren Polen und Litauen fortan vereint. Dem Deutschen Orden stellte sich erstmals eine Großmacht entgegen.

Im Mai 1409 begann der Krieg, im Juli des darauffolgenden Jahres kam es im südlichen Zentrum des Ordenslands zur entscheidenden Schlacht. Am 15. Juli 1410 stießen bei Tannenberg (in Polen nach dem Nachbardorf ›Schlacht bei Grunwald‹ genannt) zwischen 12 000 und 15 000 Ritter und Söldner des Ordens auf rund 20 000 Soldaten im vereinigten polnisch-litauischen Heer. Das Kräftemessen endete mit einer vernichtenden Niederlage für die Deutschherren. Hochmeister Ulrich von Jungingen fiel, darüber hinaus verloren sämtliche Großgebieter sowie zahlreiche Ritter ihr Leben, und auch die Kriegskosten beliefen sich auf kaum zu verschmerzende Geldsummen – der Anfang vom Untergang des Deutschen Ordens im Prußenland.

## Der Untergang des Deutschen Ordens

Auf 100 000 Schock böhmische Kronen und den Verlust verschiedener Ländereien bezifferten sich die Reparationszahlungen, die die Deutschritter nach ihrer Niederlage zu entrichten hatten. So wurde es im Ersten Thorner Frieden 1411 festgelegt, und der Orden war damit nicht nur seiner Finanzkraft, sondern zugleich auch seiner militärischen Schlagkraft beraubt. Söldner arbeiten bekanntlich nicht ohne Bezahlung.

*Die Schlacht von Tannenberg bedeutete für den Deutschen Orden den Anfang vom Ende*



1440 vereinigten sich zudem – durch den Geldhunger und den autokratischen Habitus der Deutschherren empfindlich in ihren Handelswegen gestört – 19 Städte sowie die preußischen Stände unter der Führung von Danzig zum Preußischen Bund. 1453 unterstellte sich dieser dem Schutz Polens. 1454 begann der Dreizehnjährige Krieg des Preußischen Bunds gegen den Deutschen Orden, auch ›Städtekrieg‹ genannt. Die Schlachten fanden bis 1466 nicht nur auf dem Feld, sondern auch in den Geldsäckeln statt. Den unerschöpflichen Finanzmitteln insbesondere der Hansestadt Danzig, die von der polnischen Krone unterstützt wurde, hatte der Deutsche Orden wenig entgegenzusetzen. Bereits 1457 musste er 21 Burgen, darunter den Hauptsitz, die Marienburg, an seine Söldner verpfänden und nach Königsberg ausweichen. Die Söldner wiederum verkauften die Marienburg an den polnischen König.

Im Oktober 1466 schlossen die Kontrahenten den Zweiten Thorner Frieden, mit dem die Deutschritter Pommerellen und Danzig, das Kulmer Land sowie die Gebiete von Marienburg (Malbork), Elbing (Elbląg) und das Bistum Ermland (Warmia) abtraten, die als ›Preußen Königlich Polnischen Anteils‹, kurz Königlich Preußen, an die polnische Krone gingen. Über die schmerzhaften Gebietsverluste hinaus wurde der Ordenshochmeister dem polnischen König gegenüber zur Heeresfolge verpflichtet und musste ihm den Treueeid schwören.

Die letzte militärische Kampfansage der Deutschritter erfolgte 1519 bis 1521 im so genannten ›Reiterkrieg‹, in dem der letzte Hochmeister des Ordensstaats

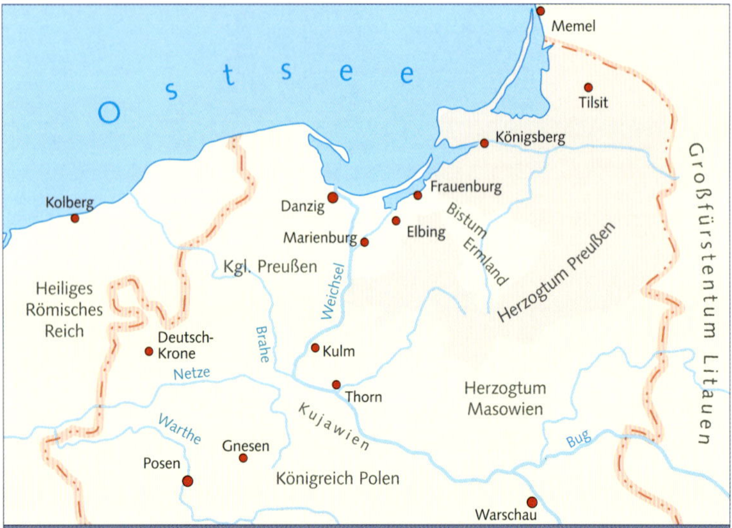

Nordostpolen im Jahr 1547

vor seiner Säkularisierung, Albrecht von Brandenburg-Ansbach aus dem Haus Hohenzollern, zur Schlacht gegen seinen Onkel blies, den König von Polen Zygmunt I. Stary (der Ältere, Regierungszeit 1506–1548).

1517 hatte Martin Luther im fernen sachsen-anhaltinischen Wittenberg seine 95 Thesen an der Schlosskirche angeschlagen, und schnell verbreitete sich die Reformation auch in Preußen.

Nach ergebnislosen Kämpfen und einem darauf folgenden Waffenstillstand führte Albrecht in seinem Herrschaftsbereich 1525 das lutherische Bekenntnis ein. Im selben Jahr 1525 wurde der Ordensstaat im Frieden zu Krakau in ein weltliches protestantisches Herzogtum umgewandelt und in den Lehnsverband der polnischen Krone inkorporiert. Hochmeister Albrecht von Brandenburg-Ansbach huldigte König Zygmunt I. Stary, der ihn offiziell mit dem Herzogtum Preußen belehnte.

Der Deutschordensstaat hatte aufgehört zu existieren. Statt seiner war ›Herzoglich Preußen‹ als das erste protestantische Land der Welt entstanden, kurioserweise unter einem katholischen Lehnsherrn.

## Das Goldene Zeitalter

Unterdessen brachen für Polen im 15./16. Jahrhundert goldene Zeiten an. Die Polnisch-Litauische Union wuchs während des ›Goldenen Zeitalters‹, wie man es rückblickend nannte, zum größten Reich Europas heran. Es erstreckte sich vom Baltikum bis zum Schwarzen Meer und von der Danziger Bucht bis weit nach Russland hinein. Vor allem unter den beiden jagiellonischen Herrschern

Zygmunt I. Stary (der Ältere, Regierungszeit 1506–1548) und Zygmunt II. August (Regierungszeit 1548–1572) blühte das Land. Wirtschaft und Handel, Kultur und Wissenschaften gediehen, 1514 erschienen die ersten Bücher auf polnisch, und im Ermland revolutionierte Nikolaus Kopernikus das Denken mit der Entdeckung, dass sich die Erde um die Sonne bewegt.

*Zygmunt I. Stary*

Zugleich barg das Goldene Zeitalter aber auch schon die Saat seines Untergangs: Bereits 1505 wurde auf dem Reichstag zu Radom die Konstitution ›Nihil Novi‹ beschlossen. Mit dieser legte der König die innenpolitische Gesetzgebung mehr oder weniger in die Hände des Adels. Fortan würde das Staatsoberhaupt ohne das Einverständnis des Sejm – des Parlaments, das sich aus dem Senat (hochadelige Magnaten und Klerus) und der Szlachta (ländlicher Kleinadel) zusammensetzte – keine neuen Gesetze erlassen, sobald sie Adelsinteressen berührten. Und das taten so gut wie alle. Zusätzlich beinhaltete die Konstitution ein ›Liberum Veto‹, mit dem jedes Sejm-Mitglied mit seiner Einzelstimme einen Gesetzesvorschlag zu Fall bringen konnte. Zwar hatten Groß- und Kleinadel dem König für seinen Machterhalt schon längst immer mehr Zugeständnisse abgerungen, waren von Steuern und dem Dienst an der Waffe befreit; doch mit ›Nihil Novi‹ beschritt man nun vollends einen fatalen Weg: ›Nichts Neues‹ konnte mehr durchgesetzt werden. Allein der Zwang zur Einstimmigkeit führte zur politischen Lähmung. Der Regierungsbetrieb erstarrte, und bis zur Abschaffung des Liberum Veto 1764 wurde kaum noch ein Reichstagsbeschluss gefasst.

*Zygmunt II. August*

Mit fortschreitendem Alter des Jagiellonen Zygmunts II. August, der ohne Nachkommen war, stellte sich erneut die Frage der Königsfolge. Von Januar bis August 1569 tagte dazu der Sejm in Lublin und förderte nach hitzigen Auseinandersetzungen folgendes Ergebnis zutage: Das Königreich Polen und das Großfürstentum Litauen, bisher in Personalunion miteinander verbunden, sowie Königlich Preußen bilden eine Realunion. das heißt, einen einheitlichen Staat mit König und Parlament sowie gemeinsamer Gesetzgebung, Amtssprache und Währung.

815 000 Quadratkilometer mit rund acht Millionen Menschen – etwa 40 Prozent davon Polen, außerdem Ukrainer, Weißrussen, Litauer, Tataren, Deutsche, Juden, Armenier – gingen in der ›Rzeczpospolita Obojga Narodów‹ (Adelsrepublik der beiden Nationen) auf. Die neuen Außengrenzen führten zu Kriegen mit Russland und der Türkei, im Inneren machte das Liberum Veto das Regieren unmöglich. Mit dem Tod Zygmunts II. August 1572, dem letzten der Jagiellonen, ging das Goldene Zeitalter zu Ende. Mit dem Erlöschen der Jagiellonen-Dynastie wurde das Wahlkönigtum festgesetzt.

## Glanz und Gloria, Elend und Not

43 Jahre lang herrschte Herzog Albrecht von Brandenburg-Ansbach mit glücklicher Hand über Herzoglich Preußen, das man sich in seiner Ausdehnung etwa als das spätere Ostpreußen ohne die Region Elbing/Elbląg und das Ermland/Warmia vorstellen muss. Da Albrechts Sohn und Thronfolger jedoch geistig umnachtete, übernahm 1569 die kurfürstlich brandenburgische Verwandtschaft die Regierungsgeschäfte. 1594 verheiratete Kurfürst Joachim Friedrich von Brandenburg seinen Spross Johann Sigismund mit der Tochter des geisteskranken preußischen Herzogs. 1609 wurde Johann Sigismund zum Vormund seines verwirrten Schwiegervaters bestellt, und als dieser 1618 ohne männlichen Erben starb, ging das Lehen auf die Kurfürsten von Brandenburg über. Fortan leiteten also die Brandenburger von Spree und Havel aus die Geschicke im östlichen Preußen.

1618 war auch das Jahr, in dem der Dreißigjährige Krieg entbrannte, der bis 1648 besonders Mitteleuropa in ein riesiges Schlachtfeld verwandelte. Polen büßte seine Großmachtstellung ein und hatte erhebliche Gebietsverluste zu beklagen. Unter anderem gingen Pommern, Teile Litauens, Weißrussland und die Ukraine in blutigen Auseinandersetzungen verloren. Es war eine ›Sintflut‹, wie man jene Epoche in Polen bald nannte.

Das Ermland und auch Masuren, die ›Große Wildnis‹ in Herzoglich Preußen, blieben von den Kriegsverheerungen dagegen weitgehend verschont. Nichtsdestotrotz hatten die masurischen Bauern, Fischer und Köhler in der bitterarmen Region wenig zu lachen. Die Böden waren karg, die Ernten schlecht und die spärlichen Erträge mit exorbitanten Abgaben belastet, so dass Hunger und Elend ständige Begleiter der Menschen waren. Drückend lastete der Frondienst auf den Schultern der Bauern, die seit 1577 durch die in der preußischen Landordnung festgelegte Schollenbindung quasi Leibeigene ihrer feudalen Grundherren waren.

Der Zweite Schwedisch-Polnische Krieg 1655–1660 wütete in Masuren dann umso schlimmer. Plünderungen und Brandschatzungen durchziehender Truppen waren an der Tagesordnung. Besonders grausam gingen dabei die im polnischen Heer kämpfenden Tataren vor, mordeten, verheerten die Dörfer und verschleppten die Bevölkerung in die Sklaverei. Jeder zweite Masure starb im Verlauf der ›Tatarenwut‹. Unmittelbar darauf folgten 1656/57 Pestepedemien und danach verzweifelte Hungersnöte.

Im fernen Brandenburg herrschte währenddessen seit fast zwei Jahrzehnten der ›Große Kurfürst‹ Friedrich Wilhelm. 1640 hatte er den Thron bestiegen, und es gelang ihm, durch einen zweifachen Wechsel der Fronten im Zweiten Polnisch-Schwedischen Krieg, die Lehnshoheit Polens über sein östliches Herzogtum abzuschütteln: zunächst im Bündnis mit Schweden gegen Polen und anschließend zusammen mit Polen und Russland gegen Schweden – was ihm letztlich die unbeschränkte Souveränität im Herzogtum Preußen eintrug. Sie wurde 1660 im Frieden von Oliva bestätigt, womit der Aufstieg Brandenburg-Preußens zur europäischen Großmacht begann.

1701 krönte sich der Sohn des Großen Kurfürsten, Friedrich III., in Königsberg eigenhändig zum ›König in Preußen‹. Als Friedrich I. bestieg er den Thron seines neu gegründeten Königreichs Preußen. Es umfasste die Kernlande Berlin-Brandenburg, Vorpommern ohne die Küste, Hinterpommern (Pomorze Zachodnie/Pomorze), Masuren und die heutige russische Oblast Kaliningrad (Königsberg).

## Unter preußischen Fahnen

Unterdessen hatten Krieg, Pest, Fron und Misswirtschaft Masuren entvölkert. 1709 und 1711 wütete von Neuem der Schwarze Tod, und wer überlebte, floh vor Armut und Knechtschaft aus der Region. Erst mit Friedrich Wilhelm I., der 1713 das Erbe seines Vaters Friedrich I. antrat, kehrte Hoffnung ein. Der gestrenge autoritäre Staatslenker wurde zwar gemeinhin ›Soldatenkönig‹ genannt, doch fand in seiner Regierungszeit bis 1740 tatsächlich kein einziger Krieg statt. Friedrich Wilhelm widmete sich vielmehr dem Aufbau eines funktionierenden Staats- und Verwaltungswesens sowie der Wiederbesiedlung der in den vergangenen Kriegen verödeten Landstriche. So gelangten im Rahmen der ›Repeuplierung‹ lutherische Bauern aus Salzburg, Litauer, reformierte Polen, Schweizer und Deutsche nach Ostpreußen. Wobei die deutschsprachigen Kolonisten mehrheitlich die so genannten ›litauischen Ämter‹ bevor-

*Friedrich Wilhelm I.*

zugten (etwa das Gebiet der Enklave Kaliningrad), während in den ›polnischen Ämtern‹ (überwiegend Masuren) durch polnische Einwanderer vorherrschend Polnisch gesprochen wurde.

*Friedrich der Große*

Nach Friedrich Wilhelms Tod 1740 setzte König Friedrich der Große (Regierungszeit 1740–1786) das Aufbauwerk seines Vaters fort. Gegen die unrentable mittelalterliche Dreifelderwirtschaft der masurischen Bauern vermochte er zwar nicht viel auszurichten. Doch führte er immerhin die Kartoffel ein, die in den 1780er Jahren in Masuren ihren Siegeszug feierte. Mithilfe ausgeklügelter Kanalsysteme wurden darüber hinaus die ersten Sümpfe entwässert. Wo die Bauern vorher noch schneeschuhartige Holzbretter an den Füßen trugen, um auf den übersäuerten Feldern nicht im Morast zu versinken, entstanden nun zahlreiche neue Äcker und insbesondere Futterwiesen, unabdingbar für die Erhöhung des Viehbestands. Andererseits fraßen Friedrichs skandalöse Steuerforderungen sowie die Versorgung seiner Soldaten, die die masurische Bevölkerung zu gewährleisten hatte, sämtliche kleinen Erfolge der Entwässerungsprojekte schnell wieder auf.

Im Verlauf des Siebenjährigen Kriegs der europäischen Mächte gegen das Königreich Preußen (1756–1763) zogen abermals feindliche Soldaten durchs Land, ab 1758 war gesamt Ostpreußen russisch besetzt. Im Anschluss wurden in Masuren zur Sicherheit feste Garnisonen errichtet, und mit den Soldaten und Offizieren, die sie bevölkerten, gelangte deutsche Lebensart in die Region. Im Sinne des preußischen Korpsgeistes bildete sich langsam eine deutschsprachige kleinstädtische Bürgerschicht heraus, wogegen das Gros der ländlichen Bevölkerung weiterhin polnisch sprach, genauer: einen derben polnischen Dialekt, das so genannte ›Masurische‹.

## Die drei Teilungen Polens

In der Rzeczpospolita (Adelsrepublik) herrschten währenddessen bürgerkriegsähnliche Zustände. Intrigen, Korruption und interne Auseinandersetzungen der polnischen Adelsparteien lähmten das morsch gewordene Staatsgebilde ebenso wie die zahlreichen Interventionen der benachbarten Großmächte Russland, Preußen und Österreich, die zu ihrem eigenen Nutzen lange überfällige Reformen in Polen zu verhindern trachteten. Immer häufiger blieben ausländische ›Schutz‹-Truppen im Land.

1772 fiel die zerrüttete Adelsrepublik den drei Teilungsmächten wie ein überreifer Apfel in den Schoß. Es erfolgte die erste Teilung von Polen. Russland verleibte sich die Gebiete östlich der Düna und Weißrusslands ein, Österreich schluckte im Süden Galizien, und das Königreich Preußen okkupierte Westpreußen, das Ermland und Pommerellen, womit die deutsche Landverbindung von Brandenburg und Pommern nach Ostpreußen hergestellt war. Insgesamt 203 000 Quadratkilometer und 4,5 Millionen Einwohner hatte Polen mit der Ersten Teilung 1772 verloren.

Im Angesicht dieser Tragödie rafften sich die Reformkräfte auf. Am 3. Mai 1791 verabschiedete der Sejm im Warschauer Königsschloss die älteste schriftlich niedergelegte moderne Verfassung Europas. Die Thronfolge wurde erblich, die Religionsfreiheit proklamiert und die Gewaltenteilung festgeschrieben – entscheidende Schritte hin zu einer konstitutionellen Demokratie.

Gegen diese ›französische Pest an der Weichsel‹, wie Zarin Katharina die Große die polnischen Demokratisierungsprozesse titulierte, vollzogen die Großmächte 1793 die Zweite Teilung Polens. Im nachfolgenden Jahr erlangte der legendäre Freiheitskämpfer Tadeusz Kościuszko (1746–1817) noch einen glanzvollen Sieg über die russische Armee; doch war es der letzte, bevor Polen vollends ausradiert wurde. Nach der Dritten Teilung Polens 1795 breitete sich das preußische Königreich bis Warschau aus, den Rest verleibten sich Russland und Österreich ein. Polen existierte nicht mehr.

Die drei Teilungen Polens

## Von den Napoleonischen Kriegen zum Deutschen Reich

Wo auch immer der Weltgeist hinwehte, im rückständigen Masuren änderte sich wenig. Es blieb eine vergessene Region, die nichtsdestotrotz gut genug war, den verschiedenen Armeen im Lauf der Geschichte als Auf- und Durchmarschgebiet zu dienen. Während der Napoleonischen Kriege rückten im Winter 1806/07 französische Truppen ein, ein zweites Mal besetzten die Franzosen 1812 im Vorfeld von Napoleons Russlandfeldzug das Land, und umgekehrt zogen 1813 Zar Alexanders Soldaten durchs Land.

Mit in der französischen Armee marschierten die polnischen Legionen. Sie rekrutierten sich aus hunderttausenden Polen aus den Teilungsgebieten, die sich Napoleon in der Hoffnung anschlossen, im Soldatenrock Frankreichs zugleich für die Befreiung der polnischen Heimat zu kämpfen. Als Kampflied stimmten sie die ›Mazurek Dąbrowskiego‹ an, die spätere polnische Nationalhymne, die mit folgenden Zeilen beginnt: ›Noch ist Polen nicht verloren, in uns lebt sein Glück. Was an Obmacht ging verloren, bringt das Schwert zurück.‹ Doch die Hoffnungen wurden begraben. Mit der Ende 1812 in Russland geschlagenen ›Grande Armée‹ fluteten auch die polnischen Legionen zurück.

Im Königreich Preußen hatte die Niederlage gegen Napoleon sechs Jahre zuvor bei Jena und Auerstädt zahlreiche grundlegende Staatsreformen ausgelöst. 1810 wurde die Gutsuntertänigkeit aufgehoben, fortan durfte der Bauer sich frei bewegen und sogar ohne gutsherrliche Erlaubnis die Ehe eingehen. Freie Berufswahl, Gewerbefreiheit, die Möglichkeit des Landerwerbs nicht nur für

*Denkmal für Wojciech Ketrzyński in Kętrzyn*

den Adel, sondern auch für Bürger und Bauern, die Judenemanzipation, eine Bildungs- und eine Heeresreform zählten zu den weiteren Maßnahmen, die bis 1813 in Preußen auf den Weg gebracht wurden.

Demungeachtet regierten in Masuren einmal mehr Hunger und Not. Darüber hinaus mussten die befreiten Bauern ihre ehemaligen Gutsherren entschädigen, wofür sie die ihnen soeben überantworteten Höfe in der Regel gleich wieder verkauften, meist an die alten Gutsbesitzer, die ihre vormaligen Frondienstleister nun als billige Tagelöhner beschäftigten.

In den Jahren 1831, 1837 und 1852 rafften Cholera-Epidemien mancherorts bis zu zehn Prozent der masurischen Bevölkerung hin. Zwischen 1840 und 1850 kam es wegen sintflutartiger Regenfälle immer wieder zu Missernten, und anders als das deutschsprachige Provinzbürgertum in den Kleinstädten, dem es leidlich besser ging, lebte die Mehrheit der polnischsprachigen Landbevölkerung meistens in armen Verhältnissen. Masuren blieb, trotz anhaltender umfangreicher Entwässerungsarbeiten und einer 1868 fertiggestellten Eisenbahnanbindung bis Lyck (Ełk), die unterentwickeltste Region in Ostpreußen.

## Von der Reichsgründung bis zum Ersten Weltkrieg

Doch etwas in Masuren verband die armen ›Polen‹ mit den bessergestellten ›Deutschen‹: Ob arm oder reich, polnisch oder deutsch – sie teilten miteinander das evangelische Glaubensbekenntnis und außerdem eine vorbehaltlose Begeisterung für den preußischen König. Diesen stürmischen Patriotismus pflegten fast alle Masuren, gleich welcher Herkunft und Zunge. Bis zur Gründung des Deutschen Kaiserreichs 1871 war insbesondere Ostpreußen ein typisches Beispiel für das multiethnische Miteinander ländlicher, vornationaler Gesellschaftsformen.

Mit der Reichsgründung 1871 wich der Patriotismus dann einem fiebrigen Nationalismus. Deutschgesinnte Kreise in Masuren entdeckten auf einmal die ›Slawen- und Polengefahr‹, während Polen im preußischen Teilungsgebiet wiederum das polnische Masuren für sich entdeckten. Wojciech Ketrzyński, 1838 in Lötzen (Giżycko) als Adalbert von Winkler geboren, wurde mit seiner 1872 erschienen Schrift ›Über Masuren‹ zum Begründer des polnischen Anspruchs auf die Region als ›urpolnisches‹ Land.

Bereits im Jahr darauf bekam die polnische Sprache in Masuren den Todesstoß versetzt: Mit sofortiger Wirkung wurde in den Elementarschulen der deutschsprachige Unterricht Pflicht. Deutsche Räte, Beamte, Händler und Gutsbesitzer und vorneweg Pastoren und Lehrer fühlten sich fortan bemüßigt, ihren slawischstämmigen Landsleuten die vermeintlich höhere deutsche Kultur näher zu bringen.

1901 wurde das erste Automobil in Masuren gesichtet. Allerdings gehörte es einem Franzosen, der sich auf der Durchreise befand. Nach wie vor ging es den Menschen schlecht, und die Industrialisierung, die in weiten Teilen des Deutschen Reichs rasant voranschritt, streifte das südliche Ostpreußen kaum. Allein die größte in der masurischen Geschichte dagewesene Auswanderungswelle löste der anderswo stattfindende Fortschritt aus. Bis 1914 emigrierte schätzungsweise ein Drittel der Bevölkerung ins Ruhrgebiet, insgesamt etwa 180 000 Masuren.

## Erster Weltkrieg

Im Juli 1914 begann der Erste Weltkrieg. Schon am 20. August 1914 überschritt die russische Narew-Armee unter General Samsonow von Süden her die ungeschützte ostpreußische Grenze. Ein paar Tage später waren bereits zahlreiche masurische Ortschaften besetzt. Zur Rettung des bedrohten Ostpreußen wurde daraufhin Generalfeldmarschall Paul von Hindenburg aus dem Ruhestand in den aktiven Dienst zurückversetzt. Am 26. August 1914 kam es zu dem furchtbaren Blutvergießen, das die deutsche Propaganda später die ›Schlacht von Tannenberg‹ nannte. In einem Dreieck zwischen Olsztynek (Hohenstein), Nidzica (Neidenburg) und Pasym (Passenheim) umzingelten deutsche Truppen unter dem Oberbefehl Hindenburgs die Narew-Armee und schlugen sie in den folgenden vier Tagen vernichtend. Ein glorreicher Sieg für die Deutschen, bei dem zehntausende Soldaten ihr Leben verloren. Die unrühmliche Scharte aus dem Jahr 1410 schien mit dieser zweiten ›Schlacht von Tannenberg‹ wieder ausgewetzt.

Noch mehrere entsetzliche Kämpfe fanden auf masurischem Boden statt, bis General Hindenburg im Februar 1915 die vollständige Befreiung von russischer Besatzung gelang. Fortan feierten ihn die Masuren als Retter von Ostpreußen. Ihre Städte und Dörfer aber waren in Schutt und Asche gelegt. In zahlreichen Landstrichen übertraf die Zerstörung diejenige von Ende des Zweiten Weltkriegs. Hunger zog ein, da das Militär die Nahrungsmittel beschlagnahmte, im schlimmen ›Rübenwinter‹ 1916/17 sogar mit Waffengewalt. 1918 hatte Deutschland den Krieg verloren. Das Reich kapitulierte, Kaiser Wilhelm II. setzte sich nach Holland ab, und in Berlin wurde die Republik ausgerufen. Das Schicksal Ostpreußens war ungewiss.

*Paul von Hindenburg und Erich Ludendorff im Ersten Weltkrieg*

# Deutschland oder Polen?

Gegen Ende des Ersten Weltkriegs stand die polnische Frage international wieder auf dem Plan. Polen sollte als ›Cordon Sanitaire‹, als östlicher Puffer gegen die gerade entstehende Sowjetunion, neu gegründet werden. Im Januar 1918 legte US-Präsident Wilson sein 14-Punkte-Programm vor, unter dem man im vorletzten Punkt über den Aufbau eines polnischen Staates mit Zugang zur Ostsee nachdachte. Doch welche Grenzen sollte dieses neue Polen umfassen? Die Auseinandersetzung der polnischen Politiker untereinander bewegten sich im Spannungsfeld von einer Wiederherstellung des jagiellonischen Reichs bis hin zur Neugründung Polens in der piastischen Variante.

*Józef Piłsudski, Staatschef ab 1918*

Am 7. Oktober 1918 wurde das unabhängige Polen proklamiert, die deutsche Besatzung brach zusammen. Am 10. November 1918 kehrte der bei Wilna geborene Marschall Józef Piłsudski (1867–1935) aus der Haft in Magdeburg nach Warschau zurück. Am 11. November übernahm er den Oberbefehl über die polnischen Streitkräfte – der Gründungstag der Zweiten Polnischen Republik. Nach 123jähriger Teilung war Polen wiedererstanden. Am 22. November wurde Piłsudski als Staatschef vereidigt.

Der Marschall, sozialistischer Politiker und entschiedener Vertreter der jagiellonischen Variante, plädierte für Polen als eine Art Bundesstaat, der sich auf Kosten von Russland weit nach Osten ausdehnen sollte. Sein erbitterter nationaldemokratischer Kontrahent Roman Dmowski propagierte dagegen die piastische Konzeption, das heißt, Polen mit der Oder als Westgrenze, was einen erheblichen Teil des deutschen Staatsgebiets einschließen und die Feindschaft Deutschlands bedeuten würde.

Im Rahmen der Versailler Friedenskonferenz 1919 beschlossen die Alliierten die Abtretung Pommerellens an Polen, das so wieder bis zum Ostseestrand reichte, andererseits nun aber Ostpreußen vom übrigen Deutschland abtrennte. Danzig wurde entgegen der polnischen Wünsche nicht der Republik Polen zugeschlagen, sondern zur ›Freien Stadt‹ unter Obhut des Völkerbunds erklärt. In Ostpreußen sollte eine Volksabstimmung darüber entscheiden, ob die Region zukünftig zu Deutschland oder zu Polen gehören würde.

Das Plebiszit wurde für den 11. Juli 1920 anberaumt. Vor der Wahl waren Denunziationen und Rufmordkampagnen sowie Störungen politischer Versammlungen an der Tagesordnung. Im Vorfeld der Wahl waren selbsternannte Bürgerwehren und Schlägertrupps unterwegs. Das Abstimmungsergebnis war eindeutig für den Verbleib bei Deutschland, es schwankte in den Wahlkreisen zwischen 97,81 und 99,99 Prozent. Doch das Klima zwischen den Nachbarn war fortan vergiftet.

## Masuren zwischen den Kriegen

Während die Abtretung Pommerellens an Polen und damit die verlorene Landverbindung nach Deutschland für ganz Ostpreußen wirtschaftlich ungünstig war, erwies sie sich für das unterentwickelte Masuren sogar als katastrophal. Armut und Not prägten die gesamte Weimarer Zeit, und umso gewichtiger wurde die rechte Gesinnung. Im Verbund mit reaktionären Gutsbesitzern und Offizieren prägte eine deutschnationale Kleinstadtelite den masurischen Zeitgeist, während die einfachen Menschen noch immer den Abgang ihres geliebten Kaisers Wilhelm beweinten. Von Berlin aus stützte man moralisch und finanziell den masurischen ›Grenzlandgeist‹, das ›deutsche Bollwerk im Osten‹ gegen die Gebietsansprüche der Republik Polen und die gefährliche ›Slawenflut rings um‹, wie sie nach der nationalspozialistischen Machtergreifung nicht nur die Politik, sondern auch mancher Reiseführer beschwor.

Zur geistigen Festigung der Masuren dienten außerdem die 1914 geschlagene große ›Tannenbergschlacht‹ sowie der Ersatzkaiser und Retter Ostpreußens Paul von Hindenburg. Als das pompöse Tannenberg-Denkmal bei Hohenstein (Olsztynek) im Andenken an die ›entscheidende Schlacht bei Tannenberg‹ am 18. September 1927 eingeweiht wurde, war der populäre Hindenburg bereits seit zwei Jahren Reichspräsident. Er ebnete Adolf Hitler den Weg, der am 30. Januar 1933 die Regierungsgeschäfte übernahm. Im Jahr nach der nationalsozialistischen Machtergreifung starb der ›Vater des Vaterlands‹ Hindenburg und wurde in Anwesenheit des Reichskanzlers Hitler im August 1934 zu Füßen des Reichs-Ehrenmals Tannenberg beigesetzt.

Bereits im Frühjahr 1932 hatte Hitler die Region bereist und zahllose enthusiastische Anhänger vorgefunden. Demgemäß fiel das Ergebnis der letzten freien Reichstagswahl für die NSDAP in Masuren höchst erfreulich aus. Bis zu 70 Prozent Zustimmung konnten die Nazis für sich verbuchen. Nach der Gleichschaltung 1933 brachten Entschuldungsprogramme und Billigkredite die Landwirtschaft wieder in Schwung. Mit Hilfe des Reichsarbeitsdiensts wurden Straßen gebaut und die ›Masurische Arbeitsschlacht‹, eine groß angelegte Entwässerung der sauren Böden, in Angriff genommen. Mit hoher Zustimmung unterstützten die Menschen die Forderungen Hitlers nach der Rückkehr der Freien Stadt Danzig ins Reich sowie der Lösung des so genannten ›Korridor-Problems‹. Eine Autobahn sollte durch Polen hindurch Pommern und Ostpreußen miteinander verbinden. Im Juli 1938 folgte die Umbenennung tausender Ortsnamen ins ›Germanische‹, im darauf folgenden August sogar die der Wälder und Seen. In der Nacht vom 9. auf den 10. November 1938 brannten die Synagogen.

# Im Zweiten Weltkrieg

Am 1. September 1939 morgens um 4.45 Uhr begann mit dem Beschuss des deutschen Panzerkreuzers ›Schleswig-Holstein‹ auf die Danziger Westerplatte der Zweite Weltkrieg. In wenigen Tagen wurde Polen von deutschen Panzern regelrecht überrollt, kaum ein anderes Land erlitt ein schlimmeres Schicksal. Sechs Millionen Menschen kamen ums Leben, mehr als ein Fünftel der polnischen Bevölkerung. Das Land verlor über die Hälfte seines Nationalvermögens, unermessliche Kunst- und Kulturschätze gingen in Flammen auf. Die polnische Sprache wurde verboten, die Intelligenz und der Klerus verfolgt und getötet.

Die westlichen Regionen Pommerellen und Danzig gliederten die Nationalsozialisten als ›Reichsgau Danzig-Westpreußen‹ ins Dritte Reich ein, die Gebiete Großpolens und Kujawiens als ›Reichsgau Wartheland‹. Im berüchtigten ›Generalgouvernement‹ unter der Leitung Hans Franks, das im Dreieck Warschau, Krakau, Lublin entstand, starben in den Massenvernichtungslagern Auschwitz (Oświęcim), Bełec, Sobibór, Majdanek, Treblinka und Chełmno im Holocaust Europas Juden.

Ermland und Masuren blieben von den Kriegsauswirkungen bis zum Sommer 1944 verschont. Danach begann die Großoffensive der Roten Armee. Allerorten waren Endsiegparolen zu vernehmen, und wer nicht an der Front kämpfte, schippte mit Schaufel und Spaten einen ›Ostwall‹ gegen die Angreifer. Eine planmäßige Evakuierung der Region wurde dagegen nicht vorbereitet. Im Januar 1945 war Masuren das erste deutsche Territorium, das die Rote Armee besetzte. Und die Rache der Sowjetunion, die zusammen mit Polen am entsetzlichsten unter dem Krieg Nazideutschlands gelitten hatte, war fürchterlich. Auf der Flucht vor den Siegern ließen die Masuren alles zurück, und zahllose Menschen verloren dabei ihr Leben.

*Luftaufnahme des Tannenberg-Denkmals von 1928*

1945 beschlossen die Siegermächte auf der Konferenz von Jalta die Westverschiebung Polens. Der alte polnische Osten ging an die Sowjetunion, immerhin fast die Hälfte des polnischen Vorkriegsterritoriums. Im Gegenzug erhielt Polen dafür Land im Westen: die Neumark, Schlesien, Hinterpommern, das südliche Ostpreußen und Danzig. Aus den ehemals polnischen Ostgebieten zwang man hunderttausende Polen nach Westen zu ziehen, ›Repatrianten‹, wie die kommunistische Propaganda sie nannte. Sie sollten dort, in den Trümmern des Zweiten Weltkriegs, eine neue Heimat finden. Millionen Deutsche wiederum wurden aus den ehemals deutschen Ostgebieten vertrieben. Unzählige fanden dabei den Tod.

## Die Volksrepublik

Am 1. August 1944 begann in Warschau die Erhebung der Polnischen Heimatarmee (Armia Krajowa) gegen die deutsche Besatzung. 16 000 der rund 25 000 Heimatarmisten und etwa 150 000 Zivilisten wurden in den 63 Tagen des ›Warschauer Aufstands getötet. Im Anschluss verwandelten die Deutschen die polnische Hauptstadt, die bis dahin noch weitgehend unzerstört geblieben war, in eine Trümmerwüste. Vergeblich hatten die Menschen auf ein Eingreifen der Roten Armee gehofft, die nicht weit entfernt vor Warschau stand. Doch Moskau hatte kein Interesse an einem Sieg der bürgerlichen Heimatarmee. Erst im Januar 1945 überschritten die sowjetischen ›Befreiungskomitees‹ die Weichsel und nahmen nach fünftägigen Kämpfen gegen die deutsche Wehrmacht am 17. Januar die Ruinen von Warschau ein.

Bereits 1943 war der polnische Kommunist und Widerstandskämpfer Władisław Gomułka (1905–1982) Generalsekretär der von ihm mitgegründeten und im Untergrund operierenden Polnischen Arbeiterpartei (PPR) geworden. Am 1. Januar 1945 deklarierte er eine Provisorische Regierung, am 18. Januar zog diese in die polnische Hauptstadt ein. Die schrittweise Machtübernahme durch die von Moskau protegierten Kommunisten begann. Im Januar 1947 votierten bei den Wahlen zum verfassungsgebenden Sejm angeblich 80 Prozent aller Polen für die im Demokratischen Block vereinigten Sozialisten und Kommunisten. Und was jahrzehntelang nur gemunkelt wurde, ist heute historisch bewiesen: Eine Wahlfälschung legte den Grundstein für die kommenden mehr als 40 Jahre sozialistische Volksrepublik Polen hinter dem Eisernen Vorhang.

*Władisław Gomułka*

In Ermland und Masuren herrschten nach 1945 wieder Hunger und Not. Die dort angesiedelten, aus ihrer nun sowjetischen Heimat vertriebenen Polen fanden ein völlig verheertes Land vor. Etwa die Hälfte der von den Deutschen verlassenen Städte und Dörfer war zerstört. Von 1945 bis 1948/49 schloss sich die ›Verifizierung‹ der verbliebenen alteingesessenen Masuren an. Konnten sie keine polnischen Wurzeln nachweisen, wurden sie ausgewiesen oder rigoros schikaniert. Dagegen wurden Masuren mit ›verifizierter‹ polnischer Abstammung als ›autochthon‹ eingestuft. Nach ›700 Jahren harter Knechtschaft‹, so die offizielle Lesart, erlebten sie nun ihre ›Heimkehr ins Mutterland‹.

Nach der Etablierung des stalinistischen Regimes erfolgten landesweit Enteignungen, Verstaatlichungen und eine Bodenreform. Schon im Juni 1948 kam der erste Dreijahresplan und 1949 die Kollektivierung der Landwirtschaft, die althergebrachte Dorfstrukturen zerstörte. Die Staatssicherheit inhaftierte tausende Andersdenkende, darunter auch den Primas von Polen, Kardinal Stefan Wyszyński. Erst Stalins Tod 1953 brachte gewisse Erleichterungen.

1956 kam es infolge einer ›Erhöhung der Arbeitsnorm‹ landesweit zu Protesten und Streiks. Die Armee warf sie nieder, wobei nach offiziellen Angaben 53 Arbeiter getötet wurden. 1970 löste eine Erhöhung der Lebensmittelpreise bei gleichzeitig leeren Regalen in den Lebensmittelgeschäften eine zweite große Streikwelle aus. 70 Menschen fanden dabei den Tod, beinahe 1200 wurden verwundet. Gomułka wurde von Edward Gierek (1913–2001) an der Parteispitze abgelöst.

## Die Gründung der Solidarność

Im Zuge der Arbeiteraufstände 1976, die abermals aufgrund von Preiserhöhun gen für Grundnahrungsmittel ausbrachen, wurden zahllose, bis zu zehnjährige Haftstrafen verhängt. Zur Unterstützung der Gefangenen gründete sich unter den Bürgerrechtlern Adam Mischnik und Jacek Kuroń das ›Komitee für gesellschaftliche Selbstverteidigung‹ (KOR) – der intellektuelle Wegbereiter der Solidarność-Bewegung. Am 16. Oktober 1978 folgte in Rom die Wahl des Krakauer Kardinals Karol Wojtyła zum neuen Papst. Als Johannes Paul II. bestieg er den Stuhl Petri und unternahm gleich im Jahr darauf seine erste Pilgerreise nach Polen.

1980 kam es erneut zu Streiks. Als auf der Danziger Lenin-Werft deshalb die Kranführerin Anna Walentynowicz entlassen werden sollte, eine bekannte Aktivistin schon der Streikbewegung von 1970, traten am 14. August 1980 die Danziger Werftarbeiter in den Ausstand. Doch diesmal gingen sie nicht auf die Straße und ließen sich dort verhaften oder gar totschießen. Sie verschanzten sich vielmehr in der Werft, angeführt vom Elektriker Lech Wałęsa, beteten gemeinsam und stimmten religiöse Lieder an.

Wenige Tage später befand sich ganz Polen im Ausstand. Von überall aus dem Land strömten die Menschen vor die Tore der Lenin-Werft, die schnell zum landesweiten Symbol des Widerstands gegen die kommunistische Diktatur aufstieg. Schon am 31. August unterzeichneten der stellvertretende Ministerpräsident Mieczyslaw Jagielski und Lech Wałęsa die ›Danziger Vereinbarung‹, die

die Zulassung freier Gewerkschaften zusicherte. Ende Oktober 1980 nahm die Solidarność als erste freie Gewerkschaft hinter dem Eisernen Vorhang ihre Arbeit auf. Binnen weniger Wochen gehörten ihr über zehn Millionen Mitglieder an.

Die Lage war explosiv, auch international. Während die sowjetische Nachrichtenagentur TASS eine ›sozialistische Lösung‹ ins Spiel brachte, warnte die NATO die Sowjetunion vor einem Einmarsch der Warschauer-Pakt-Truppen in Polen. Ende 1981 verhängte Ministerpräsident General Wojciech Jaruzelski das Kriegsrecht. Es hatte bis 1983 Bestand. In diesem Zeitraum wurden tausende Solidarność-Mitglieder verhaftet. Die Gewerkschaft selbst blieb bis zum Untergang des Ostblocks 1989 verboten.

*Detail des Werftarbeiterdenkmals in Gdańsk*

Die ersten, noch halbfreien Wahlen im April 1989 mündeten in eine verheerende Niederlage für die Polnische Vereinigte Arbeiterpartei. Unabhängige Kandidaten, zumeist Solidarność-Vertreter, gewannen sämtliche Mandate, die ihnen überhaupt zugebilligt worden waren. Bei den Präsidentschaftswahlen am 9. Dezember 1990 errang der Gewerkschaftsführer und Elektriker von der Danziger Werft Wałęsa einen überwältigenden Sieg. Frei, geheim und demokratisch hatten die Polen mit Lech Wałęsa erstmals in ihrer Geschichte ein durch das Volk legitimiertes Staatsoberhaupt gewählt.

## Auf dem Weg nach Europa

Im Oktober 1991 fanden die ersten vollständig freien Parlamentswahlen statt: Stolze 29 Parteien hielten Einzug in den Sejm. Begleitet von gewaltigen Umbrüchen im Land, die drei Millionen Menschen in die Arbeitslosigkeit entließen, begannen die marktwirtschaftliche Liberalisierung und Polens Öffnung nach Westen. 1992 ratifizierte das Parlament das EU-Assoziierungsabkommen. 1993 wurde die junge Republik Mitglied der Europäischen Freihandelszone (EFTA) und beantragte die Aufnahme in die Europäische Union. 1995 trat das Land der Welthandelsorganisation (WTO) bei, 1996 der Organisation für Wirtschaftliche Zusammenarbeit und Entwicklung (OECD). Im Dezember 1997 wurde Polen Kandidat für die EU-Mitgliedschaft, im Frühjahr 1998 begannen die Beitrittsverhandlungen.

Die neue Verfassung, die sich die demokratische Republik Polen gegeben hatte, trat nach einer Volksabstimmung Mitte Oktober 1997 in Kraft. Unmittelbar danach schob man ein umfassendes Reformpaket im Gesundheits-, Bildungs- und Rentenbereich an, und im Zuge einer Verwaltungsreform wurden mit Wirkung zum 1. Januar 1999 die unter Edward Gierek in 49 Bezirke zerlegten Woiwodschaften in 16 größere Verwaltungseinheiten zusammengefasst. Zwei Monate später fanden im März 1999 die Feierlichkeiten zu Polens Beitritt zum Nordatlantik-Pakt (NATO) statt.

Anfang Oktober 2000 ging der Sozialdemokrat Aleksander Kwaśniewski zum zweitenmal in Folge als Sieger aus den Präsidentschaftswahlen hervor. Dem verdienten Solidarność-Helden, Expräsidenten und Friedensnobelpreisträger Lech Wałęsa schenkten dagegen nur noch 0,8 Prozent der Wähler ihre Stimme. Und es sollte noch schlimmer kommen für die Konservativen. Bei den Parlamentswahlen im September 2001 musste die ›Wahlaktion Solidarność‹ alle ihre Sitze im Sejm räumen. Mit 5,6 Prozent scheiterte sie an der für Wahlvereinigungen obligatorischen Acht-Prozent-Klausel und machte Platz für ein Bündnis der Demokratischen Linken (SDL) und der Union der Arbeit (UP) – bei einer Wahlbeteiligung von kaum noch 46 Prozent.

Die Volksabstimmung im Juni 2003 über Polens Beitritt zur Europäischen Union galt dann auch lange als Wackelpartie. Würden die Bürgerinnen und Bürger des mit 38 Millionen Einwohnern immerhin größten der zehn EU-Beitrittskandidaten überhaupt zu den Wahlurnen gehen? Tatsächlich gaben dann fast 60 Prozent der Wahlberechtigten ihre Stimmen ab, von denen wiederum über zwei Drittel für die EU-Mitgliedschaft votierten. Die große Mehrheit der polnischen Wähler hatte Ja zu Europa gesagt. »Wir kehren nach Europa zurück«, freute sich Staatspräsident Kwaśniewski über das historische Ereignis, das die EU-Anhänger im ganzen Land ausgelassen feierten.

Nach 15 Jahren diplomatischer Bemühungen und komplizierter Verhandlungen wurde die Republik Polen am 1. Mai 2004 Vollmitglied in der Europäischen Union.

*Haus der Solidarność in Gdańsk*

## Gewinner und Verlierer

Seit 1989 schrieb Polen also eine Erfolgsgeschichte. Mit einem Wirtschaftswachstum von jährlich vier bis fünf Prozent selbst in Krisenzeiten lag es im Europavergleich an der Spitze. Das Bruttoinlandsprodukt und die industrielle Produktion wuchsen beständig, der polnische Aktienindex WIG setzte zu immer neuen Höhenflügen an, die Betriebe verbuchten von Jahr zu Jahr höhere Umsätze und hielten, einer Umfrage der Brüsseler Behörden von 2005 zufolge, außerdem den europäischen Gute-Laune-Rekord. Nirgends wurde die ökonomische Zukunft so positiv eingeschätzt wie bei den polnischen Unternehmern.

Doch wo Licht, da auch Schatten. Polen ist heute ein tief gespaltenes Land. Bei einer sich mit enormem Tempo ausbreitenden sozialen Ungleichheit zerfällt es in florierende städtische Zentren mit einer gut ausgebildeten Bürgerschicht und in zunehmend abgeschriebene ländliche Regionen, in denen die Arbeitslosigkeit das Leben bestimmt. Anders als das erfolgreiche westliche Polen ist davon vor allem das ländliche Ostpolen betroffen, wo in manchen Dörfern 100 Prozent Arbeitslosigkeit herrschen. Die Jungen gehen fort in die Städte, die Alten ernähren sich mehr schlecht als recht vom Gemüse- und Kartoffelanbau im eigenen Garten. Die marktwirtschaftliche Rosskur der vergangenen 20 Jahre hat dem Land zwar ein ordentliches Wachstum beschert. Aber nicht alle profitierten davon.

Konservative Werte wie Kirche, Familie und Vaterland mögen da vielleicht Halt geben. Gefördert werden sie vom 1991 gegründeten katholischen Privatradio ›Maryja‹, das polenweit immerhin fünf Millionen Hörer erreicht. Von Toruń aus, einer der Hochburgen des polnischen Katholizismus, sendet Radio Maryja lebenspraktische Feindbilder: Linke, Homosexuelle, Juden und selbstständige Frauen werden als Schuldige selbst noch am Wetter identifiziert; und viele, die in der neuen kapitalistischen Gesellschaft keinen Platz finden, nehmen die Botschaft auf. Seit Mitte der 1990er Jahre unterstützt der Sender in seinen Wahlaufrufen rechte Parteien wie beispielsweise die antisemitische ›Liga Polnischer Familien‹ (LPR) oder die nationalkonservative Partei ›Recht und Gerechtigkeit‹ (PiS).

*Werbung für den katholischen Sender ›Maryja‹*

Im April 2005 starb in Rom nach einem Pontifikat von mehr als einem Vierteljahrhundert Karol Wojtyła (1920–2005), Papst Johannes Paul II. Die mahnende Stimme des Pontifex, der immer wieder auch extremistische Vertreter der polnischen katholischen Kirche zur Ordnung gerufen hatte, war für immer verstummt. Schon zu Leb-

*Straßenschild in Sopot: Nicht alle Erwartungen in die EU-Mitgliedschaft wurden erfüllt*

zeiten wurde der ›berühmteste Pole der Welt‹ in seinem Heimatland wie ein Heiliger verehrt, von Gläubigen ebenso wie von Säkularen. Über den polnischen Papst waren Glaube und Freiheit symbolisch vereint. Mit seinem Tod verlor das Land seine kraftvollste Integrationsfigur.

Bei den Parlamentswahlen im September 2005 wurde die nationalkonservative PiS mit 27 Prozent der Wählerstimmen stärkste Partei. Insgesamt errangen Marktliberale, rechtskonservative und rechtsradikale Gruppierungen 87 Prozent aller Mandate – und dies bei nur noch 40 Prozent Wahlbeteiligung. Das war der niedrigste Wert seit Bestehen der Republik Polen. Ende Oktober 2005 wurde die neue PiS-Regierung unter Premierminister Kazimierz Marcinkiewicz vereidigt. Kurz danach siegte, mit der Devise ›hart und gerecht‹, auch der PiS-Kandidat für das Präsidentenamt, Lech Kaczyński.

2001 hatten die Zwillingsbrüder Lech und Jarosław Kaczyński die PiS gegründet, deren Programm auf so komplexe Fragen wie Globalisierung und Arbeitslosigkeit stets eine einfache Antwort hat. Ganz oben auf der Agenda rangieren die traditionellen drei ›Ks‹ (Kirche, Kinder, Küche), Law-and-Order-Parolen, die Wiedereinführung der Todesstrafe und die ›moralische Säuberung‹ der Justiz und der Vorstandsetagen, der Bildungseinrichtungen und Redaktionen von politischen Gegnern. Ein ›Zentrales Antikorruptionsbüro‹ wurde ins Leben gerufen, das wie eine Art Geheimpolizei das Land nach inneren Feinden durchschnüffelt. PiS kämpft gegen Europa und seine Institutionen nach dem Motto ›Polen zuerst‹, gegen die Liberalisierung des Abtreibungsrechts, gegen gleiche Rechte für Homosexuelle und Frauen und für die Stärkung der ›christlichen Elemente‹. Das Etikett ›Nationalist‹ wollte sich Präsident Lech Kaczyński trotzdem nicht anheften lassen. Er bezeichnete sich lieber – unterstützt von einer Reihe von Priestern, die sonntags von ihren Kanzeln herab wider den ›jüdischen Kapitalismus‹ wetterten – als ›polnischen Patrioten‹.

Politische Intrigen und Regierungskrisen prägten Polen ab Herbst 2005. Im Juli 2006 musste Ministerpräsident Marcinkiewicz gehen, und des Staatschefs Zwillingsbruder Jarosław Kaczyński übernahm das Amt des Premier. Im Jahr darauf flog der Vizepremier und Führer der populistischen Bauernpartei ›Samoobrona‹ (Selbstverteidigung), Andrzej Lepper, aus der Regierung. Weitere Rausschmisse folgten, die ihren Höhepunkt in der Verhaftung eines Ex-Innenministers durch den Inlandsgeheimdienst vor laufenden Fernsehkameras fanden. Das Bündnis von rechten Saubermännern zerbrach an seinen eigenen unsauberen Machenschaften. War Polen vorher schon ökonomisch tief gespalten, vertieften sich in der PiS-Regierungszeit auch die kulturellen Gräben im Land.

## Polen heute

Zwei Jahre vor Ablauf der regulären Wahlperiode löste sich das Parlament Anfang September 2007 auf; der Weg für Neuwahlen war damit frei gemacht. Aus diesen ging im Oktober die wirtschaftsliberale, christlich-konservative Bürgerplattform (PO) mit dem Spitzenkandidaten Donald Tusk mit 41,5 Prozent der Stimmen als Sieger hervor. Zweitstärkste Kraft wurde die PiS, die mit 32,1 Prozent erneut in den Sejm einzog, während ihren ehemaligen Koalitionspartnern Samoobrona und Liga der polnischen Familien der Sprung über die Fünf-Prozent-Hürde nicht mehr gelang. Auf Platz drei folgte mit 13,2 Prozent das Bündnis von Linken und Demokraten, auf Platz vier mit 8,9 Prozent die gemäßigte Bauernpartei PSL. Mitte November 2007 wurde die Regierungskoalition aus PO und PSL unter Ministerpräsident Donald Tusk vereidigt. Im Parlament kann sie sich auf eine Mehrheit von 240 der insgesamt 460 Mandate stützen.

Im Monat darauf, am 21. Dezember 2007, wurde Polen vollwertiges Mitglied des Schengen-Abkommens: Pünktlich um 0 Uhr fielen an der deutsch-polnischen Grenze die Schlagbäume, seitdem entfallen die Grenzkontrollen. Und bereits seit Frühjahr 2007 steht fest: Polen wird 2012 gemeinsam mit der Ukraine die Fußballeuropameisterschaft austragen.

Als vorletztes Land der Europäischen Union unterzeichnete Polen im Oktober 2009 den Lissabon-Vertrag. Bis zuletzt hatte sich Staatspräsident Lech Kaczyński dagegen gesperrt, mit seiner Unterschrift den EU-Reformvertrag zu ratifizieren, der dem Europäischen Parlament größere Rechte einräumt und Schritte hin zu einer europäischen Verfassung beinhaltet. Ebenso ablehnend zeigte sich der Präsident gegenüber einer Politik der Wiederannäherung Polens an Russland.

Nichtsdestotrotz kam es im Frühjahr 2010 zum 70. Jahrestag des Massakers von Katyn zu einer Geste der Versöhnung. 1940 hatte der sowjetische Geheimdienst in einem Wald bei Katyn nahe Smolensk in Westrussland 22 000 Angehörige der polnischen Elite ermordet – Offiziere, Politiker, Priester und Intellektuelle. Am 7. April 2010 trafen am Gedenktag erstmals die Regierungschefs von Russland und Polen, Wladimir Putin und Donald Tusk, in Katyn zusammen, um sich am Ort des Verbrechens gemeinsam vor den Opfern zu verneigen.

Präsident Lech Kaczyńskis private Gedenkfeier mit Hinterbliebenen der Katyn-Opfer war drei Tage später geplant. Doch am Morgen des 10. April 2010 stürzte das Präsidentenflugzeug beim Landeanflug auf Smolensk ab. Unter den 96 tödlich Verunglückten befanden sich neben dem Staatspräsidenten und seiner Frau Maria Kaczyńska außerdem Polens Armeeführung, Staatssekretäre, Senatoren und ranghohe Geistliche, der Zentralbankchef Sławomir Skrzypek, der Präsidentschaftskandidat der Linken Jerzy Szmajdziński, die Kranführerin und Ikone der Solidarność-Bewegung Anna Walentynowicz, Vorsitzende von Opferverbänden sowie fast alle namhaften Politiker der Partei Recht und Gerechtigkeit (PiS).

Zentrale Persönlichkeiten der polnischen Elite waren in den Flugzeugtrümmern ums Leben gekommen, ausgerechnet in den Wäldern bei Katyn. »Das ist ein verfluchter Ort«, sagte Ex-Staatspräsident Kwaśniewski. Ganz Polen stand unter Schock, die Trauer war grenzenlos.

Die Amtsgeschäfte des getöteten Staatschefs übernahm gemäß der Verfassung vorläufig der Parlamentspräsident Bronisław Komorowski. Dem beliebten Politiker der Bürgerplattform (PO) werden zugleich die größten Chancen bei den nächsten Wahlen zum höchsten Staatsamt eingeräumt. Ursprünglich für Oktober 2010 anberaumt, sollen sie nun am 20. Juni 2010 stattfinden.

## Kultur und Gesellschaft

38,1 Millionen Menschen leben in Polen, davon etwa 1,4 Millionen in der Woiwodschaft Warmińsko-Mazurskie (Ermland-Masuren) und knapp 1,2 Millionen in der benachbarten Woiwodschaft Podlaskie (Podlachien) im äußersten Nordosten des Landes. Mit durchschnittlich 59 Einwohnern pro Quadratkilometer gehören die beiden Woiwodschaften zu den am dünnsten besiedelten Regionen Mitteleuropas.

Neben der geringen Bevölkerungsdichte kennzeichnet den Nordosten des Landes eine für Polen vergleichsweise große ethnische und religiöse Vielfalt. Viele Jahrhunderte lang lebten hier Polen, Litauer, Deutsche, Juden, Weißrussen, Russen und Tataren nebeneinander. Noch die Zweite Republik 1918 bis 1939 war ein Vielvölkerstaat; über ein Drittel der Bevölkerung zählte zu nationalen, ethnischen oder religiösen Minderheiten. Erst infolge des Zweiten Weltkriegs änderte sich dieses Bild. Holocaust, nazistischer Völkermord und nach dem Krieg schließlich Polens Westverschiebung mit Massenvertreibungen und Zwangsumsiedlungen ließen eine quasi homogene polnische Gesellschaft entstehen. Minoritäten spielten in der sozialistischen Republik keine Rolle mehr. Laut offizieller Propaganda gab es sie gar nicht.

Nach der Wende 1989 rückte die verbliebene kleine Schar nicht polnischstämmiger Staatsbürger Polens dann wieder ins Licht: Kaschuben an der Danziger Bucht, Karaimer, Roma und Lemken, Tataren in der Umgebung von Białystock sowie acht nationale Minderheiten, zu denen sich Tschechen, Slowaken, Armenier, Ukrainer, Deutsche in Schlesien und Ermland-Masuren sowie im nordöstlichsten Landeszipfel Litauer, Russen und Weißrussen zählen – insgesamt anderthalb Millionen Menschen. Seit 2005 schützt sie ein Minderheitengesetz.

Doch woher auch immer die Vorfahren ursprünglich einmal kamen, fast allen Polen gemeinsam ist der katholische Glaube. Es sind polenweit zwar 138 offizielle Kirchen und Glaubensgemeinschaften verzeichnet, aber 96 Prozent der Landesbevölkerung folgen dem römisch-katholischen Bekenntnis. Die restlichen vier Prozent verteilen sich überwiegend auf die russisch-orthodoxe Ostkirche, die mit etwa einer halben Million Gläubigen vor allem im Nordosten des Landes vertreten ist, und die evangelisch-augsburgische (lutherische) Kirche mit rund 85 000 Mitgliedern vor allem in den ehemaligen deutschen Gebieten. Ferner gibt es noch Pfingstler (etwa 17 000), Adventisten (10 000), Muslime (5000) und weitere 132 kleinere Glaubensrichtungen.

Dabei steht das religiöse Bekenntnis in Polen nicht nur auf dem Papier. Frömmigkeit und praktizierter Glaube sind für viele ein selbstverständlicher Bestandteil des alltäglichen Lebens. Die Kirchen werden gut besucht, dies nicht nur sonntags und erst recht nicht nur von den Älteren. Jugendliche Pilgergruppen, die betend und singend unterwegs zu einem Wallfahrtsort sind, gehören während der Sommerferien im Juli und August zum Straßenbild.

So wundert es nicht, dass man in Polen mehrheitlich konservativ denkt. Die Propagandisten der traditionellen ›drei Ks‹ – Kirche, Küche, Kinder – genießen Einfluss auf allen Ebenen. Doch auch die Gruppen, die für eine gleichberechtigte, säkulare, plurale Bürgergesellschaft eintreten, wachsen beständig. Sie finden sich eher in den Großstädten als auf dem Land, und außerdem mehr in den westlichen als in den östlichen Landesregionen.

## Die katholische Kirche in Polen

Seit dem Jahr 966, in dem der Polanen-Fürst Mieszko I. die Taufe empfing, bildet der Katholizismus ein wesentliches Element der polnischen Identität. Für die säkularisierten Teile der europäische Gesellschaften im dritten Jahrtausend nach Christus mag das zunächst einmal ungewöhnlich erscheinen. Doch ein Blick auf die besondere Geschichte Polens wird die große Bedeutung der katholischen Kirche erklären: Von Anfang an ging östlich der Oder der Aufbau staatlicher Strukturen mit der Christenmission einher. Im Jahr 1000 kamen in Gniezno (Gnesen) am Grab des heiligen Märtyrers Adalbert (Wojciech) der Herrscher des Römischen Imperiums, Kaiser Otto III., und der künftige erste polnische König Bolesław Chrobry zusammen.

*Madonnenskulptur*

*Sommerliche Pilgerprozession in Olsztyn*



Daraus resultierte die Gründung des Erzbistums Gnesen, mit Krakau, Kolberg und Breslau als Bischofsitzen – damit waren diese slawischen Lande kein dem Deutschen Orden unterstelltes Missionsgebiet mehr. Mit dem ›Akt von Gnesen‹ wurde das Fundament für einen christlichen Staat Polen gelegt. Die enge Verbindung zwischen Christentum, Kirche und polnischem Staat wurde seitdem nie wieder gelöst.

Seit jenen fernen Zeiten erfüllte das religiöse polnische Lebensgefühl außerdem der Marienkult. Mit den Versen der ›Bogurodzica‹ (Gottesgebärerin) auf den Lippen, einem der ältesten polnischsprachigen Marienlieder, zogen schon 1410 die Soldaten im polnisch-litauischen Heer in die Schlacht gegen die Deutschordensritter. Im 17. Jahrhundert, als Polen riesige Gebiete verlor und seine Großmachtstellung einbüßte, bildete sich dann eine spezifische polnisch-nationale Marienverehrung heraus. Sie leitet sich insbesondere vom Mythos von Częstochowa (Tschenstochau) ab, der von der wunderbaren Errettung des Klosters Jasna Góra (Leuchtender Berg) durch die heilige Muttergottes erzählt: 1655 belagerten im Zweiten Nordischen Krieg schwedische Truppen Częstochowa, wo das berühmte Bildnis der Schwarzen Madonna im Kloster viele Wunder vollbrachte. Nach 40 Tagen mussten die protestantischen skandinavischen Feinde trotz ihrer Übermacht die Belagerung abbrechen. Und wer anders als die wundertätige heilige Muttergottes hätte das wohl bewirken können? 1656 erhob König Jan II. Kazimierz die ›Matka Boska‹, die Muttergottes von Częstochowa, zur ›Königin von Polen‹ und unterstellte sein Land ihrem Schutz. Die Matka Boska wurde zum polnischen Nationalheiligtum.

Nur wenige Jahre später bezwang König Jan Sobieski 1683 die Türken vor Wien und ging als Retter des christlichen Abendlands in die Geschichte ein. Es bestand kein Zweifel mehr: Polen unter dem besonderen Schutz der Jungfrau Maria war das unumstößliche östliche Bollwerk der katholischen Christenheit. Noch im 17. Jahrhundert entstand die Gleichung ›Pole gleich Katholik‹; Glaube und Nation wurden eins.

Umso erschütternder wirkte darum im nächsten Jahrhundert die Katastrophe der drei polnischen Teilungen. Binnen kürzester Zeit, zwischen 1772 und 1795, verschwand Polen von den Landkarten, geschluckt von drei Großmächten, von denen zwei dem aus polnischer Sicht falschen Glauben anhingen: das protestantische Königreich Preußen und das orthodoxe russische Zarenreich. In der Teilungszeit zwischen 1795 und 1918, die von Unterdrückung und Leid gezeichnet war, wurde der Mythos von Częstochowa mit dem Gedanken der nationalen Erlösung verbunden. Die Muttergottes hatte Polen schließlich schon einmal vor seinen Feinden errettet, und sie würde es gewiss wieder tun. Im Pariser Exil veröffentlichte Adam Mickiewicz 1834 sein Versdrama ›Pan Tadeusz‹ (Herr Thaddäus), das zum polnischen Nationalepos avancierte. Denn in Mickiewicz' Kosmos führt das katholische Polen als Gottes auserwählte Nation den Kampf um die Erlösung der Welt an, der zugleich ein Kampf für die Befreiung Europas und Polens ist. In den Jahren des Heimatverlusts wurde die katholische Kirche zum Träger von patriotischen und freiheitlichen Gedanken und zum Stifter nationaler Identität. Polnischer Katholizismus, Patriotismus und Nationalismus wurden während der Teilungszeit im 19. Jahrhundert eins.

Während der deutschen Okkupation im Zweiten Weltkrieg kam im Widerstand ein Fünftel des polnischen Klerus ums Leben. Im Sozialismus entwickelte sich der katholische Glaube ein weiteres Mal zum Zeichen der Opposition. Man feierte Gottesdienste, lebte nach der strengen katholischen Moral und pflegte nationalreligiöses Brauchtum. 1953 wurde der Primas von Polen, Stefan Wyszyński, verhaftet und bis 1956 hinter Klostermauern verbannt. Wyszyński stieg zum Symbol der geistigen Gegnerschaft gegen das kommunistische Regime Polens auf.

## Kirche und Gesellschaft

1978 wählte das Konklave in Rom den Erzbischof von Krakau, Karol Wojtyła, zum neuen Papst. Die Religiosität in seinem Heimatland gewann damit eine neue Dimension: Der Pontifex, der den Namen Johannes Paul II. annahm, der Heilige Vater und Stellvertreter Gottes auf Erden – war ein Pole. Wojtyłas Wahl wurde zum Fanal für den Zusammenbruch des kommunistischen Ostblocks. Während der Besetzung der Danziger Lenin-Werft im August 1980 skandierten die Arbeiter nicht nur politische Parolen, sondern sie beteten, feierten heilige Messen und sangen Kirchenlieder.

Drei Jahrzehnte nach diesen dramatischen Ereignissen sehen viele Polen die mächtige Stellung der katholischen Kirche – eingedenk all ihrer historischen Verdienste – heute nicht mehr unproblematisch. Es herrscht ein Glaubenskrieg zwischen den fortschrittlichen emanzipatorischen Kräften und einer nicht weniger großen Schar nationalkatholischer Konservativer. Beispielhaft für die

*Wegekreuz in Masuren*

sehr konservativen Kräfte steht das aus Toruń funkende Radio Maryja, polenweit der wohl umstrittenste Radiosender, der mit teils fundamentalistischen Hasspredigten fünf Millionen Hörer erreicht. Gleichzeitig, und besonders seit dem EU-Beitritt 2004, öffnet sich die polnische Gesellschaft zusehends. Hatte 2005 der damalige Warschauer Oberbürgermeister Lech Kaczyński beispielsweise die bunte Gleichheitsparade der Lesben und Schwulen noch verboten, so zogen 2009 bereits mehrere tausend Teilnehmer durch die polnische Hauptstadt.

Das Aufeinandertreffen von Modernität und Traditionalismus verläuft keineswegs reibungslos. Mehr und mehr aber bahnt sich auch die Erkenntnis den Weg, dass Gottesglaube und die Realitäten einer pluralen, modernen Gesellschaft kein Widerspruch sein müssen. Das Kirchenjahr mit seinen hohen Festen – Ostern, Mariä Himmelfahrt, Allerheiligen, Weihnachten – spielt auch in den polnischen Großstädten noch eine bedeutende Rolle. Und spätestens wenn am heiligen Ostermontag zu ›Śmigus Dyngus‹ halb Polen baden geht, weil sich die Menschen mit Wassereimern, Wasserpistolen, Wasserbomben bespritzen, finden Gläubige wie Säkulare während der größten jährlichen Wasserschlacht wieder zusammen.

Die Tradition des Śmigus-Dyngus, auch ›Lany poniedziałek‹ (Nasser Montag) genannt, erinnert an die Taufe des polnischen Herrschers Mieszko I. und ist ebenso untrennbar mit Polen verbunden wie der Marienkult, der Nationaleintopf Bigos und der von Jung und Alt gleichermaßen verehrte, 2005 verstorbene Papst Johannes Paul II., Karol Wojtyła.

## Polnische Literatur

Zu den ältesten Manuskripten polnischer Sprache zählen die ›Heilig-Kreuz-Predigten‹ aus dem 14. Jahrhundert und das vermutlich schon aus dem 13. Jahrhundert stammende, 1407 aufgezeichnete Marienlied ›Bogurodzica‹ (Gottesgebärerin). Doch Schriftquellen auf polnisch aus jener Zeit sind rar – die gelehrte Welt schrieb in Latein. Erst im 16. Jahrhundert verhalfen der ›Vater der polnischen Literatur‹ Mikołaj Rej (1505–1569) und der Dichter Jan Kochanowski (1530–1584) muttersprachlichen Texten zum literarischen Durchbruch.

Im 17. Jahrhundert entstanden in der Blütezeit der Barockdichtung als bedeutende Werke unter anderem die allegorischen Schriften und historischen Poeme Wacław Potockis (1621–1696), die Liebeslyrik von Jan Andrzej Morsztyn (1613-1693) oder auch die Memoiren Jan Chryzostom Paseks (1636-1701), die die Welt des untergehenden Adels thematisierten. Vor dem Hintergrund zahlreicher Kriege und religiöser Auseinandersetzungen brachte die polnische Adelsrepublik im 17. Jahrhundert neben Tagebüchern außerdem eine große Zahl literarischer Briefe und politischer Traktate hervor.

In der Zeit der polnischen Aufklärung verfasste Adam Naruszewicz (1733–1796) neben Fabeln und Satiren erstmals eine Darstellung der polnischen Geschichte. Sein Zeitgenosse Ignacy Krasicki (1735–1801), Bischof im ermländischen Lidzbark Warmiński (Heilsberg), schrieb Komödien, Gedichte, Märchen, Satiren voll mit subtilem Humor, und er begründete mit ›Die Fälle des Mikołaj Doświadczyński‹ 1776 den polnischen Roman.

### Das lange 19. Jahrhundert

Nach den drei Teilungen von 1772, 1793 und 1795 existierte Polen nicht mehr. Gemeinsam mit dem Katholizismus wurde die Literatur identitätsstiftend für den Erhalt der polnischen Sprache, von Kultur und Nation. Im ›langen 19. Jahrhundert‹, wie man die Epoche der Teilungszeit 1795 bis 1918 nennt, entwickelten sich patriotische, religiöse und romantische Empfindungen zunehmend zu den stilprägenden Elementen der polnischen Literatur. Das berühmte ›Dreigestirn der Romantik‹ – Adam Mickiewicz (1798–1855), Juliusz Słowacki (1809–1849) und Zygmunt Krasiński (1812–1859) – wurde zum Verkünder eines polnischen ›Messianismus‹. So schrieb Mieckiewicz im Jahr 1832: »Denn das polnische Volk ist nicht gestorben; sein Körper liegt im Grabe und seine Seele wanderte aus der Erde, das heißt, dem öffentlichen Leben der Völker, in die Hölle, das heißt, dem Alltagsleben der Völker, die Sklaverei leiden im eigenen Lande und außerhalb, um ihr Leiden zu sehen. Aber am dritten Tag kehrt die Seele wieder zurück in ihren Körper, und das Volk wird auferstehen …« Zwischen dem Leidensweg Polens und dem Leidensweg Christi wurden sehr deutliche Parallelen gezogen. Mieckiewicz' 1834 erschienenes Werk ›Pan Tadeusz‹ wurde zum polnischen Nationalepos.

Nach der Niederschlagung des Januaraufstands 1863 entwickelte sich der literarische Positivismus als Gegenströmung zu den romantischen Heilsvorstel-

*Ignacy Krasicki, Bischof und Schriftsteller*

lungen. Man wendete sich wieder der Wirklichkeit zu, beobachtete sie und machte Texte daraus. Es entstanden bedeutende Gesellschaftsromane, wie die von Bolesław Prus (1847–1912) oder Władisław Reymont (1867–1925). Für sein vierbändiges Epos ›Die Bauern‹ wurde Reymont als zweitem Polen in der Literaturgeschichte 1924 der Nobelpreis verliehen. Der erste Pole, der den Nobelpreis für Literatur empfangen hatte, war 1905 Henryk Sienkiewicz (1846–1916). Seine spannenden Historienromane ›Feuer und Schwert‹ (1884), ›Die Sintflut‹ (1886) und ›Oberst Wołodyjowski‹ (1888), ›Quo Vadis‹ (1896) und auch ›Die Kreuzritter‹ (1900) waren zu diesem Zeitpunkt längst Bestseller und begeisterten, in zahlreiche Sprachen übersetzt, die ganze Welt.

Die künstlerische Moderne in Literatur, Musik und Kunst bahnte sich Ende des 19. Jahrhunderts unter dem Begriff ›Junges Polen‹ (Młoda Polska) ihren Weg. Der Name geht auf ein programmatisches Manifest des Schriftstellers Artur Górski (1870–1959) zurück, das sich gegen den literarischen Positivismus stellte. Herausragender Vertreter der jungen Strömung wurde der Dichter, Dramatiker, Maler und Designer, Regisseur und Nestor des modernen polnischen Theaters, Stanisław Wyspiański (1869–1907). Sein Stück ›Wesele‹ (Hochzeit) avancierte zu einem der beliebtesten Bühnenwerke seiner Zeit.

## Literatur im 20. Jahrhundert

Mit dem Aufbruchsgeist der Zweiten Republik entstand nach 1918 eine Vielfalt avantgardistischer Stile. Die Warschauer Gruppe ›Skamander‹ um Julian Tuwim (1894–1953) und Stefan Żeromski (1864–1925) verkündete ein ›Programm der Programmlosigkeit‹; die Literatur solle nicht länger eine Gefangene nationaler Belange sein. Die drei Exponenten der Krakauer Gruppe ›Awandgarda‹, Witold Gombrowicz (1904–1969), Bruno Schulz (1892–1942) und Stanisław Ignacy Witkiewicz alias Witkacy (1885–1939) stiegen zu den bedeutendsten Schriftstellern der polnischen Moderne auf.

Der Angriff Nazideutschlands 1939 und die Besetzung Polens machten diese junge Blüte zunichte. Witkacy nahm sich 1939 aus Verzweiflung das Leben. Bruno Schulz wurde 1942 im Drohobyczer Getto von einem Nazi erschossen. Zwei Drittel der Sammlungen der polnischen öffentlichen und privaten Bibliotheken wurden im Zweiten Weltkrieg vernichtet.

*Adam Mickiewicz, Dichter der Romantik*

1948 erschien der wohl berühmteste Roman der polnischen Nachkriegszeit: Jerzy Andrzejewskis (1909–1983) ›Asche und Diamant‹, der den Weg Polens nach 1945 in eine Diktatur beschrieb – 1958 wurde das Werk kongenial von Andrzej Wajda verfilmt. 1949 erklärte der polnische Schriftstellerverband den Sozialistischen Realismus zur künstlerischen Doktrin, und erst Stalins Tod vier Jahre später läutete wieder ein politisches Tauwetter ein. ›Tauwetterliteratur‹ nennt man bis heute die Werke der nachwachsenden Autoren-Generation. Zbigniew Herbert (1924–1998), Sławomir Mrożek (geb. 1930) und Tadeusz Różewicz (geb. 1921) sind nicht nur Helden der internationalen Literaturkritik, sondern sie feiern auch in den Buchläden große Erfolge. Stanisław Lem (1921–2006) nicht zu vergessen, der zu den ganz Großen der Science-Fiction-Literaturszene zählt.

Noch in der stalinistischen Eiszeit emigrierte Czesław Miłosz (1911–2004), 1951 zunächst nach Frankreich und 1960 in die USA. 1980 erhielt er den Nobelpreis für Literatur, weil er »mit kompromissloser Klarsicht der Stellung des Menschen in einer Welt von schweren Konflikten Ausdruck verleiht«, wie das Osloer Nobel-Komitee formulierte. 1996 wurde die Lyrikerin Wisława Szymborska mit dem vierten Literatur-Nobelpreis für Polen geehrt.

Weitere Frauen machen in der polnischen Gegenwartsliteratur auf sich aufmerksam: Olga Tokarczuk (geb. 1962) mit ihrem Debütroman ›Reise der Buchmenschen‹ (1993) und drei Jahre später ›Ur und andere Zeiten‹. Das Küken und Enfant terrible des aktuellen polnischen Literaturbetriebs, Dorota Masłowska ( geb. 1983), hält in ihrem an der Subkultur des Punk orientierten Erstlingswerk ›Schneeweiß und Russenrot‹ von 2002 und in ›Die Reiherkönigin‹ von 2005 der Warschauer Kulturschickeria einen Spiegel vor.

Den Spuren der Geschichte Danzigs folgen Pawel Huelle (geb. 1957) und Stefan Chwin (geb. 1949). Beide Schriftsteller wagen den Brückenschlag und stellen die Kontinuität der deutschen zur polnischen Geschichte Danzigs in ihren Romanen wieder her. Huelles ›Weiser Dawidek‹ (1987) und ›Schnecken, Pfützen, Regen und andere Geschichten aus Danzig‹ (1991) wurden in viele Sprachen übersetzt. Chwins Roman ›Hanemann‹ (1995), auf deutsch unter dem Titel ›Tod in Danzig‹ erschienen, brach ein Tabu und machte die wechselvolle Geschichte der Hansestadt auch unter Einbeziehung der Vertreibung der Deutschen in Polen wieder literaturfähig.

## Masuren zum Schmökern

### Ernst Wiechert (1887–1950)

*Ernst Wiechert*

Am 18. Mai 1887 wurde der große Schriftsteller Masurens, der die einsamen Wälder, kargen Sandergebiete und weiten Seen seiner Heimat in Worten verewigte, bei Piecki (Peitschendorf) im Forsthaus Kleinort (Piersławek) als Sohn eines Försters geboren. Von 1905 bis 1911 studierte Wiechert Philologie in Königsberg, war dort anschließend als Studienrat tätig und verfasste nebenbei Romane und Erzählungen. Literarischen Ruhm erlangte er indes erst 1932 mit seinem Roman ›Die Magd des Jürgen Doskocil‹. Zwei Jahre vorher war er bereits von Königsberg nach Berlin umgezogen und siedelte nun ins Oberbayerische über, wo er sich 1932 als Schriftsteller selbstständig machte. Wiecherts Bücher wurden zu Bestsellern, der populäre Autor zählte zu den meistgelesenen seiner Zeit. Seine Kritik am Nazi-Regime trug ihm 1938 eine zweimonatige Internierung im Konzentrationslager Buchenwald ein, anschließend stand er bis zum Untergang des Dritten Reichs unter Gestapo-Aufsicht. 1939 erschien sein Roman ›Das einfache Leben‹, in dem Wiechert ein Dasein fernab von Technik und Zivilisation in Harmonie mit der Schöpfung preist. Seine Haft in Buchenwald verarbeitete er anschließend im Roman ›Totenwald‹, bevor er 1940 mit der Arbeit zu seinem bekanntesten Werk, ›Die Jerominkinder‹, begann. Es erzählt die Geschichte von Jons Ehrenreich, dem jüngsten von sieben Kindern der armen Familie Jeromin, im entlegenen Dörfchen Sowirog zur Zeit der nationalsozialistischen Schreckensherrschaft. Ab 1948 lebte der bereits schwerkranke Schriftsteller in der Schweiz, wo er zwei Jahre später, am 24. August 1950, im Alter von 63 Jahren verstarb.

### Siegfried Lenz (geb. 1926)

Am 17. März 1926 erblickte der bedeutende Romancier und Erzähler in Lyck (Ełk) als Sohn eines Zollbeamten das Licht der Welt. Nach dem Notabitur 1943 kam er zur Kriegsmarine, überlebte die Versenkung des Schiffs ›Admiral Scheer‹, desertierte und geriet 1945 in britische Kriegsgefangenschaft. Anschließend nahm Lenz in Hamburg ein Studium der Philosophie, Anglistik und Literaturwissenschaft auf, schrieb für die ›Welt‹, wurde Nachrichten- und 1950 Feuilletonredakteur. Seit 1951 lebt er als freier Schriftsteller. 1955 erschien als dritte Prosaveröffentlichung das Bändchen ›So zärtlich war Suleyken‹ und machte augenblicklich Furore. Es erzählt von den liebenswerten kauzigen Einwohnern des fiktiven Dörfchens Suleyken, irgendwo zwischen masurischen Seen, Mooren und Kiefernwäldern: vom Füsilier Hamilkar Schaß, der den Krieg vergisst,

*Gedenktafel an Ernst Wiecherts Geburtshaus in Piersławek*

weil die Zwiebelernte gesünder ist; von Amadeus Loch, der ein ›Kilochen‹ Nägel braucht und deshalb eine Reise ›in die Ferne‹, nach der Kreisstadt Oletzko antritt, von Amerika, das man regelrecht ›grapschen‹ kann, seit es die Dampfeisenbahn gibt, vom Tantchen Arafa, dem Briefträger Zappka, Onkelchen Stanislaw Griegull und anderen Leutchen mehr, denen Siegfried Lenz mit seinen ›Masurischen Geschichten‹ ein literarisches Denkmal setzte. 1978 erschien der Roman ›Heimatmuseum‹, in dem Lenz den alten Herrn Zygmund Rogalla seine Lebensgeschichte erzählen lässt: von einer Kindheit in Masuren, von der Armut und der Schönheit des Landes, von zwei Weltkriegen, Flucht und Vertreibung – ein Blick zurück ohne Verklärung und zugleich ein Aufruf gegen jede Form politischer Instrumentalisierung Masurens und seiner Geschichte.

**Arno Surminski (geb. 1934)**

Der Sohn eines Stellmachers kam am 20. August 1934 im ostpreußischen Dörfchen Jäglack (Jegławki) nordwestlich vom Mamry-See zur Welt und blieb nach der Deportation seiner Eltern 1945 dort allein zurück. Zwei Jahre Lageraufenthalte in Brandenburg und Thüringen schlossen sich an, bis Surminski 1947 bei einer Familie in Schleswig-Holstein ein neues Zuhause fand. Nach seiner Lehre in einer Anwaltskanzlei und zwei Jahren Arbeit in kanadischen Holzfällercamps zog er 1962 nach Hamburg, bekam Arbeit bei einer Versicherungsgesellschaft und machte sich zehn Jahre später, nach ersten literarischen Erfolgen, als Wirtschaftsjournalist und Schriftsteller selbstständig. Viele von Surminskis mittlerweile fast 20 Romanen und Erzählungen spielen im alten Ostpreußen, beziehungsweise in Masuren. So sein erster, 1974 erschienener Roman ›Jokehnen oder Wie lange fährt man von Ostpreußen nach Deutschland?‹, das 1984 veröffentlichte ›Polninken oder Eine deutsche Liebe‹ und schließlich, als Abschluss der Ostpreußen-

*Arno Surminski*

Trilogie, ›Grunowen oder Das vergangene Leben‹, in dem sich der nunmehr 60jährige Romanheld Werner Tolksdorf an die alte masurische Heimat erinnert. Am bekanntesten ist Surminskis zum Schmunzeln verführendes Erzählbändchen ›Die Reise nach Nikolaiken‹, bei dessen Lektüre man beispielsweise erfährt, wie die Eisenbahn Einzug in Masuren hält und wie es Oma Kossak dabei ergeht.

**Marion Gräfin Dönhoff (1909–2002)**

Am 2. Dezember 1909 wurde die couragierte Publizistin und ›Zeit‹-Herausgeberin Marion Gräfin Dönhoff in Schloss Friedrichsstein bei Königsberg geboren. Von 1925 bis 1928 besuchte sie das Lyzeum in Potsdam, machte dort Abitur und begann 1931 in Frankfurt am Main ein Studium der Volkswirtschaft, das sie nach der Machtergreifung der Nationalsozialisten 1933 in Basel fortsetzte, wo sie zwei Jahre später auch promovierte. 1941 unternahm sie gemeinsam mit ihrer Cousine Sissi Lehndorff den legendären ›Ritt durch Masuren‹, dessen Eindrücke sie noch im selben Jahr für ihren Bruder Dietrich niederschrieb. Zusammen mit fünf weiteren Essays über die Menschen und die Geschichte Ostpreußens erschien der ›Ritt durch Masuren‹ 1962 unter dem Titel ›Namen, die keiner mehr nennt‹ als bewegendes zeitgeschichtliches Dokument. 1945 floh Marion Gräfin Dönhoff auf ihrem Fuchs Alarich aus Ostpreußen, wurde ein Jahr später Mitglied der ›Zeit‹-Redaktion, 1968 Chefredakteurin der ›Zeit‹ und 1973 deren Herausgeberin. 1988 erschien ihr Buch ›Kindheit in Ostpreußen‹, im Jahr darauf ihre ostpreußischen Erinnerungen ›Bilder, die langsam verblassen‹ und 1991 ihre Auseinandersetzung über ›Polen und Deutsche. Die schwierige Versöhnung. Betrachtungen aus drei Jahrzehnten‹. Am 11. März 2002 verstarb die Gräfin, die sich ihr Leben lang für die Würde und Freiheit des Menschen engagierte, im Alter von 92 Jahren.

*Marion Gräfin Dönhoff*

# Malerei

*Ausschnitt aus dem Gemälde ›Schlacht bei Grunwald‹ von Jan Matejko*

Malerei und bildende Kunst folgten über viele Jahrhunderte dem dominierenden europäischen Zeitgeschmack. Neben der im 16. Jahrhundert ins Land gebrachten italienischen Renaissancemalerei wirkten am Krakauer Königshof außerdem Nürnberger Künstler dieser Zeit, während sich vor allem im Norden und Westen des Landes ein Manierismus nach niederländischer Art etablierte. Im ›langen 19. Jahrhundert‹, als Polen von der Landkarte verschwunden war, entwickelte sich schließlich eine gänzlich eigenständige polnische Malerei. Von der literarischen Romantik inspiriert, widmete man sich insbesondere nationalhistorischen und heroischen Themen und vergewisserte sich damit seiner nationalen Zugehörigkeit. Mit Piotr Michałowskis (1800–1855) Darstellung des Kościusczko-Aufstands und allen voran dem berühmten Monumentalgemälde ›Schlacht bei Grunwald‹ von Jan Matejko (1838–1893), wird die Kunst ›eine Art Waffe‹, wie Matejko formulierte, die man nicht von der Liebe zur Heimat trennen dürfe.

In der Zeit des ›Jungen Polen‹ an der Wende zum 20. Jahrhundert entstand die moderne polnische Kunst. Mit einer Bildsprache, die kühn aus formalen Experimenten schöpfte, wurden der Matejko-Schüler, Schriftsteller, Dramatiker, Maler und Regisseur Stanisław Wyspiański (1869–1907) und Stanisław Ignacy Witkiewicz (1885–1939), Witkacy genannt, die herausragenden Exponenten der neuen Zeit. Während Wyspiański Ausdrucksformen des Symbolismus mit Elementen der Volkskunst verband – die Glas- und Wandmalereien in der Krakauer Franziskanerkirche zählen zu seinem bedeutenden Werk –, schuf Witkacy auf der Suche nach der ›reinen Form‹ ein umfangreiches surreal-expressives, nicht selten apokalyptisches Œuvre.

In den Nachkriegsjahren wurde die polnische Plakatkunst berühmt, eine ganz eigene Mischung von Gebrauchskunst und bildender Kunst, die sich führend vor allem mit den Namen von Henryk Tomaszewski (1914–2005) und Waldemar Świerzy (geb. 1931) verband. Heute knüpfen Vertreter einer jungen Plakatkünstler-Generation wie Piotr Młodożeniec (geb. 1956) und Marek Sobczyk (geb. 1955), an den Erfolg an. Jerzy Nowosielskis (gb. 1923) religiöse Kompositionen, Stillleben und Abstraktionen oder die Wandtextilien, Skulpturen und Installationen der Bildhauerin Magdalena Abakanowicz (geb. 1930), die abstrakten Gemälde und Installation von Leon Tarasiewicz (geb. 1957) oder Katarzyna Kozyras (geb. 1963) Videokunst sind in internationalen Galerien zuhause. Und auch die zeitgenössischen Künstler der jüngsten Generation, wie beispielsweise Monika Sosnowska (geb. 1972), Zbigniew Rogalski (geb. 1974) oder Rafał Bujnowski (geb. 1974) erregen auf polnischen und internationalen Kunstmärkten Aufmerksamkeit.

# Musik

Auf der ganzen Welt ist die Musik von Frédéric Chopin (1810–1849) bekannt. In den Kompositionen des großen Klaviervirtuosen, der als Fryderyk Franciszek Szopen in Żelazowa Wola das Licht der Welt erblickte, verschmelzen die Klänge seiner polnischen Heimat, die Volkstänze, Mazurkas und Polonaisen, mit den Neuerungen der europäischen Romantik. Sein 200. Geburtstag im Chopin-Jahr 2010 wird rund um den Erdball mit Konzerten und vielen Festivitäten begangen.

Als Schöpfer der polnischen Nationaloper ging Stanisław Moniuszko (1819–1872) in die Musikgeschichte ein. Gemeinsam mit Chopin ist er der Hauptvertreter der polnischen Romantik, und wie bei Chopin fließen auch bei Moniuszko zahlreiche Volksmusik-Elemente mit ein. Im 19. Jahrhundert wurde er mit der Vertonung von Gedichten von Adam Mickiewicz' zum gefeierten Komponisten in den Teilungsgebieten. Immer wieder griff die zaristische Zensur in sein Werk ein, und wiederholt wurden Opernaufführungen verboten. Zu einem umso größeren Triumph geriet darum 1858 die Uraufführung seiner tragischen Oper ›Halka‹. Und auch Moniuszkos Beisetzung 1872 in Warschau wurde zu einer politischen Manifestation.

Gleichermaßen als Komponist, Pianist und Politiker betätigte sich Ignacy Jan Paderewski (1860–1941). Er war 1919 polnischer Ministerpräsident und 1940 Präsident des Exilparlaments, und man rühmte Paderewski in Polen ferner als den neben Liszt größten Klaviervirtuosen aller Zeiten. Die Symphonie in h-moll ›Polonia‹ und die Oper ›Manru‹ gehören zu Paderewskis bekanntesten Kompositionen.

Als musikalischer Vertreter des ›Jungen Polen‹ (Młoda Polska) machte sich Karol Szymanowski (1882–1937) bereits früh einen Namen. Mit seinen Opern und Sinfonien wurde er zum Vater der musikalischen Moderne in Polen. Als einen der wichtigsten polnischen Komponisten des 20. Jahrhunderts nennt man ihn heute in einem Atemzug mit dem vielfach ausgezeichneten Komponisten und Dirigenten Witold Lutoslawski (1913–1994). Zu seinen Meisterwerken gehören ›Livre pour Orchestre‹ von 1968 und die 3. Symphonie, an der Lutoslawski zehn Jahre lang arbeitete.

*Frédéric Chopin*

Cluster und Viertelton-Frequenzdifferenzen katapultierten Krzysztof Penderecki (geb. 1933) in den 1950er Jahren an die Spitze der internationalen musikalischen Avantgarde. Postserielle Klänge, später auch eine Hinwendung zu vergangenen Formen, Stilen und

Harmonien machten Penderecki zu einem der ganz Großen der Zeit, gleichermaßen beliebt bei der Kritik wie beim Publikum. Mit dem Oratorium ›Dies Irae‹ zum Gedenken an die Opfer von Auschwitz, dem ›Polnischen Requiem‹ und ›Threnos – für die Opfer von Hiroshima‹ mahnte Penderecki außerdem eindrücklich die großen Katastrophen des 20. Jahrhunderts an.

Wer von polnischer Musik spricht, darf auch den Jazz auf keinen Fall vergessen. Legendär sind die Namen des Trompeters, Komponisten und Dixielanders Henryk Majewski (1936–2005), Krzysztof Komeda (1931–1969) oder des Free-Jazzers Tomasz Stańko (geb. 1942), der als einer der besten Jazztrompeter Europas gilt. Komeda, der in seinen Bands so berühmte Musiker wie Zbigniew Namysłowski, Michał Urbaniak und Jan Wróblewski um sich sammelte, machte sich außerdem als Filmmusikkomponist einen Namen; darunter Welterfolge wie Roman Polanskis ›Tanz der Vampire‹ und ›Rosemaries Baby‹.

## Film

1899 flimmerten in Łódź die ersten bewegten Bilder in Polen über die Leinwand. Seither absolvierte eine große Reihe anerkannter Regisseure die berühmte Łódźer Filmhochschule: Roman Polanski, Andrzej Wajda, Krzysztof Zanussi oder Krzysztof Kieślowski, um nur die ganz großen Meister zu nennen. Bereits als 25-Jährigem gelang Roman Polanski (geb. 1933) mit ›Zwei Männer und ein Schrank‹ ein erster Achtungserfolg. Ein Jahr nach seinem Durchbruch als Regisseur 1962 mit ›Das Messer im Wasser‹ verließ er Polen und übersiedelte 1968 in die USA. Dort drehte er Welterfolge: ›Tanz der Vampire‹, ›Rosemaries Baby‹ oder der gleich elfmal für einen Oscar nominierte Streifen ›Chinatown‹ machten Furore. Nach Polen kehrte Polanski erst mehr als drei Jahrzehnte später wieder zurück, um das Leben des Pianisten Władisław Szpilmann im Warschauer Getto zu verfilmen. 2003 wurde dem Regisseur, der seine Mutter in Ausschwitz verlor, und der selbst 1943 aus dem Krakauer Getto floh, für ›Der Pianist‹ der Oscar verliehen.

Die Filme von Andrzej Wajda (geb. 1926) beschäftigen sich mit dem Ringen um die Bewahrung der Menschenwürde auch unter schwierigsten Bedingungen. Seine Werke ›Asche und Diamant‹ (1958) nach dem Roman von Jerzy Andrzejewski, die Literaturverfilmungen ›Die Hochzeit‹ (1973) nach dem gleichnamigen Theaterstück Stanisław Wyspiańskis, ›Das gelobte Land‹ (1995) nach dem Roman von Władisław Reymont und die Monumentalverfilmung von Adam Mickiewicz' Nationalepos ›Pan Tadeusz‹ (1998) wurden für mehrere Generationen von Polen identitätsstiftend. Als ebenso erfolgreich erwiesen sich Wajdas internationale Produktionen wie ›Danton‹ mit Gérard Depardieu, Dostojewskis ›Dämonen‹ mit Isabelle Huppert und Omar Sharif oder ›Eine Liebe in Deutschland‹ mit Hanna Schygulla. Wajdas jüngster Film, ›Das Massaker von Katyn‹, der vom Massenmord des sowjetischen Geheimdiensts 1940 an polnischen Offizieren und Zivilisten handelt, startete 2009 in den Kinos. Bereits im Jahr 2000 wurde der große alte Meister des polnischen Films für sein Gesamtwerk mit einem Oscar geehrt. Das filmische Werk Krzysztof Zanussis (geb. 1939) zeichnet sich durch einen oftmals intellektuellen Charakter aus. Zahlreiche Ehrungen wurden dem

Regisseur dafür zuteil; unter ihnen Goldene Löwen der Filmfestspiele in Venedig 1984 für ›Das Jahr der ruhigen Sonne‹ und 2000 für ›Das Leben als eine geschlechtlich übertragene tödliche Krankheit‹.

Der 1988/89 gedrehte ›Dekalog‹ machte Krzysztof Kieślowski (1941–1996) quasi über Nacht weltbekannt: Es waren zehn Filme über den Umgang mit den Zehn Geboten zur Zeit des Kriegsrechts und des Solidarność-Verbots kurz vor dem Zusammenbruch des Ostblocks. Seine Trilogie ›Drei Farben‹, die um die Themen Freiheit, Gleichheit, Brüderlichkeit kreisen, rechnet die Filmkritik zu den bedeutendsten Produktionen in der Geschichte des europäischen Kinos. ›Drei Farben‹ stellt zugleich den Höhepunkt im Schaffen Kieślowski dar: ein Goldener Löwe 1993 für ›Drei Farben: Blau‹, ein Silberner Bär 1994 für ›Drei Farben: Weiß‹ und schließlich eine Oscar-Nominierung 1994 für ›Drei Farben: Rot‹. Zwei Jahre später, im März 1996, verstarb der Regisseur im Alter von nur 54 Jahren.

## Architektur

Ob der Kathedralhügel in Frombork oder die weltberühmte Marienburg, ob das Schloss der ermländischen Bischöfe in Lidzbark Warmiński (Heilsberg) oder die Ordensritterburg in Nidzica (Neidenburg): Das architekturhistorische Bild im nordöstlichen Polen ist von den backsteinernen Bauwerken der Zeit des Deutschen Ordens geprägt. Bereits im 12. Jahrhundert traten von Lübeck aus die roten Ziegelsteinbauten der norddeutschen Backsteingotik ihren Siegeszug im gesamten südlichen Ostseeraum an. Mit der Landnahme des Deutschen Ordens im Prußenland gelangten sie im 13. Jahrhundert auch in die ›Große Wildnis‹, wo an der ›Wildnisgrenze‹ gegen die Prußen ein Gürtel wehrhafter Ordensburgen zum Schutz der jungen Kolonistensiedlungen entstand.

Eine der ersten gemauerten Wehranlagen des Deutschen Ordens war die Burg Thorn, die den meisten weiteren Gründungen als Vorbild diente. Der Grundriss entsprach dabei in der Regel folgendem Muster. Ein quadratisches Konventshaus wurde wie ein Würfel mehrere Stockwerke hoch aufgebaut. Gewissermaßen ein Klosterhochhaus, das unter den Dachkronen ein Wehrgang umlief und das mit den für Ordensritterburgen typischen zierlichen Ecktürmen und einem mächtigen Wachturm befestigt war. Im Lauf der Jahrhunderte wurden die Ordensburgen erweitert, umgebaut, beschädigt, abgerissen oder geschleift, später wurden die Ruinen restauriert oder der Komplex insgesamt rekonstruiert. Deshalb sieht man heute nur noch selten eine Burg in ihrer ursprünglichen Gestalt.

Ebenso wehrhaft präsentieren sich die in der Ordenszeit im 13./14. Jahrhundert errichteten Gotteshäuser. Außen wirkt die schlichte backsteingotische Formensprache wuchtig, innen schmücken sie typischerweise schöne Netz- und Sternengewölbe. Dagegen stellt manche ermländische Wallfahrtskirche ein im ehemaligen Preußen äußerst seltenes und dafür umso eindrucksvolleres Juwel der Barockarchitektur dar. Allen voran gilt Święta Lipka (Heiligelinde) nahe den Großen Masurischen Seen als eines der schönsten sakralen Bauwerke Nordpolens. Nach ihrem Vorbild entwickelte sich für das Ermland im Barock der Typ einer von Laubengängen umzogenen Pilgerkirche.

Schlicht klassizistisch oder auch gründerzeitlich zeigen sich die historischen Stadtkerne im ehemaligen südlichen Ostpreußen. Sie sind nach typisch preußischer Art um ein ausgedehntes Marktgeviert mit gotischem Rathaus und im Hintergrund der Hauptkirche angelegt, auf das die Straßen mit meist zweigeschossigen Bürgerhäusern schnurgerade zulaufen. Manchmal sind auch noch die gotischen Stadttore und Überreste der mittelalterlichen Stadtmauern zu sehen.

Schlösser und Herrenhäuser wird man, im Vergleich zu Pommern und dem ehemaligen nördlichen Ostpreußen, in Ermland-Masuren dagegen weniger häufig finden. In dem traditionell von kleinbäuerlichen Strukturen geprägten Land mit mittleren bis teils sehr schlechten Böden gab es nur wenige hinlänglich vermögende Gutsherren. Die wenigen alten Adelsfamilien, von Dohna, Dönhoff, Lehndorff und Eulenburg, um die Berühmtesten zu nennen, verfügten deshalb über umso ausgedehntere Ländereien.

Auch wurde vieles von dem, was an herrschaftlichen Bauwerken existierte, entweder im Zweiten Weltkrieg zerstört oder kam anschließend im Sozialismus derart zu Schanden, dass eine Restaurierung heute viele Millionen verschlingen würde. Die Zukunft manch alten Prachtbaus ist deshalb immer noch ungewiss. Einige Bauten, wie Schloss Schönberg (Szymbark) bei Iława, sind schon lange Ruinen. Andere, so Schloss Dönhoffstädt (Drogosze) nördlich von Kętrzyn oder Schloss Steinort (Sztynort) am Mamry-See, warten dagegen noch auf ihre Rettung. Dritte wiederum, die überdauert haben, wurden mittlerweile sorgfältig restauriert und bieten seitdem vornehmlich Raum für Stiftungen, Institutionen und die gehobene Hotellerie.

Insgesamt brachte der Zweite Weltkrieg gewaltige Zerstörungen. Nach der Vertreibung der Deutschen fanden die polnischen neuen Siedler verbrannte Städte und Dörfer, die sie mühsam wieder aufbauen mussten. Die Folgen des Mangels an Baumaterial zur Zeit der Volksrepublik lassen sich teils heute noch an

*Das Bischofsschloss in Lidzbark Warmiński*

*Rekonstruierte Hausfassaden in Elbląg*

vielen Häusern erkennen, ebenso die neue Armut seit der marktwirtschaftlichen Öffnung. Indessen wurden die Gotteshäuser, die die mächtige katholische Kirche übernahm, sofort nach der Wende 1989 hingebungsvoll wiederhergerichtet und ausstaffiert. Doch mittlerweile erstrahlen auch die meisten anderen architekturhistorischen Zeugnisse in neuem Glanz. Alte Marktplätze sind vorbildlich restauriert, zerstörte oder verfallene Ordensburgen detailgetreu rekonstruiert, die schönsten Altstadtfassaden renoviert, und auch manches nachwendisch Neue, nicht selten im Retro-Look, bereichert inzwischen die Lande.

## Ermland-Masuren heute

Über viele Jahrhunderte hinweg litten das Ermland und besonders Masuren unter der Randlage – und tun es, nun als EU-Außenposten, noch heute. Nach wie vor ist die überwiegend landwirtschaftlich geprägte, kleinbäuerliche Region ein ökonomisches Sorgenkind. Die Woiwodschaft Warmińsko-Mazurskie zählt zu den ärmsten Landstrichen Polens. So herrlich auch die Natur – die Erde ist relativ unfruchtbar. Die Eiszeit bescherte Masuren im Süden Sand und im Norden Steine, eine bessere Bodenqualität findet man erst im Ermland. Erschwerend kommt für die in der Planwirtschaft einst privilegierten Bauern hinzu, dass unter dem marktwirtschaftlichen Druck die Preise vieler Agrarprodukte nicht einmal mehr ihre Erzeugerkosten decken. In den Jahren des Umbruchs nach 1990 setzte die Billigkonkurrenz der von der Europäischen Union subventionierten Nahrungsmittelimporte der postsozialistischen Landwirtschaft zu. Und selbst die EU-Mitgliedschaft seit 2004 lässt die polnischen Kleinbauern bisher eher bangen als hoffen. Denn bekanntermaßen profitieren eher die großen Betriebe und Argrarfabriken von den Brüsseler Argrarsubventionen. So könnte die Lage vieler polnischer Kleinbauern mittlerweile nicht dramatischer sein. Gleichwohl

*Auch das ländliche Masuren gibt es noch*

bildet die Landwirtschaft in Ermland-Masuren weiterhin vor Industrie und Tourismus den wichtigsten Wirtschaftszweig. Fast die Hälfte der gesamten Woiwodschaftsfläche wird landwirtschaftlich genutzt.

Dennoch vergrößert sich, wie überall in Polen, auch in Warmińsko-Mazurskie beständig die Kluft zwischen Stadt und Land. Wer jung ist, wandert auf Suche nach Ausbildung und Arbeit in die Stadt. Von den rund 1,4 Millionen Einwohner der Woiwodschaft leben mittlerweile über 60 Prozent in den Städten, darunter fast 300 000 Menschen in den einzigen beiden Großstädten, Elbląg und Olsztyn. Die größten Arbeitgeber der Region – der Reifenproduzent ›Michelin Polska‹, Möbelhersteller und Betriebe der Nahrungsmittelproduktion – sitzen in der Woiwodschaftshauptstadt Olsztyn, die mit der Universität von Ermland-Masuren, einem gut ausgebauten Dienstleistungssektor und vergleichsweise großem Kulturangebot die Metropole schlechthin im gesamten nordöstlichen Polen ist.

Und während die städtischen ›Leuchttürme‹ zulegen, wird das Land zunehmend abgehängt. Unter den Regionen Europas mit dem niedrigsten Bruttoinlandsprodukt bewegte sich Warmińsko-Mazurskie 2006 mit einem Index von 39,5 (EU-Durchschnitt=100) auf einem der hintersten Plätze. Die Erwerbslosenquote lag Ende 2009 bei über 20 Prozent und damit weit über dem Landesdurchschnitt (11,9 Prozent).

## Tourismus

Umso größer ist da die Chance, die der Tourismus bringt. Als ›Grüne Lunge Polens‹ ist Ermland-Masuren gleichsam ein Synonym für naturverbundenen Urlaub. Zwar ist die Saison nur drei bis vier Monate kurz, doch dank der herben Schönheit des ›Lands der dunklen Wälder und kristall'nen Seen‹ hat sich der

Fremdenverkehr längst zu einem relevanten Wirtschaftsfaktor entwickelt. Seit Generationen gelten die Seen und Wälder als beliebtes Reiseziel für Erholungssuchende, und seit der Wende 1990 wurden nun auch die Rahmenbedingungen für einen zeitgenössischen Fremdenverkehr geschaffen. Man investiert große Summen in die touristische Infrastruktur, wobei die einst sehr beliebten billigen Massenunterkünfte im Stil sozialistischer betrieblicher Ferienheime heute keine Rolle mehr spielen. Der Trend geht hin zu erlebnisorientierten Urlaubszentren mit allem Komfort. Es wird viel gebaut, neue Siedlungen und gelegentlich sogar ganze Ferienstädte entstehen, wie beispielsweise im vielbesuchten Örtchen Mikołajki an den Großen Masurischen Seen. Große Summen fließen außerdem in den Straßenbau. Sichtlich für jedermann haben sich der PKW- und mehr noch der Schwerlastverkehr, die sich durch die kleinen Ortschaften schieben, seit dem EU-Beitritt 2004 vervielfacht.

Dennoch wird das Naturerlebnis bei einer Reise in den Nordosten Polens auch weiterhin stets im Vordergrund stehen. Und nicht mehr nur ›Heimwehtouristen‹, sondern seit dem Fall des Eisernen Vorhangs auch mehr und mehr junge Menschen entdecken diesen herrlichen Teil Nordmitteleuropas für sich. Radfahren, Reiten und Wandern und natürlich Baden und Paddeln auf den unzähligen Gewässern gehören zu den beliebtesten Urlaubsvergnügen. Junge Deutsche reisen aus Gelsenkirchen, Flensburg, Garmisch oder Görlitz in das Land ihrer Urgroßeltern, und junge Polen aus Ermland-Masuren entschlüsseln die viele Jahrzehnte lang verdrängte preußische und deutsche Vergangenheit ihrer Heimat. Deutsch-polnische Städtepartnerschaften, literarische Klubs, kulturelle und historische Gesellschaften und Vereinigungen knüpfen an das Erbe des alten südlichen Ostpreußens an – ein gemeinsames Erbe, das es neben der herrlichen Natur zu pflegen und zu bewahren gilt.

*Hochsaison in Gdańsk*

## Ein kleiner Polen-Knigge

Die Polen – fröhlich, gesellig, kontraktfreudig, überaus gastfreundlich, kommunikativ – werden auch gerne die ›Italiener des Nordens‹ genannt. Wer also in Polen ein glänzendes Bild von sich abgeben möchte, sollte sich stets viel unterhalten, reden, debattieren, mit der Familie, mit Nachbarn, mit Freunden und Fremden. Dabei macht es nichts, wenn man nur zwei oder drei Worte Polnisch beherrscht. Fast jeder Pole ist sich darüber bewusst, dass er die mit Abstand schwierigste slawische Sprache spricht. Und deshalb dürfen ›Fremdlinge‹ jederzeit gerne Hände und Füße zuhilfe nehmen. Hauptsache, man versteht sich! Schon die einfachsten Wörter wie ›dziękuję‹ (danke), ›prozsę‹ (bitte), ›dzień dobry‹ (guten Tag) und ›do widzenia‹ (auf Wiedersehen) können Freude auslösen.

Englisch ist wie überall auf der Welt die gemeinsame Lingua Franca. Insbesondere wird sie von den jüngeren Leuten gesprochen, in Großstädten und in touristischen Regionen. In den nordpolnischen Urlaubsregionen spricht man außerdem gelegentlich Deutsch. Russisch wird nicht so gerne gehört.

Der konservativen polnischen Art sind der Handkuss und auch die respektvolle Anrede ›Herr/Frau‹ (Pan/Pani) plus Berufsbezeichnung‹ geschuldet. Jemanden wie im deutschen Sprachgebrauch üblich mit ›Herr/Frau plus Nachname‹ anzusprechen, wäre ausnehmend unhöflich. Wird man bekannter untereinander, aber steht sich noch nicht so nah, dass man sich das Du anbieten würde, hält das Polnische die elegante Lösung ›Pan/Pani plus Vorname‹ parat.

Dass man im katholischen Polen Kirchen und Wallfahrtsstätten in nicht allzu freizügiger Bekleidung besucht, versteht sich von selbst. Topless am Strand zu liegen wird ebenfalls nicht gerne gesehen. Die beiden jungen Frauen, denen die Polizei an der westpommerschen Ostseeküste 2008 wegen ›oben ohne‹ ein Bußgeld verpasste, sprach das Gericht in zweiter Instanz 2009 zwar wieder frei, weil Barbusigkeit am Strand ›weder ein Skandal noch ein öffentliches Ärgernis‹ sei. Aber um sich keine Unannehmlichkeiten einzuhandeln, ist es allemal besser, seine Blößen bedeckt zu halten.

*Korrekte Strandbekleidung wird auch von Touristen erwartet*

Trotzdem wäre sogar das noch verzeihlich. Nur bei zwei Dingen wird man in Polen auf regelrechte Missbilligung stoßen: Witze über den verstorbenen, zutiefst verehrten polnischen Papst Johannes Paul II. sind tabu, und außerdem hasst man es, diszipliniert in der Schlange stehen. Schlangen bilden war jahrzehntelang in der sozialistischen Mangelwirtschaft Tagesprogramm. Heute pflegt man vor Einlasskontrollen, Schaltern und Marktständen wieder die angestammte polnische Art, das heißt, man bildet fröhliche kommunikative Kontaktknäulchen – und ein jeder, der daran teilnehmen und ein bisschen mitreden möchte, sei's auch mit Händen und Füßen, ist dabei herzlich willkommen.

# Essen und Trinken

Eine für die polnische Küche typische, deutsch-polnische Speisekarte enthält der Sprachführer dieses Reiseführers (Seite 305). Selbstverständlich kann man in Polen heute gut – und meist recht deftig Essen gehen. Denn die sozialistischen Zeiten, als man in raren Valuta-Hotels stundenlang für ein bescheidenes Plätzchen am Resopaltisch anstehen musste, gehören schon lange der Vergangenheit an. An gastronomischen Einrichtungen besteht kein Mangel, und die Vielfalt reicht von eleganten Restaurants und urigen Speiselokalen verschiedenster Preislagen über Cafés und Bistros bis hin zu Fischräuchereien und Imbissbuden. Zur Freude der polnischen Feinschmecker findet man viele internationale Restaurants: Chinesische, griechische und italienische Küche wird angeboten, und sogar Döner-Kebab-Stände werden mittlerweile gesichtet. Da haben es ausländische Touristen, die gerne einheimische Spezialitäten für sich entdecken möchten, manchmal gar nicht so leicht. Für sie gilt die Faustregel: Je größer die Ortschaft, um so eher findet sich ein Restaurant mit ausgewiesen polnischer Küche. Auch in Hotelrestaurants werden polnische Köstlichkeiten neben internationalen Gerichten serviert.

Wer Lokale mit ›ostpreußischen‹ oder gar typisch ›masurischen‹ Delikatessen sucht, wird enttäuscht werden. Ostpreußen gibt es seit 1945 nicht mehr, und eine spezifisch masurische Küche gab es noch nie. So wie sich aber die Landschaft von Schleswig-Holstein bis Nordostpolen gleicht und die gleichen Früchte hervorbringt, so korrespondieren auch die Gerichte, die nordpolnische ähnelt also der norddeutschen Küche. Sie ist herzhaft, deftig, sauer, süß, salzig, in Nordpolen dazu um die altpolnische Tradition sowie Einflüsse der russischen Küche bereichert.

In der Speisenfolge gelangt am Anfang meist Suppe auf den Tisch, klassisch dabei entweder Barszcz (Rote-Rüben-Suppe) oder Żurek (Roggenmehlsuppe

*Auch Kebap-Buden gibt es mittlerweile in Masuren*

Land und Leute

*Sehr beliebt sind getrocknete Pilze*

mit Wursteinlage). Es folgt die Vorspeise, am typischsten Zakąska, das ist Hering in Öl, Sahne, Mayonnaise, Essig oder Aspik, gespießt, gerollt, geschnitten, gebraten, geräuchert, mit Gürkchen oder mit Zwiebeln. Bei den nachfolgenden Hauptgerichten dürfen zum allseits beliebten Fleisch frische oder getrocknete Pilze, eingelegtes Obst, Kartoffeln und Gemüse auf keinen Fall fehlen. An Fleisch wird am liebsten Schwein verspeist, zum Beispiel als Kotelett (Kotlet schabowy) mit gedünstetem Kohl oder als Braten mit Backpflaumen. Weitere berühmte Hauptgerichte sind Bigos (mit Weißkohl, Sauerkraut und Pflaumen gedämpftes Fleisch), Pierogi (herzhaft oder süß gefüllte Teigtaschen) und Gołąbki (Kohlrouladen). Sehr gerne gegessen werden auch Hähnchen oder Enten mit Äpfeln sowie als Beilage geröstete oder gebratene Buchweizengrütze (Kasza gryczana).

In Ermland-Masuren, zwischen Ostseehaff und den tausenden Seen, gehört natürlich auch Fisch auf die Speisekarte. Ob Aal, Hecht, Zander, Stör, Wels, Maräne, Forelle und vielerlei Köstlichkeiten mehr, stets kommt er fangfrisch auf den Tisch. Dabei wird sein Preis in der Regel nach dem Gewicht berechnet, egal ob im gehobenen Restaurant oder den allgegenwärtigen Schnellrestaurants und an den Imbissständen. Die zahlreichen Snackbars, Fischräuchereien und Imbissbuden sind vielleicht ohnehin das Typischste, mit dem die polnische Gastronomie aufwartet. Hat man eine gute Bude erwischt, kann es kaum etwas Schöneres geben, als in milder, würziger frischer Luft mit Blick auf den Sonnenuntergang über dem stillen See genüßlich einen frisch geräucherten Fisch im Brötchen zu verspeisen. Zum Essen wird normalerweise Piwo getrunken, ein kühles Bier, das in Polen vorzüglich ist. Wer es verträgt, trinkt außerdem Wodka, etwa ›Wyborawa‹, ›Polonaise‹ oder den mit Bison-Gras versetzten Wodka ›Żubrówka‹. Selbstverständlich sind auch überall Cola, Säfte und Woda mineralna (Mineralwasser) erhältlich.

Trinkgeld (Napiwek) ist im Preis inbegriffen. Andererseits zeigt es wie überall auf der Welt den Grad der Zufriedenheit an. Zehn Prozent sind die Regel, jede höhere Summe wird mit besonderer Freude entgegengenommen.

Die folgenden beiden Rezepte sollen einen kleinen Vorgeschmack auf die leckere Küche in Ermland-Masuren geben.

# Rezepte

## Hecht nach Hausfrauenart

Zutaten: 1 Kilogramm Hecht, 40 Gramm getrocknete Pilze, 100 Gramm Zwiebeln, 150 Gramm saure Gurken, 150 Milliliter Sahne, Salz, Pfeffer und Suppengewürze zum Abschmecken

Zubereitung: Den gesäuberten, ausgenommenen Hecht waschen und in Längsrichtung halbieren. Dann das Rückgrat entfernen und das Fleisch in Portionen zerlegen, mit den Gewürzen bestreuen und eine halbe Stunde lang kaltstellen. Währenddessen die Pilze waschen, in Streifen schneiden und garen. Anschließend in der Pfanne die Hechtstücke braten. Zwiebeln und Gurken klein schneiden und mit den Pilzen in die Pfanne hinzugeben. Zum Schluss die Sahne dazugießen und einen Moment ziehen lassen.

## Pflaumenknödel

Zutaten
Teig: 1 Kilogramm Kartoffeln, 300 Gramm Mehl, 1 Ei, Salz
Füllung: 500 Gramm Pflaumen, 40 Gramm Butter, Semmelbrösel, Salz und Zucker

Zubereitung
Die Kartoffeln waschen, schälen, spülen, mit siedendem Wasser übergießen und zugedeckt kochen. Dann abgießen, abkühlen lassen, durch den Fleischwolf drehen, mit dem gesiebten Mehl und den Eiern mischen, salzen, den Teig durchkneten, aufteilen, eine Stange von 1,5 Zentimetern Durchmesser ausrollen, in Stücke schneiden, plattdrücken, Obst darauflegen und Kugeln formen. In siedendem Salzwasser kochen. Nach dem Kochen herausnehmen, mit Zucker bestäuben und mit den in Butter gebräunten Semmelbröseln übergießen.

Viel Spaß beim Nachkochen und smacznego! Guten Appetit!

*Restaurants in Olsztyn*

# Wasserwandern in Masuren

Zu Recht ist der Nordosten Polens bei Wasserwanderern berühmt. Das Land der kristallenen Seen und tiefdunklen Wälder ist ein Paradies für Segler, Paddler und Kanuten. Mehr als 3000 durch Kanäle und Flüsse miteinander verbundene Seen laden auch Ungeübte zum Ausprobieren ein, da die Gewässer in der Regel gefahrlos befahrbar sind. Nirgends treten größere Strömungen auf, die Flüsse sind seicht, und selbst bei größeren Touren muss das Boot selten einmal über Land getragen werden.

Den Paddlern bietet sich bei der Routenplanung darüber hinaus der Vorteil, keine Rücksicht darauf nehmen zu müssen, in welcher Richtung eine Strecke befahren wird. Bei großen Seen sollte man bedenken, dass eine Überquerung womöglich eine ungewohnt lange Strecke bedeutet. Im Zweifelsfall empfiehlt es sich, in Ufernähe zu bleiben. Gewitter und wechselnde Winde insbesondere auf den Großen Masurischen Seen verursachen Wellen, die ein Boot zum Kentern bringen können. In Ufernähe, vor allem am östlichen Ufer des Jezioro Niegocin (Löwentinsee), Jezioro Dargin (Dargainensee) und Jezioro Śniardwy (Spirdingsee) muss man auf Steine achten, die sich dicht unter dem Wasserspiegel befinden.

An den bevorzugten Paddelrouten unterhält die **Polnische Gesellschaft für Touristik und Landeskunde** (PTTK) in regelmäßigen Abständen Wasserstationen, die Verpflegung, Unterkunft im festen Haus und auf einem angeschlossenen Zeltplatz bieten. In der Hochsaison im Juli und August sind sie meistens restlos ausgebucht.

Auch beim Wassersportgeräteverleih, den die meisten PTTK-Wasserstationen, die großen Wassersportzentren beispielsweise in Giżycko und Ruciane-Nida sowie zahlreiche private Unternehmen betreiben, kann es an heißen Sommertagen einmal zu Engpässen kommen, weshalb es sich empfiehlt, rechtzeitig anzufragen. An den PTTK-Stationen besteht die Möglichkeit, sein Leihboot an einer anderen

*Auf der Krutynia bei Ukta*

*Paddler in einer Schleuse*



PTTK-Station abzugeben, ohne es zurückbringen zu müssen. Viele Unternehmen bieten auch einen Rücktransport von Boot und Insassen zum Ausgangspunkt der Paddelstrecke an.

Ist man länger als einen Tagesausflug unterwegs, darf der Regenschutz nicht fehlen, sowohl für sich selbst als auch für alles andere, was nicht nass werden soll, wie etwa Zelt, Schlafsack und Bekleidung für kühlere Abende.

Die bekannteste unter den mannigfaltigen Paddelwanderungen, die **Krutynia-Tour**, führt insgesamt zehn bis zwölf Tage über die Krutynia und die rund 20 Seen, die das romantische Flüsschen durchzieht. Sie beginnt an der PTTK-Station in Sorkwity westlich von Mrągowo und endet nach etwa 100 Kilometern quer durch die grünen Wälder des Masurischen Landschaftsparks in Ruciane-Nida. Unterwegs bieten Wasserstationen bei den Dörfchen Bieńki, Babięta, Spychowo, Zgon, Krutyń, Ukta, Nowy Most und Kamień Versorgungs- und Unterkunftsmöglichkeit. In Krutyń und Ukta kann man sich außerdem einen kleinen Streckenabschnitt über die Krutynia staken lassen (zur Krutynia siehe Seite 234).

Ebenfalls eine beliebte Paddelstrecke ist die in zehn bis elf Tagen zu bewältigende **Czarna-Hańcza-Tour** im Nordosten Polens. Start- beziehungsweise Endpunkt der Tour ist die PTTK-Station in Augustów am Necko-See. Über den Augustów-Kanal und die durch ihn verknüpften Seen geht es auf der Czarna Hańcza in die urwüchsige Puszcza Augustowska hinein, durch die sich der Fluss Richtung Wigry-Nationalpark hindurchwindet bis zur PTTK-Station bei Stary Folwark am schönen Wigry-See. PTTK-Versorgungsstellen auf der insgesamt 150 Kilometer langen Tour finden sich unterwegs in der Einsamkeit bei den Flekken Wysoki Most, Frącki, Jałwoi Róg, Płaska, Swoboda und Gawrych Ruda.

Mit sechs Tagen etwas kürzer ist die **Rospuda-Tour**, die in Augustów endet. Sie startet im nordöstlichsten Winkel Polens bei Czarne am Ostufer des Rospuda-Sees südöstlich von Gołdap. Von dort geht es auf dem Rospuda-Fluss durch Seen und einsame Natur über 72 Kilometer nach Augustów am Rand der Puszcza Augustowska.

Östlich der Großen Masurischen Seen ist außerdem die **Szwałk-Wielki–Ełk-Route** beliebt. Vom Örtchen Czerwony Dwór am Szwałk-Wielki-See mitten im Urwald der Puszcza Borecka paddelt man auf dem Flüsschen Ełk über 50 Kilometer durch Seen und wundervolle Natur südwärts zur Stadt Ełk.

An der westmasurischen Seenplatte gerne unternommen werden als Tagesausflug die **Paddelfahrt von Ostróda am Drwęckie-See zur PTTK-Station in Stare Jabłonski** sowie als mehrtägige Unternehmung die **Ostróda–Miłomłyn–Iława-Tour**, die auch über den längsten polnischen See, den landschaftlich zauberhaften Jezioro Jeziorak (Geserichsee) im Landschaftspark Iława-Seenplatte führt. Wer weiter möchte, kann an der Schleuse bei Miłomłyn in den Iława-Ostróda-Kanal einbiegen und weitere 80 Kilometer bis nach Elbląg und weiter zum Frischen Haff zurücklegen.

Zahlreiche Reiseveranstalter bieten geführte organisierte Wasserwanderungen an. Darunter die PTTK, in deren Zentralen in Olsztyn und Suwałki man auch allgemeine Informationen zu den Bootstouren erhält:

**PTTK Warmińsko-Mazurski,** ul. Staromiejska 1, 10-950 Olsztyn,
Tel./Fax 0048/(0)89/5273665, www.mazury.pttk.pl.

**PTTK, Oddział w Suwałkach,** ul. Kościuszki 37, 16-400 Suwałki
Tel. 0048/(0)87/5665961, Fax 5667947, www.suwalki.pttk.pl.

## Wandertouren durch Masuren

Für Wanderfreunde bieten die Wälder Masurens und der Suwalszczyzna herrliche Möglichkeiten. Die Bandbreite reicht vom kleinen Spaziergang auf ausgebauten Wegen entlang der Seeufer bis hin zu mehrtägigen Wanderungen durch völlig unberührte Urwaldregionen.

Touristisch gut erschlossen sind in der Regel die Gebiete nahe der großen Urlauszentren: an der **Westmasurischen Seenplatte** beispielsweise Iława, von wo aus markierte Wege durch den Landschaftspark Iława-Seenplatte führen; oder an den **Großen Masurischen Seen** Węgorzewo, Giżycko, Ruciane-Nida und Pisz, mit Wegekennzeichnungen durch den Masurischen Landschaftspark und die Puszcza Piska. Vielzählige Routenvorschläge, Wanderkarten und Prospektmaterial halten die jeweiligen örtlichen Touristeninformationen parat.

Ganz anders sieht es in der **Puszcza Romincka** aus. Die unberührte Waldwildnis im äußersten Nordosten Polens lieg größtenteils bereits auf dem – früher hermetisch abgeriegelten – russischen Gebiet des Oblast Kaliningrad und gilt vielen Outdoor-Fans als einer der ursprünglichsten Wälder Mitteleuropas. Für manchen stellt es möglicherweise einen besonderen Nervenkitzel dar, die heute kaum noch erkennbare Grenze zum Kaliningrader Gebiet zu überschreiten – nur erwischen lassen sollte man sich dabei besser nicht. Der illegale Übertritt in den Oblast Kaliningrad kann schlimmstenfalls mehrere Jahre Gefängnisaufenthalt nach sich ziehen! Ohnehin bieten sich in der Puszcza Romincka viel schönere Abenteuer, beispielsweise die Fotosafari nach seltenen Tieren und Pflanzen. Auf jeden Fall darf cin guter Feldstecher im Rucksack nicht fehlen.

*In der Puszcza Augustowska*

Die **Puszcza Augustowska**, die sich östlich von Augustów bis zur weißrussischen Grenze erstreckt, ist das größte zusammenhängende Waldgebiet Polens. Ihren Norden nimmt der märchenhafte **Wigry-Nationalpark** ein, im Süden schließt sich der **Biebrza-Nationalpark** mit dem größten Sumpfgebiet Mitteleuropas an. Eine gute Ausrüstung einschließlich Kompass ist empfehlenswert, zumal wirklich präzise Karten immer noch selten sind. Neben der mitgenommenen Verpflegung hängt der Speisezettel von der Jahreszeit ab. Am abwechslungsreichsten ist er im Frühherbst, wenn sich Wildfrüchte, Beeren, Wurzeln und frische Pilze mit den noch üppig wuchernden ›Blattsalaten‹ zu köstlichen Mahlzeiten kombinieren lassen. Bei den meisten Touren lohnt es sich, eine kleine Angel im Gepäck zu haben (und natürlich die Angelerlaubnis, siehe Seite 308). So wird, wer mit ausreichender Kondition und einer geeigneten Ausrüstung eine mehrtägige Wanderung durch die Puszcza Augustowska unternimmt, unvergleichliche Eindrücke mit nach Hause nehmen.

Und wer noch weiter möchte: Der polnische Abschnitt des **Fernwanderwegs E9**, der von der französischen Atlantikküste über die Nordseeufer zur Ostsee bis nach Sankt Petersburg führt, verläuft über 537 Kilometer von Świnoujście (Swinemünde) auf Usedom an der Ostseeküste entlang bis Braniewo.

Auf dem **Fernwanderweg E11** wandert man von den Niederlanden durch das deutsche Tiefland, die pommersche und die masurische Seenplatte hinauf ins Baltikum, wobei die polnische Wegstrecke 1149 Kilometer misst und östlich von Suwałki beim Grenzübergang Ogrodniki/Lazdijai endet.

Reizvolle Abstecher auf dem Weg nach Masuren sind die alte Stadt Toruń, die Marienburg, das einstige Machtzentrum des Deutschen Ordens, und natürlich ein Besuch der ›Königin der Ostsee‹, Gdańsk.

# Auf dem Weg nach Masuren

## Weichselniederung und Danziger Bucht

1047 Kilometer muss die Weichsel (Wisła) auf ihrem Weg vom Gebirgszug der Schlesischen Beskiden herab bis zur Mündung in die Danziger Bucht zurücklegen. Dabei durchbricht sie auf der Höhe von Bydgoszcz (Bromberg) den Baltischen Höhenrücken, biegt nach Norden ab und nimmt ihren Weg durch die weite Niederung, der sie ihren Namen schenkt.

Ab dem 16. Jahrhundert wurde der damals sumpfige untere Weichsellauf von mennonitischen Glaubensflüchtlingen aus Holland entwässert. Gegen die alljährlichen Überschwemmungen nach der Frühjahrsschneeschmelze bauten sie Dämme und Deiche, legten die Sümpfe trocken und gewannen dem Land durch ein ausgeklügeltes System von Schleusen, Kanälen und Entwässerungsgräben wertvollsten Boden ab. Gelegentlich erinnert noch eine der meist leider verfallenen alten Holländerwindmühlen im Niederungsland an die fleißigen Kolonisten. Ebenfalls charakteristisch für die Region sind die hier und da noch erhaltenen traditionellen Vorlaubenhäuser der Bauern, deren Größe vom Wohlstand ihrer Bewohner spricht: Stützpfeiler tragen große, weit über das Erdgeschoss hervorragende Vorbauten, unter denen die hochbeladenen Erntewagen solcherart einfuhren, dass das Getreide durch eine Luke hindurch direkt in den Speichervorbau umgeladen werden konnte. Die fetten schwarzen Äcker der Weichselniederung (Żuławy Wiślane) zählen zu den fruchtbarsten Nordpolens.

Zahlreiche Burgen und historische Städte am Unterlauf des Stroms künden von einer reichen Vergangenheit, darunter die alte Stadt **Toruń** (Thorn), die seit 1997 zum Weltkulturerbe der Menschheit zählt, und Malbork im Kernland des einstigen Ordensritterstaats, wo sich die weltberühmte **Marienburg** erhebt: ehemals Hochmeistersitz des Deutschen Ordens und zugleich größte Backsteinburg Europas. Majestätisch thront die Feste über der Nogat, dem rechten Mündungsarm der Weichsel, die hier bereits ein beeindruckendes Delta ausformt. An der Nogat verlief einst die Grenze zwischen West- und Ostpreußen. Darüber hinaus bildete ihr Verlauf von 1920 bis zum Ausbruch des Zweiten Weltkrieges die Grenze zwischen Deutschland und der Freien Stadt Danzig, während südlich davon die Weichsel als Grenze zwischen Deutschland und Polen fungierte. Heute trennt die Nogat die westliche Woiwodschaft Pomorze (Pommern) von der östlichen Woiwodschaft Warmia-Mazury (Ermland-Masuren).

Weite Äcker, Obst- und Gemüseplantagen, Getreide- und Rapsfelder, Kanäle, blühende Feuchtwiesen und schöne Alleen begleiten den mächtigen Hauptarm der Weichsel, der östlich von Gdańsk bei Mikoszewo in die Ostsee einfließt. 1895 wurde für die künstliche Einmündung das letzte Hindernis aus dem Weg gesprengt. Seitdem strömen die Wassermassen durch diesen kanalisierten Durchstich ins Meer, während der alte Flussarm, die Tote Weichsel (Martwa Wisła), westlich davon ihrer Mündung entgegenstrebt. An den Ufern der Toten Weichsel erbaute man einst den Hafen von Danzig – der 1000-jährigen prachtvollen Hansestadt, der wiederauferstandenen Architekturperle und Königin der Ostsee. Ein Besuch von **Gdańsk** (Danzig) zählt unzweifelhaft zu den Höhepunkten jeder Reise durch das nördliche Polen. Um mit den Worten Papst Johannes Pauls II. zu sprechen: »Mit Danzig gut anzufangen, heißt gut zum Ende zu kommen.«

▲ Karte S. 85

Die Weichselniederung

# Toruń

Anders als die meisten Städte im Norden Polens hat die prachtvolle alte Hansestadt an der mittleren Weichsel sämtliche Kriege, die im Verlauf ihrer 800-jährigen Geschichte über sie hinwegzogen, einem Wunder gleich nahezu unbeschadet überstanden. So schmückt sich die Altstadt heute noch mit den majestätischen Backsteinkirchen, Speichern, Türmen, Toren und aufwändig gestalteten Bürgerhäusern. Sie entstanden vorwiegend in der über vier Jahrhunderte währenden Blütezeit Toruńs (Thorn) nach dem 13. Jahrhundert und verwandelten die Stadt in ein architekturhistorisches Kleinod. Mit rund 350 Bauwerken bildet Toruńs historisches Zentrum das polenweit größte und am besten erhaltene mittelalterliche Stadtensemble und gehört seit 1997 zum UNESCO-Welterbe. Bereits mit der Eröffnung der Nikolaus-Kopernikus-Universität im Januar 1946 wurden die altehrwürdigen Gemäuer um ein pulsierendes junges Kunst-, Kultur- und Nachtleben bereichert, so dass in der heute über 200 000 Einwohner zählenden Stadt stets eine quicklebendige Atmosphäre herrscht.

Berühmtester Sohn der Stadt ist der Astronom Nikolaus Kopernikus, der am 19. Februar 1473 in der heute nach ihm benannten Straße im historischen Zentrum das Licht der Welt erblickte. Nicht nur berühmt, sondern auch äußerst wohlschmeckend sind die Thorner Kathrinchen, Lebkuchen, die man überall in der Altstadt erstehen kann.

▲ Karte S. 88

## Geschichte

Im Jahr 1231 entstand Thorn als erste Befestigung der Deutschordensritter im Kulmer Land, bereits zwei Jahre später erhielt die Siedlung, die sich zu ihren Füßen entwickelte, das Stadtprivileg. Infolge verheerender Überschwemmungen wurden Burg und Ort 1236 an die heutige Stelle acht Kilometer stromaufwärts nach Osten verlegt. Am Kreuzpunkt bedeutender Handelsstraßen und dank der strategisch günstigen Lage entwickelte sich Thorn schnell zum Sammelpunkt der Ordensritter für die Eroberungszüge im heidnischen Prußenland und darüber hinaus zum gewichtigen Handelszentrum. Von Thorn aus wurde die Handelsschifffahrt auf der Weichsel kontrolliert. 1280 trat die Stadt folgerichtig dem Hansebund bei und stieg bis zum 15. Jahrhundert zur höchsten Blüte auf. In die Weltgeschichte eingegangen ist sie durch den Ersten Thorner Frieden 1411 zwischen dem Doppelkönigreich Polen-Litauen und dem Deutschordensstaat, sowie durch den Zweiten Thorner Frieden zwischen dem Preußischen Bund und den Deutschrittern, der 1466 im Artushof zu Thorn unterzeichnet wurde. Zusammen mit Danzig spielte die selbstbewusste, mächtige Stadt die wichtigste Rolle im Krieg des Preußi-

*In der Altstadt von Toruń*

*Blick auf die Altstadt*

schen Bunds gegen den Ordensstaat: Im März 1440 trat Thorn dem Preußischen Bund bei, und im Februar 1454 schleiften Thorner Bürger die örtliche Ordensburg. 1466, am Ende des Dreizehnjährigen Kriegs, der den Niedergang der Deutschritter besiegelte, ließ sich die Stadt – nun Teil Königlich Preußens unter der polnischen Krone – vom polnischen König zahlreiche Privilegien in Politik, Wirtschaft und Handel zusichern, wodurch sich ihr Wohlstand abermals mehrte. Erst die Besetzung durch schwedische Truppen im Zweiten Schwedisch-Polnischen Krieg von 1655 bis 1658 stoppte den ungebrochenen Aufschwung. Dicht hintereinander folgten weitere Kriege, die den Niedergang einläuteten, und die endgültige Zäsur brachte die Zweite Polnische Teilung 1793. Thorn wurde eine Stadt im Königreich Preußen, mit einem fortan abgeschnittenen, da russischem Hinterland. Bis auf die Jahre von 1807 bis 1815, als sie dem von Napoleon erschaffenen Herzogtum Warschau zugeschlagen wurde, blieb sie bis 1920 Teil Preußens. Danach gelangte Thorn getreu den Buchstaben des Versailler Friedensvertrags an Polen und lag bis zum Überfall Deutschlands auf Polen 1939 zwischen dem deutschen Reichsgebiet und Ostpreußen im so genannten ›polnischen Korridor‹.

Am 7. November 1939 marschierte die deutsche Wehrmacht in der alten Hansestadt ein, die bei ihrer Befreiung 1945 wie durch ein Wunder weitgehend unzerstört blieb. Seit Dezember 1997 steht das prächtige historische Zentrum von Toruń in der UNESCO-Liste des schützenswerten Weltkulturerbes der Menschheit. Seit 1999 ist die Stadt Landtagssitz der Woiwodschaft Kujawsko-Pomorskie (Kujawien-Pommern).

## Rund um den Altstädtischen Markt

Das heutige historische Zentrum von Toruń, das am Weichselufer noch mittelalterliche hohe Backsteinwehrmauern umziehen, bestand ursprünglich aus drei selbstständigen, 1454 zusammengelegten Städten: der **Altstadt (Stare Miasto)** rund um den Altstädtischen Markt, in der überwiegend die Handelsbürger und Kaufleute lebten, der **Neustadt (Nowe Miasto)** mit dem Neustädtischen Markt

*Die Reste der Ordensburg in Toruń*

im Mittelpunkt, wo sich vor allem die Handwerker niederließen, und schließlich der **Deutschordensburg** an der Grenze zwischen Altstadt und Neustadt, die sich heute als malerische Ruine über dem Weichselufer erhebt.

## Altstädtisches Rathaus

Größter und zentraler Platz in der Altstadt ist der Altstädtische Markt (Rynek Staromiejski), in dessen Herz sich das Altstädtische Rathaus (Ratusz Staromiejski) erhebt, einer der monumentalsten

Rathausbauten des Mittelalters in Polen. 1247 begannen die Bauarbeiten mit der Errichtung eines freistehenden Glockenturms, um 1250 folgten in unmittelbarer Nachbarschaft Brotbänke und Kaufbuden, 1259 daneben die Markt- und Tuchhallen, 1279 eine öffentliche Waage und 1385 die Aufstockung des Glockenturms auf 40 Meter Höhe. Den Glockenturm kann man besteigen und von oben eine herrliche Aussicht auf die Dächer Toruńs genießen. Unter Einbeziehung aller dieser Gebäude entstand im Jahr 1393 auf genau 52,6 Meter mal 43,93 Meter eine backsteinerne Vierflügelanlage mit weitläufigem Innenhof, die der flämische Baumeister Anthony van Obbergen im 17. Jahrhundert erweiterte, aufstockte und um Dekorationen im niederländischen Manierismus bereicherte. Und so steht das Altstädtische Rathaus, das viele für eines der schönsten gotischen Bauwerke in Polen halten, bis heute da: einst Zentrum von Handel, Verwaltung und städtischer Wirtschaft, gegenwärtig größtenteils **Bezirksmuseum** mit dem sehenswerten alten Gerichtssaal im Nordflügel und der Bürgerhalle im Westflügel, einer Galerie gotischer Kunst, Sammlungen mittelalterlicher Münzen, Sakralkunst der Stadt vom 16. bis 18. Jahrhundert und polnischer Malerei von Mitte des 18. bis Anfang des 20. Jahrhunderts, außerdem Ausstellungen zu Stadtgeschichte und Kunsthandwerk, die Präsentation eines kleinen Gold- und Silberschatzes, den man 1961 bei Ausgrabungen beim Örtchen Skrwilno fand, sowie in der Königshalle einer Porträtgalerie polnischer Könige und in der Bürgerhalle Porträts bedeutender Stadtbürger, darunter natürlich auch das Bildnis von Nikolaus Kopernikus.

*Das Rathaus von Toruń*

## ■ Haus zum Stern

Den Altstädtischen Markt umgibt ein stattlicher Reigen von im Kern gotischen Bürgerhäusern, von denen manche später im Renaissance- oder Barockstil umgestaltet wurden. Unter ihnen fällt an der Ostseite des großen, fast quadratischen Platzes das Haus zum Stern (Dom pod Gwiazdą) auf. Es wurde ursprünglich Ende des 15. Jahrhunderts erbaut und im 16. Jahrhundert umgebaut. 1697 erhielt es seine reiche Fassadenstuckdekoration aus Pflanzen- und Fruchtornamenten. Innen schmückt es eine barocke Schnitzwendeltreppe von 1697, die eine Statue der römischen Göttin für Kunst und Gewerbe, Minerva, krönt. Als **Dependance des Bezirksmuseums** beherbergt das Haus zum Stern heute die Abteilung für außereuropäische Kulturen des Bezirksmuseums mit einer Sammlung orientalischer Kultur.

Zwei Häuser weiter links erblickte 1755 der Mediziner, Anthropologe und Erfinder Samuel Thomas von Sömmerring (1755–1830) das Licht der Welt, dem die Menschheit neben der Entdeckung des ›gelben Flecks‹ in der Netzhaut des menschlichen Auges außerdem den ersten elektrischen Telegrafen verdankt.

## Kopernikus-Denkmal

An der Südostecke des Rathauses steht das 1853 enthüllte Kopernikus-Denkmal. Das Standbild des Astronomen und Weltenbewegers wurde nach einem Entwurf des Bildhauers Christian Friedrich Tieck in Bronze gegossen und zeigt den Wissenschaftler mit einem Astrolabium in seiner linken Hand. Die lateinische Inschrift besagt: ›Nikolaus Kopernikus, ein Thorner, der die Erde in Bewegung und die Sonne und den Himmel zum Stillstand brachte.‹

*Kopernikusdenkmal in Toruń*

## Flößerbrunnen

Ein weiteres Toruńer Wahrzeichen ist der Flößerbrunnen (Pomnik Flisaka) im Herzen des Altstädtischen Markts. Seit dem Mittelalter bildete das Flößen von Handelsgütern über die Weichsel einen wichtigen Wirtschaftszweig, und die Flößer waren aus dem Stadtbild nicht wegzudenken. Die Statue auf dem Brunnen stellt den sagenhaften Thorner Flößer Iwo dar, der nach einer Überschwemmung 1570 die Stadt von einer Froschplage befreit haben soll, indem er seine Fiedel anstimmte und mit ihren süßen Klängen die Frösche zu den Stadttoren hinaus in ein Sumpfgebiet lockte. Die vom Berliner Künstler Georg Wolf geschaffene Flößer-Skulptur wurde 1914 aufgestellt.

## Artushof

Nahebei steht an der Südflanke des Altstädter Markts der geschichtsträchtige Artushof (Dwór Artusa), wenn auch nicht mehr im Original. Ursprünglich 1385 als Korporationshaus für die Sankt-Georgs-Zunft erbaut, wurde in seinen Mauern 1466 der Zweite Thorner Frieden besiegelt. So stand das mit schmuckreicher Fassade aus dem frühen 17. Jahrhundert gestaltete Gebäude bis zum Jahr 1802. Dann wurde es abgerissen, ein weiteres Bauwerk entstand, welches dasselbe Schicksal ereilte, bis an seiner Stelle 1890 ein schöner Neorenaissancebau emporwuchs, den man als Reminiszenz ebenfalls Artushof nannte. Er beherbergt heute ein **Kulturzentrum**, den Sitz des Toruńer Kammerorchesters und den **Zuckerbäckerladen Kopernik**, in dem man die typischen feinen Lebkuchen einkaufen kann.

▲ Karte S. 88

## Heiliggeistkirche

Im Südwestwinkel des Rynek Staromiejski erhebt sich die zwischen 1753 und 1756 für die Thorner Protestanten errichtete barocke Heiliggeistkirche (Kościół św. Ducha). Die Voraussetzung für die Baugenehmigung in jener Zeit war, dass ihr Äußeres in keinerlei Hinsicht an eine Kirche erinnere. Also ließ man den Turm weg, der dann erst in den Jahren 1897 bis 1899 hinzugefügt wurde. Seit 1945 wird das Gotteshaus von Jesuiten betreut.

## Thorner Kathrinchen

›Katarzynka‹ oder auch ›Kathrinchen‹ nennt man die köstlichen Lebkuchen, die man wahrscheinlich schon im 14. Jahrhundert traditionell am 25. November zum Tag der heiligen Katharina von Alexandrien in den Backofen schob. Eine Sage erzählt, sie seien erstmals unter den Händen eines unglücklich verliebten Bäckers entstanden, dessen Tränen, die er wegen der schönen Bürgerin Katharina vergoss, sich mit den Herzen aus aromatischem Gewürzteig auf dem Backblech verbanden. Möglicherweise wurden die süßen Pfefferkuchenrezepte auch erst im 16. Jahrhundert in einem Thorner Kloster kreiiert, kurz, Genaues über die Herkunft der ›Toruńskie pierniki‹ weiß man nicht.

Von Generation zu Generation gaben die Zuckerbäcker ihr geheimes Lebkuchenrezept vom Vater auf den Sohn weiter. Ihr Genuss beflügelte polnische Könige, und auch der Heilige Vater Johannes Paul II. ließ sich jedes Jahr zur Weihnachtszeit Thorner Kathrinchen schmecken.

Im Lauf der Zeit entstanden mannigfaltige Lebkuchenformen, und etwa 700 traditionelle Backformen wurden in Toruń bekannt – beispielsweise für historische Kutschen oder biblische Szenen, für Engel, Bildnisse polnischer Könige und anderer bedeutender Persönlichkeiten der verschiedenen Jahrhunderte, darunter natürlich auch das Konterfei des Kopernikus.

Die kunstvollen Figurenlebkuchen, wie sie noch heute gebacken werden, sind jedoch eher zum Anschauen und weniger für den Verzehr gedacht. Für's Leib- und Magenwohl greift man lieber zu den Kathrinchen – einfachen ungefüllten Lebkuchen ohne Schokoladen- oder Zuckerglasur – die als Mitbringsel aus Toruń in aller Munde sind.

In vielen Geschäften in der Altstadt werden sie angeboten, darunter im Artushof gegenüber vom Altstädtischen Rathaus und nicht weit entfernt im legendären Lebkuchenladen und Andenkenshop ›Emporium‹ (ul. Piekary 28/1, Tel. 6576108, www.emporium.torun.com.pl; Mo–Fr 10–18, Sa 10–16, Okt.–Juni auch So 10–16 Uhr).

*Spezialität aus Toruń: die Kathrinchen*

## Nördlich vom Altstädtischen Markt

Am nordwestlichen Rand des großen Marktgevierts trohnt in der ulica Panny Marii der dreischiffige Baukörper der **Marienkirche** (Kościół Najświętszej Panny Marii) mit seinen 27 Meter hohen Mauern. Bei diesem typischen Gotteshaus des franziskanischen Bettelordens, der bereits 1236 nach Thorn an die Weichsel kam, verzichtete man auf den sonst allgegenwärtigen Kirchturm ebenso wie auf die bei Sakralbauten übliche architektonische Ausschmückung – wäre beides doch ein unangemessenes Zeichen irdischen Reichtums und weltlicher Macht gewesen. An der Stelle des Turms befindet sich stattdessen ein kleiner Dachreiter, der jedoch in keinem Verhältnis zur Monumentalität der dreischiffigen Hallenkirche steht. Am Platz eines bescheidenen Vorgängerbaus entstand der backsteinerne Sakralbau zwischen 1350 und 1370, wurde anschließend mehrfach umgebaut und erhielt seine heutige Gestalt noch vor Ende des 14. Jahrhunderts. Gemäß den Ordensregeln der Franziskaner blieb das Äußere vergleichsweise schmucklos, während sich im Inneren im Lauf der Jahrhunderte mancherlei Reichtümer ansammelten. Das früher wertvollste Stück, ein gotischer Flügelaltar mit Szenen aus Christi Leben (entstanden zwischen 1380 und 1390), befindet sich seit dem Zweiten Weltkrieg im Nationalmuseum in Warschau. Kaum weniger schön ist indes der barocke Baldachinaltar von 1731, der heute an der Stelle des Flügelaltars steht. Aus demselben Jahr stammt auch der mit einer Kreuzigungsgruppe gekrönte Rokoko-Triumphbogen über dem Eingang zum Presbyterium. Zu den kostbaren Schnitzereien zählt außerdem das aus dem 14./15. Jahrhundert stammende Chorgestühl aus Eichenholz. Der mit reichem Schnitzdekor versehene Aufbau auf der Empore über dem nördlichem Seitenschiff von 1609 gehört zu den ältesten Orgelprospekten Polens. Im südlichen Seitenschiff ist eine Gruppe gotischer Wandmalereien aus den Jahren 1380 bis 1390 erhalten. Eine weitere Sehenswürdigkeit in der Marienkirche ist die 1636 eingeweihte Grabkapelle der schwedischen Prinzessin Anna

▲ Karte S. 88

*Altstadtgiebel*

Wasa, Schwester des polnischen Königs Zygmunt III. Wasa, mit ihrem von einem unbekannten Künstler aus Alabaster geschaffenen Grabmal.

### Planetarium

Wenige Schritte sind es von dort in die ul. Franciszkańska zum Planetarium. Es ist in einem runden Gründerzeit-Klinkergebäude der Thorner Gaswerke von Ende des 19. Jahrhunderts untergebracht und zeigt, der Kopernikusstadt gebührend, an einem künstlichen Himmel die Erscheinungen unseres Sonnensystems mit allen für unsere Augen sichtbaren Sternen, außerdem die Sternbilder, Sternwanderungen, Mondphasen, die Apollo-Landestelle auf dem Mond und vieles mehr.

### Reisenden-Museum

Gleich in der Nachbarschaft wartet in einem historischen Speicher das Reisenden-Museum (Muzeum Podróżników) auf einen Besuch. Es ist dem in Toruń gebürtigen reisenden Journalisten und Filmemacher Tony Halik (1921–1998) gewidmet und präsentiert Sammlungen seines abenteuerlichen Lebens, darunter Fotografien und Artefakte der Amazonasindianer, Kopien präkolumbianischer Götterstatuen, Sammlungen lateinamerikanischer und asiatischer Kopfbedekkungen, Schmuck und Textilien aus afrikanischen Ländern und anderes mehr.

### Ethnografisches Museum

Wer sich für Geschichte und Kultur der Regionen Kaschubien, Kujawien und der Tucheler Heide des 18. und 19. Jahrhunderts interessiert, sollte das Ethnografische Museum nicht verpassen. Bereits außerhalb der Altstadt gelegen, wartet es nördlich des verkehrsreichen Fahrdamms Gen. Sikorskiego im ehemaligen Zeughaus von 1824 mit rund 50000 historischen Ausstellungsstücken auf und umfasst darüber hinaus ein schönes Freilichtgelände, auf dem originale Katen, Hütten und Bauernhäuser der Vergangenheit aufgebaut sind.

*Das Kopernikushaus*

## Vom Kopernikushaus zum Esken-Palais

Hält man sich vom Rynek Staromiejski aus südwärts in Richtung Weichsel, kreuzt man als nächste Straße die ulica Mikołaja Kopernika, in der das **Kopernikushaus** (Dom Kopernika) steht. Das im 15. Jahrhundert mit einem typischen Staffelgiebel errichtete Gebäude befand sich im Besitz der Eltern des weltberühmten Astronomen Nikolaus Kopernikus (1473–1543), und man geht davon aus, dass er dort möglicherweise 1473 das Licht der Welt erblickte. Seit 1973 befindet sich hier und im Nachbarhaus das **Kopernikusmuseum**; Räumlichkeiten und Mobiliar sind die eines typischen mittelalterlichen Patrizierhauses und zeigen, wie Kopernikus bis zu seinem zehnten Lebensjahr aufgewachsen ist. Ein anderer Teil der Ausstellung widmet sich Leben und Werk von Nikolaus Kopernikus. Unter anderem ist dort die Kopie eines Teils des Kopernikussaals zu sehen, der sich im Polenmuseum in Rapperswil befindet. Es gibt außerdem etwa 2000 kostbare Ausstellungsstücke zu sehen, darunter astronomische Instrumente und Kopernikus' wissenschaftliches Hauptwerk ›De revolutionibus orbium coelestium libri‹ sowie ein Thorner Stadtmodell, das die Stadt um das Jahr 1500 zeigt. Filmvorführungen ergänzen die Ausstellung.

Einmal um die Ecke herum strömt einem aus der ul. Rabiańska bereits der Duft aus dem **Pfefferkuchenmuseum** (Muzeum Piernika) entgegen. In der Museumsbäckerei kann man miterleben, wie die köstlichen Thorner Lebkuchen nach traditionellen, über 500 Jahre alten Rezepten entstehen.

## Sankt Johanneskathedrale

Wenige Schritte trennen das Pfefferkuchenmuseum von der Sankt Johanneskathedrale (Katedra św. Janów). Sie ist die älteste Kirche der Stadt und im Kulmer Land die erste Backsteinkirche überhaupt. 1260 begann man zunächst mit dem Bau des Presbyteriums, das über eines der frühesten bekannten Sternengewölbe verfügt. Gegen Ende des 13. Jahrhunderts setzten die Arbeiten am Langhaus und der Sakristei ein. Nach einem Brand 1351 fügte man während der Renovierung einen Kirchturm hinzu, und außerdem wurde das Langhaus verlängert. Aus unerfindlichen Gründen stürzte der Turm 1406 ein, sein Neubau erfolgte von 1407 bis 1433 in luftige 52 Höhenmeter hinauf. In den Jahren 1468 bis 1473 stockte man das Langhaus auf seine gegenwärtige Höhe von 28 Meter auf und überspannte es mit einem schönen Sternengewölbe. So

▲ Karte S. 88

*Die Sankt Johanneskathedrale*

wirkt der Kirchturm dank dieser späteren Baumaßnahme seither ein wenig gedrungen. Im Turm schlägt die **Glocke Tuba Dei** (Trompete Gottes) aus dem 15. Jahrhundert. Vom Thorner Kunsthandwerker Martin Schmidt gegossen, wiegt sie 7238 Kilogramm, misst 2,14 Meter im Durchmesser und 2,76 Meter in der Höhe und ist heute nach der Glocke in Licheń und der Sigismund-Glocke in Krakau die drittgrößte Kirchenglocke in Polen.

Im Chor und in den Seitenschiffen der vor lauter vergoldeten Barockaltären blendenden Johanneskathedrale sind frühgotische Wandmalereien aus den 30er Jahren des 14. Jahrhunderts erhalten. Besondere Aufmerksamkeit verdient das vermutlich zwischen 1380 und 1390 entstandene **Gemälde des Jüngsten Gerichts**, das den an einem Baum gekreuzigten Heiland darstellt. Sehenswert sind außerdem der spätgotische **Hochaltar** mit dem zwischen 1503 und 1506 entstandenen **Triptychon des heiligen Wolfgang** und das davor angebrachte **gotische Kruzifix** aus der zweiten Hälfte des 14. Jahrhunderts auf dem Triumphbogen. In dem bronzenen gotischen **Taufbecken** in der südwestlichen Kopernikus-Kapelle wurde Nikolaus Kopernikus getauft. Dort steht auch eine weiße Marmorbüste des Sternenguckers aus dem Jahr 1766. Es ist das erste Kopernikus-Denkmal seiner Heimatstadt.

### Esken-Palais

Gegenüber der Ostfront der Johanneskathedrale erhebt sich an der Ecke von ulica Łazienna und ulica Ciasna ein weiteres Beispiel für ein Thorner Patrizierhaus: das Esken-Palais (Pałac Eskenów). Ursprünglich Ende des 14. Jahrhunderts erbaut, erhielt das Haus der Familie Esken im späten 16. Jahrhundert seine neue Gestalt in Form eines Renaissance-Palasts. Das Eingangsportal von 1590 stammt aus der Hand des berühmten Baumeisters Danzigs, Willem van den Blocke. Mitte des 19. Jahrhundert wurde das Esken-Palai ganz unprätentiös, im nüchternen Kaufmannsgeist, zum Lagerhaus umgebaut und birgt heute Ableilungen des Bezirksmuseums. Dort werden die Archäologie der Region, Thorner Militargeschichte sowie Militaria vom Mittelalter bis Anfang des 20. Jahrhunderts sowie die Geschichte Thorns als Grenzstadt zwischen 1793 und 1920 präsentiert.

## Die Neustadt

Vom Esken-Palais aus geht es, die ulica Łazienna hinauf und in die ulica Szeroka einbiegend, über die quirlige Toruńer Bummel- und Shoppingmeile der sehenswerten Neustadt (Nowe Miasto) entgegen. Ihren Mittelpunkt bildet der **Neustädtische Markt** (Rynek Nowomiejski), um den sich die schönsten Bürgerhäuser der Neustadt gruppieren. Das 1700 schlicht barock umgestaltete **Wirtshaus Zur Blauen Schürze** (Pod Modrym Fartuchem), Haus Nr. 8, wurde 1489 errichtet. Die Gaststätte befindet sich dort bereits seit dem Zeitpunkt der Erbauung. Im Zentrum des Rynek Nowomiejski stand ursprünglich ein Rathaus, das 1818 jedoch abgerissen wurde und einer nach Plänen Karl Friedrich Schinkels im neoromanischen Stil errichteten evangelischen Kirche wich.

Im östlichen Eck des Neustädter Markts thront die zwischen 1309 und 1324 errichtete, backsteingotische **Sankt Jakobskirche** (Kościół św. Jakuba). Das an den Außenmauern angebrachte Strebewerk war in ihrer Bauzeit in Westeuropa zwar längst geläufig, aber für mitteleuropäische Bauwerke immer noch ungewöhnlich. Bis auf den knapp 50 Meter hohen Turm von 1350 sowie die Kapellen, die man an der Wende zum 15. Jahrhundert in den Seitenschiffen anfügte, ist das Gotteshaus im Originalzustand erhalten. Zur wertvollen Innenausstattung unter dem Sternengewölbe gehören gotische Wandmalereien, Gemälde und Skulpturen aus dem 14. und 15. Jahrhundert, der barocke Hauptaltar und eine Renaissanceorgel.

*Die Flaniermeile Ulica Szeroka*

## Am Weichselufer

Über viele Jahrhunderte hinweg war Thorns historisches Zentrum von einer aus dem 13./14. Jahrhundert stammenden, nahezu komplett erhaltenen **Stadtmauer** umgeben. Sie überstand zahlreiche Kriege und fiel erst im späten 19. Jahrhundert dem Modernisierungseifer preußischer Städteplaner zum Opfer. Teile von ihr blieben dennoch erhalten, darunter als schönster und längster Abschnitt die mit Basteien und mächtigen Tortürmen versehenen alten Ziegelstein-Wehrmauern am Weichselufer.

### Ordensburg

Aus Ziegelstein besteht auch die Ruine der Ordensburg, die von den Deutschrittern vor fast 800 Jahren errichtet wurde. Eine erste hölzerne Feste hatten sie bereits 1231 acht Kilometer stromabwärts angelegt, ab 1260 entstand dann auf einer kleinen Anhöhe über dem Fluss auf einer Fläche von 2300 Quadratmetern die erste gemauerte Wehranlage des Deutschen Ordens im Prußenland. 1384 wurde die stattliche Anzahl von 620 000 Backsteinen erwähnt, die man zu ihrem Ausbau brauchte. Kaum endgültig fertiggestellt, schleiften die Thorner Bürger die Burg während des Aufstands gegen den Orden 1454 schon wieder. Die mächtige Anlage blieb jahrhundertelang eine Ruine; erst im 19. Jahrhundert restaurierte man die Überreste mit viel Sorgfalt. Das einzige vollständig im Originalzustand erhaltene Bauwerk ist der **Dansker**, der Austritt der Ritter, aus dem 13. Jahrhundert. Unschwer sind auch die Reste des achteckigen Bergfrieds zu erkennen, und ansonsten gewinnt man bei einem Spaziergang durch die Reste der alten Ordensburg immerhin eine Vorstellung vom früher wohl beeindruckenden Ausmaß der Anlage.

▲ Karte S. 88

In der Nachbarschaft wurde hinter der Stadtmauer vermutlich aus dem unerschöpflichen Backsteinreservoir der Burgruine ab 1489 der **Bürgerhof** (Dwór Mieszczański) errichtet. Den Hauseingang bildete eine im 13. Jahrhundert gebaute Bastei, die später neugotisch umgestaltet wurde und der man an der Wende vom 19. zum 20. Jahrhundert ein damals modisches Türmchen aufsetzte.

### Tortürme

Vier der insgesamt sechs Tortürme der Stadtbefestigung führten im Mittelalter zum Flussufer. Drei sind noch erhalten und künden bis heute von der großen Bedeutung, die der Weichselhafen einmal für Thorn besaß. Am Ende der ulica Mostowa erhebt sich das **Brückentor** (Brama Mostowa), 1432 im Zuge einer Stadterweiterung von Johann Gotland mit einem von Backsteinzinnen gekrönten Torbogen erbaut. Ihm folgen das schlichtere, wenngleich nicht weniger mächtige **Seglertor** (Brama Żeglarska und das wuchtige **Klostertor** (Brama Klasztorna). Die Südwestecke des Stadtwalls beschließt der **Schiefe Turm** (Krzywa Wieża). Seinen Namen verdankt das aus der ersten Hälfte des 14. Jahrhunderts stammende kuriose Gebäude seiner 1,40 Meter aus dem Lot fallenden Neigung, die einst durch Verschiebungen im Untergrund entstand.

### Weichselkreuzfahrten

Außerhalb der Altstadtmauern findet man an den **Uferterrassen** Freiluftgastronomie und den **Schiffsanleger** für die 40-minütigen Weichselkreuzfahrten. Auf Höhe der ulica Łazienna setzte man im Jahr 2000 das berühmte Weichselboot ›Katarzynka‹ auf sein verdientes Altenteil. Von 1969 an schipperte es Passagiere zur Aussichtsterrasse ans jen-

*Das Brückentor*



seitige Flussufer hinüber und wurde in dieser Funktion zum Star in Marek Piwoskis 1970 gedrehtem Kultfilm ›Rejs‹ (Die Dampferfahrt), einer Satire auf Wohl und Wehe des Kleinbürgertums. Die Flussquerungen zur **Aussichtsterrasse** hat seit der Pensionierung der Vorgängerin die ›Katarzynka II‹ übernommen. Im Sommerhalbjahr setzt sie täglich zwischen 10 und 18 Uhr, an den Wochenenden bis 20 Uhr je nach Bedarf zum südlichen Weichselufer über, von wo aus man einen wundervollen Ausblick auf die Silhouette der Toruńer Altstadt mit ihren Mauern, Türmen und Toren genießen kann.

### Toruń

**Vorwahl**: 056.

**Postleitzahl**: 87-100.

**Internet**: www.torun.pl.

**Touristeninformation**, Rynek Staromiejski 25, Tel. 62 10 93-1, Fax -0, www.it.torun.pl; Mo und Sa 9–16 Uhr, Di–Fr 9–18 Uhr, Mai–Aug. auch So 9–13 Uhr.

**Bulwar**, ul. Bulwar Filadelfijksi 18, Tel. 62 39 40-0, Fax -1, www.hotelbulwar.pl; DZ ab 350 Złoty. Vier-Sterne-Hotel de Luxe in elegantem Top-Design in einem restaurierten historischen Speicher am Weichselufer.

**Gotyk**, ul. Piekary 16, Tel. 65 84 00-0, Fax -1, www.hotel-gotyk.com.pl; DZ 270–320 Złoty. Stilvoll mit höchstem Komfort in gotischen Gemäuern aus dem 14. Jahrhundert.

**Karczma Spichrz**, ul. Mostowa 1, Tel. 65 71 14-0, Fax -4, www.spichrz.pl; DZ um 270 Złoty. Im schön restaurierten Schwedischen Speicher von 1719 am Brückentor.

**Petite Fleur**, ul. Piekary 25, Tel. 621 51-00, Fax -20, www.petitefleur.pl; Hotel-DZ ab 270 Złoty, Gäste-DZ ab 150 Złoty. Reizendes kleines Hotel in zwei sorgfältig restaurierten Bürgerhäusern im Renaissance- und im klassizistischen Stil, die Zimmer sehr elegant.

**Pod Orłem**, ul. Mostowa 17, Tel. 622 50-25, Fax -24, www.hotel.torun.pl; DZ um 160–220 Złoty. Gründerzeitgebäude im Herzen der Altstadt, gutbürgerliches Interieur.

**PTTK-Hote**l, ul. Legionów 24, Tel./Fax 622 38 55, www.pttk.torun.pl; DZ um 80 Złoty ohne Frühstück. Zehn Minuten Fußweg zur Altstadt, wie alle PTTK-Herbergen einfach (Dusche/WC auf dem Gang) und unschlagbar preisgünstig.

**Jugendherberge**, ul. św. Józefa 26, Tel. 654 45 80, Fax 654 47 91, www.ssm.zsmeie.torun.pl. Etwa drei Kilometer vom historischen Zentrum entfernt.

**Campingplatz**, ul. Kujawska 14, Tel./Fax 654 71 87, www.tramp.mosir.torun.pl; ganzjährig. Zentral gelegener Wiesenplatz gegenüber der Altstadt am südlichen Weichselufer, leider sehr laut, da direkt neben der Auffahrt zur Piłsudski-Brücke; mit Campinghütten, kleiner Gastwirtschaft und einfachen Sanitäranlagen.

**Restaurant Chlopskie Jadlo**, Rynek Staromiejski 10. Rustikale, authentische polnische Bauernstube des 19. Jahrhunderts. Zum knusprigen hausgebackenen Brot kommen handgefertigte Pasteten, Bigos, Spezialitäten nach Bauernart vom Rind und Schwein, Geflügel und Fisch auf den Tisch, dazu würziges Bier, Wasser, Tee, Wodka.

**Restaurant U Sołtysa**, ul. Mostowa 17, Urige, typisch polnische Wirtsstube, Kochrezepte aus Kujawien, Pommern, Kaschubien und Großpolen wie Pflaumenknödel, Piroggen, Żur und Sauerkrautsuppe.

**Bezirksmuseum** (Muzeum Orkęgowe) im Altstädter Rathaus, Rynek Staromiejski 1; Mai–Sept. Di–So 10–18, Okt.–April Di–So 10–16 Uhr.

**Rathausturm**; April tägl. 10–18, Mai–Sept tägl. 10–20, Okt–März tägl. 10–16 Uhr.

**Haus zum Stern** (Dom pod Gwiazdą), Rynek Staromiejski 35; Di–So 10–18 Uhr.

**Kopernikus-Haus** (Dom Kopernika), ul. Kopernika 15/17; Mai–Sept. Di–So 10–18, Okt.–April Di–So 10–16 Uhr.

**Esken-Palais** (Dom Eskenów), ul. Łazienna 16; Mai–Sept. Di–So 10–18, Okt.–April Di–So 10–16 Uhr.

**Sankt Johanneskathedrale** (Bazylika Katedralna św. Janów), ul. Żeglarska 16; Mo–Sa 9–17.30, So 14.30–17.30 Uhr.

**Reisenden-Museum** (Muzeum Podróżników), ul. Franciszkańska 11; Mai–Sept. Di–So 10–18, Okt.–April Di–So 10–16 Uhr.

**Planetarium**, ul. Franciszkańska 15-21, Programminformation Tel. 622 60 66, www.planetarium.torun.pl.

**Ethnografisches Museum** (Muzeum Etnograficzne), ul. Wały gen. Sikorskiego 19; Mitte April–Mitte Sept. Mo, Mi, Fr 9–16, Di, Do, Sa/So 10–18, im Winterhalbjahr Di–Fr 9–16, Sa/So 10–16 Uhr.

**Weichselkreuzfahrten**, ab Anlegestelle Bulwar Filadelfijski, 40-minütige Kreuzfahrten Mai–Sept. tägl. 9–19 Uhr, Abfahrt stündlich.

▲ Karte S. 88

# Malbork

Den meisten Besuchern ist das 38 000 Einwohner kleine Städtchen am östlichen Ufer der Nogat durch die berühmte **Marienburg** ein Begriff: die mächtigste Festung der alten Deutschritter und einstiger Sitz ihrer Ordenshochmeister. Im 13. und 14. Jahrhundert errichtet, ist sie die größte Burg der norddeutschen Backsteingotik sowie die europaweit drittgrößte Burganlage überhaupt. Um einen ersten Eindruck von ihren gewaltigen Ausmaßen zu bekommen, die sich auf über 600 Meter Länge in die drei großen Komplexe der Vorburg, des Hochschlosses und des Mittelschlosses mit Hochmeisterpalast gliedern, lässt sich das mittelalterliche Backsteinensemble am schönsten vom Westufer der Nogat aus in Augenschein nehmen. Dort befinden sich auch große bewachte Parkplätze, und ein Fußgängersteg führt über den Fluss zum Kassen- und Eingangsbereich.

## Geschichte

Der erste Spatenstich zur Marienburg erfolgte ein knappes halbes Jahrhundert nach dem Umzug des Deutschen Ordens ins Prußenland. Um 1270 begannen die Bauarbeiten. Zunächst nur als Sitz für die Ordensbruderschaft geplant, nahm im Lauf von über 30 Jahren als erstes Gebäude das Konventshaus der Mönche Gestalt an. Mit Kirche, Firmarie für die Kranken, Versammlungs-, Schlaf- und Speisesälen wurde es auf quadratischem Grundriss über mehrere Stockwerke hochgebaut, anschließend mit einem Wehrgang umzogen und ringsum mit kleinen Ecktürmen sowie vorneweg einem trutzigen Wachturm befestigt.
Das Konventshaus war noch nicht fertiggestellt, als 1309 der Ordenshochmeister seinen Sitz von Venedig an die Nogat verlegte und man mit der ersten großen Burgerweiterung begann. Über die folgenden 90 Jahre verwandelte sich

*Die mächtige Festung Marienburg an der Nogat*

die Marienburg in eine der größten Baustellen nördlich der Alpen. Das prächtige Mittelschloss wuchs für den Tross von geistlichen Verwaltungsbeamten empor. Es entstanden repräsentative Wohnräume für den Großkomtur sowie der fürstliche Große Remter, der einer Ordenshauptburg würdige Rittersaal. Und da man schon einmal am Bauen war, nahm man auch gleich noch die Erweiterung des Konventshauses zum Hochschloss in Angriff. Die letzten beiden Jahrzehnte des 14. Jahrhunderts widmete man sich schließlich der Errichtung des schönsten und elegantesten Bauwerks der Marienburg: dem an das Mittelschloss angefügten Hochmeisterpalast. Parallel dazu wurde die weitläufige Vorburg errichtet, in die man den Großteil der Wirtschaftstätigkeiten auslagerte.

Dem Deutschen Orden waren indes keine sechs Jahrzehnte vergönnt, sein großartiges Bauwerk zu bewohnen. Durch den Krieg gegen Polen-Litauen sowie den Dreizehnjährigen Krieg gegen die preußischen Städte finanziell ruiniert, mussten die Ordensritter die Marienburg 1457 an ihre Söldner verpfänden. Diese wiederum verkauften die majestätische Feste an die polnische Krone, wo sie bis zur Ersten Teilung Polens verblieb. Danach unter preußische Herrschaft gelangt, wurde sie zur Kaserne umfunktioniert und verkam; ein Übriges taten die Napoleonischen Kriege und die Befreiungskriege, die den alten Mauern schwer zusetzten. Die einst so stolze Marienburg stand vor dem Verfall.

Ende des 19. Jahrhunderts erkannte man endlich ihre überragende historische Bedeutung und begann mit dem Wiederaufbau. Abermalige Beschädigungen im Zweiten Weltkrieg und zudem zwei Feuersbrünste 1959 und 1960 bedeuteten zwar Rückschläge, hielten aber die Restauratoren nicht ab. Und so zeigt sich der weltgrößte gotische Backsteinbau nach umfassenden Rekonstruktions- und Instandsetzungsarbeiten heute wieder in aller Pracht. 1997 wurde die Marienburg von der UNESCO zum Weltkulturerbe der Menschheit erklärt. Die Restaurierungsarbeiten halten bis heute noch an.

▲ Karte S. 101

## Ein Rundgang

Aufgrund ihrer Ausmaße sollte man mit der Burgbesichtigung zeitig beginnen, den gesamten Tag einplanen und auch ein wenig Geduld mitbringen. Die Marienburg ist eines der bedeutendsten historischen Bauwerke Polens, man wird gewiss nicht allein durch den 20 Hektar großen Backsteinkomplex streifen. Darüber hinaus sind Führungen obligatorisch, die in zahlreichen Sprachen stattfinden, darunter mehrmals täglich auch deutsch, und die, mit vielen informativen Details und Anekdoten aus dem mittelalterlichen Ordensritterleben gewürzt, kein Reiseführer ersetzen kann. Treffpunkt für die Führungen ist der Platz an der Vorburg im Norden der Anlage, wo sich neben Kiosken, Erfrischungsbuden und Parkplätzen auch der Ticketverkauf befindet.

### ■ Vorburg

Vom Platz an der Vorburg aus geht es über die **Vorburg** mit ihren ausgedehnten Wirtschaftsgebäuden, Bollwerken, Bastionen und Schanzen zum von Festungsgräben und dicken Mauern umgebenen **Mittelschloss**, mit einem Zugang über Zugbrücke, Torturm und einen mit Fallgittern ausgestatteten Zwinger. Architektonischer Höhepunkt im Erdgeschoss des Mittelschlosses ist der **Große Remter,** der prachtvolle Rittersaal, der sich unter einem von drei Säulen gestützten Sternen-

gewölbe auf 30 mal 15 Meter erstreckt. Nahebei führt eine Wendeltreppe vom Großen Remter aus in die mit herrlichen floralen Wandgemälden ausgeschmückten Wohnräume des Hochmeisters im **Hochmeisterpalast**, in dem sich ferner zwei weitere Prunksäle, der **Sommerremter** und der **Winterremter**, befinden. In der schönen Jahreszeit nutzte man den Sommerremter als Empfangs- und Repräsentationssaal und für festliche Bankette, die unter dem von nur einem einzigen schmalen Pfeiler gestützten, filigranen Rippengewölbe stattfanden. In Frostperioden wich man in den zwar kleineren, aber nicht weniger schönen und dank eines ausgeklügelten Luftschachtsystems beheizbaren Winterremter aus.

### Hochschloss

Durch eine Brücke über den Wehrgraben ist das Mittelschloss mit dem Hochschloss verbunden. Zu den ältesten Teilen des Hochschlosses und der Festungsanlagen der Marienburg zählt der **Dansker**, der vorgelagerte Turm, von dem aus man die westlichen Stadttore kontrollierte und ihn außerdem, mit einem Austritt über dem Wassergraben zur Nogat versehen, für die täglichen Ordensrittergeschäfte benutzte. Zu den sehenswertesten Räumlichkeiten im Hochschloss gehören der **Kapitelsaal**, der wichtigste Versammlungsort in der Marienburg, wo das Ordenskapitel Beschlüsse fasste und den Ordenshochmeister wählte, sowie die noch in Restaurierung befindliche **Schlosskirche St. Marien** mit ihrem reichverzierten Portal, der Goldenen Pforte, und der darunter liegenden Kapelle St. Annen. Im Hochschloss sind außerdem die **Kreuzgänge** und Mönchsdormitorien (Schlafsäle), die Konventsküche, das Konventsrefektorium (Speisesaal) und die Wohnstuben der Würdenträger sehenswert.

*Spitzbogendecke*

Zahlreiche ständige und wechselnde thematische Ausstellungen runden den Gang durch die Wohn- und Wirtschaftsgebäude, Repräsentations- und Befestigungsanlagen des Deutschordens ab, darunter eine Ausstellung zur Geschichte des Wiederaufbaus der Marienburg seit Ende des 19. Jahrhunderts, die dem Besucher mit einem Burgmodell und vielen Originaldokumenten die Bedeutung der größten mitteleuropäischen Festungsanlage noch einmal anschaulich macht.

## Sehenswertes im Ort

Allzu viel hat der Zweite Weltkrieg von der Stadt Malbork (Marienburg) nicht übrig gelassen. Etwa vier Fünftel der alten Bausubstanz wurden zerstört. Erhalten blieben die **Sankt Johanneskirche** (Kościoł św. Jana Chrzciciela) südlich der Burgmauern, die Ende des 13. Jahrhunderts entstand und durch einem Umbau 1468 ihre heutigen Form erhielt. Daran schließen sich das gegen 1380 mit einem schönen spätgotischem Giebel erbaute, mehrfach umgestaltete **Altstadtrathaus** und in der Nachbarschaft das **Töpfertor** (Brama Garncarska) aus dem 15. Jahrhundert an. Ergänzt wird das Ensemble durch die Ruine der

▲ Karte S. 101

Lateinschule am Nogat-Ufer und das **Marientor** (Brama Mariacka) kurz vor der Autobrücke über die Nogat, das in der zweiten Hälfte des 14. Jahrhunderts als Teil der backsteinernen Stadtbefestigung errichtet wurde.
Jüngsten Datums ist die Neugestaltung der kleinen Hauptstraße (ul. Kościuszki) zur verkehrsberuhigten Spaziermeile. Im Juni 2009 wurde sie eingeweiht, die Touristeninformation zog in eine elegant restaurierte Villa ein und nennt sich nun nach internationaler Gepflogenheit nicht mehr ›Informacja Turystyczna‹, sondern neupolnisch ›Malbork Welcome Center‹.

### Malbork

**Vorwahl**: 055.
**Postleitzahl**: 82-200.
**Internet**: www.malbork.pl.
**Touristeninformation**, ul. Kościuszki 54, 82-200 Malbork, Tel. 647 47 47, www.visitmalbork.pl; Juli–Sept. Mo 8–16, Di–Fr 8–18, Sa/So 10–15 Uhr, Okt.–Juni Mo–Fr 8–16 Uhr.

**Zamek**, ul. Starościńska 14, Tel. 272 33 67, Fax 272 83 99, www.zlote hotele.pl/zamek; DZ um 300 Złoty. Eines der schönsten und elegantesten Häuser am Ort, im ehemaligen Ordensritterhospital in der Vorburg der Marienburg untergebracht, empfehlenswertes Restaurant.
**Stary Malbork**, ul. 17 Marca 26/27, Tel. 647 24-00, Fax -12, www.hotel starymalbork.com.pl; DZ um 250 Złoty. Mittelklassehotel in einem Gründerzeithaus im Zentrum von Malbork, zehn Minuten von der Burg entfernt.
**Dedal**, ul. Gen. de Gaulle'a 5, Tel./Fax 272 31 37; DZ um 200 Złoty. Außerhalb an der Straße nach Iława gelegene Platte mit gemütlichem Ostcharme, vergleichsweise preisgünstig.
**Parkowy**, ul. Parkowa 3, Tel. 272 24 13, www.osirmalbork.pl; DZ um 160 Złoty. Einfache Zimmer im Grünen, die Herberge gehört zu Malborks Campingplatz.

**Jugendherberge**, ul. Żeromskiego 45, Tel. 272 24 08.

**Campingplatz Nr. 197**, beim Hotel ›Parkowy‹, ul. Parkowa 3, Telefon 272 24 13; ganzjährig. Großer Rasenplatz ca. 1500 Meter nördlich der Burg, mit Gaststätte, Campinghäuschen, einfachem Hotel und Tennisplätzen.

**Schloss und Museum Marienburg**; 15. April–15. Sept. Di–So 9–19 Uhr, Anfang/Mitte April bis Mitte/Ende Sept. Di–So 10–17 Uhr, Okt.–März Di–So 10–15 Uhr, montags können nur die Höfe und Außenanlagen besichtigt werden. Führungen auf deutsch am Sammelpunkt bei den Kassenhäuschen zu den angegebenen Öffnungszeiten gegen 10.30, 12, 13.30 und 15 Uhr.

**Belagerung der Marienburg**, einmal jährlich an einem Wochenende im Juli. Großes Mittelalterspektakel, begleitet von Reiterturnieren, Armbrust- und Bogenschießen, Musikbühnen und einem bunten Mittelaltermarkt, belagert eine vielköpfige Ritterschar die Marienburg, bis in der Abenddämmerung die Schlacht um die Festung beginnt. Die Show endet um Mitternacht mit einem großartigen Feuerwerk.

## Der Deutsche Orden

Auf eine über 800-jährige Geschichte blickt der Deutsche Orden zurück. Gegründet wurde er während der christlichen Kreuzzüge in der Stadt Akkon (heute Akko) im Heiligen Land. Zur Zeit des Dritten Kreuzzugs 1189–1192 gegen die muslimische Welt entstanden dort verschiedene Hospitalorden, deren Aufgabe in der Betreuung verletzter Ritter bestand – darunter der Templer- und der Johanniterorden sowie der von Bremer und Lübecker Hansekaufleuten finanzierte ›Orden des Spitals St. Marien vom Deutschen Haus zu Jerusalem‹. Acht Jahre später, 1198, wurde er bereits in einen geistlichen Ritterorden umgewandelt und unmittelbar dem Papst unterstellt. Damit war das Fundament gelegt für den Aufstieg der Deutschritter, wie man die Bruderschaft mit schwarzem Kreuz auf weißem Mantel als Ordenszeichen bald nannte. Der Orden wurde zu einer der größten Militärmächte des europäischen Mittelalters. In seiner Blütezeit gehörten ihm etwa 3000 Ritter an, und nur Edelleuten war es vergönnt beizutreten. Ein Novize legte dazu nach sechs Monaten Prüfung entweder als Ritter-Bruder oder als Priester-Bruder sein Gelübde ab, welches ihn anschließend als Mönch oder Ritter zu Keuschheit und Gehorsam verpflichtete. Als Statthalter des Ordenshochmeisters führten so genannte Landmeister die einzelnen Landesprovinzen an. An der Spitze der Hierarchie stand der Hochmeister mit fünf Großgebietern an seiner Seite: dem Treßler als Finanzverwalter, dem Marschall als Oberbefehlshaber des Heeres, Spittler und Trappier für Gesundheit und Bekleidung sowie dem Komtur als Stellvertreter des Hochmeisters. Die anfallenden alltäglichen Arbeiten verrichteten ›Halbbrüder‹ (Laienbrüder) aus nicht blaublütigen niederen Ständen.

1211 rief König Andreas II. von Ungarn die militärisch schlagkräftigen Deutschherren zur Sicherung seiner östlichen Reichsgrenze ins Burzenland (Siebenbürgen). Nach der Gründung von Kronstadt und dem Versuch, dort einen eigenen, souveränen Ordensstaat einzurichten, verwies sie der König 1225 wieder des Landes.

Im Anschluss an diesen Misserfolg begann einer der bedeutendsten Abschnitte in der Geschichte des Deutschordens: Der christliche polnische Herzog Konrad von Masowien wandte sich an den Ordenshochmeister Hermann von Salza mit der Bitte, ihn in seinem Kampf gegen die heidnischen Prußen zu unterstützen. Bereits 1221 war ein Kreuzfahrerheer unter Führung polnischer und deutscher Ritter tief ins Prußenland vorgedrungen;

*Statue des Hochmeisters Albrecht von Brandenburg in der Marienburg*

drei Jahre später hatten die Prußen ihrerseits zum Gegenschlag ausgeholt und waren weit nach Masowien und ins Kulmer Land vorgestoßen. 1226 rief Herzog Konrad deshalb den Deutschen Orden zur Hilfe und übertrug ihm als Belohnung für einen erfolgreichen militärischen Beistand die Gebietsrechte am Kulmer Land sowie ›alles Land, das er mit Gottes Zutun in Preußen erobern kann.‹ So wurde es 1226 in der ›Goldenen Bulle von Rimini‹ vom Kaiser des Heiligen Römischen Reichs, Friedrich II., schriftlich niedergelegt.

Darauf folgten rasch die Gründungen von Thorn (1231), Kulm (1232), Elbing (1237) und Königsberg (1255). Bereits 1283 waren die Prußen vollständig unterworfen und der Deutsche Orden zu einem mächtigen, souveränen Staatswesen geworden. Sein Territorium umfasste ein Gebiet von Pommerellen bis zum Finnischen Meerbusen und im Süden von Thorn bis nach Lyck im südöstlichsten Winkel des ehemaligen Ostpreußen. Kolonisten aus vieler Herren Länder ließen sich im Schatten der Ordensburgen nieder, und 1309 wurde schließlich der Hochmeistersitz von Venedig in die Marienburg am östlichen Ufer der Nogat verlegt, deren gewaltiger Ausbau damit begann. Die Deutschritter befanden sich auf dem Höhepunkt ihrer Macht.

Doch nachdem die Prußen-Mission so erfolgreich zu Ende gebracht war, geriet der ehrgeizige Ordensstaat zunehmend in Konfrontation zum benachbarten Königreich Polen. Dieses war seit der Heirat Jagiellos von Litauen mit Jadwiga von Polen 1386 zum mächtigen Doppelreich Polen-Litauen emporgewachsen. 1409 kam es zum Krieg und am 15. Juli 1410 zur berühmten Schlacht bei Tannenberg in Masuren (in Polen nach dem Nachbardorf Grunwald benannt), die mit einer vernichtenden Niederlage für die Deutschherren endete. Im Frieden von Thorn 1411 mussten sie beträchtliche Gebietsverluste hinnehmen sowie eine schmerzliche Geldstrafe entrichten. Der Dreizehnjährige Krieg, den die preußischen Stände mit 19 Städten unter Führung Danzigs 1454 bis 1466 gegen die Deutschritter führten, riss weitere Löcher ins Geldsäckel. Schon im dritten Kriegsjahr sah sich der Orden genötigt, die Marienburg an seine Söldnerheere zu verpfänden, welche die Burg dann an die polnische Krone weiterverkauften. Der Hochmeister mit seinem Tross zog in die Burg Königsberg um.

Der Zweite Thorner Frieden 1466 besiegelte endgültig den Untergang des Ordensstaats. Pommerellen mit Danzig, das Kulmer Land sowie die Gebiete von Marienburg, Elbing und das gesamte Bistum Ermland gingen verloren, die als ›Preußen Königlich Polnischen Anteils‹ der polnischen Krone zugesprochen wurden. Unter dem Hochmeister Albrecht von Brandenburg-Ansbach-Hohenzollern fand die Umwandlung des Ordensstaats 1525 in ein weltliches protestantisches Herzogtum unter polnischer Lehnshoheit statt.

Vollends aufgelöst wurde der Deutsche Orden 1809 durch Napoleon, jedoch 1839 vom österreichischen Kaiser Franz I. unter dem Namen ›Deutscher Ritterorden‹ wieder in Stand und Würde gesetzt. Im Zuge der Machtergreifung der Nationalsozialisten verboten und 1945 in Österreich und der Bundesrepublik abermals wiederbelebt, betreibt der Orden heute in Deutschland sowie in ostmitteleuropäischen Ländern Senioren- und Pflegeheime. Bei über 5000 Angestellten beträgt die Anzahl der Ordensmitglieder – Brüder, Klosterschwestern und Familiare – rund 1000 Personen. Das Amt des Hochmeisters mit Sitz in Wien bekleidet derzeit Abt Dr. Bruno Platter, den man im August 2000 zum 65. Hochmeister in der Geschichte des Deutschordens wählte.

# Gdańsk

1997 feierte die alte Hansestadt Danzig ihren eintausendsten Geburtstag. Als ›Gyddanzyc‹ wurde die ›Königin der Ostsee‹ erstmals im Jahr 997 schriftlich erwähnt, anlässlich der Missionsfahrt von Bischof Adalbert zu den Prußen. Bereits damals war Danzig eine Stadt im Schnittpunkt von Handel, Kunst und Kultur. Im Verlauf der Jahrhunderte wechselten Zeiten höchster Blüte mit Stunden größter Hoffnungslosigkeit und dann wieder dramatischen gesellschaftlichen Umbrüchen ab. Heute ist die knapp eine halbe Million Einwohner große Hauptstadt der Woiwodschaft Pomorskie einer der wichtigsten Wirtschaftsstandorte an der südlichen Ostsee, Zentrum der Werftindustrie und mit sechs Hochschulen, Theatern, Museen, Galerien und Philharmonie der kulturelle Mittelpunkt in der Region. Zusammen mit den Schwesterstädten Sopot (Zoppot) und Gdynia (Gdingen), mit denen Gdańsk mehr oder weniger zusammengewachsen ist, bildet die 1000-jährige Architekturperle die so genannte Dreistadt (Trójmiasto), mit 800 000 Einwohnern das größte städtische Ballungsgebiet an der gesamten südlichen Ostseeküste.

## Geschichte

Im 11. Jahrhundert war ›Gyddanzyc‹ wahrscheinlich bereits eine befestigte Siedlung mit einer Burg, von der es heißt, dass sie womöglich auf den ersten polnischen Herrscher Mieszko I. zurückgeht. Historisch belegt ist eine Danziger Burg indes erst 1148 als Sitz der Fürsten von Danzig und Pommerellen. Dank der Lage am Kreuzpunkt wichtiger Handelswege wuchs die Ansiedlung schnell und erlebte unter der Herrschaft des Pommerellen-Herzogs Swantopolk (1220–1266) eine erste große Blütezeit.

1271 rückten nach dem Tod Swantopolks und anschließenden Auseinandersetzungen um die Thronfolge auf ein Hilfegesuch Mestwins II. brandenburgische Truppen in Danzig ein – und zogen nach der Eroberung der Burg nicht wieder ab. Also verbündete sich Mestwin mit Herzog Przemysław II. von Großpolen, der 1295 polnischer König wurde, und eroberte mit dessen Unterstützung Pommerellen mit Danzig von den Brandenburgern zurück. Fortan erhoben sowohl die Könige von Polen als auch die Markgrafen von Brandenburg Anspruch auf die Region.

1307 nutzte Herzog Władisław Łokietek (›Ellenlang‹, ab 1320 König von Polen) das Machtvakuum nach dem Erlöschen der Przemysław-Dynastie und marschierte mit seinen Soldaten in die Stadt ein. Zum zweiten Mal ereilte den brandenburgischen Markgrafen in diesem Zusammenhang der Hilferuf von der Weichsel – nun von den selbstbewussten Danziger Stadtbürgern. 1308 besetzten brandenburgische Truppen erneut die Stadt, woraufhin Herzog Władisław Łokieteks die Macht des Deutschen Ordens zur Hilfe rief. Für eine finanzielle Entlohnung okkupierten 1309 die Deutschritter das Land und gliederten es, nachdem Herzog ›Ellenlang‹ die exorbitant hohe Geldsumme nicht aufbringen konnte, in den Ordensstaat ein. Die Klage des übervorteilten Władisław Łokietek vor dem Papst in Rom blieb erfolglos.

▲ Umschlagkarte hinten

*Das Stadtwappen von Gdańsk*

NEC TEMERE
NEC TIMIDE
Aktualny herb Gdańska

## Stadtrepublik Danzig

Unter den Deutschrittern entstanden in den Jahren von 1310 bis 1340 im kriegszerstörten Danzig eine Ziegelburg und der Radaune-Kanal. Ab 1343 wurden die Stadtmauern, das Rathaus und die Marienkirche errichtet. Im selben Jahr erhielt die ›Rechtstadt‹, der Stadtteil am Ufer der Mottlau mit überwiegend wohlhabenden deutschsprachigen Kaufleuten, vom Orden nach Kulmer Recht die Stadtrechte verliehen. 1375 wurden der hauptsächlich slawisch bewohnten Altstadt rund um den Radaune-Kanal, ebenfalls nach Kulmer Recht, die Stadtrechte zuteil, und 1380 der Jungstadt. Handel und Gewerbe blühten auf, Zünfte entstanden. 1361 trat die Rechtstadt der Hanse bei. Einschränkungen der Handelsrechte, die der Orden durchzusetzen versuchte, entgingen die Danziger Bürger, indem sie sich unter die Schutzherrschaft Kazimierz IV. von Polen begaben. 1440 schloss sich Danzig mit 18 weiteren Städten zum ›Preußischen Bund‹ zusammen. Im Dreizehnjährigen Krieg (1454–1466) zwischen dem Deutschorden und der polnischen Krone ergriffen die Danziger die Gelegenheit, sich vom nach der Niederlage bei Tannenberg 1410 bereits geschwächten Orden endgültig loszureißen. Den Löwenanteil der Kriegskosten Polens finanzierten die Danziger. Ab Mai 1457 war Danzig eine mit vielen Freiheiten versehene, unabhängige Stadtrepublik im Königreich Polen – und sollte es für die kommenden mehr als 300 Jahre bleiben, bis zur Zweiten Teilung Polens 1793.

An Privilegien erhielt die Hansestadt unter anderem das polnische Monopol für den Seehandel mit Holz und Getreide. Den Wohlstand mehrten ferner bedeutende Schiffswerften und Tuchmanufakturen. Prachtvolle Bauwerke entstanden und zeugten von Reichtum und Macht der Bevölkerung. Unter der Regierung Stephan Bathorys und Sigismund III. entwickelte sich Danzig zur größten Stadt im gesamten Ostseeraum und wurde darüber hinaus ein bedeutendes europäisches Wirtschafts-, Kunst- und Kulturzentrum. Herausragende Künstler und Baumeister aus Flandern, Holland, Deutschland und Italien wirkten am Ufer der Mottlau.

1793 besetzten im Zuge der Zweiten Polnischen Teilung preußische Truppen die Stadt. Nach den Freiheitskriegen gegen Napoleon gehörte sie ab 1815 zum Königreich Preußen und ab 1871 zum Deutschen Kaiserreich, das keine fünf Jahrzehnte später am Ende des Ersten Weltkriegs bereits wieder unterging.

## Freie Stadt Danzig

Laut den Buchstaben des Versailler Vertrags wurde Danzig im Sommer 1919 ein unabhängiger Stadtstaat: die Freie Stadt Danzig. Ebenfalls nach den Versailler Bestimmungen bildete sie fortan eine Zollunion mit Polen, und Polen vertrat die Hansestadt auch auf diplomatischem Parkett. Der Danziger Hafen unterstand einer gemeinsamen Verwaltung von Polen und Danzig, wobei der Republik Polen das Recht eingeräumt wurde, den Hafen für Ein- und Ausfuhren in vollem Umfang zu nutzen, eigene Post-, Telefon- und Telegrafenanlagen auf dem Danziger Territorium zu betreiben sowie den Eisenbahnverkehr zu verwalten.

## Zweiter Weltkrieg

Die Spannungen zwischen Deutschen und Polen wuchsen und verkomplizierten sich zusehends durch Inflation, Arbeitslosigkeit und Weltwirtschaftskrise. Die nationalsozialistischen Parolen fan-

▶ Umschlagkarte hinten

den bei der überwiegend deutschen Danziger Bevölkerung regen Zuspruch, 1933 errang die NSDAP die absolute Mehrheit und damit einen überwältigenden Sieg. Mit den Schüssen des deutschen Schlachtkreuzers ›Schleswig-Holstein‹ auf das polnische Munitionsdepot auf der Danziger Westerplatte begann am 1. September 1939 der Zweite Weltkrieg. Die auf der Westerplatte stationierten polnischen Soldaten wurden nach schwerem Kampf hingerichtet, ebenso wie die Angestellten der Polnischen Post am Heveliusplatz, die ihr Gebäude bis zum letzten Atemzug verteidigt hatten. Danzig wurde unverzüglich ins ›Dritte Reich‹ eingegliedert. Zwischen 1942 und 1944 bombardierten die Alliierten mehrmals die Stadt. Im März 1945 rückten gemeinsame Verbände der Roten und der polnischen Armee in die von den Deutschen erbittert verteidigte Hansestadt ein. 95 Prozent des historischen Zentrums wurden dabei zerstört. Zählte man vor Ausbruch des Zweiten Weltkriegs in Danzig knapp 400 000 Einwohner, war die Zahl 1946 auf 118 000 Einwohner gesunken. Vor allem Vertriebene zumeist aus den ehemals östlichen polnischen, nun sowjetrussischen Gebieten – ›Repatrianten‹, wie die kommunistische Propaganda sie nannte, fanden eine neue Heimat in den Ruinen.

*Wiederaufgebaute Häuser in der Frauengasse*

## Wiederaufbau und Streiks

Mit dem originalgetreuen Wiederaufbau der zerstörten Innenstadt lieferten die polnischen Handwerker, Restaurateure und Denkmalpfleger nach Kriegsende ein Meisterwerk ab. Ihre Kunst trug ihnen zu Recht weltweiten Ruhm ein. Daneben wurden in Plattenbauweise zehntausende neuer Wohnungen errichtet und Gdańsk zum wichtigsten Wirtschaftszentrum der sozialistischen Volksrepublik ausgebaut. Doch wirtschaftliche Fehlplanungen führten immer wieder zu Streiks und Demonstrationen: erstmals im Dezember 1970, als nach einem Aufstand zahlreiche Tote und Verletzte gezählt wurden, und abermals im Jahr 1976.

Am 14. August 1980 schließlich legten die Werktätigen der Danziger Lenin-Werft ihre Arbeit nieder. Sie gingen nicht auf die Straße, wo sie der bewaffneten Staatsgewalt gegenübergestanden hätten, sondern verschanzten sich hinter den Werktoren, beteten und stimmten religiöse Lieder an. Von überall aus dem Land strömten die Menschen zu den Toren der Lenin-Werft, plötzlich befand sich ganz Polen im Ausstand. Bereits zwei Wochen später, am 31. August 1980, unterzeichneten der Arbeiterführer Lech Wałęsa und der stellvertretende polnische Ministerpräsident Jagielski die ›Danziger Vereinbarung‹, die den Weg für die erste freie Gewerkschaft hinter dem Eisernen Vorhang freimachte – die ›Solidarność‹. Von da an dauerte es kein Jahrzehnt mehr bis zur Gründung der dritten, demokratischen Republik Polen.

## Berühmte Danziger

Mit Danzigs 1000-jähriger Geschichte verbinden sich weltberühmte Namen:

**Kazimierz IV.** (1447–1492) Der beliebte König führte den Sieg über den Deutschen Orden im Städtekrieg 1454 bis 1466 herbei und schloss den Zweiten Thorner Frieden ab.

**Johannes Hevelius** (1611–1687) Der Astronom entwarf als erster eine Mondkarte und erbaute in Danzig eine Sternwarte.

**Gabriel Daniel Fahrenheit** (1686–1736) Der Physiker stellte das erste gebrauchsfähige Thermometer her.

**Daniel Chodowiecki** (1726–1807) Danziger mit polnischem Vater und hugenottischer Mutter, berühmter Kupferstecher und Direktor der Königlichen Preußischen Akademie der Künste in Berlin.

*Arthur Schopenhauer*

**Arthur Schopenhauer** (1788–1860) Seine Familie verließ die Hansestadt 1793 nach ihrer Einverleibung durch Preußen. Der schwermütige Philosoph lebte später in Berlin und Frankfurt am Main.

**Günther Grass** (*1927) Der Schriftsteller und Literatur-Nobelpreisträger, dessen Wiege in Danzig stand, ist seit 1999 Ehrenbürger der Stadt.

**Rupert Neudeck** (*1939) Der kurz vor Ausbruch des Zweiten Weltkriegs in Danzig geborene Journalist wurde als Gründer des Komitees Cap Anamur und Vorsitzender des Friedenskorps Grünhelme bekannt.

**Donald Tusk** (*1957) Waschechter Danziger Kaschube, seinerzeit studentischer Solidarność-Streiter und seit 2007 polnischer Ministerpräsident.

**Pawel Huelle** (*1957) Journalist, Schriftsteller und Begründer des neuen Danzig-Romans, der die multikulturelle Geschichte der alten Hansestadt ins Gedächtnis zurückbringt.

Fest mit Danzig verbunden ist außerdem die seinerzeit den gesamten Ostblock in ihren Grundfesten erschütternde **Solidarność**, deren bedeutender Anführer, der Elektriker **Lech Wałęsa** (*1943) als erster frei gewählter Staatspräsident Polens in die Geschichte einging.

*Johannes Hevelius*

## Ein Stadtrundgang

Der großartigen Aufbauleistung der polnischen Restauratoren ist es zu verdanken, dass man wieder durch die prachtvollen Straßen der am Ende des Zweiten Weltkriegs völlig zerstörten historischen Innenstadt schlendern kann. Die originalgetreue Rekonstruktion des alten Stadtbildes, die mit ersten Maßnahmen bereits 1948/49 begann, erfolgte nach Karten, Stichen und Modellen des 16. und 17. Jahrhunderts. In weniger als zwei Jahrzehnten war die Königin der Ostsee mit ihrer aus der ältesten Danziger Siedlung hervorgegangene **Altstadt (Stare Miasto)** am Radaune-Kanal (Radunia-Kanal) sowie der **Rechtstadt (Główne Miasto)** am Ufer der Motława (Mottlau) glanzvoll wiedererstanden. In der Altstadt, vor allem aber in der Rechtstadt, versammeln sich Danzigs berühmteste Sehenswürdigkeiten.

Vor der Rechtstadt erstreckt sich der **Kohlenmarkt** (Targ Węglowy), von dem aus sich der erste und zugleich schönste Rundgang durch Gdańsk anbietet. Dort im nordöstlichen Eck fällt der Blick zunächst auf den trutzigen **Strohturm** (Brama Słomiana) aus dem 14. Jahrhundert sowie die vier schönen Renaissance-Giebel des benachbarten **Großen Zeughauses** (Wielka Zbrojownia). Eine Einkaufspassage führt durch den eindrucksvollen Ziegelbau in die ul. Piwna (Jopengasse), wo das hervorragende Beispiel für den niederländischen Manierismus in Danzig seine ganze Pracht entfaltet. In den Jahren 1601 bis 1609 wurde das Zeughaus vom flämischen Baumeister Anthony van Obbergen als Waffenarsenal erbaut. Heute beherbergt es neben der Shopping-Mall die Hochschule der Künste in den Obergeschossen.

*Das Große Zeughaus*

## Vom Hohen Tor zum Rechtstädtischen Rathaus

An der Südseite des Targ Węglowy beginnt die Via Regina Danzigs, der berühmte ›Königsweg‹ und Hauptzugang in die Rechtstadt, über den einst die polnischen Könige in Danzig Einzug hielten. Seinen Anfang bildet das **Hohe Tor** (Brama Wyżynna), das man zwischen 1574 und 1576 nach Plänen Willem van den Blockes errichtete. An der Westfassade ist es mit den Wappen Danzigs, Polens und Königlich Preußens geschmückt. An seine Ostfront mit einem Wappen der Hohenzollern schließt sich das wehrhafte Ensemble von **Peinkammer** (Katownia) und **Stockturm** (Wieża Więzienna) aus der ersten Hälfte des 14. Jahrhunderts an. Zwischen 1604 und 1858 diente der gotische Stockturm als Stadtgefängnis; nach umfassenden Renovierungs- und Restaurierungsarbeiten zogen in seine Zellen und Verliese die wertvollen Sammlungen des Danziger Bernsteinmuseums ein.

Auf Peinkammer und Stockturm folgt das **Goldene Tor** (Złota Brama). 1612 bis 1614 wurde es im Stil der niederländischen Renaissance von Abraham van den Blocke in Form eines Triumphbogens erbaut und 1647/48 von Peter Ringering mit allegorischen Figuren gekrönt: Frieden und Freiheit, Reichtum, Ruhm, Gerechtigkeit, Frömmigkeit, Weisheit und Eintracht stellen sie dar. Seine Ostfassade schmückt ein Ausschnitt aus dem Psalm 122: ›Es müsse wohlgehen denen, die Dich lieben. Es müsse Frieden sein inwendig in Deinen Mauern und Glück in Deinen Palästen.‹

An die Nordseite des Złota Brama fügt sich die zwischen 1487 und 1494 errichtete spätgotische **Sankt Georgshalle** (Dwór Bractwa św. Jezergo) an, in der einst Danzigs Patrizier zu gesellschaftlichen Vergnügen zusammenkamen.

*Der Königsweg, die ulica Długa*

## Ulica Długa

Geradewegs durch das Goldene Tor hindurch eröffnet sich eine der schönsten Danziger Veduten: die ulica Długa, die berühmte **Langgasse** mit ihren prachtvollen Häusern. Bereits seit dem 14. Jahrhundert bildet sie gemeinsam mit dem Langen Markt (Długi Targ) das Herz der Rechtstadt. Eine stolze Zahl alter Patrizierhäuser säumt die Fußgängerzone, in der Einheimische wie Touristen die zahlreichen Restaurants und Cafés bevölkern. Unter den Gebäuden verdient das **Uphagenhaus** (Kamienica Uphagena, ul. Duga 12) besondere Aufmerksamkeit. Das 1776 von Johann Benjamin Dreyer im späten Barockstil erbaute Patrizierhaus ist ein besonders schönes Beispiel dieser Epoche, dessen historische Räumlichkeiten – Diele, Kontore, Säle und Salons – mit einer typischen großbürgerlichen Innenausstattung des 18. Jahrhunderts besichtigt werden können.

Nahebei ist auch das **Ferbersche Haus** (Dom Ferberów, ul. Długa 28) aus dem Jahr 1560 einen Augenblick wert. Durch Holzhandel reich geworden, zählten die Ferbers viele Jahrhunderte lang zu den wichtigsten Danziger Familien. ›Pro invidia‹, ›Zum Neid‹, lautet die Inschrift auf dem frühbarocken Frederhaus (Dom Frederów, ul. Długa 29), das Abraham van den Blocke 1620 erbaute. Etwas weiter gilt das **Löwenschloss** (Lwi Zamek, ul. Długa 35) von 1569 als ein herrliches Werk der Renaissance-Architektur. Aus dem Jahr 1560 stamt das nicht weit entfernte **Schumannhaus** (Dom Szumannów, ul. Długa 45), in dem die PTTK eine Touristeninformation unterhält.

## Rechtstädtisches Rathaus

An der Einmündung der Langgasse in den Langen Markt (Długi Targ) erhebt sich das Rechtstädtische Rathaus (Ratusz Głównego Miasta). Der ursprünglich gotische Backsteinbau entstand um das Jahr 1380, wurde von 1486 bis 1492 nach flämischem Vorbild ausgebaut und

▲ Umschlagkarte hinten

erhielt nach einem Brand 1556 seine gegenwärtige Renaissancegestalt. Vom 82 Meter hohen Turm, den seit 1561 eine vergoldete Statue des Jagiellonenkönigs Zygmunt II. August schmückt, genießt man eine fantastische Sicht auf die Rechtstadt. Ebenfalls aus dem Jahr 1561 stammt das aus 14 Glocken bestehende Glockenspiel, das immer zur vollen Stunde erklingt. Unterhalb zieren zu ebener Erde zwei Löwen und das Stadtwappen das barocke Eingangsportal.

Mit der prunkvollen Ausgestaltung der Innenräume, die heute zum Teil als **Historisches Stadtmuseum** dienen, begann man gegen Ende des 16. Jahrhunderts. Nach einem Entwurf Anthony van Obbergens entstand das wertvollste künstlerische Kleinod des Rathauses, der **Rote Saal**, in dem sich früher die Ratsherren versammelten. 25 Gemälde der holländischen Meister Hans Vredemann de Vries und Isaac van den Blocke schmükken die aufwändig stuckierte, vergoldete Decke, darunter im Zentrum van den

*Blick von der ulica Długa auf das Rechtstädtische Rathaus*

Blockes ›Apotheose Danzigs‹. Der reichverzierte Kachelofen stammt aus den Händen des Bildhauers Willem van der Meer. Als große Seltenheit in der Stadt wurde der Rote Saal nicht rekonstruiert, sondern ist vollständig im Original erhalten. 1943 demontierte ihn der Konservator Erich Volmar und lagerte ihn außerhalb Danzigs sicher ein, weshalb der Saal den Zweiten Weltkrieg nahezu unbeschadet überdauerte. In weiteren Räumen des Rechtstädtischen Rathauses zeigt das Historische Stadtmuseum mit Bildern und Exponaten die Geschichte Danzigs und dokumentiert mit einer Fotoausstellung den Wiederaufbau der Stadt.

## Der Lange Markt

Auf Rathaushöhe eröffnet sich der Lange Markt (Długi Targ), wohl einer der schönsten Plätze Europas. Hier präsentiert sich in strahlendem Weiß die Renaissance-Fassade des **Artushofs** (Dwór Artusa) mit seinen über mehrere Etagen reichenden Spitzbogenfenstern. Ursprünglich Mitte des 14. Jahrhunderts erbaut, wurde er nach einem Brand zwischen 1477 und 1481 im spätgotischen Stil wiedererrichtet und erhielt seine abschließende, manieristische Gestalt 1616/17 durch Abraham van den Blocke. Das nach dem sagenhaften König Artus und seiner Tafelrunde benannte Gebäude diente einst als Versammlungsort der reichen Patrizier, die in seinem repräsentativen Saal ihre Gilde-Zusammenkünfte abhielten. Im 16. und 17. Jahrhundert stand der Artushof darüber hinaus mit Banketten und Festessen im Mittelpunkt des gesellschaftlichen Lebens in Danzig. Innen schmückt ihn neben Gemälden, Schiffsmodellen und Ritterrüstungen ein 1545 gesetzter, zwölf Meter hoher Kachelofen.

DOM

### Neptunbrunnen

Direkt vor dem Artushof plätschert der Neptunbrunnen (Fontanna Neptuna) aus dem Jahr 1633. Mit seinem Bau wurde Abraham van den Blocke beauftragt, der jedoch wenig später verstarb. Sein Schüler Wilhelm Richter vollendete den formschönen Brunnen mit der Bronze des Meeresgottes Neptun im Mittelpunkt, der zu den berühmtesten Wahrzeichen Danzigs zählt. Neptun soll es auch gewesen sein – so geht die Sage –, der den Danzigern zu ihrem weltweit bekannten Gewürzlikör ›Goldwasser‹ verholfen hat. Immer wieder warfen die Menschen Münzen in seinen Brunnen, was den Meeresgott so erzürnte, dass er mit seinem Dreizack kräftig auf das Wasser eindrosch und die Münzen dabei in zahllose winzige Goldplättchen zersprangen. Der goldfunkelnde Schimmer im Wasser inspirierte die Hansestädter, damit fortan ihr 40prozentiges ›Goldwasser‹ zu verschönern.

### Neues Schöffenhaus

In unmittelbarer Nachbarschaft an den Artushof schließt sich das nicht weniger reich ausgestattete, mit einer Fassade aus dem 17. und 18. Jahrhundert verzierte Neue Schöffenhaus an (Nowy Dom Ławników, Długi Targ 43). Eine Allegorie der Gerechtigkeit auf dem Giebel erinnert daran, dass das Haus von 1712 bis 1806 Sitz des Stadtgerichts war. Aus dem direkt darunter liegenden Rundfenster schaut täglich um 13 Uhr die ›Jungfrau Hedwig‹ auf den Langen Markt hinaus, im Sommer zusätzlich noch einmal um 15 und 17 Uhr. Die Figur stellt die Heldin des viel gelesenen Romans von Jadwiga Łuszczewska (1843–1908) dar, ›Das Mädchen am Fenster‹, das im 17. Jahrhundert von ihrem Onkel im Haus am Langen Markt 43 eingesperrt worden war.

### Goldenes Haus

Zwei Gebäude weiter steht das mit zahlreichen allegorischen Figuren bestückte und goldstuckgeschmückte Goldene Haus (Złota Kamienica, Długi Targ 41). Wie der Neptunbrunnen wurde auch das für seine prunkvolle Fassade gerühmte Bauwerk von Abraham van den Blocke geschaffen. 1609 bis 1617 für den Patrizier Speymann errichtet und in preußischer Zeit von der Großbürgerfamilie Steffen bewohnt, trägt es deshalb auch den Namen **Steffensches Haus**.

### Grünes Tor

Ostwärts wird der Lange Markt vom 1564 bis 1568 erbauten Grünen Tor (Zielona Brama) zur Motława (Mottlau) hin abgeschlossen. Seinen Namen verdankt das einst als städtische Residenz für den König entstandene Renaissance-Gebäude seinem ursprünglich grünen Anstrich, auf den man nach dem Wiederaufbau jedoch verzichtete. Das Grüne Tor beherbergt heute Wechselausstellungen des Danziger Nationalmuseums. An seinen Mauern endet der Königsweg, und hat man das Tor durchschritten, ist der Uferkai an der Motława, einem Nebenfluss der Weichsel, mit zahlreichen weiteren Danziger Wahrzeichen erreicht.

## An der Motława

Am Fluss entlang erstreckt sich der alte Danziger Hafen, den heute die Ausflugsschiffe der Weißen Flotte nutzen. Von

*Der Neptunbrunnen vor dem Artushof*

einer der Brücken über die Motława aus lässt sich diese wohl berühmteste aller Danziger Postkartenansichten am besten bewundern: das Panorama mit dem Grünen Tor und dem Brotbänketor (Brama Chlenicka), dann dem Frauentor (Brama Mariacka), dem Heiligengeisttor (Brama św. Ducha) und schließlich dem wuchtigen Krantor (Żuraw). Sämtliche Tore tragen die Namen der Gassen, die sie zur Motława hin begrenzen.
Das **Brotbänketor** von 1454 ist das älteste Danzigs. Es bildet den Abschluss der Brotbänkegasse (ul. Chlebnicka), die in die ul. Piwna (Jopengasse) mit dem Großen Zeughaus übergeht. In der Nähe des Brotbänketors steht das sehenswerte **Englische Haus** (Dom Angielski, ul. Chlebnicka 16). Mit acht Stockwerken war das mit reichem Reliefschmuck versehene Gebäude zur Zeit seiner Errichtung 1570 das höchste Haus in der Stadt.

*Die Astronomische Uhr in der Marienkirche*

## Marienkirche

Zwischen Großem Zeughaus und Brotbänketor thront unübersehbar im Herzen der Rechtstadt die in drei Etappen 1343–1361, 1379–1465 und 1484–1502 erbaute Marienkirche (Kościół św. Mariacki). Bei einer Gewölbehöhe von 29 Metern erstreckt sich der dreischiffige gotische Sakralbau über eine Fläche von 105 mal 66 Meter. Damit zählt er zu den größten christlichen Gotteshäusern der Welt. Seinen imposanten Innenraum dekorieren zahlreiche kostbare Ausstattungsstücke, unter ihnen der spätgotische Hochaltar (1510 bis 1517) von Meister Michael von Augsburg sowie Meister Pauls Kreuzigungsgruppe (1517) hoch oben in der Öffnung des Presbyteriums. Eine Reproduktion von Hans Memlings berühmtem Gemälde ›Jüngstes Gericht‹ findet sich in der Sankt Reinholdkapelle. Das Original – einst in päpstlichem Auftrag geschaffen und während der Verschiffung von Brügge nach Italien 1473 für die Stadt Danzig vom Piraten Paul Benecke geraubt – hängt im Danziger Nationalmuseum. Nicht weniger prominent sind das 1410 entstandene, lebensgroße gotische Standbild der ›Schönen Madonna‹ in der Sankt Annenkapelle sowie im Nordschiff der Kirche die 14 Meter hohe Astronomische Uhr. Von 1464 bis 1470 entwikkelte der Thorner Uhrmacher Hans Düringer das riesige Chronometer. Nachdem er seine Arbeit beendet hatte – so erzählt es die Sage – stachen ihm seine Danziger Auftraggeber beide Augen aus, um zu verhindern, dass er noch ein weiteres Mal eine solche Kostbarkeit anfertigen würde. Neben Stunden, Tagen und Monaten zeigt sie Kalenderheilige,

▲ Umschlagkarte hinten

Mondphasen, Tierkreiszeichen und ferner jeweils um 12 Uhr die Verkündigung Marias sowie die Anbetung der Heiligen Drei Könige.

Der Aufstieg auf den 78 Meter hohen Turm der Marienkirche lohnt sich wegen der herrlichen Aussicht über die Dächer der Rechtstadt bis zum Danziger Hafen. Einen Blick verdient auch die im 17. Jahrhundert von König Jan III. Sobieski für die damals recht kleine katholische Kirchengemeinde gestiftete **Königskapelle**. Nordöstlich fast an die mächtigen Backsteinmauern der Marienkirche geschmiegt, bietet der zierliche kuppelgekrönte Barockbau in der historischen Hansestadt ein vergleichsweise seltenes Bild.

*Das Wahrzeichen von Gdańsk: das Krantor am Motława-Ufer*

## Frauengasse

Im Schatten der majestätischen Marienkirche führt die kurze Frauengasse (ul. Mariacka) ostwärts wieder zum Uferkai. Die von stattlichen Patrizierhäusern gerahmte Gasse ist ein schönes Beispiel für eine besondere Danziger Eigenart: kleine Steinterrassen mit breiten Treppen vor den mindestens einen Meter über dem Straßenniveau liegenden Hauseingängen – so genannte ›Beischläge‹. Ab Ende des 16. Jahrhunderts baute man die erhöhten Terrassen gegen mögliche Überschwemmungen. Mit Stuck versehen und reich geschmückt dienten die Beischläge zugleich als erste Visitenkarte des Hausbesitzers. Unterhalb befinden sich Werkstätten und kleine Geschäfte, die heute Kunsthandwerkliches sowie Gold- und Bernsteinschmuck anbieten. Zur Mottlau hin schließen das spätgotische **Frauentor** (Brama Mariakka) und das 1599 von Anthony van Obbergen erbaute **Haus der Naturforschenden Gesellschaft** (Dom Przyrodników) die Gasse ab.

*In der Frauengasse*

## Krantor

Als nächstes Tor folgt an der Motława das **Heiligengeisttor**, durch das man die Heiligengeiststraße (ul. św. Ducha) entlang die Geburtshäuser Johannas und Arthur Schopenhauers erreicht (Hausnummer 81 und 114). Wenige Schritte später schließt sich am Uferkai das massige gotische **Krantor** (Żuraw) an. Nachdem ein erster hölzerner Kran 1442 ein Raub der Flammen geworden war, erbaute man an seiner Stelle bis 1444 das bekannteste aller Danziger Wahrzeichen mit bis zu vier Meter dicken Rundmauern. Mit Hilfe des damals größten Lastenzugs der Welt konnten nicht nur schwere Schiffsladungen gelöscht, sondern auch Schiffsmasten aufgestellt werden. Die beiden riesigen, von Muskelkraft angetriebenen Holzräder, die das Zugseil in Gang setzten, sind noch zu sehen. Darüber hinaus präsentiert das Krantor als **Dependance des Zentralen Meeresmuseums** eine Ausstellung zum Leben im Danziger Hafen vom 16. bis 18. Jahrhundert.

### Zentrales Meeresmuseum

Die Hauptausstellungen des Zentralen Meeresmuseums (Centralne Muzeum Morskie) befinden in den ›Drei Speichern‹ am gegenüberliegenden Flussufer auf der Insel Ołowianka (Bleihof) und zeigen eine Fülle von Exponaten zur Geschichte des Schiffsbaus, des Fischfangs

*Fähre zum Meeresmuseum in den Drei Speichern*

▲ Umschlagkarte hinten

und der polnischen Seefahrt. Vor den Speichern liegt das Museumsschiff ›Sołdek‹ vor Anker, das erste polnische Schiff, das nach dem Zweiten Weltkrieg erbaut wurde. Eine kleine Fußgängerfähre setzt alle 15 Minuten im Pendelverkehr vom Krantor zu den Museums-Hauptgebäuden über.

### Fischmarkt

Nördlich vom Krantor bilden das **Johannestor** und schließlich das **Häkertor**, beide aus dem Ende des 15. Jahrhunderts, die letzten zwei Tore der Rechtstadt. Der **Fischmarkt** (Targ Rybny) nahebei verwandelt sich alljährlich im August im Rahmen des traditionellen ›Dominikanermarkts‹ in einen riesigen Festplatz. Kaufleute in historischen Kostümen, Jahrmarkt- und Imbissbuden, Bühnenprogramme, Musikanten und Schausteller beherrschen dann die Szenerie rund um den Fischmarkt.

## In der Altstadt

Über den Altstädtischen Graben (Podwale Staromiejskie), an dem spärliche Reste der gotischen Rechtstadt-Befestigung verlaufen, gelangt man zur **Polnischen Post** am plac Obrońców Poczty Polskiej in der östlichen Altstadt (Stare Miasto). Am 1. September 1939 streckten hier nach 14stündiger verzweifelter Verteidigung die polnischen Postangestellten vor den Soldaten der deutschen Wehrmacht die Waffen. Die nach dem Zweiten Weltkrieg wiedererrichtete Post ist seitdem Sinnbild des polnischen Widerstands gegen die nazistische Tyrannei. Eine Ausstellung im heutigen Postmuseum erinnert an die Ereignisse, wie sie auch Günther Grass in der ›Blechtrommel‹ literarisch verarbeitete. Das 1979 vor dem Gebäude enthüllte Denkmal ehrt die Verteidiger der Polnischen Post.

## Am Radaune-Kanal

Die **Brigittenkirche** (Kościół św. Brygidy), nur wenige Straßen von der Polnischen Post entfernt, symbolisiert wie kaum ein anderes Danziger Bauwerk den Widerstand gegen das kommunistische Regime. Im 14./15. Jahrhundert als Klosterkirche erbaut, wurde das dreischiffige Gotteshaus Anfang des 16. Jahrhunderts erweitert, im Zweiten Weltkrieg zerstört und auf Initiative des Pfarrers der Lenin-Werft, Henryk Jankowski, zwischen 1971 und 1975 wieder aufgebaut. Nachdem mit der Verhängung des Kriegsrechts 1981 die Gewerkschaft Solidarność zur illegalen Opposition geworden war, feierte man in św. Brygidy die größten und bedeutendsten ›Messen für das Vaterland‹. Eine Gedenktafel würdigt die Opfer von Katyn (im russischen Katyn hatte der sowjetische NKDW 1940 22 000 Angehörige der polnischen Elite ermorden lassen), eine Nachbildung der Schwarzen Madonna trägt in ihrem Haarkranz die Anzahl der Toten des Aufstands von 1970 als Rubine, eine Kapelle erinnert an den 1984 vom polnischen Sicherheitsdienst ermordeten Pater Jerzy Popiełuszko, und auch eine Miniatur des Danziger Werftarbeiter-Denkmals ist in der ehemaligen Solidarność-Kirche zu finden. Als jüngstes Prunkstück entsteht zurzeit ein spendenfinanzierter Bernsteinaltar. Elf Meter hoch und sechs Meter breit, ziert ihn bereits ein Bildnis der Heiligen Muttergottes aus goldleuchtendem Bernstein im Zentrum.

In der Nachbarschaft reckt am Radaune-Kanal die **Katharinenkirche** (Kościół św. Katarzyny) die Spitze ihres markanten Barockturms in den Himmel. Sankt Katharina ist das älteste Gotteshaus der Stadt, womöglich wurde der dreischiffige Baukörper bereits 1185 errichtet. Die 37 Kirchturmglocken schmolz man im

*Der Bernsteinaltar in der Brigittenkirche*

Zweiten Weltkrieg zu Rüstungszwecken ein. Ab 1989 konnte das Glockenspiel dank zahlreicher Spenden wieder erklingen, und mit Fragmenten einer aus dem 15. Jahrhundert stammenden Ausmalung, dem Grabmal des Astronom Johannes Hevelius von 1659, einem spätgotischen Flügelschnitzaltar (16. Jahrhundert) und einem Kreuzigungsgemälde von Anton Moeller (17. Jahrhundert) zog das Gotteshaus gleichermaßen Gläubige wie Kunstliebhaber an. Doch im Mai 2006 vernichtete ein Feuer große Teile der kostbaren Innenausstattung, und auch die Kirchglocken verstummten wieder. Für den Wiederaufbau bittet man nun erneut um Spenden.

## Von der Großen Mühle nach Sankt Nikolai

Sechs Stockwerke hoch und von einem imposanten Satteldach überbaut, ragt gegenüber auf der Radaune-Insel die **Große Mühle** (Wielki Młyn) empor. 1350 wurde sie mit über einem Meter dicken Mauern errichtet. Die Wasser des Radaune-Kanals setzten erst 12 und

*Eingang zum Werftgelände*

später 18 gewaltige Mühlräder in Gang, so dass täglich bis zu 200 Tonnen Mehl gemahlen werden konnten.

Von der Großen Mühle sind es nur wenige Schritte in westliche Richtung zum **Altstädtischen Rathaus** (Ratusz Staromiejski). Das zierliche Backsteingebäude wurde zwischen 1587 und 1595 von Anthony van Obbergen geschaffen und ist eines der wenigen im polnischen Königreich in der Renaissance errichteten Rathäuser. Den Platz am Rathaus schmückt ein Granitdenkmal des Danziger Astronomen Johannes Hevelius.

Abermals wenige Schritte westlich steht am Radaune-Kanal das 1612 im flämischen Stil entstandene **Haus der Pelpiner Äbte** (Dom Opatów Pelplińskich), das ein Danziger Woiwode den Zisterziensermönchen von Pelplin zum Geschenk machte. Nur einen Steinwurf von dort entfernt erheben sich die **Sankt Josephkirche** (Kościół św. Józefa) aus dem 15. Jahrhundert sowie die kleine, um 1400 erbaute Elisabethkirche (Kościół św. Elżbiety) mit dem barocken Hospital der heiligen Elisabeth (Szpital św Elżbiety) von 1753.

Den ausgedehnten Rundgang durch die Rechtstadt und die Altstadt beschließend, gelangt man über den Holzmarkt (Targ Drzewny) mit einem 1897 geschaffenen Reiterstandbild des Königs Jan III. Sobieski zum Ausgangspunkt am Kohlenmarkt (Targ Węglowy) zurück. Alternativ bietet sich ab der Katharinenkirche die ul. Węglarska Pańska an, die an der sehenswerten Nikolaikirche vorbei auf den Kohlenmarkt zuläuft. Teile der alten Rechtstadt-Befestigung säumen den Weg, unter ihnen der **Turm Kiek in de Kök** (Baszta Jacek), der den lustigen Namen erhielt, da man von seinen Schießscharten aus den Mönchen im ehemaligen Dominikanerkloster direkt in die Küche gucken konnte. Gegenüber vom alten Turm werden in der **Großen Markthalle** seit mittlerweile 1894 Lebensmittel und Gebrauchswaren feilgeboten, und eben an jenem Ort stand früher die Dominikanerabtei. Während der Napoleonischen Kriege

▶ Umschlagkarte hinten

wurde sie beinahe vollständig zerstört, nur die Ordenskirche **Sankt Nikolai** (Kościół św Mikołaja) blieb erhalten. Das mit Unterbrechungen von der zweiten Hälfte des 14. Jahrhundert bis Ende des 15. Jahrhundert errichtete Gotteshaus überstand den Zweiten Weltkrieg nahezu unversehrt; keinem anderen Sakralbau der Stadt war dies vergönnt. Die wertvolle Innenausstattung stammt außer einer gotischen Pietà (1430) und einem Triumphkruzifix (um 1520) vorwiegend aus dem Barock. Bei archäologischen Ausgrabungen wurden unter Sankt Nikolai Spuren einer älteren romanischen Kirche entdeckt.

### Das Franziskanerkloster

Ein zweiter, kürzerer Streifzug durch das historische Danzig führt vom Kohlenmarkt (Targ Węglowy) aus südwärts über den verkehrsreichen Podwale Przedmiejskie (Vorstädtischer Graben) in die Alte Vorstadt (Stare Przedmieście), und dort zum ehemaligen Franziskanerkloster mit der **Sankt Trinitatiskirche** (Klasztor Franciszkanów und Kościół św. Trójcy). Der 1422 begonnene kleine Bau wurde am Ende des 15. Jahrhunderts zu einer dreischiffigen Halle erweitert. Heute ist die reich ausgestattete Sankt Trinitatiskirche der zweitgrößte Sakralbau Danzigs. Der an sie anschließende Klosterkomplex wurde 1555 säkularisiert und diente danach als Gymnasium. Seit 1872 ist unter den Dächern das **Nationalmuseum** untergebracht. Gemälde französischer, polnischer und flämischer Meister sind hier ausgestellt; den Mittelpunkt bildet Hans Memlings ›Jüngstes Gericht‹, dessen Kopie in der Marienkirche zu sehen ist. Auch kostbare Silberschmiedearbeiten, Mobiliar, Textilien und Stickereien sind im Nationalmuseum zu bewundern.

## Außerhalb des historischen Zentrums

Nördlich der Altstadt (Stare Miasto) folgt das ausgedehnte Gelände der Danziger Werft. Mehr einem U-Bahn- als einem Museumseingang gleicht nahebei in der Straße Wały Piastowskie der Kellerzugang zur multimedialen **Ausstellung Wege zur Freiheit** (Drogi do Wolności). Im Gewerkschaftssitz von Solidarność dokumentiert sie die dramatischen Jahre des gesellschaftspolitischen Umbruchs zwischen 1980 und 1989. Wenige Schritte entfernt erhebt sich weithin sichtbar am plac Solidarności Robotniczej (Platz der Arbeitersolidarität) vor dem berühmten Tor der Danziger Werft, dessen Bilder im August 1980 während dem Werftarbeiterstreik um die Welt gingen, seit Mitte Dezember 1980 das **Werftarbeiter-Denkmal**. Seine drei 40 Meter hoch aufragenden, jeweils mit einem Anker bestückten Kreuze erinnern an die Opfer der Streiks und

*Das Werftarbeiterdenkmal*

Demonstrationen aus den Jahren 1956, 1970 und 1976. Auf Augenhöhe ist eine Tafel mit Zeilen des Literatur-Nobelpreisträger Czesław Miłosz (1911–2004) eingelassen:

*›Der du dem einfachen Menschen Unrecht getan*
*Und schallend gelacht hast über sein Leiden.*
*Fühl dich nicht sicher! Der Dichter bewahrt's im Gedächtnis.*
*Du kannst ihn ermorden – es wird ein neuer geboren.*
*Aufgezeichnet werden Taten und Worte als Vermächtnis.‹*

### Oliwa

Im nördlichen Danziger Stadtteil Oliwa (Oliva) streben die beiden schlanken Türme des **Doms von Oliwa** dem Himmel entgegen. 1186 gründeten Zisterziensermönche hier eine Abtei und erbauten im 13. und 14. Jahrhundert das dreischiffige, 107 Meter lange Gotteshaus. Seit 1926 ist die mit barocken Kunstschätzen überschwänglich eingerichtete Kathedrale Sitz des Bischofs von Danzig. Zu ihrer wertvollen Ausstattung zählen der ehemalige Hauptaltar sowie der neue Hauptaltar, beide aus dem 17. Jahrhundert, und das prachtvoll geschnitzte Chorgestühl aus dem späten 16. Jahrhundert. Das **Diözesanmuseum** behütet ein Reliquiarkreuz von 1405 und eine kostbare Handschriftensammlung. Weltberühmt ist die zwischen 1763 und 1788 von Friedrich Dalitz und Johann Wulf gefertigte Orgel, deren berauschender Klang von 7876 Pfeifen, verstärkt durch die hervorragende Akustik des Gotteshauses, den Besuchern mehrmals täglich zur vollen Stunde zwischen 10 und 17 Uhr vorgeführt wird. Darüber hinaus konzertieren hier alljährlich während des ›Internationalen Festivals der Orgelmusik‹ im Juli und August Organisten aus aller Welt.

Den Dom umgibt ein schöner Park, an den sich ein **Botanischer Garten** mit Palmenhaus und Aquarium anschließt. Der dortige **Rokoko-Palast der Äbte**, 1754 bis 1756 erbaut, beherbergt die Abteilung für moderne Kunst des Danziger Nationalmuseums. Im benachbarten Kornspeicher aus dem Jahr 1743 ist die Volkskunst-Abteilung des Nationalmuseums untergebracht.

### Westerplatte

Zu einer Besichtigung von Gdańsk gehört unbedingt auch der Besuch der Westerplatte an der Mündung der Toten Weichsel (Martwa Wisła) in die Danziger Bucht. Wurde die dem Hafen vorgelagerte Halbinsel Anfang des 20. Jahrhunderts noch als Badestrand genutzt, diente sie nach 1920 als ›Militärisches Transitdepot‹ der Zweiten Polnischen Republik, für dessen Bewachung dort eine Einheit polnischer Soldaten stationiert war. Mit der Beschießung des Munitionsdepots am 1. September 1939 um 4.45 Uhr durch den deutschen Schlachtkreuzer ›Schleswig-Holstein‹ begann der Zweite Weltkrieg. Auf der Westerplatte kämpfte die nur 182 Männer starke polnische Wachmannschaft sieben Tage lang vergeblich gegen die deutsche Übermacht. Daran erinnert heute das zwischen Betonbunkern und Kasernenruinen die gesamte Anlage überragende, betonschwere **Mahnmal für die Verteidiger der Küste** (Pomnik Obrońców Wybrzeża). Eine kleine Ausstellung zu den Ereignissen 1939 ist im Wachhaus Nr. 1 am Anfang des ausgedehnten Geländes untergebracht. Schiffe der Weißen Flotte steuern die Westerplatte von der Langen Brücke im historischen Zentrum Danzigs aus an.

▸ Umschlagkarte hinten

*Denkmal auf der Westerplatte*

**Gdańsk**

**Vorwahl**: 058.

Die Postleitzahlen wechseln nach Stadtteilen.

**Internet**: www.gdansk.pl (auch dt.).

**Gdańsk Touristeninformation**, Długi Targ 28/29, 80-830 Gdańsk, Tel. 3014355, www.gdansk4u.pl; Juni–Aug. tägl. 8.30–18.30, Sept.–Mai tägl. 9–17 Uhr.

**Zentrale Touristeninformation**, ul. Heweliusza 13-17, 80-890 Gdańsk, Tel. 3014355, www.de.gdansk.gda.pl; tägl. 8.30–17.30 Uhr.

**PTTK-Touristeninformation**, ul. Długi 45, 80-827 Gdańsk, Tel. 3019151, Tel./Fax 3016096, www.pttk-gdansk.pl; Juli/Aug. tägl. 8–20, sonst Mo–Fr 9–18, Sa 10–18 Uhr.

**Hafenrundfahrten und Fahrten zur Westerplatte**, ab Langer Brücke am Grünen Tor (Długie Pobrzeże) mit der Weißen Flotte; im Juli und August stündl. 9–19 Uhr, April–Juni und Sept./Okt. 10–16 Uhr.

**Ausflugsschifffahrten nach Sopot und Hel**, ab Motława-Kai vor dem Targ Rybny mit dem Tramwaj Wodny; nach Hel Juni–Aug. Linie F1 dreimal tägl., nach Sobieszewo Linie F4 viermal tägl.

**Hotel Hanza**, ul. Tokarska 6, 80-888 Gdańsk, Tel. 305 34 27, Fax 305 33 86, www.hanza-hotel.com.pl; DZ um 475 Złoty. Erstklassiges Hotel in bester Lage nahe dem Krantor, elegantes Interieur, erstklassiger Service.

**Hotel Królewski**, ul. Ołowianka 1, 80-751 Gdańsk, Tel. 32 61 11-1, Fax -0, www.hotelkrolewski.pl; DZ um 470 Złoty. Neben Meeresmuseum und Baltischer Philharmonie auf der Motława-Insel Ołowianka im sorgfältig restaurierten ›Königlichen Speicher‹ untergebracht; Zimmer von ausgesuchter Eleganz.

**Dom Muzyka**, ul. Łąkowa 1/2, 80-743 Gdańsk, Tel. 32 60 60-0, Fax -1, www.dom-muzyka.pl; DZ um 340 Złoty. Wenige Schritte östlich der Speicherinsel in einem schön renovierten Altbau der Danziger Musikakademie, an der Kreuzung zum verkehrsreichen Podwale Przedmiejski zwar nicht die attraktivste Lage, dafür aber nur 5 Minuten Fußweg zur Rechtstadt.

**Kamienica Gotyk**, ul.Mariacka 1, 80-833 Gdańsk, Tel. 301 85 67, www.gotykhouse.eu; DZ um 210 Złoty. Bezauberndes kleines Patrizierhaus, 1451 erbaut, im Zentrum der Rechtstadt, wenige Schritte von der Marienkirche entfernt.

**Gdańsk Hostel Targ Rybny**, ul. Grodzka 21, 80-841 Gdańsk, Tel. 301 56 27, www.gdanskhostel.com.pl; DZ um 150 Złoty, Schlafsaal um 55 Złoty/Person. Unschlagbar preisgünstig für die zentrale Lage am nördlichen Rechtstadtrand, mit Gemeinschaftsküche, Paddelboot- und Fahrradverleih.

**Jugendherbergen** gibt es in Danzig drei, sie sind ganzjährig geöffnet:
ul. Wałowa 21, 80-858 Gdańsk, Tel./Fax 301 23 13, www.mokf.com.pl.
ul. Kartuska 245b, 80-125 Gdańsk, Tel. 302 60 44, Fax 302 05 81, www.mokf.com.pl.
ul. Grunwaldzka 244, 80-314 Gdańsk, Tel./Fax 341 41 08, www.mokf.com.pl.

**Camping Nr. 128 Stogi**, ul. Wydmy 9, 80-656 Gdańsk, Tel. 307 39 15, Fax 304 22 59, www.camping-gdansk.pl; Ende April–Anfang Okt. Etwa 6 Kilometer östlich von Gdańsk im Ortsteil Stogi (zwischen Westerplatte und Sobieszewo) im Kiefernwald, 150 Meter vom Strand, mit Campinghütten und kleiner Gastronomie.

**Pod Łososiem** (Zum Lachs), ul. Szeroka 52/54, Tel. 301 76 52, www.podlososiem.com.pl Eine in ganz Europa bekannte Adresse: Im 1598 gegründeten Speiselokal genießt man zum ›Danziger Goldwasser‹, dem berühmten Kräuterlikör mit gelöstem Blattgold, Spezialitäten der alten Danziger Küche (unbedingt reservieren).

▲ Umschlagkarte hinten

**Gdańska**, ul. św. Ducha, im Zentrum der Rechtstadt. Das Restaurant steht dem ›Pod Łososiem‹ nicht nach. In behaglicher Alt-Danziger Atmosphäre werden traditionelle Delikatessen der alten Hansestadt aufgetragen.

**Tawerna**, ul. Powroźnica 19/20. Danzigs erste Adresse für Fischspezialitäten, zum Beispiel gebratenen Zander in Käseschnee, gegrillten Stör auf Steinpilzen, mit Krabben gefüllte Flunder oder überbackene Seezunge an Krevetten.

**Rechtstädtisches Rathaus**, ul. Długa 47; Mo 11–15, Di–Sa 10–18, So 11–18, im Winterhalbjahr Di 10–15, Mi–Sa 10–16, So 11–16 Uhr.

**Bernsteinmuseum im Stockturm**, ul. Długa; Mo 11–15, Di–Sa 10–18, So 11–18, im Winterhalbjahr Di 10–15, Mi–Sa 10–16, So 11–16 Uhr.

**Uphagenhaus**, ul. Długa 12; Mo 11–15, Di–Sa 10–18, So 11–18, im Winterhalbjahr Di 10–15, Mi–Sa 10–16, So 11–16 Uhr.

**Artushof**, Długi Targ; Mo 11–15, Di–Sa 10–18, So 11–18, im Winterhalbjahr Di 10–15, Mi–Sa 10–16, So 11–16 Uhr.

**Sankt Marienkirche**, Podkramarska 5; Kirche und Turm Mo–Sa 9–17.30, So 13–17.30 Uhr.

**Zentrales Meeresmuseum/Krantor**, ul. Szeroka 67/68; tägl. 10–18, im Winterhalbjahr Di–So 10–16 Uhr.

**Zentrales Meeresmuseum/Schifffahrtsmuseum**, ul. Ołowianka; tägl. 10–18 Uhr; im Winterhalbjahr Di–So 10–16 Uhr.

**Zentrales Meeresmuseum/Museumsschiff Sołdek**, tägl. 10–18 Uhr, im Winterhalbjahr Di–So 10–16 Uhr.

**Museum Polnische Post**, pl. Obrońców Poczty Polskiej 1/2; Di 10–15, Mi–Fr 10–16 Uhr.

**Museum Westerplatte**, Haus 1 Westerplatte; Mai–Sept. tägl. 9–16 Uhr.

**Nationalmuseum**, ul. Toruńska 1; Mai–Sept. Di–So 10–17 Uhr (Do 12–19 Uhr), Okt.–April Di–Fr 9–16 Uhr, Sa/So 10–17 Uhr.

**Grünes Tor/Nationalmuseum**, Długi Targ 24; Mai–Sept. Di–So 10–17 (Do 12–19), Okt.–April Di–Fr 9–16, Sa/So 10–17 Uhr.

**Museum für Gegenwartskunst/Nationalmuseum**, ul. Cystersów 15a, Gdańsk-Oliwa; Mai–Sept. Di–So 10–17 (Do 12–19), Okt.–April Di–Fr 9–16, Sa/So 10–17 Uhr.

**Volkskunstmuseum/Nationalmuseum**, ul. Cystersów 19, Gdańsk-Oliwa; Mai–Sept. Di–So 10–17 Uhr (Do 12–19 Uhr), Okt.–April Di–Fr 9–16, Sa/So 10–17 Uhr.

**Ausstellung Wege zur Freiheit**, Wały Piastowskie 24; Mai–Sept. Di–So 10–17, Okt.–März Di–So 10–16 Uhr.

**Diözesanmuseum im Dom Oliwa**; Di–Sa 9–17, So 10–17 Uhr.

**Dominikanermarkt**, jährlich drei Wochen lang von Ende Juli bis Mitte August. Großer Rummel auf dem Targ Rybny und rund um den Platz herum, mit Bühnenprogramm und viel Straßenkunst.

**FETA**, im Juli. Internationales Straßentheaterfestival.

**Baltic Sail**, fünf Tage im Juli. Internationales Seglertreffen mit großem Beiprogramm.

**Internationales Festival der Orgelmusik**, Juli und August im Dom zu Oliwa.

Breite feinsandige Strände schmücken die Außenküste der Frische Nehrung. Der schmale lange Landstreifen trennt die Ostseewellen von den schilfwogenden stillen Brackwassern des Frischen Haffs.
Er bietet herrliche Möglichkeiten für Segler, Surfer und Sonnenanbeter.

# Frisches Haff und Frische Nehrung

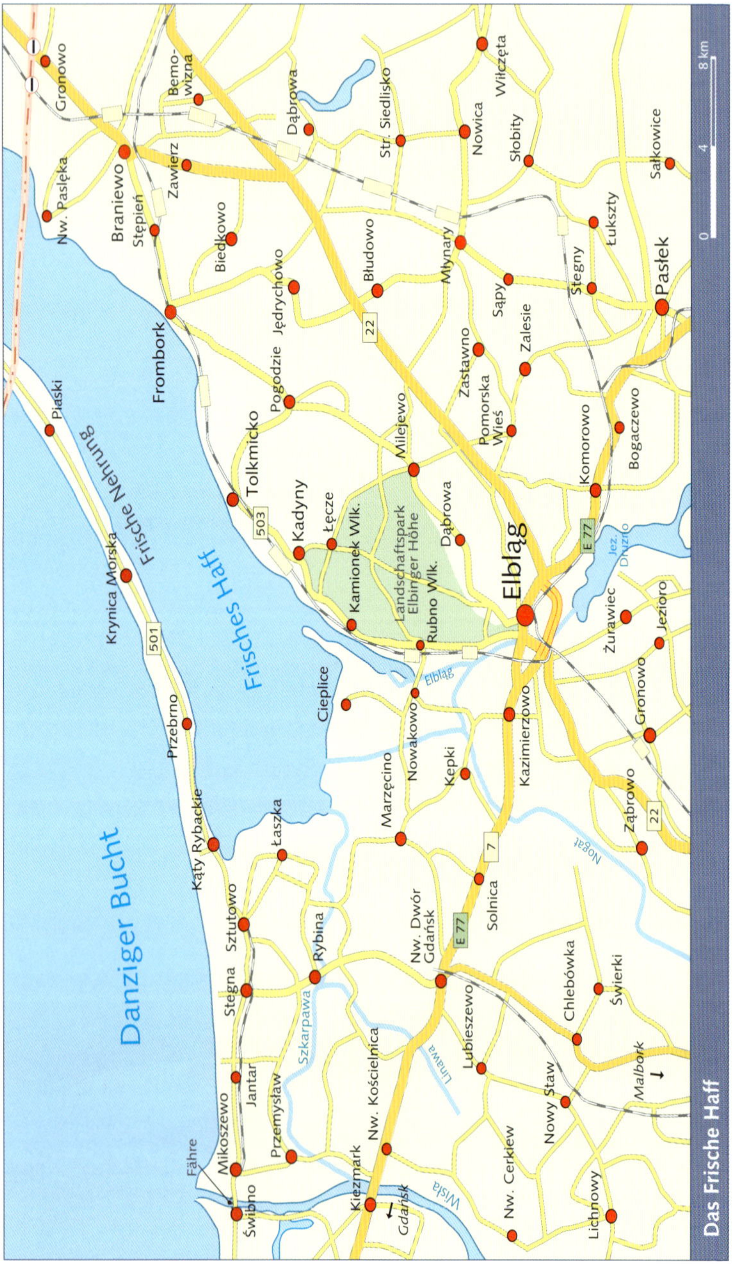
Das Frische Haff
Danziger Bucht
Frisches Haff
Frische Nehrung
Landschaftspark Elbinger Höhe
Elbląg
Frombork
Braniewo
Tolkmicko
Kadyny
Pasłek
Gronowo
Nw. Pasłęka
Stępień
Zawierz
Bemo-wizna
Dąbrowa
Biedkowo
Jędrychowo
Str. Siedlisko
Nowica
Wilczęta
Słobity
Młynary
Błudowo
Pogodzie
Piaski
Krynica Morska
Przebrno
Kąty Rybackie
Sztutowo
Stegna
Jantar
Mikoszewo
Świbno
Fähre
Łaszka
Rybina
Przemysław
Szkarpawa
Kiezmark
Gdańsk
Nw. Kościelnica
Nw. Dwór Gdański
Marzęcino
Nowakowo
Cieplice
Kamionek Wlk.
Łęcze
Milejewo
Rubno Wlk.
Kępki
Kazimierzowo
Solnica
Lubieszewo
Linawa
Wisła
Nw. Cerkiew
Nowy Staw
Lichnowy
Chlebówka
Świerki
Malbork
Ząbrowo
Nogat
Gronowo
Żurawiec
Jezioro
Jez. Drużno
Komorowo
Bogaczewo
Pomorska Wieś
Zastawno
Zalesie
Sąpy
Stegny
Łukszty
Sałkowice
501
503
22
7
E 77
0
4
8 km

# Rund um das Frische Haff

Kilometerlanger Strand, weiße Dünen und Kiefernwälder: Die **Frische Nehrung**, die das Frische Haff (Zalew Wiślany) von der Ostsee trennt, ist ein Teil der so genannten ›Bernsteinküste‹ (Bursztynowe Wybrzeże), die sich von Gdańsk über das Kaliningrader Gebiet (Königsberg) bis zum litauischen Klaipėda erstreckt. Besonders nach einer sturmdurchtosten Nacht kann ein geübter Sammler am Strand wahre Schätze des gelb funkelnden Ostseegoldes bergen. Kleine Fischerdörfer auf der Nehrung haben sich zu beliebten Urlaubsorten entwickelt.

**Elbląg**, nur durch den hügeligen Landschaftspark Elbinger Höhe (Wysoczyzna Elbląska) vom frischen Haff getrennt, war einst nach Königsberg die zweitgrößte Stadt Ostpreußens. Sie ist nicht nur wegen ihres nach historischen Plänen wiederaufgebauten Stadtzentrums sehenswert, Elbląg ist auch Ausgangspunkt für Schiffsausflüge auf die Frische Nehrung und für die ungewöhnlichen Bootspartien, die auf dem **Elbląg-Ostróda-Kanal** (Oberländischer Kanal) zu Wasser und zu Land über die berühmten ›Geneigten Ebenen‹ führen.

Eine weitere sehenswerte Stadt am Frischen Haff ist **Frombork** (Frauenburg), wo der Astronom Nikolaus Kopernikus wirkte und mit seinen Studien das geozentrische Weltbild revolutionierte. Die im 14. Jahrhundert errichtete Kathedrale zählt zu den beeindruckendsten Backsteinkirchen im ehemaligen Ostpreußen.

## Die Frische Nehrung

Östlich von Gdańsk mündet bei **Mikoszewo** die Wisła (Weichsel) in die Ostsee. Eine Fähre befördert im Pendeltakt Autos und Menschen von einem Ufer zum anderen, und davon, dass es sich bei dem hier breit und mächtig dahinziehenden Strom um einen 1895 fertiggestellten künstlichen Durchstich handelt, ist nichts mehr zu sehen. Die Natur hat sich längst wieder der Ufer bemächtigt. An der Flussmündung nisten im **Naturreservat Mewia Łacha** Möwen, Seeschwalben und Kormorane, und zehntausende Zugvögel halten alljährlich auf ihrem langen Weg Richtung Süden auf den Schwemmkegeln Rast.

### Jantar

Hinter Strand, Dünenwällen und Kiefernwäldchen liegen die kleinen Badeorte, die im Sommer von Mikoszewo über Jantar und Stegna bis Sztutowo täglich die Schmalspur-Eisenbahn ›Jantar-Ekspress‹ miteinander verbindet. **Jantar** (Pasewark) ist als Austragungsort der Weltmeisterschaften im Bernsteinfischen bekannt, die alljährlich an einem Juliwochenende für Jung und Alt mit buntem Begleitprogramm stattfinden. In der

*Die Schmalspurbahn Jantar-Ekspress*

um 1680 erbauten Fachwerkkirche in **Stegna** (Steegen) werden auf der Barockorgel im Juli und August Orgelkonzerte gegeben, und ein kleines Bernsteinmuseum zeigt Wissenswertes rund um das Ostseegold.

## Sztutowo

Der Ort **Sztutowo** (Stutthof) unmittelbar vor Beginn der Frischen Nehrung ist durch das **Konzentrationslager Stutthof** zu trauriger Berühmtheit gelangt. Nach dem Einmarsch der Deutschen 1939 wurde es errichtet, 110 000 Menschen erlitten unvorstellbare Qualen, mindestens 65 000 Menschen starben an Hunger, Auszehrung und Krankheit oder wurden ermordet. Das Gelände der Gedenkstätte Sztutowo umfasst heute nur noch einen Teil der gesamten ehemaligen Todesanlage. Unter anderem sind die Häftlingsbaracken, die Gaskammer und das Krematorium sowie Wachtürme und SS-Lagerbereiche zu besichtigen. Kindern unter 13 Jahren ist der Eintritt nicht gestattet.

*Das Konzentrationslager Stutthof*

▲ Karte S. 128

## Kąty Rybackie

Über 90 Kilometer Länge, davon 35 Kilometer auf der polnischen Seite, zieht sich ab Sztutowo die Frische Nehrung (Mierzeja Wiślana) zwischen Haff und Ostsee entlang. Wegen seiner gebogenen Form wird der malerische, zwischen 500 Meter und zwei Kilometer schmale Landstreifen auch ›Sichel‹ genannt.

Die mit Kiefern und Heidekraut geschmückten weißen Dünenhügel der Frischen Nehrung – unter denen der **Wielbłądzi Grzbiet** (Kamelrücken) mit 49 Metern der höchste ist – sind bis zur Grenze zur russischen Enklave Kaliningrad insgesamt als Naturschutzgebiet ausgewiesen.

Das Dörfchen **Kąty Rybackie** (Bodenwinkel) am Eingang der Nehrung ist heute ein beliebter Badeort. Von seiner Geschichte als Fischerdorf erzählt das Museum des Frischen Haffs mit einer Schiffbauerwerkstatt, einer Fischerbarkasse und anderen Ausstellungsstücken rund um den Fischfang.

## Krynica Morska

Im sich anschließenden Hauptort **Krynica Morska** (Kahlberg-Liep) werden die knapp 900 ständigen Einwohner im Sommer um ein Vielfaches durch Feriengäste verstärkt. Nicht nur die schöne Lage, sondern auch die Solequellen ziehen die Urlauber an. Seit der Eröffnung des Kurhauses im Jahr 1843 ist Krynica Morska einer der beliebtesten Bade- und Kurorte in der Region.

Der 1895 erbaute und 1951 umgebaute, fast 30 Meter hohe Leuchtturm bietet einen herrlichen Rundblick über die Weichselniederung, die Danziger Bucht und das Frische Haff. Vom Fährhafen am schilfwogenden Haff legen Ausflugsdampfer nach Elbląg und Frombork ab.

*Boote bei Krynica Morska*

## Piaski

Kurz vor der 1945 gezogenen Grenze zum russischen Oblast Kaliningrad liegt das Fischerdorf Piaski (Neukrug), dessen Ursprung auf ein Gasthaus zurückgeht, das im 14. Jahrhundert hier am Handelsweg Richtung Livland stand. Im Wald hinter Piaski endet die Republik Polen, und Russland beginnt. Ein Überschreiten der Grenze ist streng verboten.

### Festlandseite und Frische Nehrung

**Vorwahl**: 055.

**Internet**: www.mierzeja.pl, www.stegna.ug.gov.pl, www.krynicamorska.pl.

**Touristeninformation Stegna**, ul. Gdańska 36a, 82 103 Stegna, Tel. 2478692; Juni-Sept. Mo–Sa 8–20, So 10–20, Okt.–Mai Mo–Fr 8–16 Uhr.

**Touristeninformation Morska**, ul. Żeromskiego 6, 82-120 Krynica Morska, Tel. 2476444, Fax 2396055; Juli–Aug. Mo–Sa 9–20, So 10–20, Juni und Sept. Mo–Fr 9–18, Sa 9–15, sonst Mo–Fr 9–17 Uhr.

**Ausflugsschiffe nach Frombork und Kreuzfahrten über das Frische Haff**, ab Hafen Krynica Morska; von Ende Juni bis Ende August fahren die Schiffe dreimal am Tag.

**Schmalspurbahn Jantar-Ekspress**, Ende Juni bis Anfang Sept. mehrmals tägl. ab Bahnof Mikoszewo, Jantar, Stegna und Sztutowo.

**Hotel Kahlberg**, ul. Bosmańska 1, 82-120 Krynica Morska, Tel./Fax 2476017, www.kahlberg.mierzeja.pl; DZ um 280 Złoty. Liebevoll restaurierte Villa mit angeschlossenem Neubau, unmittelbar am Haff am kleinen Fischerhafen, 600 Meter zum Ostseestrand, mit Bar, Restaurant und Tennisplatz.

**Pension Willa Victoria**, ul. Gdańska 77, 82-120 Krynica Morska, Tel. 2476848, www.victoria.mierzeja.com; DZ um 190 Złoty. Freundliche große Neubauvilla, an der Hauptstraße zurückversetzt auf einem Waldgrundstück, 500 m zum Strand.

**Camping Nr. 159**, ul. Morska 15, 82-103 Stegna, Tel. 2478 30-3, Fax -4, www.camp.pl; Mai–Sept. Großer Platz unter Kiefern, 400 Meter zum Strand, mit Café, Restaurant, Lebensmittel-Shop, Spielplatz, Campinghütten.

**Camping Nr. 71 Gallus**, ul. Marynarzy 2, 82-120 Krynica Morska, Tel. 247 61 26, www.camp71.mierzeja.pl; Mai–Sept. Schönes Waldgelände, zu Dünen und Strand hin leicht abfallend, für größere Wohnwagen und Wohnmobile deshalb weniger gut geeignet.

**Camping Nr. 182 Piaski**, ul. Słoneczna 4a, 82-120 Krynica Morska, Tel. 247 61 13, www.campingpiaski.pl; Juni–Aug. Einfacher Wiesenplatz in malerischer Lage am Haff, 800 Meter zum Strand, mit Campinghütten und Tretbootverleih.

**Museum Konzentrationslager Stutthof**, ul. Muzealna 6, 82-110 Sztutowo; Mai–Sept. tägl. 8–18, Okt.–April 8–15 Uhr. Der Eintritt ist frei, Kinder unter 13 Jahren haben keinen Zutritt, montags keine Führungen.

**Bernsteinmuseum in Stegna**, ul. Gdańska 64; Mai–Sept. tägl. 10–19 Uhr.

**Museum des Frischen Haffs,** in Kąty Rybackie, ul. Rybacka 64; Juni-Sept. tägl. 9-18 Uhr.

**Leuchtturm in Krynica Morska**, ul. Żołnierzy 1b; Juli/Aug. tägl. 9–14 und 15–19 Uhr, Juni/Sept. tägl. 10–14 und 15–18 Uhr.

**Internationales Festival der Orgelmusik**, im Juli und August in der Fachwerkkirche in Stegna.

## Elbląg

Am südlichen Haffende in Elbląg (Elbing) an den Westhängen des Naturparks Wysoczyzna Elbląska (Elbinger Höhe) angelangt, hat man die Woiwodschaftsgrenze von Pomorze (Pommern) nach Warmia-Mazury (Ermland-Masuren) überschritten. Anders als die meisten Städte im alten Prußenland ist die heute 127 000 Einwohner zählende Stadt keine Gründung des Deutschen Ordens, sondern geht auf die bereits im

Karte S. 134

*Blick auf die Nikolaikirche und die Altstadt*

*Fassaden in der Altstadt*

9. Jahrhundert bekannte Siedlung Truso zurück. Lange Zeit hielt man Berichte über diesen sagenhaften prußischen Handelsplatz für eine Legende, bis man 1982 südöstlich von Elbląg beim Dörfchen Janów Pomorski am Jezioro Druzno (Drausensee) Spuren des alten Truso freilegte.

## Geschichte

Im 13. Jahrhundert, als sich nicht nur das kleine Flüsschen Elbląg (Elbing), sondern auch die Weichsel mit breiter Mündung ins Frische Haff ergoss, erkannte der Deutsche Ritterorden die verkehrsgünstige Lage und errichtete über dem Flussufer eine Burg. 1237 fertiggestellt, zog sie Bauern und Handwerker meist aus elbnahen deutschen Gebieten an – daher der Name Elbing –, die sich im Schutz der Ordensburg niederließen. Schnell stieg die Siedlung zum wichtigen Seehafen auf, wurde bereits Mitte des 13. Jahrhunderts Mitglied der Hanse und erhielt 1246 die Stadtrechte verliehen. Doch wenige Jahrzehnte später suchte sich die Weichsel ein neues Bett, womit Elbings große Tage der Seefahrt schon wieder zu Ende gingen. 1454 wurde die Stadt nach ihrer Auflehnung gegen den Deutschen Orden eine selbstständige Stadtrepublik unter dem Schutz der polnischen Krone und blieb es bis 1703, als sie der König von Polen und in Personalunion sächsische Kurfürst, August der Starke, an Preußen verpfändete. 1772 gelangte sie im Zuge der Ersten Polnischen Teilung vollends zu Preußen.

Unter preußischer Herrschaft wurde im 19. Jahrhundert der Schiffbau zum Motor der Elbinger Industrialisierung. 1837 eröffnete Ferdinand Schichau die berühmte Schichau-Werft, die schon bald darauf über Filialen in Danzig und

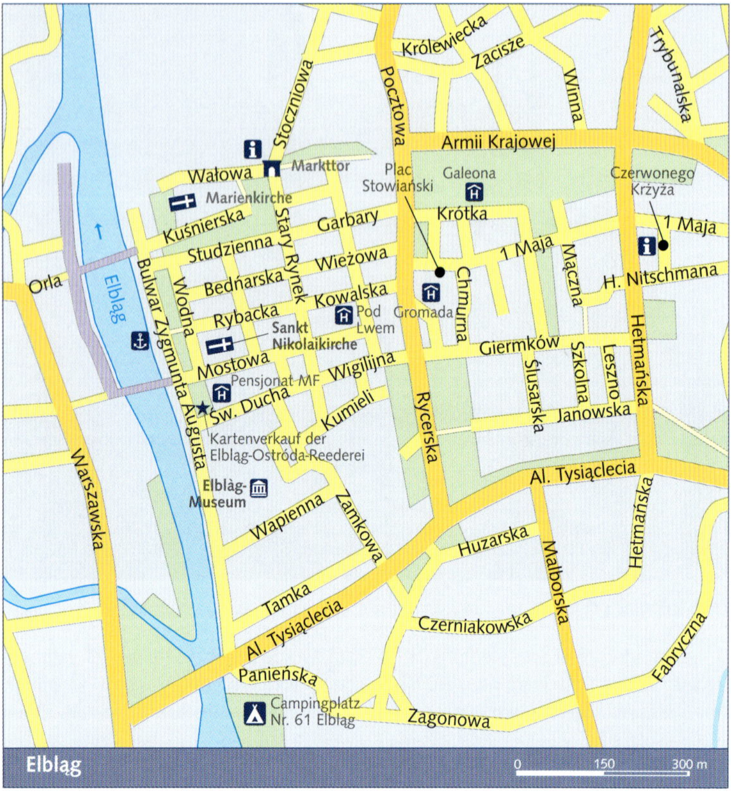


Königsberg verfügte. Ab 1889 trug darüber hinaus der Lokomotivbau zum Aufschwung bei, und auch die bekannte Tabakfabrik ›Loeser & Wolff‹ produzierte ihr Rauchwerk in Elbing, das nach Königsberg zur zweitgrößten Stadt Ostpreußens aufstieg.

Nach den katastrophalen Zerstörungen gegen Ende des Zweiten Weltkriegs, denen beinahe die gesamte alte Bausubstanz zum Opfer fiel, erfolgte der Wiederaufbau mit breiten Straßenzügen und Plattenbausiedlungen im sozialistischen Zeitgeschmack. Schnell hatte Elbląg seinen Status als wirtschaftliches und kulturelles Zentrum in der Region zurückerlangt. Nur das historische Stadtzentrum rund um die Sankt Nikolaikirche am Ufer der Elbląg lag noch in Trümmern. Mit seiner Rekonstruktion begann man dann Anfang der 1980er Jahre.

### Sehenswertes

In den vergangenen 30 Jahren ist Elblągs Altstadt nahezu wiedererstanden. Nach historischen Plänen wurden auf den freigelegten Originalfundamenten neue Gebäude errichtet, entweder originalgetreu oder im postmodernen Stil. Mittlerweile ist eine große Zahl kopfsteingepflasterter Straßenzüge fertiggestellt. Zwischen den Reihen von fachwerk- und backsteingezierten Giebelhäusern gibt es nur noch wenige unbebaute Flächen und Baugruben, und hübsche Cafés, Restaurants und Boutiquen laden zum Bummeln ein.

Kurz hinter dem Elbląg-Ufer überragt der 95 Meter hohe Turm der wiederaufgebauten **Sankt Nikolaikirche** (Kościół św. Mikołaja) aus dem 13./14. Jahrhundert die Stadt. Das gotische Gotteshaus birgt an wertvollem Mobiliar ein 1387 in Bronze getriebenes Taufbecken, eine Renaissance-Kanzel und einen mit reichem Schnitzwerk versehenen Hauptaltar, dessen Triptychon von 1510 die Anbetung der Heiligen Drei Könige zeigt.

Nicht weit entfernt von der Sankt Nikolaikirche macht das ursprünglich 1319 errichtete, mit seinen oberen Stockwerken auf 1420 datierende hohe **Markttor** dem Kirchturm Konkurrenz. Der ehemalige Teil der Stadtbefestigung wurde bereits 1950 rekonstruiert, beherbergt im ersten Geschoss einen Ableger der städtischen Touristeninformation und ermöglicht aus 25 Meter Höhe herab einen hübschen Ausblick auf die Dächer der neuen Altstadt. Dem Markttor zu Füßen steht seit 2006 das von Händen Waldemar Grabowieckis stammende **Bäcker-Denkmal**. Das bronzene Standbild versinnbildlicht die Sage vom mutigen Bäckergesellen, der Elbing im März 1521 vor dem Einmarsch der Deutschordensritter rettete. Seine Bronzenase zu reiben, sagt man, schenkt Glück.

Eines der wenigen noch original erhaltenen Bauwerke ElbląGs ist die kleine Marienkirche (Kościół N.P. Marii) aus dem 13. Jahrhundert. Einst das Gotteshaus eines Dominikanerklosters, dienen die alten Backsteinmauern heute der renommierten **Galerie El**, die zeitgenössisches Kunstschaffen ausstellt.

Ausgrabungen der mittelalterlichen prußischen Siedlung Truso werden südlich in der kleinen Altstadt im **Elbląg-Museum** (Muzeum Elbląskie) präsentiert. Seit 1954 fungiert es – auf den Grundmauern der geschleiften Ordensburg im ehemaligen Gymnasium untergebracht – als Musentempel und zeigt neben Truso-Artefakten unter anderem Ausstellungen zur Stadtgeschichte vom Mittelalter bis heute und Sakralkunst vom 13. bis 18. Jahrhundert. Eine gotische Säule im Hof ist das einzige Überbleibsel der bereits Mitte des 15. Jahrhunderts von aufgebrachten Elbinger Bürgern zerstörten Ordensburg.

### Ausflüge auf dem Wasser

Die Stadt ist außerdem **Anlegestelle der Żegluga Gdańska** (Weiße Flotte Danzig), deren Schiffe über das Haff nach Krynica Morska kreuzen, sowie der Ostróda-Elbląg Reederei, deren Boote die vergnüglichen Fahrten über die kuriosen ›Geneigten Ebenen‹ des **Elbląg-Ostróda-Kanals** (Oberländischer Kanal) unternehmen – eine Bootspartie nicht nur zu Wasser, sondern auch über Land, die in der schönen Jahreszeit immer morgens acht Uhr von der Anlegestelle am Bulwar Zygmunta Augusta in der Altstadt losgeht (siehe Seite 137).

**i Elbląg**

**Vorwahl**: 055.
**Postleitzahl**: 82-300.
**Internet**: www.elblag.pl.
**Touristeninformation**, ul. Czerwonego Krzyża 2, 82-300 Elbląg, Tel./Fax 232 42 34, www.ielblag.pl; Mo–Fr 7.30–15.30 Uhr.
**Infopunkt im Markttor**, ul. Stary Rynek, Tel. 611 08 20, www.ielblag.pl; Juli/Aug. tägl. 10–18, das restliche Jahr über Mo–Fr 8–18 Uhr.

**Schifffahrten auf dem Elbląg-Ostróda-Kanal**: Informationen, Reservierung und Ticketverkauf im Büro der **Elbląg-Ostróda-Reederei**, ul. Wodna 1b, Tel. 23 243 07, www.zegluga.com.pl, und an der Rezeption auf dem **Campingplatz in der ul. Panieńska 14**; Abfahrt Juli und August tägl. 8 Uhr vom Anleger am Bulwar Zygmunta Augusta. Im Mai, Juni und September hängen die Fahrtage von der Zahl der verkauften Fahrkarten ab, von Oktober bis April ist Winterpause.

**Hotel Pod Lwem**, ul. Kowalska, Tel. 641 31-00, Fax -39, http://hotelpodlwem.pl; DZ um 330 Złoty. 2008 in einem rekonstruierten gotischen Bürgerhaus in der Altstadt eröffnet, zuvorkommender Service, sehr elegant.

**Hotel Gromada**, pl. Słowiański 2, Tel. 230 61 91, Fax 232 40 83, www.gromada.pl; DZ um 300 Złoty. Das legendäre Hotel ›Elzam‹ mit neuem Namen, nichtsdestotrotz weiterhin größtes Hotel am Ort, in zentraler Lage zwischen Altstadt und Neustadt, mit empfehlenswertem Restaurant.

**Pensjonat MF**, ul. Św. Ducha 26, Tel. 641 26 10, Fax 642 31 44, www.pensjonatmf.pl; DZ um 250 Złoty. 2005 eröffnetes kleines Hotel wenige Schritte von der Nikolaikirche entfernt, freundlicher Service, die Räumlichkeiten stilsicher und geschmackvoll, das kleine Restaurant exquisit.

**Hotel Galeona**, ul. Krótka 5, Tel. 235 22 88, www.galeona.com.pl; DZ um 140 Złoty. 2005 umfassend renoviert und trotzdem die preisgünstige Alternative vor Ort, zentral zwischen Altstadt und Neustadt gelegen, für den schmalen Geldbeutel ein Hotelerlebnis mit angenehmem Komfort.

**Campingplatz Nr. 61 Elbląg**, ul. Panieńska 14, Tel./Fax 641 86 66, www.camping61.com.pl; Mai–Sept. Kleiner Rasenplatz am Flussufer südlich der Altstadt, sehr gepflegt, mit Campinghütten.

**Eblag-Museum**, bul. Zygmunta Augusta 11; Di–Sa 9–17 Uhr, So 9–19 Uhr.
**Galerie El**, Marienkirche, ul. Kuśnierska 6; Mo–Sa 10–18, So 10–17 Uhr.

## Elbląg-Ostróda-Kanal

Auf 82 Kilometer verbindet der Elbląg-Ostróda-Kanal (Oberländischer Kanal) seit seiner Eröffnung 1860 Elbląg mit dem südlich gelegenen Ostróda (Osterode). Dabei müssen die Schiffe insgesamt 99,2 Höhenmeter überwinden, und zwar nicht via Schleusen, sondern über die grüne Wiese, mittels einer Rutschpartie über Land! Die Idee zum Kanalbau stammte bereits aus dem 18. Jahrhundert. Über eine Schiffsverbindung Elbing – Osterode hätte man den Transportweg für Holz aus den masurischen Wäldern an die Ostsee erheblich abkürzen können. Die üblichen Schleusensysteme oder eine Absenkung der sieben Seen um insgesamt gut 100 Meter wären jedoch viel zu teuer geworden. Also kam der Königsberger Ingenieur Georg Steenke 1825 auf die Idee, die Boote auf Rutschen, so genannten

*Ausgrabungen an der Marienkirche in Elbląg*

Elbląg-Ostróda-Kanal

›Geneigten Ebenen‹, über trockenes Land gleiten zu lassen. Auf einer Länge von 9,6 Kilometern enstanden die fünf kuriosen Rutschen, die heute zu den größten touristischen Attraktionen im nordöstlichen Polen zählen.

Von Mai bis September startet täglich ein Schiff um 8 Uhr morgens am Bulwar Zygmunta Augusta in Elbląg. Bevor die Boote in den Kanal einbiegen, passieren sie im Süden der Stadt zunächst den **Jezioro Druzno** (Drausensee). Die Ufer des naturgeschützten, nur zwei Meter tiefen Gewässers, das aus einer verlandeten Ostseebucht entstand, sind ein Vogelparadies: Fischreiher, Fischadler und zahlreiche Wasservogelarten leben hier.

Anschließend in den Kanal eingefahren, scheint kaum noch eine Hand zwischen die Reling und die wild bewachsenen Ufer zu passen. Wasser ist fast keins zu sehen, da die Schiffe mit einer oberen Breite von etwa drei Metern fast das gesamte Ausmaß der Wasserstraße einnehmen.

Die erste Schiffsrutsche, **Całuny Nowe** genannt, ist bald nach dem Jezioro Druzno erreicht. Vor den Augen hebt sich plötzlich das Land, und der Kapitän manövriert das Schiff in eine unter der Wasseroberfläche liegende Transportlore. Auf ein Signal hin setzt sich ein wassergetriebenes Schaufelrad in Bewegung, das auf der Anhöhe eine zweite Lore an einem Stahlseil antreibt. Während diese Lore nun, ebenfalls huckepack mit einem Schiff obenauf, über Schienen den Berg hinunterrutscht, zieht sie mit ihrer Kraft gleichzeitig den anderen Plattformwagen die Steigung hinauf. Ein ebenso einfaches wie geniales Prinzip. 13 Meter Fallhöhe werden auf diese Art auf der 450 Meter langen Rampe überwunden.

Gegen 13 Uhr ist etwa ein Kilometer westlich vom Örtchen **Drulity** die letzte der fünf Geneigten Ebenen, die Rutsche **Buszyniec** (Buchwald), erklommen. Ein kleines **Museum** zeigt dort Wissenswertes rund um den Kanal, und ein im Buschwerk versteckter Gedenkstein erinnert an den ›königlichen Baurath Steenke‹, der die Rutschpartien erfand. Von Buszyniec aus hat man die Wahl, entweder mit dem Boot nach Elbląg zurückzukehren oder südlichen Kurs auf die westmasurische Seenplatte zu nehmen. Über die Seenkette und durch zwei Schleusen hindurch hat man über Małdyty (Maldeuten) und Miłomłyn

*Auf dem Elbląg-Ostróda-Kanal*

(Liebemühl) abends um 19 Uhr Ostróda (Osterode) erreicht.

Wer selbst nicht mit dem Ausflugsdampfer, dem eigenen Segel- oder Paddelboot über den Oberland-Kanal gleiten möchte und die technische Attraktion dennoch auf keinen Fall auslassen will, kann jede der fünf Schiffsrutschen auch mit dem Auto oder dem Drahtesel anfahren.

### Elbląg-Ostróda-Kanal

Ausflugspartien mit den Schiffen der Weißen Flotte ab **Elbląg**: siehe Seite 137.

Information, Reservierung und Fahrkartenverkauf außerdem in **Ostróda** im **Büro der Elbląg-Ostróda-Reederei**, ul. Mickiewicza 9a, Tel. 089/646 38 71, www.zegluga.com.pl.

Von der Schleuse Buczyniec (Ankunft um 13 Uhr) gibt es die Möglichkeit, mit dem Schiff oder dem Taxi (etwa 120 Złoty) nach Elbląg zurückzukehren. Darüber hinaus besteht von Małdyty aus (Ankunft des Schiffs gegen 14.30 Uhr) etwa gegen 15.30 Uhr eine 45-minütige Zugverbindung nach Elbląg (Fahrplanauskunft im Büro der Reederei).

## Landschaftspark Elbinger Höhe

Auf 13 500 Hektar erstreckt sich zwischen Elbląg und Frischem Haff mit herrlichem Buchenwald der Landschaftspark Wysoczyzna Elbląska (Elbinger Höhe). Teils noch kopfsteingepflasterte, von alten Bäumen überwölbte Straßen führen durch das sanfte Hügelland – der höchste Buckel misst fast 200 Meter über der Ostsee.

Nicht weniger schön ist die Fahrt Richtung Tolkmicko/Kadyny von Elbląg aus auf der Straße am Haffufer entlang. Immer wieder eröffnen sich malerische Ausblicke auf das Wasser hinab, bis man ein paar Kurven später in **Kadyny** (Cadinen) angelangt ist, dem ehemaligen Privatgut von Kaiser Wilhelm II. Bis 1945 bewirtschaftete dessen Sohn Prinz Louis Ferdinand von Hohenzollern (1907–1994) Hof und Dorf und bewohnte das in Fachwerkbauweise errichtete großzügige Herrenhaus. Heute befindet sich in den stilvoll der Zeit angepassten Räumlichkeiten des Schlosses Kadyny ein luxuriöses Hotel. Im staatlichen Gestüt, das in den ehemaligen Wirtschaftsgebäuden untergebracht ist, werden seit 1951 Pferde der ›Großpolnischen Rasse‹ gezüchtet. Das Gestüt bietet Ausritte und Kutschfahrten an.

*Gut Kadyny*

**Kadyny**

**Kadyny Country Club**, 82-340 Tolkmicko, Tel. 055/23161-20, Fax -00, www.kadyny.com.pl; DZ um 440 Złoty, am Wochenende um 350 Złoty.

## Frombork

▶ Karte S. 128

Frombork (Frauenburg) am Frischen Haff ist ein beschaulicher Ort. Zweieinhalbtausend Einwohner zählt er, verfügt über eine kleine Mole, von der Schiffe nach Krynica Morska auf die Frische Nehrung ablegen, sowie eine sehr überschaubare Gastronomiezone mit Cafés und Imbissständen. Darüber thront weithin sichtbar mit mächtigen Mauern und Festungstürmen der Kathedralkomplex – der Ort, an dem im 16. Jahrhundert der Domherr und Astronom Nikolaus Kopernikus des Menschen Sicht auf die Welt revolutionierte.

### ■ Kathedralhügel

Ab 1278 war das Städtchen Hauptresidenz des Ermländischen Domkapitels, bereits zehn Jahre später wurde auf dem Domhügel über dem Haff eine erste hölzerne Kirche fertiggestellt. 1329 begannen die Bauarbeiten zur **Kathedrale Unserer allerheiligsten Jungfrau Maria Himmelfahrt und Apostel Andreas**, 1388 war das Gotteshaus in der Form vollendet, wie es heute noch steht – eines der eindrucksvollsten sakralen Bauwerke der Backsteingotik im ehemaligen Ostpreußen.

Zur kostbaren Inneneinrichtung der beinahe 100 Meter langen, dreischiffigen Halle zählen Kunstwerke von der Gotik bis zum späten Barock, darunter der spätgotische Flügelaltar von 1504 im nördlichen Seitenschiff, der Hauptaltar aus der ersten Hälfte des 18. Jahrhunderts und als größter Schatz die 1683/84 von Daniel Nitrowski geschaffene Barockorgel. Auf dem einzigartigen Instrument erklingen alljährlich im Sommer im Rahmen des Internationalen Fromborker Festivals der Orgelmusik von den weltbesten Organisten präsentierte klassische und zeitgenössische Werke.

Zahlreiche verschwenderisch ausgestaltete Grabmale schmücken die Pfeiler und Wände im Gotteshaus, unter ihnen das 1735 gestaltete Epitaph für Nikolaus Kopernikus am ersten Pfeiler des Hauptschiffs. Irgendwo unter dem Boden der Kathedrale sollte auch der Leichnam des Weltenbewegers bestattet sein. Jahrhundertelang suchte man vergeblich nach ihm – und machte im Jahr 2005 einen sensationellen Fund. Bei Grabungen wurden die Gebeine von 13 Verstorbenen entdeckt, und seit Abschluss der wissenschaftlichen Untersuchungen 2008 lässt sich mit Sicherheit sagen: Unter den sterblichen Überresten befand sich auch der Schädel des Nikolaus Kopernikus. Die anonyme Grabstätte des großen Domherrn zu Frauenburg war gefunden. Am 22. Mai 2010 wurde er feierlich in der Kathedrale zur letzten Ruhe gebettet – dieses Mal mit Grabtafel.

Bereits gegen Ende des 14. Jahrhunderts hatte man die Kathedrale mit einem mit dicken Mauern und Türmen bewehrten Befestigungsring umzogen. Zu seinen Füßen wuchs eine Fischersiedlung; innerhalb der Befestigung entstanden die Wohnhäuser der Domherren und gegen 1530 der **Bischofspalast**. 1727 im Barockgeschmack umgestaltet, widmet sich dort heute das **Nikolaus-Kopernikus-Museum** dem Leben und Werk des berühmten Sternenguckers.

Kopernikus selbst hat nie auf dem Domhügel gewohnt, sondern lebte und forschte in einem Haus zu Füßen der Festungsmauern. Wie möglicherweise seine Wirkungsstätte ausgesehen haben mag, zeigt ein Gelehrtenzimmer der Renaissancezeit, das im **Kopernikus-Turm** aus dem 14. Jahrhundert untergebracht ist.

Der älteste Wehrturm des Kathedralkomplexes wird noch überragt durch den 70 Meter hohen **Glockenturm** im

*Der Kathedralhügel*

südwestlichen Winkel der Wehranlage. Von seiner Balustrade aus bietet sich ein fantastischer Blick über das Haff.

Im Erdgeschoss des Glockenturms zeigt ein **Planetarium** den Besuchern den kopernikanischen Sternenhimmel, und von der Turmspitze bis auf den Plafond herab schwingt ein Foucaultsches Pendel, eine Erfindung des französischen Physikers Jean Foucault (1819–1868), das dem Betrachter die Erdrotation vor Augen führt.

## Sehenswürdigkeiten im Ort

Eine ebenfalls herrliche Aussicht genießt man vom **Wasserturm** aus, der sich seit dem 16. Jahrhundert zwischen Domhügel und Haffküste erhebt. Noch bis ins 18. Jahrhundert war sein Schöpfwerk in Betrieb, heute beherbergt der Turm ein Café und eine Touristeninformation mit Andenkenladen.

Eine Dependance des Kopernikus-Museums befindet sich im **Heilig-Geist-Spital** aus dem 17. Jahrhundert, wenige Minuten südöstlich vom Kathedralhügel in der ulica Stara. Es zeigt historische medizinische Schriften und Apothekengefäße sowie in der zugehörigen Sankt-Annen-Kapelle eine auf 1423–1426 datierende Wandmalerei mit der Darstellung des Jüngsten Gerichts.

### Frombork

**Vorwahl**: 055.
**Postleitzahl**: 14-530.
**Internet**: www.frombork.pl (auch dt.).
**Touristeninformation**, ul. Elbląska 2, Tel. 2437500; Juli/Aug. tägl. 9.30–19.30 Uhr, Mai/Juni und Sept. tägl. 10–16.30 Uhr.

**Hotel Kopernik**, ul. Kościelna 2, Tel. 2437285, Fax 2437300, www.hotelkopernik.com.pl; DZ um 180 Złoty. 2005 umfangreich modernisiert, ist aus der alten Valuta-Herberge ein mit allem Komfort ausgestattetes Haus mit freundlichem Service geworden. Die Spezialität im angeschlossenen Restaurant: Zander in Sahnesoße und deftige Königsberger Klopse.

**Familienhaus (Dom Familijny) Rheticus**, ul. Kopernika 10, Tel./Fax 2437800, www.domfamilijny.pl.; DZ um 120 Złoty, Apartments ab 140 Złoty; Familienfreundliche Unterkunft im Herzen von Frombork, auch Drei- und Vierbettzimmer mit abgetrennter Küchenzeile werden angeboten.

**Campingplatz Nr. 12 Copernicus**, ul. Braniewska 14, Tel. 2437368; Mai–Sept. Wiesenplatz mit kleiner Gaststätte und Campinghütten am nördlichen Ortseingang Richtung Braniewo.

**Sommer-Jugendherberge**, ul. Braniewska 11, Tel. 2437193; Juli/August.

Die Weiße Flotte legt Ende Juni bis Ende August dreimal täglich von der Mole zu **Ausflugsfahrten nach Krynica Morska** auf der Frischen Nehrung ab.

**Kathedrale**; Mai–Aug. Mo–Sa 9.30–18, Sept.–April Mo–Sa 9–16 Uhr.
**Nikolaus-Kopernikus-Museum**; Mai–Aug. Di–So 9–17, Sept.–April Di–So 9–16 Uhr.
**Glockenturm**; Mai–Aug. tägl. 9.30–18, sonst tägl. 9–16 Uhr.
**Heilig-Geist-Spital**; Mai–Aug. Di–Sa 9–17 Uhr, Sept.–April Di–Sa 9–16 Uhr.

▶ Karte S. 128

**Internationales Festival der Orgelmusik**, immer sonntags Ende Juni bis Ende August in der Kathedrale. Information: Fundacja im. Mikołaja Kopernika (Nikolaus-Kopernikus-Stiftung), Tel. 0603/289294, www.frombork-festiwal.pl.

## Braniewo

Noch bis 1997 war sechs Kilometer nördlich von Braniewo (Braunsberg) gewissermaßen die Welt zu Ende. An der zum russischen Oblast Kaliningrad hermetisch abgeriegelten Grenze war kein Durchkommen. Die durch weites Ackerland führenden Straßen endeten auf einmal im Nirgendwo, und Fuchs und Hase sagten sich gute Nacht. Seit der Eröffnung des **Grenzübergangs Gronowo** an der Straße 54 von Braniewo nach Kaliningrad (Königsberg) 1997 hat sich das Bild völlig gewandelt. Güter und Personen mit Visum dürfen die EU-Außengrenze seitdem passieren, stundenlange Staus vor dem Schlagbaum sind leider die Regel und haben Braniewo weit über die Region hinaus bekannt gemacht.

Die 17000 Einwohner zählende Stadt selbst verfügt über wenige Sehenswürdigkeiten. Um 1240 am Ufer der Passarge (Pasłęka) vom Deutschen Orden gegründet, ging sie gegen Ende des Zweiten Weltkriegs im Feuersturm unter. Gleichwohl blickt sie auf eine große Vergangenheit zurück. Bevor das ermländische Domkapitel 1278 infolge der Prußenaufstände nach Frauenburg verlegt wurde, war ›Brusebergue‹ von 1250 an Hauptsitz der ermländischen Geistlichkeit. Seit Mitte des 14. Jahrhunderts Hansestadt, blühte sie im 15. und 16. Jahrhundert auf. Parallel dazu machte sich Braunsberg einen Namen als Stätte der Bildung und Wissenschaft. 1565 eröffnete das vom Fürstbischof Stanislaus Hosius gegründete Collegium Hosianum, das katholische Geistliche ausbildete und in der Reformationszeit als gestrenger Hüter der römisch-katholischen Lehre auftrat. Die wertvolle Bibliothek des Jesuitenkollegs befindet sich seit dem Dreißigjährigen Krieg als ›Beutekunst‹ in Schweden. Bedeutendstes Bauwerk ist die zwischen 1342 und 1442 errichtete, backsteingotische **Sankt Katharinenkirche** (Kośiół św. Katarzyny). Das Wahrzeichen der Stadt wurde 1945 von der deutschen Wehrmacht auf ihrem Rückzug gesprengt und konnte nach der Rekonstruktion 1983 neu eingeweiht werden.

Einen Blick verdient auch das ehemalige evangelische Gotteshaus **Sankt Anton** (Kośiół św. Antoniego), das 1830 bis 1837 nach einem Entwurf des großen preußischen Baumeisters Karl Friedrich Schinkel entstand. Nahebei dehnt sich auf drei Hektar der kleinste **Zoo** Polens aus, in dem einige Löwen, Esel, Hunde und ein Dingo zu Hause sind (Mai–Okt. tägl. 10–18 Uhr).

**Braniewo**

**Vorwahl**: 055.
**Postleitzahl**: 14-500.
**Internet**: www.braniewo.pl.
**Touristeninformation**, ul. Katedralna 7 (am Platz vor der Katharinenkirche), Tel./Fax 6443303; Mo, Di, Do, Fr 9–17, Mi 9–15, Sa 8–14 Uhr.

**Hotel Warmia**, ul. Gdańska 18, Tel. 243935-3, Fax -4, www.hotel-warmia.pl; DZ um 180 Złoty. Im Ortszentrum an der Hauptstraße nahe Kathedralplatz. Zehn Minuten entfernt liegt in der ul. Kościuszki 100 die Dependance, Hotel ›Warmia II‹.

## Nikolaus Kopernikus

Kein Umstürzler, kein Reformator, dennoch ein Weltenbeweger und zweifelsohne einer der größten Denker seiner Zeit – als Mann, der den Blick der Menschen auf die Planeten revolutionierte, ging Nikolaus Kopernikus in die Geschichte ein.

Am 19. Februar 1473 in Thorn an der Weichsel geboren und bereits als Zehnjähriger Vollwaise, nahm sich Nikolaus' Onkel Lukas Watzenrode, Domherr zu Frauenburg und ab 1489 Fürstbischof von Ermland, seiner an und ermöglichte ihm die beste Ausbildung, die seinerzeit denkbar war. Kopernikus studierte Philosophie, Astronomie, Mathematik, lateinische Literatur und Medizin in Krakau, Bologna und Padua, promovierte 1503 in Ferrara in Rechtswissenschaften und wurde 1506 Leibarzt und Privatsekretär des Onkels Watzenrode.

Bereits 1495 hatte man Kopernikus zum Domherrn in Frauenburg gewählt, zwei Jahre später beobachtete der leidenschaftliche Hobby-Astronom dort erstmals ein erstaunliches Phänomen: die Verdeckung des Sterns Aldebaran durch den Mond. Es folgte eine Lektüre der antiken Schriften des Aristoteles, die seit ihrer Wiederentdeckung im 11. Jahrhundert die christlich-abendländische Anschauung prägten. Demnach kreiste ein jeder Himmelskörper auf einer ewig gleichförmigen Bahn um die Erde. Wie also konnte der Mond in Bezug auf den Stern Aldebaran plötzlich so aus der Rolle fallen?

Der aristotelischen Vorstellung nach war das Weltall eine Kugel, in deren innerem Zentrum sich die Erde befand, von sphärischen Hüllen aus Wasser, Luft, Feuer und Kristall umgeben. Mit zunehmendem Abstand umliefen die Erde in einer jeweils eigenen Kristallsphäre die damals bekannten Planeten Mond, Merkur, Venus, Sonne, Mars, Jupiter und Saturn, wobei der Mond die Trennlinie zwischen himmlischer und irdischer Sphäre darstellte. Ein jeder Himmelskörper hatte seinen festen Platz in der Kugel und vollzog eine regelmäßige, gleichförmige Bewegung im Kreis – unwandelbar in Raum und Zeit. Auf der geozentrischen Vorstellung von der Erde als fixer Mittelpunkt im Weltall fußte auch die Arbeit des Ptolemäus (um 85–150 nach Christus) aus Alexandria, der als erster eine systematische Ausarbeitung der mathematischen Astronomie vorlegte. Unter dem Begriff ›ptolemäisches Weltbild‹ wurde sie für beinahe anderthalb Jahrtausende maßgeblich – bis zur ›kopernikanischen Wende‹.

Schon Ptolemäus hatte für die Erklärung des Planetenumlaufs gegen die reine Lehre auch ungleichförmige Kreisbewegungen zulassen müssen, und zwischenzeitlich musste man sogar konstatieren, dass manche Gestirne nicht nur unregelmäßig verliefen, sondern regelrecht aus der Bahn wichen und ihre Richtung wechselten. Immer komplexere Berechnungen waren notwendig, um die Kreisbewegung der Himmelskörper mathematisch wieder in Ordnung zu bringen. Und die zunehmenden Ungereimtheiten veranlassten Kopernikus schließlich dazu, »eine Bewegung der Erde und eine andere Ableitungsart anzunehmen, bei welcher die Gleichmäßigkeit und die Grundlage der Wissenschaft und die Ursache der Unregelmäßigkeit in der Erscheinung zuverlässiger gestaltet wird.« Kurz, er stellte die These auf, dass sich nicht das Weltall um die Erde, sondern sich die Erde um ihre eigenen Pole und um die Sonne dreht. Dem geozentrischen setzte er ein heliozentrisches Weltbild entgegen.

Zwischen 1507 und 1517 legte Kopernikus, der als Kanzler des ermländischen Domkapitels immer viel reisen musste, die Frühfassung seiner Anschauung nieder:

den in der damaligen Gelehrtenwelt viel beachteten ›Commentariolus‹. Anschließend begann er in Frauenburg mit der Arbeit an seinem Hauptwerk ›De revolutionibus orbium coelestium‹ (Über die Kreisbewegung der Himmelskörper). In seinem Todesjahr 1543 erfolgte die Drucklegung der ›Revolutiones‹ – wegen ihrer Brisanz mit einem Vorwort des lutherischen Theologen Osiander versehen, der die in der Schrift vertretenen, an den Grundfesten aller bisherigen Geiwssheiten rüttelnden Erkenntnisse als eine ›Hypothese‹ vorstellte. Für die Durchsetzung der kopernikanischen Wende musste im Jahr 1600 Giordano Bruno noch auf dem Scheiterhaufen verbrennen und 1632 Galileo Galilei vor ein Inquisitionsgericht gestellt und verurteilt werden.

Jahrhunderte später löste Kopernikus eine gänzlich andere Kontroverse aus. Deutsche und polnische Historiker stritten darüber, ob der Frauenburger Weltenbeweger als deutscher oder als polnischer Landsmann zu vereinnahmen wäre. Hieß er nicht etwa Nikolaus Kopernikus? Oder vielmehr Mikołaj Kopernik? Inzwischen ist der Zank zum Glück beigelegt. Als herausragende Persönlichkeit der Wissenschaft seiner Zeit wurde sein Name bereits zu Lebzeiten auf 36 unterschiedliche Arten geschrieben, er selbst zeichnete unter anderem mit ›Copernik‹, ›Coppernig‹ und ›Coppernic‹ und natürlich in der lateinischen Lesart ›Copernicus‹, wie es in der Renaissance unter Gelehrten europaweit Gepflogenheit war. Geboren im polnisch-litauischen Doppelreich, Student in polnischen und italienischen Städten, im deutschsprachigen Ermland als Domherr tätig, Verfasser von lateinischen Schriften, hätten solche kleinlichen Streitigkeiten Kopernikus sicher befremdet – als Wissenschaftler und Weltbürger, der über alle Grenzen hinaus am liebsten weit in die Ferne blickte.

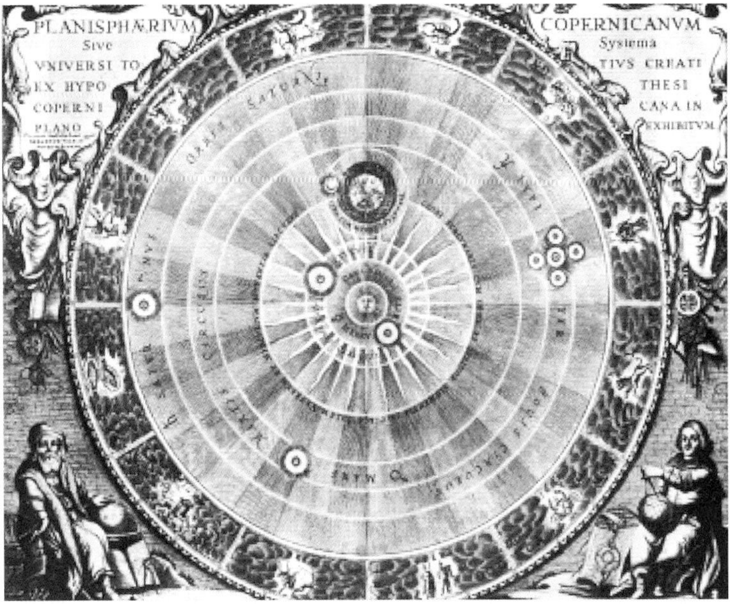


*Die Welt, wie Kopernikus sie sah, auf einem Kupferstich von 1708*

Sanftes Hügelland mit Buchenwäldern ist charakteristisch für das alte Oberland. Viele Kanäle, Flüsschen und Seen machen die Region zu einem reizvollen Ziel für Wassersportler.

Südlich davon beginnt das ›Land der dunklen Wälder und kristall'nen Seen‹, wie das alte Ostpreußenlied Masuren besingt.

# Historisches Oberland und südwestliches Masuren

# Das alte Oberland

Von Elbląg (Elbing) am Frischen Haff bis Ostróda (Osterode) im Süden erstreckt sich die historische Region Oberland. Ihren Namen erhielt sie wahrscheinlich nach dem Chronisten Peter von Dusburg, der 1326 die Landschaft in ›partes inferiores‹ und ›partes superiores‹ (untere und obere Teile) gliederte, deren Grenze die Linie des Flusses Passarge (Pasłęka) war. Im Mittelalter wurde das sanfte Hügelland, das sich mit Buchenwäldern und einem Flickenteppich von Seen schmückt, als ›Hockerland‹ bezeichnet und erhielt später den Spitznamen ›Ostpreußens gute Stube‹.

In Form eines Dreiecks erstreckt es sich mit seiner Spitze vom Haff aus in südliche Richtung. Westlich verläuft die Grenze des Oberlandes bei Zalewo (Saalfeld) und östlich bei der Herder-Stadt **Morąg** (Mohrungen). Die Wassersportzentren **Iława** (Deutsch Eylau) und **Ostróda** (Osterode) beschließen es im Süden, in der West-Ost-Ausdehnung beschreiben in etwa die Flüsse Wisła (Weichsel) und Pasłeka (Passarge) die Grenzen.

Im südlichen Teil des Oberlands dehnt sich die Oberländische beziehungsweise **Iława-Seenplatte** (Pojezierze Iławskie) aus. Seit 1860 sind ihre Gewässer durch den **Elbląg-Ostróda-Kanal** (Oberländischer Kanal) mit Elbąg und somit dem Frischen Haff und der Ostsee verbunden. Der Kanal mit seinem Schiffsverkehr auf den ›Geneigten Ebenen‹ über Land stellt heute eine besondere Touristenattraktion dar (siehe Seite 137).

Die Iława-Seenplatte wird auch Westmasurische Seenplatte genannt, so wie man die gesamte Region gerne als Westmasuren bezeichnet.

Im Herzen der Seenplatte funkelt der längste See Polens, der **Jezioro Jeziorak** (Geserichsee), den kleine Kanäle und Flüsschen kreuz und quer mit den anderen Seen verknüpfen und auf diese Art die Region zu einem Paradies für Paddler, Kanuten und Segler machen. Zwischen Wiesen und Feldern grünen im Sommer rund um die Seeufer prächtige Laubmischwälder, die erst im Südosten allmählich in Kiefernwald übergehen.

*See im alten Oberland*

▲ Karte S. 149

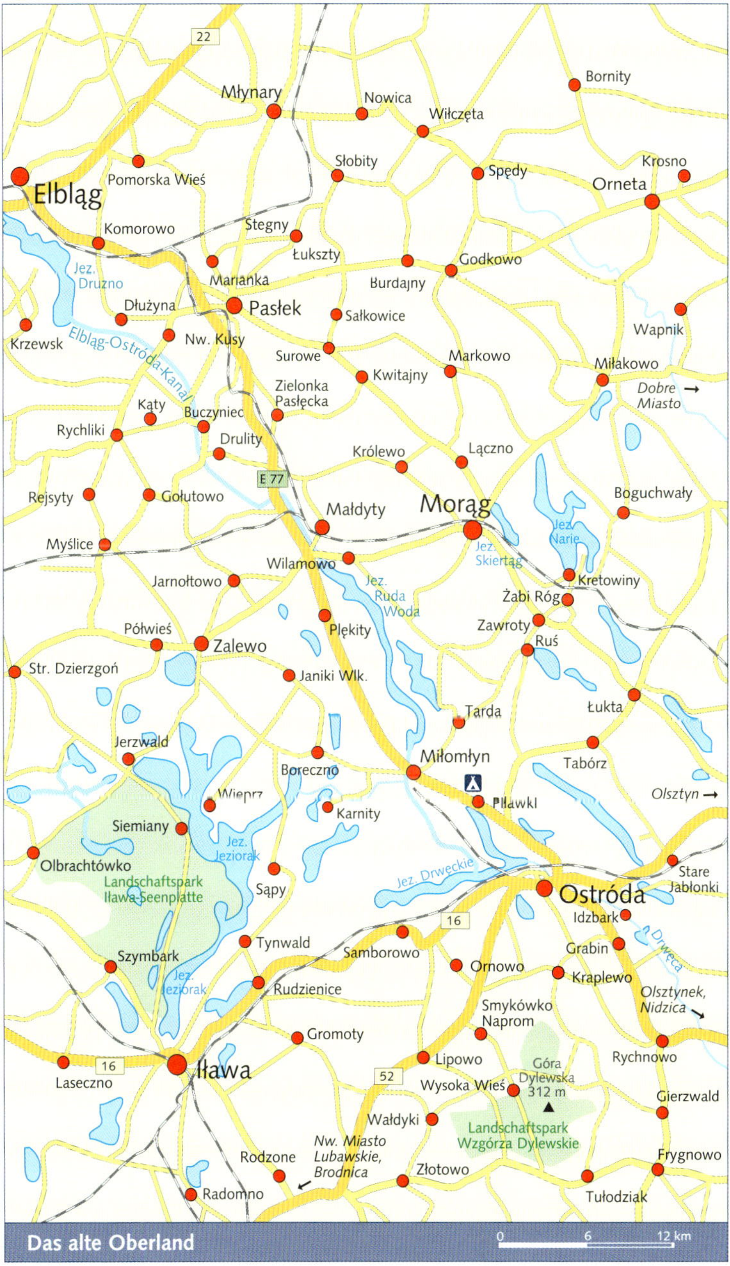


Historisches Oberland und südwestliches Masuren

## Pasłęk und Umgebung

Obwohl Pasłęk (Preußisch Holland) mit über 10 000 Einwohnern die Größe einer Kleinstadt hat, wirkt es doch recht verschlafen und wird meist auch nur im Rahmen eines Tagesausflugs besucht. Wegen der günstigen Lage an der Schnellstraße 7 legen viele Touristen auf dem Weg von Elbląg zu den Gewässern der Iława-Seenplatte einen Zwischenstopp in Pasłęk ein.

Der alte deutsche Name des Städtchens erinnert an die holländischen Siedler, die sich Ende des 13. Jahrhunderts bei der vom Deutschen Orden eroberten Prußenburg Passlock niederließen. Von den Deutschrittern an den östlichen Rand des Weichseldeltas gerufen, entwässerten die erfahrenen Deichbauer die in der Umgebung teils unter dem Meeresspiegel liegenden feuchten Böden und machten sie urbar. 1297 erhielt der neu gegründete Holländerflecken bereits das Stadtrecht verliehen. Von 1319 bis 1340 folgte der Bau der backsteinernen **Ordensburg** und der wehrhaften, die Stadt umziehenden Befestigung. Teile der alten Wehrmauern haben

Pasłęk, Altstadt

*Die Ordensburg von Pasłęk*

bis heute den Zeiten getrotzt, darunter das 1330 errichtete gotische **Steintor** (Brama Kamienna), das von der Hauptverkehrsstraße aus Zugang in das nur wenige Straßen große historische Zentrum gewährt.

Nur ein kurzer Spaziergang ist es vom Steintor zum gotischen **Rathaus** und der **Sankt Bartholomäuskirche** (Kościół św. Bartłomieja), beide im 14. Jahrhundert errichtet. Im Inneren zieren das Gotteshaus eine reich geschnitzte Kanzel und ein Taufbecken vom Ende des 16. Jahrhunderts sowie der vergoldete Hauptaltar, der 1687 unter den Händen des Königsberger Bildhauers Isaak Riga entstand. In der Nachbarschaft steht die stark veränderte Ordensburg, in deren drei Flügeln die Stadtverwaltung, eine Bücherei, ein Kino und das städtische Kulturzentrum untergebracht sind.

*Im Ortskern von Pasłęk*

**Pasłęk**

**Vorwahl**: 055.
**Postleitzahl**: 14-400.
**Internet**: www.paslek.pl.

**Pensjonat Megi**, ul. Sałkowice 18, Tel. 2499145, www.pensjonatmegi.com; DZ um 200–250 Złoty. Freundliche Landpension im wenige Häuser zählenden Weiler Sałkowice, etwa 8 Kilometer östlich von Pasłek; die geräumigen Suiten sind gediegen möbliert.

### Słobity

Etwa zehn Kilometer nordöstlich liegen bei dem Flecken Słobity (Schlobitten) die **Überreste von Schloss Schlobitten**. Von 1525 bis 1945 befand sich hier der Stammsitz der Familie Dohna, einer der bedeutenden Adelsfamilien Preußens. Graf Heinrich zu Dohna-Schlobitten (1882–1944) wurde als Beteiligter des Attentates auf Adolf Hitler am 20. Juli 1944 hingerichtet. Das Schloss, 1621 bis 1624 errichtet und von 1696 bis 1736 zu einer feudalen Barockanlage erweitert, ging Ende des Zweiten Weltkriegs in Flammen auf. Von den einstmals drei Flügeln steht nur noch die steinerne Hülle des Haupthauses und trotzt der Zeit als imposante Ruine.

### Kwitajny

Von Pasłęk aus südwärts nach Morąg sollte, wer keine Eile hat und die schöne Landschaft genießen möchte, nicht den direkten Weg über die Schnellstraße nehmen, sondern die Nebenstrecke 527 über das reizende kleine Gutsdorf Kwitajny (Quittainen) wählen. Hügel hinauf und hinab schlängelt sich das schmale Asphaltband durch das romantische Bauernland, in dem sich Felder mit Buchenmischwäldern und Weilern abwechseln, und nach etwa zehn Kilometern ist Kwitajny erreicht. Malerisch spiegeln sich die kleine **Dorfkirche** und **Schloss Quittainen** im Teich. Das großzügige, 1699 nach Plänen von Jean de Bodt erbaute Herrenhaus fungierte in der sozialistischen Zeit als Wohnung, Schule und Sitz der Verwaltung; mittlerweile hat es wieder private Eigentümer. In der kleinen Gutskirche, die zwischen 1714 und 1719 entstand, werden heute wieder Gottesdienste abgehalten. Bis zum Ende des Zweiten Weltkriegs gehörten Schloss, Park, Teiche, Kirche und Dorf zum Besitz der Grafen von Dönhoff, deren bekannteste Nachkommin die Publizistin und ›Zeit‹-Herausgeberin Marion Gräfin Dönhoff (1909–2002) ist. Ihre Flucht aus Quittainen im Winter 1945, das sie als letzte ihrer Familie verwaltete, fand Eingang in ihre viel gelesenen Erinnerungen an Ostpreußen, ›Namen, die keiner mehr kennt‹.

*In Kwitajny*

▲ Karte S. 149

## Morąg

Um 1280 wurde das heute 15 000 Einwohner zählende, verträumte Landstädtchen Morąg (Mohrungen) vom Deutschen Orden gegründet. Anstelle einer eroberten prußischen Siedlung bauten die Ordensritter eine steinerne Burg. Anfang des 14. Jahrhunderts folgte die Kirche Sankt Peter und Paul, und 1327 erhielt der Siedlung, die sie umgab, bereits das Stadtprivileg verliehen. Im letzten Krieg des Ordens vor seiner Säkularisierung, dem so genannten ›Reiterkrieg‹ 1519–1521 gegen die polnische Krone, wurde Mohrungen in Schutt und Asche gelegt. Ein weiteres Mal richtete ein Stadtbrand 1697 große Schäden an. Dabei wurde auch das Geburtshaus des berühmtesten Sohnes der Stadt, Johann Gottfried Herder, ein Raub der Flammen. 1744 erblickte der bedeutende Theologe, Geschichtsphilosoph und Dichter der Weimarer Klassik als Sohn des Dorfschullehrers und Kantors Gottfried Herder in Mohrungen das Licht der Welt. Am Wohnhaus in der ulica Herdera, das am Ort des Herderschen Geburtshauses steht, erinnert eine Gedenktafel an ihn.

### Kirche Sankt Peter und Paul

In unmittelbarer Nachbarschaft erhebt sich die Kirche Sankt Peter und Paul (Kościół św. Apostołów Piotra i Pawła). 1305 begann man mit der Errichtung des gotischen Gotteshauses, 1312 war das Bauwerk vollendet. Den Innnenraum zieren ein Kruzifix von Ende des

*Das Rathaus von Morąg*

14. Jahrhunderts, Fresken aus dem 15. Jahrhundert, ein barocker Hauptaltar, der aus dem Jahr 1690 stammt, und eine Barockorgel von 1705.

## Ordensritterburg

Wenige Schritte entfernt steht über dem Ufer des Morąskie-Sees, umgeben von alten Mauern und Fundamenten, ein letzter erhaltener Flügel der mittelalterlichen Ordensritterburg. Im 15. Jahrhundert kurzzeitig Sitz des Ordensgroßmeisters Heinrich Reuß von Plauen und im 19. Jahrhundert als Verwaltungsgebäude bis zur Unkenntlichkeit umgebaut, befindet sich die Restburg heute in Privatbesitz und wird von den Eigentümern mühevoll eigenhändig restauriert. Das Innere schmücken zwischen den Deckenbalken originale Renaissancemalereien, und die Räume, die den neuen Burgherren zugleich als Wohnung dienen, sind mit zahllosen Antiquitäten eingerichtet, vom schweren Barockbett bis hin zum uralten, noch funktionstüchtigen Telefonapparat. Auf Wunsch führen die Eigentümer durch ihre Räumlichkeiten. Anklopfen oder Klingeln genügt.

## Rathaus

Trotz mehrerer Umbauten im Lauf der Jahrhunderte hat sich das 1444 eingeweihte Rathaus im Herzen des Städtchens seinen mittelalterlichen Charakter bewahrt. Unter seinem backsteingotischen Stufengiebel haben sich neben der Stadtverwaltung eine kleine Heimatstube und die Touristeninformation einquartiert.

## Dohna-Schlösschen

Morągs Hauptattraktion, das Dohna-Schlösschen (Pałać Dohnow), teilte das Schicksal so vieler herrschaftlicher Häuser im alten Ostpreußenland. In den letzten Kriegsmonaten 1945 wurde es restlos zerstört. Doch anders als beispielsweise Schloss Schlobitten baute man die ursprünglich 1562 bis 1571 für die preußische Adelsfamilie Dohna errichtete Anlage in den Jahren von 1976 bis 1985 wieder auf. Eine Dependance des Museums ›Ermland und Masuren‹ in Olsztyn zeigt im Schloss eine Gemäldesammlung der Grafen zu Dohna, deren letzter in die Weltgeschichte eingegangene Vertreter, Graf Heinrich zu Dohna Schlobitten (1882–1944) als

*Das Dohna-Schlösschen*

Hitler-Attentäter nach dem 20. Juli 1944 in Berlin-Plötzensee hingerichtet wurde. Außerdem werden holländische Malerei des 16. und 17. Jahrhunderts, höfische Kunst der Neuzeit sowie die Geschichte und Kultur der Region präsentiert. Zuvorderst widmen sich die Ausstellungen im Dohna-Schlösschen jedoch dem berühmtesten Sohn der Stadt, Johann Gottfried Herder, dessen Leben und Werk mit zahlreichen Exponaten gewürdigt wird.

*Bei Kretowiny*

### Am Narie-See

Nicht weit östlich von Morąg lädt der sechs mal elf Kilometer große Jezioro Narie (Nariensee) mit seinen zahlreichen Inseln und Buchten zum Baden oder Angeln ein. Das über 40 Meter tiefe, klare, fischreiche Gewässer gehört zu den saubersten im ganzen Land. Hauptbadeort ist das Dorf **Kretowiny** auf einer Halbinsel südlich im See. Im hohen Kiefernwald hinter dem Ufersaum ducken sich Feriensiedlungen, gefolgt von Bootsanlegern und einem Badestrand. Für das leibliche Wohl steht in der schönen Jahreszeit eine Budenmeile mit Schnellrestaurants zur Verfügung. Wer Stille und Einsamkeit den Vorzug gibt, findet bei Spaziergängen in den Wäldern rund um die Seeufer sein Plätzchen.

#### i Morąg

**Vorwahl**: 089.
**Postleitzahl**: 14-300.
**Internet**: www.morag.pl (auch dt.).
**Touristeninformation**, im Rathaus, plac Jana Pawła II 1, Tel. 757 38 26; im Sommer Mo–Fr 8–18, Sa 9–16, das restliche Jahr Mo–Fr 9–16 Uhr.

**Morąg**, ul. Żeromskiego 38, Tel. 7578900, wwwhotelmorag.pl; DZ um 240 Złoty. Großes Komforthotel ca. 3 Kilometer nördlich vom Ortszentrum am Waldrand.
**Irena**, ul. Wróblewskiego 4, Telefon 757 54 30, Fax 757 48 55, www.hotelirena.pl; DZ um 160 Złoty. Schöner großzügiger Neubau, etwa ein Kilometer östlich vom Ortskern, kurz hinter dem Kreisverkehr.
**Elektor**, ul. Jagiełły, Tel./Fax 757 33 35, www.elektor.info.pl; DZ um 140 Złoty. Freundliches Mittelklassehotel in einem sanierten Altbau im Ortskern östlich unterhalb vom Rathaus, das Restaurant serviert polnische und internationale Gerichte.

**Camping Nr. 247 Kretowiny**, 14-331 Żabi Róg, Tel. 757 16 18, Fax 757 80 93; Mitte Mai–Mitte Sept. Terrassierter, verkrauteter, nicht mehr ganz taufrischer Platz bei Kretowiny am Narie-See, schlichtes Sanitär, mit Imbissstube.

**Dohna-Schlösschen** (Pałać Dohnow), ul. Dabrowskiego 54; Mitte Juni–Mitte Sept. Di–So 9–17, sonst Di–So 10–16 Uhr.

▶ Karte S. 149

## Ostróda

Die kunst- und kulturhistorischen Sehenswürdigkeiten kann man an zwei Fingern abzählen, doch das von zwölf Seen gerahmte Ostróda (Osterode) bietet viel herrliche Natur. Die mit 35 000 Einwohnern viertgrößte Stadt in der Woiwodschaft Warmia-Mazury (Ermland-Masuren), deren Zentrum sich ans Ufer des **Jezioro Drwęckie** (Drewenzsee) schmiegt, ist Endpunkt der vergnüglichen Ausflugspartien mit dem Schiff über den Elbląg-Ostróda-Kanal (Oberländischer Kanal, siehe Seite 137) und Ausgangspunkt für zahlreiche Paddeltouren und Segeltörns. Vom Flüsschen Drwęca (Drewenz) sowie dem Iława-Kanal und dem Ostróda-Stare Jabłonski-Kanal durchzogen, die die Gewässer in und um Ostróda herum miteinander verknüpfen, ist die Stadt an der Schnittstelle vom Oberland nach Masuren außerdem ein beliebter Treff für Wasserspoprtler aus allen vier Himmelsrichtungen.

### Uferpromenade

Die L-förmige **Mole** mit einem Pavilllon obenauf und die von einigen Cafés und Restaurants flankierte Uferpromenade bilden das Epizentrum des munteren kleinstädtischen Sommerlebens. Von Parkbänken aus lassen sich die beherzten Versuche manches Wasserskihasen an der Wasserskilift-Anlage in Augenschein nehmen oder auch ein Training auf der Kajak-Strecke mitverfolgen. Oder man bummelt die Promenade in einem maximal 20-minütigen Spaziergang zum nördlichen Seeufer hinauf, um im **Strandbad** am Drwęckie-See einen Sprung in die erfrischenden Fluten zu wagen.

### Burg

Die sehenswerte Architektur Ostródas beschränkt sich auf die kleine Backsteinburg, die 1340 bis 1370 an der Mündung der Drewenz in den Drewenzsee vom Deutschen Orden errichtet wurde. Schon 100 Jahre zuvor, etwa gegen 1270, hatten die Deutschordensritter

*Badestrand bei Karnity*

dort eine hölzerne Feste errichtet. 1329 erhielt die Ansiedlung, die sich um sie herum entwickelte, das Stadtprivileg. 1376 und 1381 wurde sie von Litauern in Schutt und Asche gelegt, 1628 fielen Schweden ein, im Siebenjährigen Krieg eroberten Russen die Stadt, und 1807 wurde Osterode von napoleonischen Truppen besetzt. Berühmtester Gast war 1807 Kaiser Napoleon, der sich während dem Vierten Koalitionskrieg fünf Wochen lang in der Ordensburg einquartierte. Nach der Zerstörung im Zweiten Weltkrieg wurde die Burg ab

*Blick über den Jezioro Drwęckie auf Ostróda*

▲ Karte S. 155

Mitte der 1970er Jahre wieder aufgebaut. In ihren Mauern ist heute eine **Kunstgalerie** mit wechselnden Ausstellungen untergebracht, und ein **Regionalmuseum** informiert über die Geschichte von Stadt und Land.

### ■ Kirche des heiligen Dominik Flavio

Am benachbarten 1000-lecia-Platz befindet sich die **Touristeninformation**, und einen Katzensprung östlich davon lohnt die Kirche des heiligen Dominik Flavio (Kościół św. Dominika Savio) einen Blick. 1980 war die Rekonstruktion des ursprünglich aus dem 14. Jahrhundert stammenden Gotteshauses abgeschlossen. Aus der Gründungszeit ist ein steinernes Taufbecken erhalten.

### ■ Evangelische Kirche

Einen schönen Ausblick auf den Drwęckie-See und die Dächer Ostródas verspricht die 1907 bis 1909 erbaute, neugotische Evangelische Kirche (Kościół Ewangelicko-Metodystyczne) im südlichen Ortszentrum. 105 Stufen sind bis in die Kirchturmspitze zu erklimmen, und man kann unterwegs das Uhrwerk der Kirchturmuhr und die drei großen Kirchglocken bewundern.

### ■ Kirche der unbefleckten Empfängnis

Kostbarstes Stück in der nahen katholischen Kirche der unbefleckten Empfängnis (Kościół Niepokalanego Poczęcia Naświętszej NMP), 1856/57 erbaut, ist eine Pietà aus dem 14. Jahrhundert.
Zwischen katholischer und evangelischer Kirche erinnert in der ul. Sienkewiecza eine Gedenktafel am **Geburtshaus von Hans Hellmut Kirst** (1914–1989) an den Schriftsteller, der zu den erfolgreichsten und meistgelesenen deutschen Nachkriegsautoren gehörte.

## Paddel- und Bootstouren

Die knapp 50 Kilometer lange, dreitägige Paddeltour Ostróda–Miłomłyn–Iława beispielsweise führt zunächst nordwärts nach Miłomłyn, von dort westlich durch den Iława-Kanal und den Jezioro Jeziorak (Geserichsee), den viele einen der schönsten Seen Masurens nennen, zum größten Wassersportzentrum der westmasurischen Seenplatte nach Iława (siehe Seite 158). Selbst Toruń wäre von Ostróda aus über die Drwęca auf dem Wasserweg ansteuerbar, sofern man die über 200 Paddelkilometer in Angriff nehmen möchte. Mit den Dampfern der Ostróda-Elbląg-Reederei lassen sich herrliche Ausflugsfahrten über den Drwęckie-See und den Elbląg-Ostróda-Kanal bis zur Schleuse Miłomłyn (Liebemühl) unternehmen, oder noch weiter, über die ›Geneigten Ebenen‹ bis nach Elbląg nahe dem Frischen Haff. Abfahrt in Ostróda ist in den Sommermonaten täglich morgens um 8 Uhr im Ortszentrum an der Mole am Drwęckie-See.

### Ostróda

**Vorwahl**: 089.

**Postleitzahl**: 14-100.

**Internet**: www.ostroda.pl und www.mazury.ostroda.pl.

**Touristeninformation**, plac 1000-lecia 1a, Tel. 642 30 00, www.mazury-zachodnie.pl; Mai–Sept. tägl. 8–20, im Winterhalbjahr Mo–Fr 8–15 Uhr.

**Kreuzfahrten über die Seen und Schiffspartien über den Elbląg-Ostróda-Kanal**: Anlegestelle, Information und Ticketverkauf an der Uferpromenade, ul. Mickiewicza 9a, Tel. 646 38 71, www.zegluga.com.pl; Abfahrt Richtung Elbląg Juli/August tägl. 8 Uhr, Mai, Juni und September je nach Andrang.

**Zweistündige Kreuzfahrten über die Seen Drwęckie und Pauzeńskie**; April–Okt. viermal täglich ab 10 Uhr.

**Schlosshotel Karnity**, Karnity 10, 14-140 Miłomłyn, Tel. 647 346-5, Fax -4, www.karnity.pl; DZ etwa 240 Złoty, Cottage für 4 Personen etwa 160 Złoty. 10 Kilometer nordwestlich von Ostróda liegt beim Weiler Karnity (Anfahrt über Miłomłyn) das 1855 für die Barone von Albedyhll erbaute neugotische Backsteinschloss. In den sorgfältig restaurierten, denkmalgeschützten Gemäuern werden Komfortzimmer sowie im Park Sommerhäuschen angeboten. Mit empfehlenswertem Restaurant (polnische und internationale Spezialitäten), Caravan-Stellplätzen, Badestrand (ein Hotelstrand und daneben ein öffentlicher) und Wassersportgeräteverleih.

**Hotel Promenada**, ul. Mickiewicza 3, Tel. 64 28 10-0, Fax -1, www.hotelpromenada.com.pl; DZ um 190 Złoty. Gepflegtes neues Haus im Stil der Postmoderne, zwischen Hauptstraße und Uferpromenade kurz vor den Bahnschranken, weshalb es sich empfiehlt, ein Zimmer nach hinten hinaus zum See zu nehmen.

**Hotel Panorama**, ul. 3 Maja 21, Tel. 646 22 27, Fax 646 38 49; DZ um 180 Złoty. Großes Mittelklassehotel, ruhig am Seeufer gelegen, mit Blick über den Jezioro Drwęckie auf die Stadtsilhouette.

**Hotel Dwór Kraplewo**, in Kraplewo (8 Kilometer südlich von Ostróda), Tel. 647 68-60, Fax -70, www.dworkraplewo.pl; DZ um 180 Złoty. Logieren wie die Gutsherren in früheren Zeiten im Gutshaus Kraplau, mit gediegenen Stilmöbeln, umgeben von einem schönen Garten.

**Sommerjugendherberge**, ul. Kościuszki 14, Tel. 6465563; Juli/August.

**PTTK-Camping Stare Jabłonki**, ul. Turystyczna 5, 14-133 Stare Jabłonki, Tel./Fax 6411422, www.stanica.mazury.pl; Juni–Sept. 7 Kilometer östlich von Ostróda (Straße Richtung Olsztyn) auf dem Gelände der PTTK-Wasserstation in Stare Jabłonki, malerisch am Mały-Szeląg-See, mit Gaststätte, Campinghütten, Badestrand und Wassersportgeräteverleih.

**Camping Nr. 13 Piławki**, Piławki, 14-140 Miłomłyn, Tel. 6473007; Juli/August. Überschaubarer Rasenplatz 8 Kilometer nordwestlich von Ostróda direkt neben der Schnellstraße 7, deshalb nicht leise, aber traumhaft schön am Nordufer des Drwęckie-Sees gelegen; Restaurant im Haus.

**Oberża Młyn pod Mariaszkiem**, Idzbark 2, Tel. 089/6460355, www.mariaszek.pl. 7 Kilometer südlich von Ostróda an der Straße 7. Im Biergarten an der Drwęca und drinnen im rustikalen Ambiente kommen in der Mühle aus dem 19. Jahrhundert traditionelle Speisen der Region aus Bioprodukten auf den Tisch.

**Regionalmuseum**, in der Ordensburg, ul. Mickiewicza; Juli/Aug. Di–Fr 9–17, Sa/So 10–16 Uhr, sonst Di–Fr 9–16, Sa/So 10–14 Uhr.

**Ostróda Reggae Festival**, im August, Info unter www.ostrodareggae.com. Dreitägiges und größtes Reggae-Festival in Polen.

**Segelclub** (Klub Żeglarskie Ostróda), ul. Sowińskiego 12.

**Wassersporthafen LOK** (Przystań Ósrodoka Sportów Wodnych LOK), ul. Słowackiego 38a.

**Wassersportklub Sokół**, ul. Słowackiego 40.

Alle drei westlich vom Bahnhof Ostróda am Drwęckie-See.

**Wasserski**, an der Uferpromenade im Ortszentrum am Drwęckie-See.

**Strandbad**, im Ortszentrum am nördlichen Drwęckie-Seeufer, Stadtstrand am Nordufer des Sajmino-Sees an der südlichen Stadtgrenze; Badestrand in Karnity am Schlosshotel (10 Kilometer nordwestlich von Ostróda, Anfahrt über Miłomłyn).

## Iława

▲ Karte S. 159

Wegen ihrer ebenso schönen wie für Wassersportler günstigen Lage am Südufer des **Jezioro Jeziorak** (Geserichsee) ist die 32000 Einwohner zählende Stadt heute das wichtigste Ferienzentrum an der westmasurischen Seenplatte. Mit 27 Kilometern Länge bietet der Jezioro Jeziorak als längster Rinnensee Polens Paddlern, Seglern und Kanuten zahlreiche Freizeitaktivitäten. Der See sowie 30 weitere kleinere Gewässer und die sie umgebenden lichten Buchen- und Kiefernwälder wurden 1993 im Land-

schaftspark Iława-Seenplatte unter Naturschutz gestellt.

Iława (Deutsch Eylau) wurde 1305 vom Deutschen Orden an der Stelle einer prußischen Siedlung gegründet. 1317 erstmals schriftlich als ›Ylavia‹ erwähnt, blieb es über viele Jahrhunderte lang ein abgeschiedener Flecken – bis 1860 der Elbląg-Ostróda-Kanal eröffnet wurde und dank dem neuen Transportweg auch in Deutsch Eylau ein kleiner Aufschwung Einzug hielt.

Anfang des 20. Jahrhunderts wurde die ›Perle im Oberland‹ touristisch entdeckt, ab den 1920er Jahren kreuzten Ausflugsdampfer auf dem Geserichsee – und im Jahr 2005 feierte die Stadt stolz ihr 700-jähriges Jubiläum.

### Verklärungskirche

An ein dunkles Kapitel der Stadtgeschichte erinnern die Massengräber der polnischen Ulanen auf dem kommunalen Friedhof. 1939 wurden die Soldaten in einem nahe gelegenen Kriegsgefangenenlager von den Nazis ermordet.

Wegen der großen Zerstörungen im Zweiten Weltkrieg ist nur wenig von Iławas historischer Bausubstanz erhalten. Einziges Schmuckstückchen ist die backsteingotische Verklärungskirche (Kościół Przemienienia Pańskiego) aus der ersten Hälfte des 14. Jahrhunderts. Im Lauf der Jahrhunderte mehrmals umgestaltet, thront sie inmitten von Nachkriegsbauten über dem Nordufer des Jezioro Mały Jeziorak (Kleiner Geserich-See).

### Rathaus

Nicht weit entfernt steht am Uferhang zwischen der Hauptverkehrsader ulica Niepodległości und der Uferpromenade das Rathaus mit der Toursteninformation. Nur ein Parkplatz trennt es vom **Amphitheater**, einem funkelnagelneuen Shoppingzentrum und dem Anleger der Weißen Flotte am See. Von dort ziehen die Ausflugsdampfer unter der Brücke zwischen Kleinem und Großem Jeziorak-See hindurch um ihre Große Fahrt nach Miłomłyn oder noch weiter bis nach Elbląg anzutreten. Die wichtigsten Wassersporteinrichtungen befinden sich ebenfalls jenseits der Brücke am Südufer des Jezioro Wielki Jeziorak (Großer Geserich-See).

#### Iława

**Vorwahl**: 089.
**Postleitzahl**: 14-200.
**Internet**: www.ilawa.pl.
**Touristeninformation**, ul. Niepodległości 13, Tel. 648 58 00, www.it.ilawa.pl; Mo–Fr 8–19 Uhr, Sa 11–15 Uhr.

**Dampferfahrten über den Jeziorak-See**; Mai–Oktober stündl. 10–17 Uhr. Anlegestelle und Ticketverkauf am Ostufer des Mały-Jeziorak-Sees.

**Stary Tartak**, ul. Biskupska 4, Telefon 640 13 13, Fax 675 51 52, www.starytartak.com.pl; DZ um 320 Złoty. 2009 am Westufer des Mały Jeziorak-Sees eröffnetes schickes Komforthotel, außen mit rustikalem Fachwerk, innen im eleganten Landhausstil, mit empfehlenswertem Restaurant.
**Kormoran**, ul. Chodkiewicza 3, Tel./Fax 648 26 77; DZ um 200 Złoty. Gepflegtes Mittelklassehaus direkt am Stadtstrand am Ufer des Jeziorak-Sees.
**Seglerhotel Pod Omegą**, ul. Sienkiewicza 24, Telefon 648 40 93, Fax 648 63 62, www.podomega.com.pl; DZ für ein bis drei Personen um 100 Złoty; Anfang Juni–Ende August. Urige kleine Herberge mit Seglerhafen, die Zimmer funktional, mit Gaststätte, Grillbar, Gartenwirtschaft und Bootsverleih, sehr beliebt, rechtzeitig reservieren.

**Jugendherberge**, ul. Mierosławskiego 10a, Tel. 648 64 64; ganzjährig.

**Camping Nr. 14 Leśna**, ul. Sienkiewicza 9, Tel. 648 81 88, www.lesna.ilawa.pl; Anfang Mai–Ende September. Gegenüber vom Hotel ›Kormoran‹, leicht ansteigendes Waldgelände, mit angeschlossenem einfachem Hotel.

**Wassersportgeräteverleih**: Auf dem **Campingplatz Leśna**; im **Wassersportzentrum Perkoz**, ul. Konstytucji 3 Maja 7; im **Segelzentrum Pod Omega**, ul. Sienkiewicza 24.

**Baden**, am Stadtstrand am Hotel Kormoran.

**Jazz Festival Złota Tarka** (Goldenes Waschbrett): Jährlich im August erklingt im Amphitheater auf dem internationalen Jazz-Fest Dixie und good old Jazz; Informationen und Programm unter www.zlotatarka.pl.

▸ Karte S. 159

## Szymbark

Zehn Kilometer nordwestlich von Iława ist die imposante **Burgruine Szymbark** (Schönberg) im gleichnamigen Weiler Szymbark ein schönes Ausflugsziel. Auf Schusters Rappen am Silm-See und dem Dorf Kamionka vorbei führt der Wanderweg zu der kleinen Anhöhe über dem Haussee (Szymbarskie-See), wo die Domherren von Marienwerder im 14. Jahrhundert ein Domizil für den pomesanischen Domprobst hatten errichten lassen. Nach mehreren Eigentümerwechseln seit der Reformation ging das Anwesen 1699 in die Hände der Grafen Finck von Finckenstein über, die es zu einem majestätischen Schloss ausbauen ließen.

1945 ein Raub der Flammen, blieben dennoch eine ganze Reihe von Mauern, Türmen und Bastionen seiner vier Flügel erhalten. Auch angesichts der Ruine erhält man immer noch eine lebendige Vorstellung davon, wie die einst größte Burg der Region einmal ausgesehen haben mag.

*Die Burgruine von Szymbark*

# Südwestliches Masuren

Südlich von Ostróda steigt das Land mit der **Kernsdorfer Höhe** (Dylewska Góra) bis auf 312 Meter über dem Meeresspiegel an. Dieser letzte Ausläufer des Baltischen Höhenrückens bildet die höchste Erhebung ganz Nordostpolens und markiert als Landmarke zugleich den Beginn von Masuren.

Das ›Land der dunklen Wälder und kristall'nen Seen‹, wie das alte Ostpreußenlied Masuren besingt, war nie von politischen Grenzen umgeben, und niemand vermochte je genau abzustecken, wo es eigentlich anfängt und endet. Im Lauf der Jahrhunderte bürgerte sich die Kernsdorfer Höhe als Anfang ein. Mondsichelförmig erstreckt sich Mazury von dort nordostwärts über die Großen Masurischen Seen bis zur Szeska Góra (Seesker Höhe) bei Gołdap im Dreiländereck Russland, Litauen, Polen.

Das ausgedehnte, von zahllosen Seen, Niedermooren und Sümpfen durchzogene Waldgebiet Südwestmasurens, das sich von Ostróda bis Olsztyn (Allenstein) und südwärts über Olsztynek bis nach Nidzica (Neidenburg) ausdehnt, blieb in seiner Urwüchsigkeit in weiten Teilen nicht zuletzt deshalb erhalten, weil es in sozialistischer Zeit für Normalbürger hermetisch abgesperrt war. Vom Lańskie- und Pluszne-See (Lansker und Plautziger See) bis nach Nidzica diente es bis 1983 der polnischen Politprominenz und ihren Gästen als Jagdrevier. Heute lädt der Wald zwischen Kiefern, Eichen, Erlen, Birken und Kaddig die Naturliebhaber zu geruhsamen Wanderungen ein. ›Kaddig‹ ist der alte ostpreußische Spitzname für den immergrünen Wacholderstrauch, der am liebsten in lichten Nadelgehölzen aufschießt.

Im weiten Ackerland liegen die Dörfer **Grunwald** (Grünfelde) und **Stębark** (Tannenberg), wo sich 1410 die legendäre ›Schlacht von Tannenberg‹ des Doppelreichs Polen-Litauen gegen den Deutschen Orden zutrug. Dort wartet das **Museum der Schlacht von Grunwald** auf einen Besuch, während nicht weit entfernt **Olsztynek** (Hohenstein) das **Masurische Freilichtmuseum** und **Nidzica** im südlichsten Zipfel der Region eine Ordensburg als schönste Sehenswürdigkeiten präsentieren.

*Im Freilichtmuseum von Olsztynek*

▲ Karte S. 163

## Landschaftspark Wzgórza Dylewskie

Etwa 15 Kilometer südlich von Ostróda erhebt sich im Landschaftspark Wzgórza Dylewskie (Kernsdorfer Höhe) 312 Meter über dem Meeresspiegel der Dylewska-Berg. Es ist der höchste Berg im nordöstlichen Polen und markiert den Beginn von Masuren. Seit 1994 sind die teils dicht bewaldeten Kuppen und Täler in dem knapp 8000 Hektar großen Landschaftspark unter Schutz gestellt. Wanderwege führen durch Felder und Buchenwald auf den **Dylewska-Berg**, wo man, an Sendemasten vorbei auf der

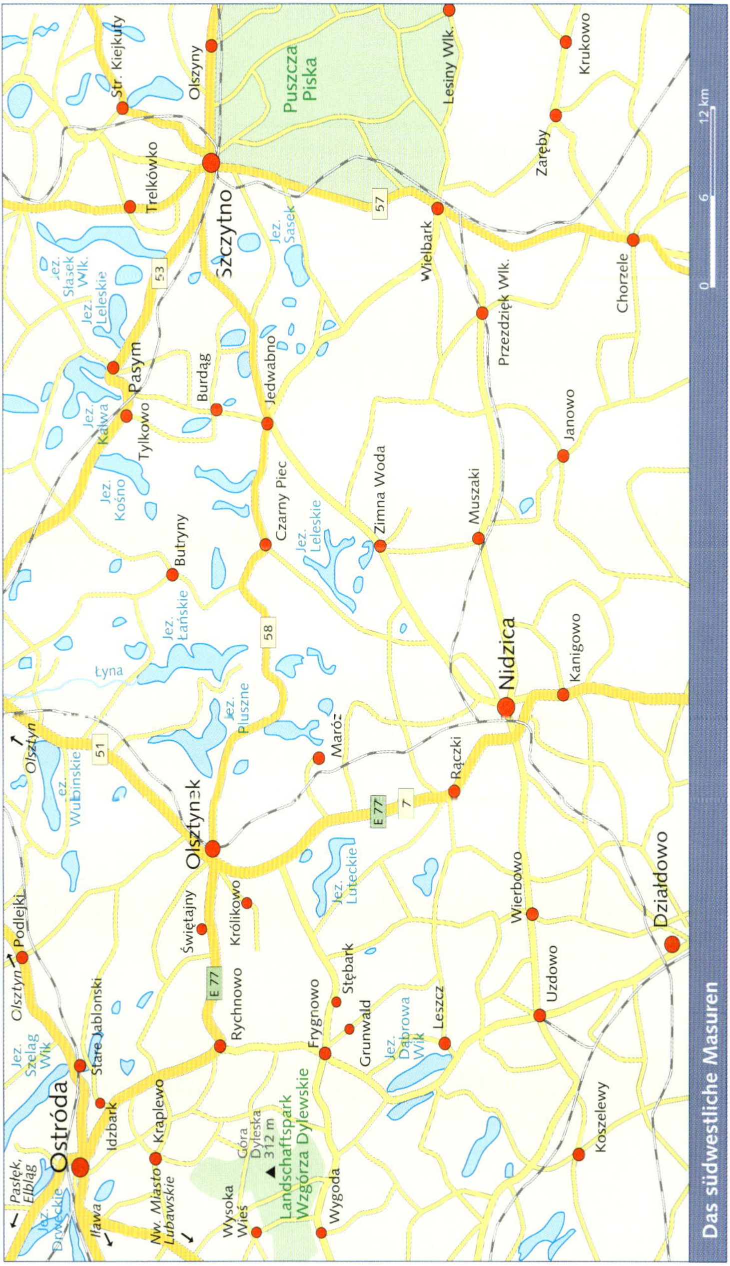

Das südwestliche Masuren

Höhe angelangt, wegen hoher Bäume zwar keine Aussicht hat, aber einen Feuerwachturm und wenige Schritte entfernt einen Picknickplatz vorfindet. Südlich bietet in der Nähe des Dorfes Wygoda der **Czubatka-Hügel** mit einem Skilift im Winter Brettlvergnügen.

Im Dorf **Rychnowo** (Reichenau) auf halber Strecke zwischen Ostróda und Olsztynek (Hohenstein) steht am südlichen Ortseingang auf dem Grundstück eines Nonnenklosters eine 1713 erbaute, traditionelle **Holzkirche** – eine der letzten noch original erhaltenen masurischen Holzkirchen. Zur Innenausstattung des achteckigen Gotteshauses gehören Wandmalereien aus der Zeit der Errichtung, ein 1714 vermutlich vom Königsberger Meister Georg Hintz geschaffenes Deckengemälde, das den Sündenfall thematisiert, sowie ein Flügelaltar von 1518. Die typisch masurische Holzkirche, wie man sie im nahen Olsztynek im Masurischen Freilichtmuseum besichtigen kann, ist vom Gotteshaus in Rychnowo inspiriert.

## Grunwald/Stębark

In jeder polnischen Stadt gibt es heute mindestens eine Straße, die den Namen ›Grunwald‹ (Grünfelde) trägt. Denn das winzige Bauerndorf südlich von Ostróda inmitten weiter Felder bezeichnet eine Art polnisches Nationalheiligtum. Zwischen Grunwald und Stębark (Tannenberg) wurde am 15. Juli 1410 die wahrscheinlich größte Schlacht des Mittelalters in Mitteleuropa ausgefochten. 12000 bis 15000 Soldaten des Deutschen Ordens standen 20000 unter König Władisław II. Jagiełło im vereinigten polnisch-litauischen Heer kämpfenden Soldaten gegenüber und wurden vernichtend geschlagen.

Die Schlacht von Grunwald – in der deutschen Historie nach dem Nachbarort Tannenberg benannt – läutete den Untergang der Deutschritter in Prußen/Preußen ein.

Zur zweiten Schlacht von Tannenberg kam es im August 1914, nachdem die russische Narew-Armee unter General Samsonow von Süden her in Masuren

*Die Holzkirche von Rychnowo*

▲ Karte S. 163

*Schlachtdenkmal bei Grunwald/Stębark*

einmarschiert war. General Paul von Hindenburg führte die 8. Deutsche Armee gegen sie in den Kampf. Am 26. August 1914 begann nicht bei Grunwald, sondern in einem Gebiet weiter östlich zwischen den Orten Olsztynek, Nidzica und Pasym das, was später nach dem Vorschlag von Generalstabschef Erich Ludendorff aus Propagandazwecken die ›Schlacht von Tannenberg‹ heißen sollte. In vier Tagen kostete sie zahllose russische und deutsche Soldaten das Leben. »Die Schlacht wurde auf meinen Vorschlag die Schlacht von Tannenberg genannt«, schreibt Ludendorff später in seinen ›Kriegserinnerungen‹, »als Erinnerung an jenen Kampf, in dem der Deutsche Ritterorden den vereinigten polnischen und litauischen Heeren unterlag.«

Zu Ehren des enthusiastisch gefeierten ›Retters Ostpreußens‹ und ›Vater des Vaterlands‹ Paul von Hindenburg (ab 1925 Reichspräsident) weihte man im September 1927 in Erinnerung an die ›entscheidende Schlacht bei Tannenberg‹ in der Nähe von Olsztynek auf einem Feld das pompöse Reichsehrenmal Tannenberg ein. 1934 wurde dort in Anwesenheit Adolf Hitlers Hindenburgs Leichnam beigesetzt – und 1945 wieder ausgegraben um ihn vor der anrückenden Roten Armee in Sicherheit zu bringen. Das Tannenbergdenkmal selbst wurde zerstört.

Auf dem Freilichtgelände der legendären Schlacht im Jahr 1410 bei Grunwald prangen im Zentrum des **Museums der Schlacht von Grunwald** (Muzeum Bitwy pod Grunwaldem) ein realsozialistischer Granitobelisk mit den Konterfeis zweier geharnischter Wächter und nahebei 30 Meter hoch ein Lanzenmast, der die Banner des siegreichen polnisch-litauischen Heeres symbolisiert. Von dort führen Stufen zu einem unterhalb des Ensembles gelegenen kleinen Museumsgebäude hinab, das zwischen einer Reihe von Ritterrüstungen mithilfe von Schautafeln über die historischen Kampfhandlungen informiert.

1960 wurde die Anlage zum 550. Jahrestag der siegreichen Schlacht gegen die Deutschordensritter als ›Zeugnis ewigen Kults der nationalen Vergangenheit‹ feierlich eingeweiht. Rundum zeichnen auf dem Terrain der vielbesuchten Freilichtanlage und polnischen Nationalpilgerstätte betonierte Wege, Treppen und gepflasterte Inseln in etwa die Schlachtordnung von 1410 nach. Einmal im Jahr kann man sie sogar leibhaftig in Augenschein nehmen. Immer am Wochenende um den 15. Juli lassen rund 1000 Hobbyrecken von Rittervereinen aus ganz Europa vor zehntausenden begeisterten Zuschauern den mittelalterlichen Waffengang noch einmal aufleben, begleitet von einem kunterbunten Treiben ringsum.

**Grunwald/Stębark**

**Museum der Schlacht von Grunwald** (Muzeum Pole Bity Grunwaldem), Stębark 1, 14-108 Grunwald; das Freilichtgelände ist das ganze Jahr über geöffnet, das Museumsgebäude Anfang Mai bis Mitte Oktober tägl. 8–18 Uhr.

**Tage von Grunwald**, am Wochenende um den 15. Juli. Großes Volksfest mit Ritterfeldlagern und Ritterturnieren und als Höhepunkt einer Inszenierung der Schlacht von 1410.

## Olsztynek

An dem eher unscheinbar wirkenden 7000-Einwohner-Städtchen Olsztynek (Hohenstein) würde man wahrscheinlich vorüberziehen, wäre es nicht von einer zauberhaften Seen- und Wälderlandschaft umgeben. Östlich erstreckt sich rund um den Jezioro Lańskie (Lansker See) und den Jezioro Pluszne (Plautziger See) in Richtung Olsztyn der Ermländische Forst (Las Warmiński). Überall glitzern im grünen Durchbruchstal der Łyna (Alle) zwischen urwüchsigen Kiefern- und Laubmischwäldern tiefblaue Gewässer auf. An einem dieser Seen in der ›Großen Wildnis‹ Masurens ließ 1349 der Komtur von Osterode, Günther von Hohenstein, eine kleine Ordensburg anlegen. 1359 wurde Osterode bereits das Stadtprivileg zuteil. In ihrer ursprünglichen Gestalt gibt es die Burg längst nicht mehr; im Lauf der Jahrhunderte häufig zerstört, wiedererrichtet und umgebaut, dient sie, als Burg nicht mehr auszumachen, bereits seit Mitte des 19. Jahrhunderts als Schule.

*Souvenirverkäufer im Freilichtmuseum*

▲ Karte S. 163

### Masurisches Freilichtmuseum

Größte Attraktion in Olsztynek (Hohenstein) ist das Masurische Freilichtmuseum (Muzeum Budownictwa Ludowego). Auf einem sanft gewellten, beinahe 100 Hektar umfassenden Gelände am nördlichen Ortsausgang sind unter freiem Himmel zahlreiche historische Gebäude des alten Ostpreußens, des Samlands und des Weichsellands aufgestellt. Entweder handelt es sich um überführte und im Freilichtmuseum sorgsam wieder aufgebaute und restaurierte Objekte, oder sie wurden originalgetreu rekonstruiert. Traditionelle masurische Bauernhöfe und Fischerkaten, weichselländische Windmühlen und stattliche Vorlaubenhäuser, Holzkirchen, Ständer- und Fachwerkbauten, historische Werkstätten, Scheunen und Ställe, dazwischen Viehgatter, alte Brunnen und Wegekreuze entführen den Besucher in eine vergangene Zeit.

### Świętajny

Beim winzigen Dorf Świętajny (Schwentainen) an der Straße 7 kurz vor der westlichen Stadtgrenze Olsztyneks mahnt ein **Friedhof** an einen der dunkel-

*Traditioneller masurischer Bauernhof im Freilichtmuseum*

sten Abschnitte in der deutschen Geschichte. Ungezählte Kriegsgefangene, die 1939 bis 1945 im Lager Stalag 1b Hohenstein ums Leben kamen, liegen hier begraben. Mit dem Stalag 1b hatten die Nationalsozialisten im Ackerland zwischen Hohenstein und dem Flecken Königsgut (Królikowo) 1939 das größte Kriegsgefangenenlager Ostpreußen errichtet. Nicht weit entfernt ragten ab 1927 die Türme des gigantischen Reichsehrenmals Tannenberg empor. 1934 wurde dort Reichspräsident Paul von Hindenburg, der ›Sieger von Tannenberg‹, feierlich beigesetzt. Für den Juli 1939 rechnete man zur 25. Jubelfeier der glorreichen ›Tannenberg‹-Schlacht an seiner pompösen Grabstätte mit tausenden deutschen Veteranen des Ersten Weltkriegs. Das Feldlager, das man ursprünglich nahebei für sie einrichtete, wurde unmittelbar nach Ausbruch des Zweiten Weltkriegs in ein Kriegsgefangenenlager umgewandelt und brachte Verderben über 55 000 vorwiegend sowjetische und französische Soldaten. Das Reichsehrenmal wurde beim Rückzug der Deutschen Wehrmacht 1945 gesprengt und die verbliebenen Überreste Anfang der 1950er Jahre abgetragen. Einen letzten grasüberwachsenen Steinhaufen kann man noch auf dem Feld zwischen der Schnellstraße 7 und der Straße zum Flecken Królikowo am südwestlichen Stadteingang von Olsztynek ausmachen.

### Olsztynek

**Vorwahl**: 089.
**Postleitzahl**: 11-015.
**Internet**: www.olsztynek.pl.
**Touristeninformation**, ul. Ratusz 1 (im Rathaus), Tel. 519 54 77; Juli/Aug. Mo–Fr 8–17, Sa 10–14, das übrige Jahr Mo–Fr 8–15 Uhr.

**Hotel Zajazd Mazurski** (Masurische Herberge), ul. Gdańska 1, Tel. 519 28 85; DZ um 100 Złoty. Freundliche Unterkunft an der Schnellstraße 7 kurz vor dem westlichen Ortseingang, funktionale Zimmerausstattung, mit Speisegaststätte.

**Masurisches Freilichtmuseum** (Muzeum Budownictwa Ludowego Park Etnograficzny), ul. Sportowa 21, Tel. 519 15 42, www.muzeumolsztynek.com.pl; April Di–So 9–15, Mai–Aug. tägl. 9–18, Sept. Di–So 9–16.30, Okt. Di–So 9–15.30 Uhr. Die Anfahrt ist durch Schilder mit der Aufschrift ›Skansen‹ (Freilichtmuseum) gekennzeichnet.

## Nidzica

Das rund 15 000 Einwohner große Nidzica (Neidenburg), die südlichste Gründung des Deutschen Ordens in Masuren, blickt gleich auf drei berühmte Söhne der Stadt. 1821 wurde an den Ufern der Neide (Nida) der Historiker Ferdinand Gregorovius geboren, der unter anderem 1848 ›Die Idee des Polenthums. Zwei Bücher polnischer Leidensgeschichte‹ und zwischen 1859 und 1872 eine achtbändige ›Geschichte der Stadt Rom im Mittelalter; vom V. bis zum XVI. Jahrhundert‹ verfasste. 1823 kam in Neidenburg der im 19. Jahrhundert wohl weltweit bekannteste Masure zur Welt: Baruch Hirsch Strausberg, beziehungsweise Barthel Heinrich Strausberg. 16-jährig wanderte er nach London aus und stieg unter dem Namen Bethel Henry Strousberg zum europäischen Eisenbahnkönig mit zeitweilig über 100 000 Beschäftigten auf. Und auch die Wiege des Operettenkomponisten Walter Elimar Kollodzieyski (1878–1940), der unter dem Namen Walter Kollo Bekanntheit und Beliebtheit erlangte, stand in Nidzica.

*Historisches Holzhaus in Olsztynek*

Karte S. 163

Seit dem Jahr 1400 thront auf einer kleinen Anhöhe die in drei Jahrzenten ab 1370 errichtete, backsteinerne gotische **Ordensburg**. In ihren Mauern befinden sich heute ein Heimatmuseum, eine Kunstgalerie und ein Hotel mit Restaurant. Ansonsten hat das Städtchen an Sehenswürdigkeiten wenig zu bieten. Während des Einmarschs der Russen 1914 wurde das alte Neidenburg bereits zu großen Teilen zerstört, und was verblieb, ging im Januar 1945 in Flammen auf. So glänzt Nidzica eher mit seiner schönen Natur. Im Norden der Gemeinde erstreckt sich ein herrlicher Wald und darin der malerische Omulew-See. Nach Osten hin, in Richtung Szczytno, weitet sich dann das Land. »Es ist echtes Masuren«, beschreibt Marion Gräfin Dönhoff ihren ›Ritt durch Masuren‹ im September 1941, »und wohl der ärmste Teil von Masuren. Hinter Dembenofen nach Ortelsburg (Szczytno) zu, wird der Boden immer leichter, Heidekraut und Sand, dann und wann eine krüppelige Kiefer und endlose flache Hügel mit grauem Steppengras. Es hat fast etwas Asiatisches, dieses Land – übrigens nennt auch unser Meßtischblatt einen der breiten Wege, auf dem wir ein langes Stück galoppieren, ›Tatarenstraße‹.« Der Name jener Straße erinnert an die so genannte ›Tatarenwut‹ während des Zweiten Schwedisch-Polnischen Kriegs Mitte des 17. Jahrhunderts, als die im polnischen Heer kämpfenden, für ihre Grausamkeit berüchtigten Tataren die Bevölkerung ermordeten oder verschleppten und ihre Dörfer brandschatzten. Beim Weiler **Tartary** südlich von Nidzica erinnert der **Tatarenstein**, ein mit 4,50 Meter Breite und 9 Meter Länge riesiger Findling, an einen beherzten Schützen, der mit einem Kanonendonner 1656 die Tataren vertrieb. So erzählt es die Sage.

**Nidzica**

**Vorwahl**: 089.
**Postleitzahl**: 13-100.
**Internet**: www.nidzica.pl.
**Touristinformation**, plac Wolności 1 (im Rathaus), Tel. 62507-61, Fax -11; Mai–Okt. Mo–Fr 8–19, Sa 10–17.30, Nov.–April Mo–Fr 8–15.30 Uhr.

**Hotel Gregorovius**, ul. Zamkowa 2, Tel. 6255193, www.hotelgregorovius.pl; DZ um 180 Złoty. Logieren wie die Rittersleute, in zeitgenössischem Komfort in der sorgfältig restaurierten Ordensburg, mit empfehlenswertem Restaurant.

## Szczytno

Im 26000 Einwohner großen Szczytno (Ortelsburg), das durch seine Polizeihochschule und den Flugplatz für Ermland-Masuren bekannt ist, gibt es neben den restaurierten Ruinen einer **Deutschordensburg** am Domowe-See im benachbarten Rathaus ein **Masurisches Heimatmuseum** zu besichtigen. Es stellt historische Alltagsgeräte, eine Wohnstube wie zu Urgroßmutters Zeiten, Möbel, Keramik und eine Sammlung handbemalter Kacheln aus. Über weitere Sehenswürdigkeiten verfügt Szczytno nicht, bietet sich aber dank seiner Lage in unmittelbarer Nähe zu den herrlichen Waldgebieten der Puszcza Piska (Johannisburger Heide) als Ausgangspunkt für schöne Wanderungen an.

Ein schöner Wanderweg ist zum Beispiel die **Tatarische Wanderroute**, wie sich ein markierter Wanderweg nennt, der von Szczytno am Anfang der Puszcza Piska (Johannisburger Heide) nach Babięta (Babenten) am Flüsschen Krutynia führt und dabei der Spur der Tataren folgt, die 1656 ins südliche Masuren eindrangen.

**Szczytno**

**Vorwahl**: 089.
**Postleitzahl**: 12-100.
**Internet**: www.szczytno.pl.
**Touristeninformation**, ul. Odrodzenia 18, Tel. 624 97 14, www.turystyka.szczytno.pl; Mo–Fr 8–17 Uhr, Sa 9–13 Uhr.

**Hotel Krystyna**, ul. Żwirki i Wigury 10, Tel./Fax 6242169, www.hotelkrystyna.pl; DZ um 200 Złoty. Großes Mittelklassehotel im Ortszentrum in unmittelbarer Nachbarschaft zum Kleinen Domowe-See, mit angeschlossenem Restaurant.

**Jugendherberge Szczytno**, ul. Pasymska 7, Tel. 6243992; ganzjährig.

**Heimatmuseum**, ul. Sienkiewicza 1 (im Rathaus); Mai–Sept. tägl. 9–17, Okt.–April tägl. 9–16 Uhr.

## Die Masuren

Bis zur Eroberung der ›Großen Wildnis‹ durch den Deutschen Orden im 13. Jahrhundert war das Gebiet des heutigen Masuren von prußischen Stämmen besiedelt. Ihre Bevölkerungszahl betrug schätzungsweise 150 000 Menschen, tausende von ihnen starben im Zuge der Landnahme durch die Deutschordensritter und den sich anschließenden, blutig niedergeschlagenen prußischen Aufständen. Andere Alteingesessene passten sich an und integrierten sich in den jungen Ordensstaat, in dem um das Jahr 1400 noch geschätzte 140 000 Prußen lebten und daneben bereits über 100 000 deutschsprachige und rund 27 000 polnischsprachige Kolonisten.

Für die Kolonisierung der Wildnis brauchte man jedoch weit mehr Siedler. So rief der Deutsche Orden Einwanderer aus Flandern, Westfalen, Sachsen, Schlesien und dem südlich benachbarten polnischen Herzogtum Masowien ins Land. Die meisten deutschsprachigen Siedler ließen sich in der Weichselniederung und in den nördlichen Regionen bis Königsberg nieder, die polnischsprachigen Masowier siedelten vor allem nördlich ihrer alten Heimat im heutigen Masuren. Im Schutz der backsteinernen Ordensburgen errichteten sie ihre Hütten, rodeten das Land und machten es urbar.

Als mit dem Ende des Dreizehnjährigen Kriegs (1454–1466) der Niedergang der deutschritterlichen Macht seinen Anfang nahm, verstärkte sich die Zuwanderung masowischer Migranten in die südlichen Gebiete des Ordensstaats. Auf rund 40 000 wird ihre Zahl im Reformationsjahr 1525 geschätzt.

Nachdem in jenem Jahr der Deutsche Orden säkularisiert und Masuren Teil des protestantischen Herzogtums Preußen unter polnischer Lehnshoheit geworden war, verwandelte sich die ›Große Wildnis‹ vollends in ein Einwanderungsland. Protestantische Glaubensflüchtlinge von überall her fanden hier eine neue Heimat: aus Litauen, Frankreich, Flandern, Österreich und der Schweiz, und natürlich weiterhin aus dem benachbarten katholischen Masowien. Man sprach überwiegend Polnisch, beziehungsweise einen polnischen Dialekt, die masowische Mundart, und Alteingesessene wie Zugewanderte nannten sich selbst Masowier oder Masauren.

Ab Anfang des 18. Jahrhunderts strömten die im Zarenreich verfolgten russischen Altgläubigen ins Land, so dass sich schließlich eine ethnisch, kulturell und religiös kunterbunt gemischte masurische Einwohnerschaft bildete. ›Multikulti‹ würde man sie heute nennen, die da friedlich zusammen lebten, weil ihre Herkunft keine besondere Rolle spielte.

Und wo auch immer sie herkamen, leicht hatten es die Menschen in Masuren nie. Nicht nur die kargen Böden waren es, die ihnen das Leben schwer machten, auch in die weltpolitischen Ereignisse wurden sie oft genug unfreiwillig verstrickt: Die geografische Lage zwischen Moskau und Berlin machte Masuren immer wieder zum Durchmarschgebiet mächtiger Heere. Kriege, die Pest und die ›Tatarenwut‹ kosteten im 17. Jahrhundert über 100 000 Menschen das Leben. Ganze Landstriche wurden entvölkert, Dörfer und Felder wurden zerstört.

Die Industrialisierung ab der zweiten Hälfte des 19. Jahrhunderts zog dagegen an dem armen, unterentwickelten Ländchen vorüber, ohne große Spuren zu hinterlassen. Stattdessen machte sich in der kleinstädtischen Bürgerschicht, bei den Landräten und Beamten, Kaufleuten und Pastoren, zunehmend deutschnationales Gedankengut breit. Man ging in Stellung gegen das ›Polentum‹; dabei war weit über die Hälfte der Einwohner Masurens polnischer Herkunft. Nach der Gründung des Deutschen Reichs 1871 setzte dann die institutionelle Germanisierung ein. Bis 1888 wurde Polnisch in Schulen, Amtsstuben und schließlich auch im Gottesdienst verboten. Bereits in den 1920er Jahren sprach die Mehrheit der Bevölkerung Deutsch. Und so entstand schließlich die kuriose Mischung, die den typischen Bewohner Masurens kennzeichnete: »Seine polnische Abstammung, seine deutsche Schulung, seine slawischen Sitten und Gewohnheiten, seine deutsche Tradition, sein polnischer Familien- und sein deutscher Vorname, seine polnische Sprache und seine deutsche Schrift, das polnische Sprichwort, das deutsche Lied, die slawische Religiosität, die evangelische Konfession«. (Andreas Kossert: ›Masuren‹).

Parallel zur Germanisierung erfolgte die Umbenennung polnisch klingender Ortschaften: Dziudziau wurde zu Thalheim, Krzywonoggen zu Krummfuß, Groß Przedzienk zu Großdankheim, Napiwodda zu Grünfließ, Trzianken zu Rohrdorf. Dennoch blieben in der Sprache zahlreiche slawische Elemente erhalten, ebenso wie die für die deutsche Hochsprache recht ungewöhnliche Syntax, das breite ›r‹ und der vielgebrauchte Diminutiv ›-chen‹ – so wie die deutsche Minderheit in Masuren diesen für zeitgenössische Ohren niedlich klingenden Dialekt heute noch pflegt.

Zwischen 5- und 10 000 ›Leutchen‹ deutscher Abstammung, so schätzt man, leben gegenwärtig noch in Mazury, wo nach Krieg und Vertreibung 1945 vor allem Menschen aus den sowjetisch gewordenen polnischen Gebieten östlich des Bug eine neue Heimat fanden. Zusammen mit einer litauischen, ukrainischen, alt- und weißrussischen Minderheit leben sie heute in der vierten und fünften Generation im ehemaligen südlichen Ostpreußen, wobei die Minderheiten seit dem Fall des Eisernen Vorhangs 1989 wieder ihre kulturelle Identität pflegen dürfen. Mit besonderem Akzent hinsichtlich eines regionalen masurischen Charakters haben sich in den 1990er Jahren zahlreiche polnisch-deutsche Vereine in Warmia und Mazury gegründet. Und auch die jüngere polnische Generation hinterfragt zunehmend die noch bis 1989 geltende Ideologie, Masuren sei nach 600 jähriger Fremdherrschaft endlich in den Mutterschoß Polens heimgekehrt, und begibt sich auf die Suche nach der verlorenen Geschichte der Heimat.

Allen voran steht dabei die bereits 1990 von jungen polnischen Intellektuellen in Olsztyn gegründete Gemeinschaft ›Borussia‹ mit ihrem Namen für die Integration des kulturellen und historischen Erbes der Region in die polnische Demokratie – jenseits aller nationalen und politischen Vereinnahmung. Man ist auf der »Suche nach einer eigenen Identität, nach Wegen zu einem authentischen, menschlichen Miteinander sowie nach der Möglichkeit, unsere sich verändernde regionale und überregionale Umwelt selbst mitzuschaffen«, wie die Gründer der ›Borussia‹, Robert Traba und Kazimierz Brakoniecki, schreiben, und weiter: »Die bewusste Beziehung zu dem Ort, an dem wir leben, bildet einen der Hauptpfeiler der borussischen Weltauffassung: So weit sie durch ihre Universalität auch gefasst ist, umso näher ist sie uns durch ihren einmaligen genius loci. Unsere Familiengeschichten führen überwiegend zurück in die ehemaligen polnischen Ostgebiete und nach Zentralpolen. Die Generation der 50er und 60er Jahre ist schon fest verbunden mit unserer Heimat, die seit 1945 Ermland und Masuren heißt.«

Das Ermland besticht besonders mit seinen architekturhistorischen Sehenswürdigkeiten. Wegrandkapellen und Wallfahrtskirchen, die Burgschlösser des ermländischen Domkapitels und prächtige backsteingotische Gotteshäuser sind steinerne Zeugen einer jahrhundertelangen tiefen Gläubigkeit.

# Das Ermland/Warmia

# Die Region Warmia

Von Frombork und Braniewo am Frischen Haff dehnt sich die Region Ermland (Warmia) in Form eines Dreiecks nach Südosten aus. Im Westen bildet der Fluss Pasłęka (Passarge) die Grenze des überwiegend von Äckern und Wiesen geprägten Landes, im Osten erstreckt es sich bis auf die Höhe von Reszel und im Süden bis **Olsztyn**, der historischen Hauptstadt des Ermlands und heutigen Hauptstadt der Woiwodschaft Warmia-Mazury (Ermland-Masuren).

Bevor der Deutsche Orden die Region eroberte, war sie die Heimat der prußischen Stämme der Galinder und Barten sowie der Warmier, von denen das Ermland seinen polnischen Namen Warmia erhielt. Der deutsche Name erscheint im Jahr 1262 erstmals als ›Wormeland‹ und 1299 als ›Ermeland‹.

Nach der Unterwerfung der Prußen ließ der Heilige Stuhl 1243 das Deutschordensland in vier Bistümer einteilen: Kulm, Pomesanien, Samland und Ermland, wobei der größten Diözese Ermland eine besondere Rolle zukam. Als Territorium der ermländischen Bischöfe erlangte sie eine weitgehende Unabhängigkeit vom Ordenstaat. Anders als in den drei weiteren Bistümern gehörten die Bischöfe und Kapitelherren des Ermlands nicht dem Deutschen Orden an. Der Bischof mit Sitz zunächst in Wormditt (Orneta) und ab 1350 in Heilsberg (Lidzbark Warmiński) regierte zugleich als Fürst über das Land und war damit in Personalunion geistlicher und weltlicher Herrscher. In der Goldenen Bulle 1356 bestätigte Kaiser Karl IV. die Souveränität der ermländischen Fürstbischöfe.

Zahlreiche backsteinerne Bischofsburgen entstanden, unter denen herausragend die Burgschlösser in Lidzbark Warmiński, Reszel und Olsztyn noch heute beredtes Zeugnis von der Machtfülle ihrer Bauherren abgeben.

Bereits ab Mitte des 13. Jahrhunderts kamen Kolonisten ins eroberte Prußenland, wobei sich im Ermland vorwiegend Schlesier und aus dem südlich benachbarten Masowien heraufziehende Siedler niederließen. Im Dreizehnjährigen Krieg 1454 bis 1466 gegen den Deutschen Orden schloss sich das Fürstbistum den Städten des Preußischen Bunds an und begab sich wie diese unter den Schutz der polnischen Krone. Nach Abschluss des Zweiten Thorner Friedens 1466 blieb es bis zur Einverleibung durch das Königreich Preußen über 300 Jahre unter der Oberlehnshoheit Polens und hielt – einer Insel im 1525 in ein protestantisches weltliches Herzogtum umgewandelten Ordensland gleich – weiterhin streng am katholischen Glauben fest. Während man ab 1525 allerorts im Herzogtum Preußen Gottesdienste nach lutherischem Bekenntnis feierte, entwickelte sich das direkt dem Papst unterstellte Fürstbistum Ermland zu einem Bollwerk der Gegenreformation.

Mit dem 1504 in Krakau geborenen Stanislaus Hosius, Spiritus rector der polnischen Gegenreformation, bekleidete ab 1551 erstmals ein Pole das Bischofsamt, und so blieb es bis zur Annektion des Ermlands 1772 durch das Königreich Preußen im Zuge der Ersten Polnischen Teilung. Anschließend Teil der protestantischen Region Ostpreußen, ließen die Ermländer nicht vom katholischen Glauben ab. Heilige Blutwunder und Erscheinungen der heiligen Muttergottes häuften sich bevorzugt an der Konfessionsgrenze zum protestantischen Preußenland: in **Święta Lipka** (Heiligelinde) bei

▲ Karte S. 175

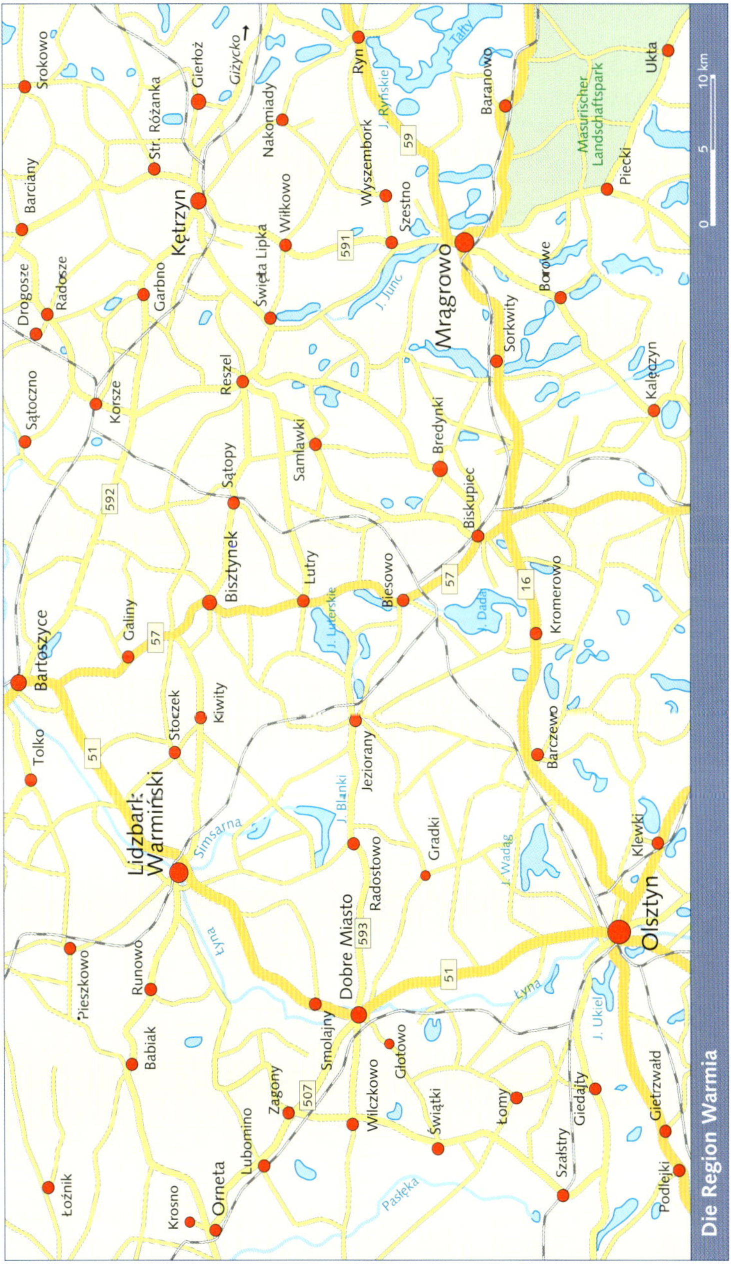
Die Region Warmia
Kętrzyn
Mrągowo
Olsztyn
Lidzbark Warmiński
Bartoszyce
Bisztynek
Dobre Miasto
Orneta
Reszel
Korsze
Srokowo
Barciany
Drogosze
Radosze
Sątoczno
Garbno
Str. Różanka
Gierłoż
Giżycko
Nakomiady
Wilkowo
Święta Lipka
Ryn
J. Ryńskie
J. Tałty
Wyszembork
Szestno
J. Juno
Baranowo
Masurischer Landschaftspark
Piecki
Ukta
Borowe
Sorkwity
Kałęczyn
Bredynki
Biskupiec
Samławki
Sątopy
Lutry
J. Luterskie
Biesowo
J. Dadaj
Kromerowo
Barczewo
Klewki
Galiny
Stoczek
Kiwity
Tolko
Jeziorany
J. Blanki
Gradki
J. Wadąg
Radostowo
Simsarna
Łyna
Pieszkowo
Runowo
Babiak
Smolajny
Głotowo
Wilczkowo
Zagony
Lubomino
Krosno
Łożnik
Świątki
Łomy
Giedajty
J. Ukiel
Gietrzwałd
Szałstry
Podlejki
Pasłęka
51
57
59
16
591
592
593
507
0
5
10 km

Reszel, woraufhin dort eine der prachtvollsten ermländischen Barockkirchen entstand, in **Krosno** (Krossen) bei Orneta, in **Gietrzwałd** nahe Olsztyn, das heute wie Święta Lipka zu Polens bedeutenden Marienwallfahrten zählt, und in anderen Orten mehr.

Dieser besondere religionsgeschichtliche Weg spiegelt sich noch heute in der Region. Bestechen Masuren und das alte Oberland vor allem mit ihrer schönen Natur, herrschen in Warmia die architekturhistorischen Sehenswürdigkeiten vor, wie sie sich besonders in den eindrucksvollen Kirchen und Burgschlössern der ermländischen Fürstbischöfe darstellen.

*In der rekonstruierten Altstadt*

## Olsztyn

Im Süden Warmias liegt die historische Hauptstadt des Ermlands und heutige Woiwodschaftshauptstadt von Warmia-Mazury, Olsztyn (Allenstein). Die in eine herrliche Seenlandschaft eingebettete, 175 000 Einwohner zählende Großstadt ist der wirtschaftliche, kulturelle und touristische Mittelpunkt im nordöstlichen Polen. Sie verfügt über ein Theater mit drei Bühnen und eine Philharmonie, ist Bischofssitz, außerdem Sitz verschiedener Akademien sowie der 1999 gegründeten Universität Ermland-Masuren, an der über 30 000 Studenten eingeschrieben sind.

Plattenbaugürtel und wachsende Neubausiedlungen an der Peripherie und vielspurige Straßen in der Innenstadt dokumentieren den wirtschaftlichen Erfolg der Ermland-Metropole. Im Unterschied zu den anderen Ortschaften im nordöstlichen Polen schrumpft Olsztyn nicht, sondern wächst. Zählte man vor dem Zweiten Weltkrieg rund 50 000 Einwohner, hat sich die Zahl inzwischen mehr als verdreifacht. Zu den großen Arbeitgebern gehören eine Autoreifenfabrik, Unternehmen der Lebensmittel- und der holzverarbeitenden Industrie sowie – nicht zu vergessen – der Tourismus. Das wieder aufgebaute historische Zentrum mit der Bischofsburg an der Łyna (Alle) sowie zwölf Seen und 50 Prozent Wald und Grünflächen allein im Stadtgebiet machen Olsztyn zu einem viel besuchten Reiseziel.

▲ Karte S. 177

*Die Ordensburg von Olsztyn*

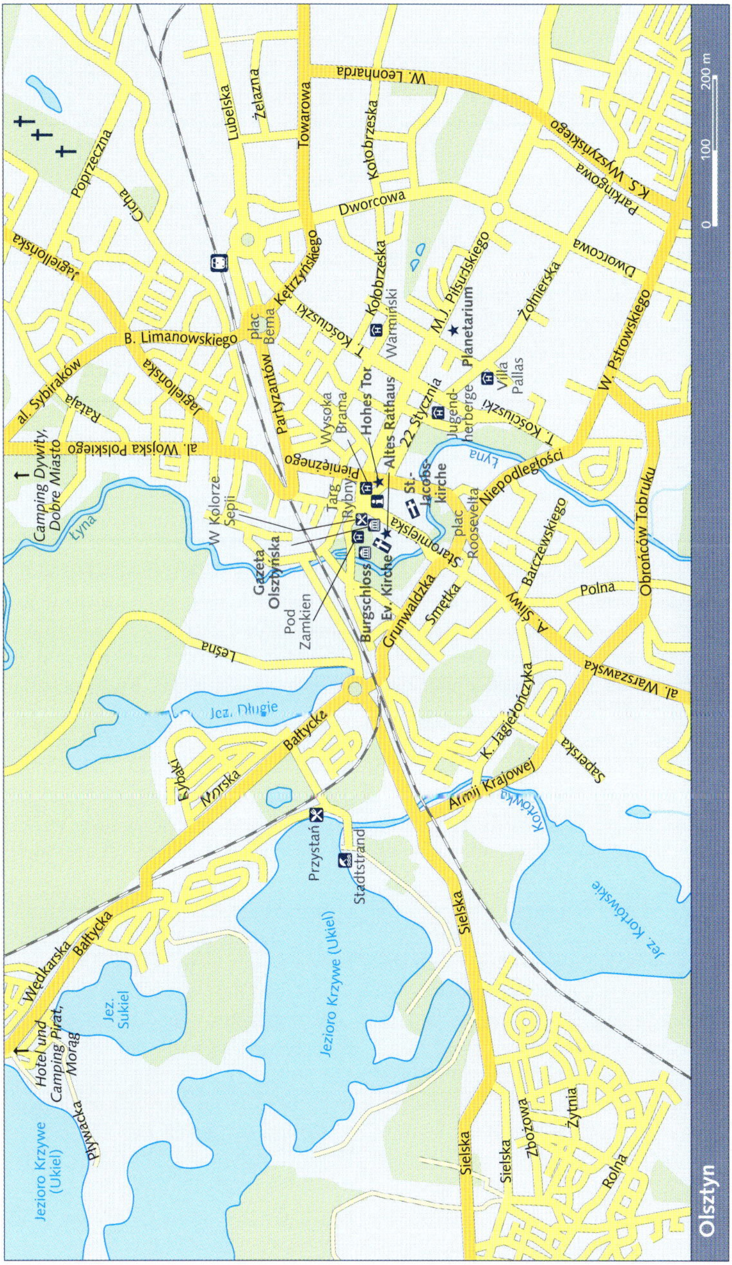
Olsztyn
0
100
200 m
W. Leonharda
K.S. Wyszyńskiego
Parkingowa
Dworcowa
Kołobrzeska
Towarowa
Żelazna
Lubelska
Poprzeczna
Cicha
Jagiellońska
B. Limanowskiego
plac Bema
Kętrzyńskiego
T. Kościuszki
Warmiński
M.J. Piłsudskiego
Planetarium
Żołnierska
W. Pstrowskiego
Villa Pallas
Jugendherberge
22 Stycznia
Altes Rathaus
Hohes Tor
Wysoka Brama
Partyzantów
al. Sybiraków
Rataja
al. Wojska Polskiego
Camping Dywity, Dobre Miasto
Łyna
Pieniężnego
St.-Jacobs-kirche
Niepodległości
Obrońców Tobruku
Barczewskiego
plac Roosevelta
Staromiejska
Targ Rybny
W Kolorze Sepii
Gazeta Olsztyńska
Pod Zamkien
Burgschloss
Ev. Kirche
Grunwaldzka
Smętka
Polna
A. Śliwy
al. Warszawska
Leśna
Jez. Długie
Bałtycka
Rybaki
Morska
Przystań
Stadtstrand
K. Jagiellończyka
Saperska
Armii Krajowej
Kortówka
Jez. Kortowskie
Sielska
Jezioro Krzywe (Ukiel)
Jez. Sukiel
Wędkarska
Hotel und Camping Pirat, Morąg
Pływacka
Zbożowa
Żytnia
Rolna

## Geschichte

Erstmals schriftlich erwähnt wurde Olsztyn 1348. Bereits zwei Jahre vorher hatten auf Geheiß des ermländischen Bischofsvogtes an einer Flussschleife der Łyna (Alle) die Bauarbeiten zum Burgschloss begonnen. Zu seinen Füßen entwickelte sich eine Siedlung, der das ermländische Domkapitel 1353 die Handfeste (Urkunde zur Rechtssicherung) verlieh. Im selben Jahr konnte der erste Flügel des Burgschlosses eingeweiht werden.

Nach dem Dreizehnjährigen Krieg der preußischen Städte gegen die Deutschordensritter kam Allenstein zusammen mit dem Ermland, so wie im Frieden von Thorn 1466 besiegelt, unter die Oberhoheit der Krone Polens. Im Reiterkrieg (1519–1521), dem letzten militärischen Aufbäumen des Deutschen Ordens vor seiner Säkularisierung, belagerte Hochmeister Albrecht von Brandenburg-Hohenzollern mit seinem Heer Burg und Stadt und zog schließlich unverrichteter Dinge wieder ab. Denn der damalige Verwalter des Alleinsteiner Domkapitels, Nikolaus Kopernikus, hatte Allenstein rechtzeitig zur Verteidigung gerüstet und die Stadtmauern befestigen lassen.

Feuersbrünste, der Schwedisch-Polnische Krieg (1655–1660), der Nordische Krieg (1700–1721), schließlich die Pest, die von 1709 bis 1711 ein Drittel der Bevölkerung dahinraffte, ließen den Ort nicht hochkommen. 1772 verleibte sich das Königreich Preußen im Zuge der Ersten Polnischen Teilung das Ermland und damit auch Allenstein ein. Als es 1817 Kreisstadt wurde, zählte man 2100 Einwohner, gegen Mitte des 19. Jahrhunderts waren es immer noch nur 4000.

Der Anschluss an das Eisenbahnnetz 1872 trug den Wirtschaftsboom der Gründerzeit im deutschen Kaiserreich auch an die Alle. Das waldreiche Umland wurde zur Basis der Holzindustrie, ein Gymnasium und ein Landgericht öffneten ihre Tore. 1905 zur Hauptstadt des neu etablierten, nach Königsberg und Gumbinnen dritten ostpreußischen Regierungsbezirks ernannt, wuchs Allenstein in jenen Jahren auf etwa 25000 Einwohner an. Zugleich entwickelte es sich zum Mittelpunkt der polnischen Bewegung im südlichen Ostpreußen – zählte die Region vor der Reichsgründung und der sich daran anschließenden, zunehmenden Unterdrückung der polnischen Sprache und Kultur doch weitaus mehr polnischsprachige als deutschsprachige preußische Untertanen. Nach dem Ende des Ersten Weltkriegs stimmten 1920 beim Referendum über ihren nationalen Verbleib gleichwohl fast 98 Prozent der Alleinsteiner für Deutschland.

Kurz nach der Besetzung durch die Rote Armee im Januar 1945 zerstörte ein Brand beinahe die Hälfte der alten Stadt. Die Vertreibung der Deutschen und die Ansiedlung polnischer Neubürger, die mit Ende des Zweiten Weltkriegs ihre alte Heimat an die Sowjetunion verloren hatten, schlossen sich an. Der Wiederaufbau der Stadt an der Łyna begann. In Anlehnung an das historische Vorbild wurde der Altstadtkern rekonstruiert. Weitere alte Substanz, die den Krieg überdauert hatte, riss man in den 1960er Jahren dagegen ab, um Platz für Plattenbauviertel und Industriegebiete zu schaffen. Denn Olsztyn wuchs mit rasender Geschwindigkeit – und entwickelt sich bis heute immer noch schwungvoll.

Seit 1992 Sitz des Erzbistums Warmia, seit 1999 Universitätsstadt und Hauptstadt der aus Teilen der alte Bezirke Elbląg, Olsztyn und Suwałki neu gebildeten Woiwodschaft Warmia-Mazury, feierte Olsztyn im Jahr 2003 den 650. Jahrestag seiner Stadtgründung.

▶ Karte S. 177

### Burgschloss des Ermländischen Domkapitels

Touristenattraktion Nummer eins ist das auf einem Hügel über der Łyna (Alle) thronende backsteinerne Burgschloss des Ermländischen Domkapitels. In der ersten Bauphase zwischen 1348 und 1353 entstand zunächst nur ein einziger Schlossflügel, im 15. Jahrhundert folgte ein zweiter, und im 16. Jahrhundert war die wehrhafte vierflügelige Anlage mit wuchtigen Türmen und Bastionen schließlich fertiggestellt. In ihren Mauern wirkte von 1516 bis 1519 und noch ein zweites Mal 1521/22 der große Astronom Nikolaus Kopernikus, der in Allenstein die Güter und Liegenschaften des Domkapitels verwaltete.

Im Zweiten Weltkrieg wurde das Schloss glücklicherweise nur leicht beschädigt und zeigt sich deshalb, nach allen notwendigen Reparatur- und Renovierungsarbeiten, bis heute noch annähernd im Originalzustand. Bereits seit 1921 fungieren die Räumlichkeiten als Museum und beherbergen heute das **Museum von Ermland und Masuren**. Es präsentiert die Geschichte, Kunst und Kultur der Region, religiöse Malerei Ermlands und Masurens, niederländische Porträtmalerei sowie eine Kopernikus-Ausstellung in dessen ehemaligen Wohnräumen. Im Kreuzgang ist Kopernikus' Astronomische Tafel zu sehen, die zu seinen kostbarsten Hinterlassenschaften in Olsztyn gehört. Im Schlosshof wartet das uralte **Steinweib** auf einen kleinen Moment der Bewunderung: ein steinernes Standbild noch aus prußischer Zeit, das man bei dem Örtchen Barciany fand.

*Das Hohe Tor in der Altstadt von Olsztyn*

## Marktplatz

Wenige Schritte nur trennen das Burgschloss von der nach dem Krieg überwiegend wiedererstandenen Altstadt. An der 1876/77 errichteten **evangelischen Kirche** vorbei, ist man schnell am zentralen Marktplatz angelangt. Seine Nordseite zieren Häuser mit hübschen Giebeln und Laubengängen, in denen Cafés zum Verweilen einladen. Im Mittelpunkt des Markts steht das **Alte Rathaus**, ursprünglich in der zweiten Hälfte des 14. Jahrhunderts errichtet, nach einem Stadtbrand auf den alten Fundamenten 1623/24 neu aufgebaut und von 1946 bis 1949 rekonstruiert. In seinen Räumlichkeiten ist heute die Woiwodschaftsbücherei untergebracht.

## Ulica Staromiejska Prosta

Schöne Gebäude mit Laubengängen schmücken auch die für Fußgänger reservierte Bummelmeile der Altstadt, die ulica Staromiejska Prosta. Meist sind die Häuser jedoch nicht originalgetreu rekonstruiert, sondern wurden nach dem Krieg nur in Anlehnung an das alte Stadtbild wiederaufgebaut. Bei dieser Gelegenheit stockte man da und dort eine Etage auf und versah die Häuser mit Sgraffito-Medaillons, die Persönlichkeiten der polnischen Geschichte und Kultur darstellen: den Komponist Feliks Nowowiejski, den Dichter Michał Kajka, den ermländischen Bischof und Literaten Ignacy Krasicki unter natürlich auch Kopernikus. Im Haus Staromiejska Nr. 1, Ecke ul. św. Barbary kam 1887 der Meisterarchitekt und Theoretiker des Konstruktivismus, Erich Mendelsohn, zur Welt. 1997 enthüllte die Stadt eine Gedenktafel am Geburtshaus.

*Das Rathaus von Olsztyn*

▲ Karte S. 177

## Kirche Sankt Jakob

Einen Abstecher um die Ecke lohnt die dreischiffige Hallenkirche Sankt Jakob (Kościół św. Jakuba). Um 1370 bis 1380 wurde sie mit einem schönen Netzgewölbe im Hauptschiff und Zellengewölben in den Seitenschiffen erbaut und ab 1866 in zweijähriger Arbeit im neugotischen Geschmack modernisiert. Ihr neugotischer Hochaltar datiert ebenfalls auf die zweite Hälfte des 19. Jahrhunderts. Der Komponist Feliks Nowowiejski, 1877 im nicht weit entfernten Barczewo geboren, wirkte von 1898 bis zur Jahrhundertwende als Organist in der Jakobskirche. Seit 1973 fungiert das Gotteshaus als Konkathedrale des Erzbistums Ermland-Masuren, von 1979 bis 1981 bekleidete das heutige Oberhaupt der katholischen Kirche in Polen, Primas Józef Kardinal Glemp, das Bischofsamt. Im Jahr 2003 erhob Papst Johannes Paul II. Sankt Jakob in den Rang einer Basilika Minor.

## Hohes Tor

Nördlich beschließt das Hohe Tor (Brama Wysoka) die Altstadt. Das gotische Backsteintor aus der zweiten Hälfte des 14. Jahrhunderts blieb als einziges von einmal drei Torhäusern in der Stadt-

*Am Stadtstrand*

mauer erhalten. Ab 1788 wurde es als Waffenkammer genutzt und 1858 zum Gefängnis umgebaut. 1863 verbüßte hier der Nestor der polnischen Masurenfoschung und streitbare Kämpfer für das Polentum, Wojciech Ketrzyński, eine Haftstrafe wegen Waffenschmuggels (siehe auch Seite 208). Gleich nebenan befindet sich die zentrale Touristeninformation.

## Haus der Gazeta Olsztyńska

Westlich vom Tor öffnet sich der **Targ Rybny** (Fischmarkt). Dort wird im wiedererrichteten Haus der ›Gazeta Olsztyńska‹ die wechselvolle Geschichte der gleichnamigen Olsztyner Tageszeitung gewürdigt. Ab 1886 erschien sie als einzige polnischsprachige Presse für den großen Bevölkerungsteil polnischer Zunge in Ostpreußen und stieg schnell zum Sprachrohr für die polnischen Belange auf. Trotz anhaltender Repressionen konnte sie über 50 Jahre lang veröffentlicht werden, bis 1939 die Nationalsozialisten die Redakteure verhafteten und in Konzentrationslager deportierten. In Erinnerung an den 1940 im KZ Hohenbruch ermordeten Journalisten und Herausgeber der Gazeta Olsztyńska, Seweryn Pieniężny, wurde der Ort Mehlsack im nördlichen Ermland nach dem Zweiten Weltkrieg in Pieniężno umbenannt.

## Planetarium

Im modernen Olsztyn wartet im Südosten der Altstadt das Kopernikus-Planetarium auf einen Besuch. 1973 wurde es zum 500. Geburtstag des großen ermländischen Astronomen erbaut und entführt seitdem den Betrachter in künstliche Himmelsregionen.

## Baden und Wandern

Westlich vom Stadtzentrum lädt das Strandbad am Ukiel-See im Sommer zum Baden ein. Bei den Wasserwanderern sind Paddeltouren auf der Łyna und den Seen in der Umgebung beliebt. Auf Schusters Rappen hat man die Möglichkeit, auf markierten Wegen durch den Olsztyner Stadtwald zu wandern, oder, wer weiter möchte, auf der ›Kopernikus-Route‹ 170 Kilometer bis Frombork. Ausführliches Informationsmaterial dazu hält die Touristeninformation am Hohen Tor bereit.

## Olsztyn

**Vorwahl**: 089.
**Postleitzahl**: wechselnd nach Stadtteilen.
**Internet**: www.olsztyn.eu.
**Touristeninformation der Stadt und der Woiwodschaft**, ul. Staromiejska 1, 10-017 Olsztyn, Tel. 5353565, www.mazury.travel; Juli/Aug. Mo–Fr 8–18, Sa/So 10–15, Mai/Juni und Sept. Mo–Fr 8–17, Sa 10–14, Okt.–April Mo–Fr 8–16 Uhr.

**Warmiński,** ul. Kołobrzega 1, 10-442 Olsztyn, Tel. 5221400, Fax 5336763, www.hotel-warminski.com.pl; DZ um 280 Złoty. Stilvolles Businesshotel der gehobenen Kategorie, große Zimmer, Fitnessstudio und gutes Restaurant.
**Villa Pallas**, ul. Żołnierska 4, 10-557 Olsztyn, Tel./Fax 5350115, www.villapallas.pl; DZ um 260 Złoty, am Wochenende um 210 Złoty pro Tag. Sorgfältig restauriertes Stadtpalais vom Anfang des 20. Jahrhunderts, elegante Lobby mit Jugendstiltouch, die Zimmer Standardkomfort, im Restaurant polnische und regionale Spezialitäten.
**Pod Zamkiem**, ul. Nowowiejskiego 10, 10-162 Olsztyn, Tel. 5351287, Fax 5340940, www.hotel.olsztyn.com.pl; DZ um 220 Złoty. Geschmackvoll in einer denkmalgeschützten Jugendstilvilla in unmittelbarer Nähe zum Schloss, die Zimmer mit Kiefernmöbeln.
**PTTK-Hotel Wysoka Brama**, ul. Staromiejska 1, 10-950 Olsztyn, Tel./Fax 5273675; DZ mit Bad um 100 Złoty, mit Dusche 80 Złoty, mit Dusche/WC auf dem Gang 70 Złoty, zuzüglich Frühstück 10 Złoty pro Person. Direkt neben dem Hohen Tor im Herzen der Altstadt könnte eine so preisgünstige Herberge nicht zentraler gelegen sein, die Zimmer wurden 2005 renoviert und sind seitdem allesamt Nichtraucherzimmer.

**Jugendherberge**, ul. Kościuszka 72/74, 10-555 Olsztyn, Tel. 5276650, Fax 5276770, www.ssmolsztyn.pl; ganzjährig.

**Hotel/Camping Pirat,** ul. Bałtycka 95, 10-180 Olsztyn, Tel./Fax 5239085 www.pirat.com.pl; DZ etwa 160 Złoty. Gepflegte Anlage mit Zelt- und Caravanplatz am nördlichen Ukielseeufer (Stadtteil Gutkowo, Straße via Morąg), im Haus Gästezimmer, in der Taverne kommt als Spezialität Fisch auf den Tisch, Fahrrad- und Wassersportgeräteverleih.
**Camping Dywity**, ul. Barczewskiego 47, 11-001 Dywity/Olsztyn, Tel. 5120646, www.dywity.com.pl; April–Sept. Schöner Wiesenplatz 11 Kilometer nördlich von Olsztyn (Straße Richtung Dobre Miasto) beim Dorf Dywity, in malerischer Alleinlage auf einer von der Łyna umflossenen Halbinsel, mit Campinghäuschen und Paddelbootverleih.

**Restaurant W Kolorze Sepii**, Targ Rybny 14, Tel. 5235039, www.wkolorzesepii.pl. Gehobene internationale Küche und Wildspezialitäten im gediegen holzgetäfelten Ambiente in der Altstadt am Fischmarkt.
**Restaurant Przystań**, ul. Żeglarska 3, Tel. 5350181, www.restauracje.olsztyn.pl. Nicht weit entfernt vom Stadtstrand, ist das ›Przystań‹ am Ostufer des Ukiel-Sees drinnen im ehemaligen Bootshaus und vor allem draußen auf den Holzstegen Kult; serviert werden

Karte S. 177

internationale Gerichte. Das Restaurant ›Przystań Club‹ kredenzt Fusion-Küche.

**Ermländisch-Masurisches Museum** (Muzeum Warmii i Mazur), im Schloss der Bischöfe von Ermland; Juni–Sept. Di–So 9–17 Uhr, Okt.–Mai Di–So 9–16 Uhr.

**Museum der Gazeta Olsztyńska** (Dom Gazety Olsztyńskiej), Targ Rybny (Fischmarkt); Juni–Sept. Di–So 9–17, Juli/Aug. auch Mo 11–19, Okt.–Mai Di–So 9–16 Uhr.

**Sankt Jakobkirche**, ul. Staszica 12; Mo–Sa 9–17, So 15–17 Uhr.

**Kopernikus-Planetarium**, al. Piłsudskiego 38, Tel. 5334951, www.planetarium.olsztyn.pl.

**International Bohema Jazz Festival**, Mitte Juni bis August. Mehrere Konzerte die Woche, am Targ Rybny in der Altdtadt, vom Bohema Jazz Club (Targ Rybny 15) veranstaltet.

**Internationale Olsztyner Bluesnächte**, Altstadtmarkt und Amphitheater, an einem Juli-Wochenende.

**Orgelkonzerte polnischer und internationaler Organisten**, Juli/Aug. immer sonntags um 20 Uhr in der St. Jakob-Kathedrale.

Der große **städtische Badestrand** sowie Wassersportzentrum und Wassersportgeräteverleih befinden sich westlich in Olsztyn am Südostufer des Ukiel-Sees, ul. Jeziorana 8.

## Marienwallfahrt Gietrzwałd

Rund 20 Kilometer westlich von Olsztyn schaut im Dorf Giertrzwałd (Dietrichswalde) die schlichte Turmspitze der **Kirche Heilige Jungfrau Maria** (Kośiół św. Maryi Panny) in den Himmel über dem Ort – eine der bedeutendsten Marienwallfahrten in Polen, die jährlich über eine Million Pilger besuchen. Bereits im Jahr 1500 wurde im ›polnischen Lourdes‹, wie man Giertrzwałd wegen seiner heiligen Quelle auch nennt, ein aus Feldsteinen gemauertes kleines Gotteshaus eingeweiht. Später mehrfach umgebaut und erweitert, nahm es die heutige neugotische Gestalt im für seine Geschichte entscheidenden Jahr 1877 an. In jenem Jahr erschien die Heilige Muttergottes zwei Mädchen im Dorf, nicht nur einmal, sondern wiederkehrend fast drei Sommermonate lang. Von da an strömten die Pilger herbei, um ihre Gebete im Gotteshaus an das wundertätige Marienbildnis zu richten. Im Zentrum des prachtvollen Hochaltars zeigt es eine silbergewandete Madonna mit Jesuskind, über deren Krone zwei Engel ein Band mit der Inschrift entfalten: ›Ave Regina Cælorum, ave Domina Angelorum‹ (Sei gegrüßt, Königin des Himmels, sei gegrüßt, Herrin der Engel). Der Meister des heiligen Gnadenbildes ist unbekannt, ebenso die genaue Datierung, doch wurde es bereits 1568 erstmals erwähnt. 1967 wurde es, der Tradition der Maria als Königin Polens gemäß, vom damaligen polnischen Primas Stefan Kardinal Wyszyński gekrönt.

Um wieviel unscheinbarer wirkt dagegen die zu Beginn der 2000er Jahre entstandene **Erscheinungskapelle** – der allerheiligste Ort im gesamten Wallfahrtsbezirk. An der Stelle, an der die Jungfrau Maria 1877 den beiden Mädchen in einem Ahornbaum neben der Kirche erschienen sein soll, befindet sich ein Freiluftaltar in Form einer Terrasse mit einem ummauerten Marienstand-

*Die heilige Quelle am Ende des Rosenkranzweges*

bild. Das Allerheiligste sei ›auf den ausdrücklichen Wunsch der Gottesmutter‹ hin aufgebaut worden, versichern die geistlichen Betreiber des Sanktuariums.

Bereits Anfang der 1990er Jahre legte man in der Nachbarschaft einen provisorischen **Kalvarienberg** an. Ende der 1990er Jahre begann man dann mit der Errichtung der kleinen Kapellen, die die Szenen aus dem Kreuzigungsweg Jesu Christi nach Golgatha nachstellen. Zahlreiche Kapellen sind mittlerweile fertiggestellt, weitere sollen folgen, für die das Marien-Sanktuarium in Giertzwałd um Spenden bittet.

In der Nachbarschaft führt der von Bildstöcken begleitete **Rosenkranzweg** in den Talgrund zur **heiligen Quelle** hinab. Die am 8. September 1877 von der Gottesmutter gesegnete Quelle verspricht seither Kranken und Leidenden Genesung von ihren Gebrechen.

Das 1989 erbaute Pilgerhaus ›Johannes Paul II.‹ bietet den Wallfahrern einfache Übernachtungsmöglichkeiten an, ein Schnellrestaurant sorgt für die leibliche Stärkung.

### i Gietrzwałd

**Vorwahl**: 089.
**Postleitzahl**: 11-036
**Internet**: www.gietrzwald.3c.pl.
**Information**: Marienheiligtum (Sanktuarium Maryjne), Gietrzwałd, Tel. 5123102.

**Pilgerhaus Johannes Paul II.**, Tel. 5123102, www.gietrzwald.3c.pl. Einfache Unterkunft, je nach Zimmer 35 bis 90 Złoty pro Person mit Frühstück.

**Karczma Warmińska** (Ermländisches Wirtshaus), Gietrzwałd 32, Tel. 5123423, www.karczma.pl. Im Wirtshaus gegenüber der Wallfahrtskirche kommen im rustikalen Ambiente deftige Gerichte der Region wie Rindfleischpiroggen, Sauerkrautsuppe, Gänseklein, herzhafte Teller von Rind und Schwein sowie Fisch- und Wildzubereitungen auf den Tisch. Im Juli und August wird immer freitags ab 18 Uhr auf dem mittelalterlich gestalteten Hof traditionelle ermländische und masurische Folklore dargeboten.

▸ Karte S. 175

## Marienwallfahrt in Polen

Im Land der Kreuzwege, Prozessionen und Wallfahrten wird der heiligen Gottesmutter und Schmerzenskönigin Polens eine außerordentliche Verehrung entgegengebracht. So gehört eine Pilgerreise an die obere Warthe zum Bildnis der wundertätigen Schwarzen Muttergottes von Częstochowa (Tschenstochau) für die Gläubigen zu den besonderen heiligen Pflichten, und unbestritten ist es die berühmteste und populärste Marienwallfahrt im ganzen Land. Bereits im 14. Jahrhundert wurde Częstochowa nach einer Marienerscheinung zum Pilgerort, doch seit der wundersamen Errettung des dortigen Paulinerklosters auf der Jasna Góra, dem Leuchtenden Berg, vor schwedischen Truppen 1655 durch die Jungfrau Maria stellt die Klosteranlage sowohl ein polnisches Nationalheiligtum als auch eines der wichtigsten Pilgerziele der polnischen Christenheit dar. Alljährlich wandern mehrere Millionen Wallfahrer auf den Leuchtenden Berg, um dort in der Wallfahrtskirche vor dem von Kerzenruß schwarz gefärbten Gnadenbild der Muttergottes niederzuknien.

Die Sanktuarien im nordöstlichen Polen stehen dem an Bedeutung kaum nach. Das Örtchen Gietrzwałd (Dietrichswalde) bei Olsztyn in der Diözese Warmia wird sogar das ›ermländische Lourdes‹ genannt. 1877 erschien dort die Jungfrau Maria den beiden aus bitterarmen polnischen Familien stammenden Mädchen Justyna Szafryński und Barbara Samulowski. 19 Jahre zuvor hatte sich die Heilige Mutter solch einfachen Dorfkindern über längere Zeit bereits im französischen Lourdes gezeigt, nun kam sie zwischen dem 27. Juni und 16. September 1877 mehrmals am Tag zu den beiden Mädchen in Dietrichswalde.

Schnell schlossen sich ihnen viele Menschen an, um Gebete, Bitten und Fragen an die Muttergottes zu richten: unter der Woche täglich rund 2000 Gläubige, sonntags um die 10 000 und rund 50 000 am 16. September, dem letzten Tag der Manifestationen der Heiligen Jungfrau in Dietrichswalde. Und die Antwort der Unbefleckten auf die zahllosen Fragen war stets dieselbe: Der besondere Weg zur Gnade liege im Rosenkranz, man solle nur immer eifrig den Rosenkranz beten. Nach eingehenden Untersuchungen durch Mediziner wie Theologen wurde die Marienerscheinung von Gietrzwałd 1977 durch einen Erlass des Erzbischofs mit päpstlicher Bewilligung für authentisch erklärt.

Erheblich älter als Gietrzwałd ist die Marienerscheinung von Heiligelinde (Święta Lipka, siehe S. 198) nahe den Großen Masurischen Seen, eine weitere viel besuchte Wallfahrtsstätte und einer der wichtigsten Orte der Marienverehrung in Polen. Hunderttausende Gläubige pilgern alljährlich zur barocken Marienheimsuchungskirche mit der Madonna im Lindenbaum, die seit über 700 Jahren Wunder vollbringt. Die Legende erzählt: Um das Jahr 1300 erschien die Heilige Jungfrau einem zum Tode verurteilten Mann, der im Verlies des Rastenburger Schlosses seinem Ende entgegensah und die barmherzige Muttergottes um Gnade anflehte. Diese erlöste ihn, unter einer Bedingung: Der Verurteilte solle ein Marienbildnis schnitzen und es am ersten Lindenbaum aufrichten, den er zwischen Rastenburg (Kętrzyn) und Rößel (Reszel) ausmachen würde. So geschah es, und an der Stelle, wo der Mann nach längerer Wanderung das Marien-Standbild schließlich unter einer Linde platzierte, ereigneten sich bald darauf unerklärliche Wunder und Heilungen.

Gefangenschaft, Besatzung und Fremdherrschaft, Wandern und Umherirren, wovon die schmerzensreiche Jungfrau Maria und Königin Polens ihr unter den Teilungsmächten leidendes Volk erlöst – diese auch in Warmia allgegenwärtigen Motive kulminieren im Mythos von Licheń, dessen Popularität das Dorf Licheń Stary bei Konin in der Woiwodschaft Großpolen eines der weltweit größten und bombastischsten christlichen Gotteshäuser verdankt. Auch hier ist ein segensreiches Marienbildnis der Hauptdarsteller in der Legende. Der Schmied Tomasz Kłossowski, der als Soldat in der napoleonischen Armee kämpfte und in der Völkerschlacht bei Leipzig 1813 schwer verwundet wurde, musste das Gnadenbild im Gegenzug für seine Genesung im Auftrag der Muttergottes aufspüren. 23 Jahre dauerte die Wanderung, bis der Schmied fündig wurde und das Bild an einer Kiefer im Grąbliner Wald aufhängen konnte; woraufhin auf der Stelle viele Wunder geschahen. Ab Mitte des 19. Jahrhunderts entwickelte sich Licheń Stary zu einer der bedeutendsten Marienwallfahrten im damals russischen Teil Polens. Heute wird das Marienheiligtum jährlich von über einer Million Gläubigen besucht.

In der Nachbarschaft zur älteren Wallfahrtskirche begann man deshalb 1994 mit der Errichtung der weit größere Pilgerscharen fassenden Basilika Unserer Lieben Frau von Licheń (Bazylika Najświętszej Maryi Panny Licheńskiej). 2004 wurde das fünfschiffige, größte Gotteshaus Polens fertiggestellt. Es ist wie fast alle heiligen Orte im Land der Muttergottes geweiht und Ausdruck ihrer allerhöchsten Verehrung.

*Das Allerheiligste in Gietrzwałd: die Erscheinungskapelle*

## Barczewo

20 Kilometer östlich von Olsztyn ist Wartenburg, später Barczewo, zu trauriger Berühmtheit gelangt. In den Gemäuern des 1380 eröffneten Franziskanerklosters, 1810 säkularisiert, wurde 1834 eine Strafanstalt eingerichtet. In den 1980er Jahren erlitt dort der Dissident, Solidarność-Wegbereiter und Publizist Adam Michnik eine mehrjährige Gefangenschaft – in direkter Nachbarschaft zum berüchtigten NS-Gauleiter Erich Koch, der nach lebenslanger Haftstrafe 1986 im Gefängnis von Barczewo verstarb. Als Reichsstatthalter und Gauleiter Ostpreußens zeichnete Koch verantwortlich für den Tod hunderttausender Menschen. Zahllose Polen wurden auf seinen Befehl hin als Zwangsarbeiter verschleppt oder kamen in Konzentrationslagern ums Leben. Die jüdische Bevölkerung wurde unter seiner Schrekkensherrschaft in die nazistischen Massenvernichtungslager im ›Generalgouvernement‹ deportiert. Bis zuletzt verhinderte Koch auch die Ausreise der deutschen Einwohner, von denen auf der Flucht vor der Roten Armee im letzten Kriegswinter 1944/45 Ungezählte ihr Leben verloren.

Zu den Sehenswürdigkeiten Barczewos gehört die backsteingotische **Klosterkirche Sankt Andreas** (Kościół św. Andrzeja Apostoła) mit dem wertvollen Renaissancegrabmal des Kardinals András Báthory. In der an das einschiffige, ursprünglich turmlose Gotteshaus angebauten Sankt Antoniuskapelle liegen der Neffe des polnischen Königs Stephan Báthory und sein Bruder Baltazar zur letzten Ruhe. Das Marmorgrabmal schuf 1598 der für seine Bauwerke in Danzig gerühmte Architekt Willem van den Blocke. Zu den weiteren kostbaren Einrichtungsgegenständen zählen das Chorgestühl vom Anfang des 17. Jahrhunderts, ein goldverbrämter Hauptaltar vom Anfang des 18. Jahrhunderts und eine Rokokokanzel, die aus der Zeit um 1760 stammt.

Die **Pfarrkirche Sankt Anna** (Kościoł św. Anna), deren mächtiger Turm weithin sichtbar über Barczewos Dächern aufragt, datiert auf die Zeit um 1364. Nach langjähriger Bauarbeit war die dreischiffige, mit einem schönen Rippengewölbe im Hauptschiff geschmückte Halle 1386 fertiggestellt. Eine um 1800 erbaute klassizistische Kanzel und klassizistische Seitenaltäre sowie eine Orgel von 1740 gehören zu ihren Schätzen.

Im Geburtshaus von Feliks Nowowiejski (1877–1946) ist heute das **Nowowiejksi-Museum** untergebracht, das sich dem Leben und Werk des bedeutenden Komponisten sowie dem Kampf für das Polentum widmet. Musikalisch in Regensburg und der Berliner Akademie der Künste in der Meisterklasse von Max Bruch ausgebildet, wurde Nowowiejski anschließend Musikdirektor in Kraków. 1910 vertonte er die Verse der zwei Jahre zuvor von der großen Lyrikerin Maria Konopnicka (1842–1910) verfassten ›Rota‹ (Eid), der heimlichen polnischen Nationalhymne. Zum 500. Geburtstag der siegreichen Schlacht des polnisch-litauischen Heeres bei Grunwald/Tannenberg über den Deutschen Orden von 1410 trat das Lied als Widerstandshymne im damals nicht existierenden Polen seinen Siegeszug an. »Wir werden nicht das Land unserer Väter verlassen, wir werden nicht unsere Sprache begraben ... Deutsche werden uns nicht ins Gesicht spucken, und sie werden unsere Kinder nicht germanisieren«, lautet frei übersetzt der Text.

Ebenfalls 1910 wurde Nowowiejski mit seinem Oratorium ›Quo vadis‹ weltweit

*Rathaus und Pfarrkirche Sankt Anna in Barczewo*

bekannt. Doch sein Engagement für die Volksabstimmung im südlichen Ostpreußen zugunsten Polens Ende des Ersten Weltkriegs führte zum Zerwürfnis mit dem Lehrer Max Bruch, der sein ganzes Gewicht in die Waagschale warf und erfolgreich zum Boykott seines Schülers aufrief. Danach wurden Nowowiejskis Werke fast nirgendwo mehr in Europa aufgeführt. 1939 musste der Komponist, von der Gestapo verfolgt, untertauchen. Ein nicht unerheblicher Teil seiner Orchestersymphonien, sinfonischen Dichtungen, Instrumentalkonzerte, Oratorien, Opern- und Ballettstücke ging in den Wirren des Zweiten Weltkriegs verloren. 1946 verstarb Feliks Nowowiejski in Poznań.

**Barczewo**

**Feliks-Nowowiejski-Museum**, ul. Mickiewicza 13, 11-010 Barczewo; Di–So 10–14 Uhr.

▲ Karte S. 175

## Dobre Miasto

Keine 30 Kilometer nördlich von Olsztyn liegt auf einem Hügelchen über der Łyna (Alle) die Kleinstadt Dobre Miasto (Guttstadt), wörtlich übersetzt ›Gute Stadt‹. Der Name kommt indes nicht, wie man annehmen könnte, von ihrer schönen landschaftlichen Lage, sondern leitet sich vom prußischen Wort ›gudde‹ (Gebüsch) ab.

Einen Zwischenstopp in Dobre Miasto ist vor allem die **Erlöser- und Allerheiligenkirche** (Kościół św. Najświętszego Zbawiciela i Wszystkich Świętych) wert, dem nach dem Fromborker Dom zweitgrößten Sakralbau in Warmia. Fast 50 Meter hoch ist der Kirchturm, 60 Meter lang und beinahe 30 Meter breit die 1357 bis 1389 errichtete, dreischiffige Halle, deren chorloses Inneres ein schönes Sternengewölbe und reich mit Gold verzierte Altäre schmücken; darunter ein auf Mitte des 18. Jahrhunderts datierender barocker Hochaltar sowie der auf etwa 1430 geschätzte Rosenkranzaltar im rechten Seitenschiff. Aufmerksamkeit verdient außerdem die 1693 von Meister Johann Christoph Döbel aus Königsberg geschaffene Kanzel. Im benachbarten ehemaligen Kollegiatstift, das heute als Priesterseminar dient, sind im Kreuzgang alte Fresken erhalten.

Von den mittelalterlichen Wehrmauern Dobre Miastos, das 1329 vom ermländischen Bischof das Stadtrecht erhielt, haben dagegen nur zwei Türme die Zeiten überdauert. Einer von ihnen – das Wahrzeichen der Stadt – trug auf seinem Dach lange Zeit ein Storchennest von solch beeindruckenden Ausmaßen, dass man es, reichlich bestaunt und fotografiert, ohne zu zögern das wohl berühmteste Storchennest Polens nannte. Seit der Sanierung des **Storchenturms** (Baszta Bocianią) gleich am Ortseingang rech-

terhand bei der Łyna-Brücke ist das Nest zwar ziemlich zusammengeschrumpft. Aber dafür hat in den Räumlichkeiten unter der Turmspitze eine kleine Kunstgalerie aufgemacht.
Fünf Kilometer nordöstlich von Dobre Miasto kann man im Flecken **Smolajny** (Schmolainen) einen Blick auf das Mitte des 18. Jahrhunderts erbaute **Barockschlösschen der Bischöfe von Ermland** werfen. Es war ein Lieblingsaufenthaltsort von Ignacy Krasicki (1735–1801), Bischof von Ermland, Satiriker, bedeutender Poet der Aufklärung und Begründer des polnischen Romans. Seit den 1970er Jahren ist in den Räumlichkeiten eine Landwirtschaftsschule untergebracht.

## Wallfahrt Głotowo

Vier Kilometer südwestlich bildet der Weiler Głotowo (Glottau) seit mehr als 700 Jahren ein wichtiges Pilgerziel. Die Legende berichtet davon, dass im Jahr 1290 heilige Hostien zum Schutz vor den Übergriffen heidnischer Litauer auf einem Feld bei Glottau vergraben wurden, und zwar genau an der Stelle, an der sich vor der Landnahme durch die Deutschordensritter ein prußisches Heiligtum befand. Lange Zeit nahm man an, die kostbaren Weihegaben seien verloren, doch eines Tages knieten auf einer Weide die Ochsen nieder und lobpreisten die soeben wieder aufgetauchten Gottesgaben. Die Wallfahrt nach Głotowo nahm ihren Anfang. Für die stetig anschwellende Pilgerschar wurde anstelle eines älteren Gotteshauses zwischen 1722 und 1726 vom Wormditter Baumeister Johann Christoph Reimers die **Wallfahrtskirche des heiligsten Erlösers** (Kościół Najświętszego Zbawiciela) errichtet. In einem ihrer Seitenaltäre zeigt sie die Szene der Anbetung des Allerheiligsten durch zwei kniende Ochsen. Zu den weiteren Sehenswürdigkeiten im Gotteshaus gehört der 1726 vom Königsberger Bildhauer Johannes Krüger geschaffene, nach 1800 umgestaltete Hochaltar.

*Die Erlöser- und Allerheiligenkirche in Dobre Miasto*

In Nachbarschaft zu der mehrmals umgebauten und 1854 mit einer neubarokken Turmhaube versehenen Erlöser kirche wurde 1878 bis 1894 ein **Kalvarienberg** angelegt, den die Gläubigen seitdem mit Inbrunst begehen.

## Orneta

Im nordwestlichen Ermland liegt an der Grenze zum historischen Oberland das 9600 Einwohner große Ackerbürgerstädtchen Orneta (Wormditt). 1308 wurde die vom Deutschen Orden eroberte prußische Burg und Siedlung ›Wurmedythin‹ erstmals schriftlich genannt. Um 1320 entstand eine Backsteinburg, die ab 1341 als Residenz der

*Die Johanniskirche*

ermländischen Bischöfe diente, bevor diese ihren Sitz 1350 nach Heilsberg verlegten. 1806 trug man die Burg zusammen mit der Stadtmauer und den Stadttoren ab, auf den Fundamenten der alten Feste steht seitdem eine Schule.

Den Mittelpunkt im überschaubaren Ortszentrum bildet der **Marktplatz**, den teils mit Laubengängen geschmückte Bürgerhäuser des 18. und des 19. Jahrhunderts säumen. Im Zentrum des Marktes wiederum steht das gotische, mit einem Treppengiebel versehene **Rathaus**. Um das Jahr 1375 errichtet und gegen 1800 umgestaltet, beherbergt es heute neben der Stadtverwaltung auch eine kleine touristische Informationsstelle.

*Im Ortskern von Orneta*

▲ Karte S. 175

Das architekturhistorisch bedeutendste Bauwerk Ornetas stellt die Kirche des hl. Johannes des Täufers und Johannes des Evangelisten (Kościół św. Jana Chrzciciela i św. Jana Ewangelista) dar. Die kurz **Johanniskirche** genannte, dreischiffige chorlose Backsteinbasilika wurde 1379 geweiht und ist damit nach dem Dom in Frombork das ermlandweit älteste Gotteshaus. Manche mittelalterliche Fresken im Inneren stammen noch aus der Gründungszeit. Weitere kostbare Einrichtungsgegenstände sind die Kanzel und der barocke Hauptaltar aus der Mitte des 18. Jahrhunderts und eine Orgel von 1738. Unter den vielen Altäre an den Pfeilern und in den Seitenkapellen sticht der Rosenkranzaltar aus dem 18. Jahrhundert mit einer Marienkrönung und Schnitzfiguren des Tiroler Bildhauers Christoph Perwanger besonders hervor.

### Wallfahrtskirche von Krosno

Keine drei Kilometer nordöstlich erhebt sich mitten in Wiesen und Feldern die barocke Wallfahrtskirche von Krosno (Krossen). Wie die Erlöserkirche in Głotowo wurde sie vom Wormditter Baumeister Johann Christoph Reimers errichtet, und wie in Głotowo berichtet die Legende auch hier von einem Hostienwunder und niederknienden Tieren. In diesem Fall sind es Kühe, die sich um ein paar Hostien herum versammelten, die vorher Kirchenräuber achtlos auf eine Wiese geworfen hatten. Um der zunehmenden Pilgerzahl Herr zu werden, die besonders seit dem 17. Jahrhundert nach Krosno wallfahrtete und sich von einer kleinen Marienfigur Wunder erhoffte, wurde an der Stelle einer bereits um 1400 verbürgten Marienkapelle von 1715 bis 1720 der heutige Saalbau errichtet. Von einer barocken doppeltürmigen Westfassade geschmückt und auf allen vier Seiten einem Kreuzgang umzogen, wirkt das **Marienheiligtum** insgesamt wie die kleine Schwester der berühmten Święta Lipka (Heiligelinde, siehe Seite 198) bei Reszel. Seit 1991 werden das Gotteshaus und die benachbarte Abtei von 1740 unter der Ägide der Deutsch-Polnischen Stiftung Schritt für Schritt restauriert.

*Die Barockkirche von Krosno*

**i Orneta**

**Vorwahl**: 055.
**Touristinformation** (im Rathaus), plac Wolności 26, 11-130 Orneta, Tel. 2210209; Juni–Sept. Mo–Fr 10–18, Sa 11–15, So 11–13 Uhr.

## Lidzbark Warmiński

Die historische Residenzstadt der Fürstbischöfe von Ermland, Lidzbark Warmiński (Heilsberg), besitzt mit seinem mächtigen Bischofsschloss das nach der Marienburg bedeutendste Bauwerk der Deutschritter im alten Ordensland.

1240 unterwarf der Deutsche Orden die an der Mündung der Simsarna (Simser) in die Łyna (Alle) gelegene Prußenburg Lecbarg, im Jahr darauf errichteten die Eroberer an ihrer Stelle eine hölzerne Burg. Prußenaufstände erschütterten die Region, mehrmals wurde die Holzburg wieder zerstört, und so dauerte es noch fast bis zum Ende des Jahrhunderts, bis sich die ersten, vorwiegend aus Schlesien stammenden Siedler niederließen.

1294 wurde Heilsberg erstmals in einer Urkunde erwähnt, 1308 erhielt es die Stadtrechte verliehen. 1350 verlegten die ermländischen Fürstbischöfe ihre Residenz sowie den Sitz der zentralen Diözesenverwaltung an den mittleren Lauf der Łyna. Fortan herrschten sie von Heilsberg aus bis zur Ersten Teilung Polens 1772 – und damit der Inkorporation des Ermlands ins Königreich Preußen – über ein mehr als 4200 Quadrat-

*In der Wallfahrtskirche*

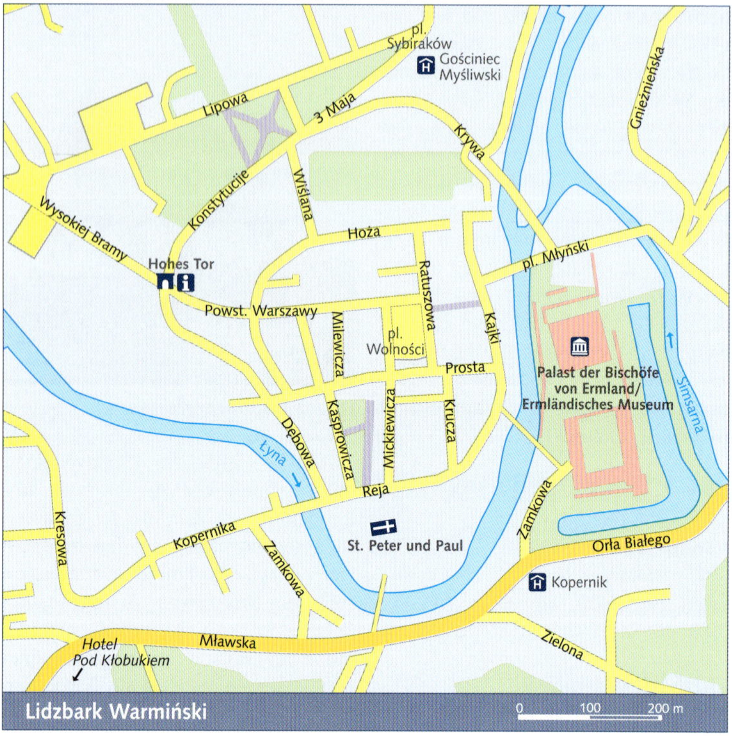


kilometer großes Dominium. 1350 begannen die Kirchenfürsten auch mit der Errichtung ihres imposanten Domizils. Wehrhaft, ganz im Stil der kriegserprobten Ordensritterburgen, entstand auf quadratischem Grundriss ein von Vorschloss, Wassergräben und Zwingmauern umgebenes, vierflügeliges Kastell mit mächtigem Bergfried und drei zierlichen Ecktürmchen.

1401 war der **Palast der Bischöfe von Ermland** weitgehend fertiggestellt, doch dauerten die Ausbau- und Umbauarbeiten viele weitere Jahre an. 1380 folgte im Innenhof der über zwei Stockwerke reichende Kreuzgang mit eleganten Säulen und schönen Wandmalereien. Anschließend widmete man sich der Gestaltung der Wohn- und Repräsentationsräume, darunter der prachtvolle Gerichtssaal und der Kapitelsaal sowie die ursprünglich gotische, später im überbordenden Rokoko ausgeschmückte Schlosskapelle und, großartig ausgemalt, der Sommerremter und Große Remter. Erst in der Amtszeit des Bischofs Lukas Watzenrode 1489 bis 1512 war das Bauwerk vollendet.

Nach Watzenrode und nachfolgend seinem Neffen Nikolaus Kopernikus, der sich 1504 bis 1510 im Heilsberger Burgsschloss aufhielt, residierten dort zahlreiche weitere bedeutende Fürstbischöfe; unter ihnen der Dichter, Humanist und Politiker Johannes Dantisgus (Jan Dantyszek, 1485–1548), der Geschichtskundler und vehemente Streiter für die Gegenreformation Marcin Cromer (1512–1589) und als letzter berühmter Bewohner der Aufklärer, Philosoph und Satiriker Ignacy Krasicki (1735–1801). Nach seiner Berufung 1795 als Erzbischof von Gnesen verwaiste das Schloss.

Die Bischofsburg wurde nach den Zerstörungen im Zweiten Weltkrieg sorgfältig restauriert und birgt heute das **Ermländische Museum**. Reiche Sammlungen weltlicher und geistlicher Kunst, die wertvollen Ikonen aus dem Altgläubigenkloster in Wojnowo (siehe Seite 244) und mittelalterliche ermländische Holzschnitzkunst in der prachtvollen Rokoko-Kapelle verdienen ebenso Aufmerksamkeit wie die wieder freigelegten Ausmalungen im Sommerremter und Großen Remter.

Kollektionen zur Kirchengeschichte Warmias und in den Kellergewölben historische Militaria, darunter eine Sammlung gusseiserner Kanonen, komplettieren die Ausstellung.

*In der Kirche Peter und Paul*

*Das Hohe Tor*

## Pfarrkirche Sankt Peter und Paul

Bei einem Bummel durch die 16 000 Einwohner große Kreisstadt sollte man sich auch die Pfarrkirche Sankt Peter und Paul (Kościół św. Piotra i Pawła) nicht entgehen lassen. Erstmals um 1400 fertiggestellt, wurde der gotische Hallenbau mit drei Kirchenschiffen und einem 70 Meter hohen Turm nach einem Stadtbrand 1497 neu errichtet. Das Gotteshaus mit einem schönen Sternengewölbe ist vor allem durch eine aus dem frühen 15. Jahrhundert stammende Skulpturengruppe bekannt, welche die Ereignisse um Christus am Ölberg darstellt.

## Hohes Tor

Darüber hinaus haben sich im Stadtbild einige wenige alte Fachwerkhäuser, Fragmente der mittelalterlichen Stadtmauer und das spätgotische Hohe Tor (Wysoka Brama) aus dem 14. Jahrhundert erhalten. Es ist das letzte von früher drei Toren und beherbergt heute die städtische Touristeninformation. Wenige Schritte entfernt erhebt sich vor dem Tor die 1821 bis 1823 erbaute **ehemalige evangelische Kirche**. Sie entstand nach dem Schinkelschen Generalentwurf und ist seit 1945 das Gotteshaus der russisch-orthodoxen Gemeinde.

**Lidzbark Warmiński**

**Vorwahl**: 089. **Postleitzahl**: 11-100.
**Internet**: www.lidzbarkwaerminski.pl.
**Touristeninformation**, ul. Wysokiej Bramy 2, Tel. 7674148; Juli/Aug. Mo–Fr 9–17, Sa 10–16, So 11–15, Sept.-Juni Mo–Fr 8–16, Sa 10–14 Uhr.

**Hotel Pod Kłobukiem**, ul. Olsztyńska 4, Tel. 7673 29-2, Fax -1, www.klobukhotel.pl; DZ um 180 Złoty. Großzügiger postmoderner Bau kurz hinter der Ortsgrenze an der Straße nach Olsztyn, mit angeschlossenem Restaurant, Sauna und Swimmingpool.
**Hotel Kopernik**, ul. Zielona 1, Tel. 767 50 10, www.kopernikhotel.pl; DZ um 180 Złoty. Gepflegter Mittelklassekomfort im sorgfältig sanierten Altbau, zentral in der Ortsmitte gegenüber vom Bischofschloss.
**Gościniec Myśliwski**, ul. Spółdzilców 2b, Tel. 767 52 59; DZ um 100 Złoty (ohne Frühstück). Urige kleine Herberge im Ortszentrum, 10 Minuten Fußweg vom Schloss entfernt, der Pub mit Speisenwirtschaft und alten Plüschsofas dient zugleich als Hotelrezeption.

**Jugendherberge**, Kłębowo 50, 11-107 Kłębowo (7 Kilometer südlich), Tel. 766 23 60; ganzjährig.

**Ermländisches Museum**, im Palast der Bischöfe von Ermland, plac Zamkowy 1; Juni–Sept. Di–So 9–17 Uhr, Okt.–Mai Di–So 10–16 Uhr.

## Kloster Stoczek

Bischof Hermann von Prag veranlasste 1349 die Gründung des Flecken **Springborn (Stoczek)**. Elf Kilometer östlich von Lidzbark Warmiński gelegen, ist er heute immer noch 300 Einwohner klein und doch eine der bedeutenden Marienwallfahrten Nordpolens. Eine wundertätige elfenbeinerne Marienstatue setzte einst die Pilger in Gang. Der Legende nach hatten zwei Mädchen die Figur in einer hohlen Eiche entdeckt, und wohin sie von da an auch immer gebracht wurde, kehrte sie unverzüglich wieder an ihren Platz in der Eiche zurück. Also ließ man schließlich an angestammter Stelle eine Kapelle errichten, und die Springborner Wallfahrt begann; seit dem 17. Jahrhundert ist die Anbetung der Muttergottes im ›Friedenstempel der allerseligsten Jungfrau Maria zu Springborn‹ schriftlich dokumentiert.

Nach dem Schwedisch-Polnischen Krieg (1600–1629), in dem das protestantische Schweden Teile des katholischen Ermlands verheert hatte, ließ Fürstbischof Nikolaus Szyszkowski 1639–1641 als Friedensgruß am Ort der Kapelle Kloster und Kirche errichten. Bernhardinermönche bezogen die Holzhäuser, die ab 1666 dann ziegelsteinernen Klostergebäuden wichen. Der Kreuzgang mit seinen Eckkapellen und Kreuzwegstationen, die vom Bildhauer Christoph Perwanger stammen, sowie die Erweiterung der Rundkirche mit Kuppeldach zu ihrer aktuellen Gestalt folgten 1708 bis 1717. Wichtigstes heiliges Kleinod in dem Maria als Friedenskönigin geweihten Gotteshaus ist das Gnadenbild im 1713 von Christoph Peucker geschaffenen Hochaltar. 1983 krönte es Papst Johannes Paul II. und erhob die Kirche vier Jahre später in den Rang einer Basilika Minor.

In den Jahren der inoffiziellen Herrschaft des von Moskau installierten Verteidigungsministers und Armeechefs Kon-

▶ Karte S. 175

stantin Rokossowski 1949 bis 1956 wurde das Kloster auch zu einem politischen Pilgerort. Von 1953 bis 1954 war es Gefängnis für den polnischen Primas, Kardinal Stefan Wyszyński (1901–1981). Im Rahmen der politischen Umwälzungen 1956, die Władisław Gomułka an die polnische KP-Spitze brachten, erhielt die Diözese die Anlage zurück. 1957 wurde der Marianer-Orden mit der Betreuung der Marienwallfahrt von Stoczek betraut.

Bis heute steht Kloster Stoczek unter der Obhut der Marianermönche. Gleichwohl können Gläubige ebenso wie Touristen Kirche, Kreuzgang, die Zelle von Kardinal Wyszyński sowie den von den Mönchen nach alten Vorlagen rekonstruierten **Barockgarten** besichtigen. Ein einfaches Pilgerheim steht für die Übernachtung zur Verfügung.

**Kloster Stoczek**

**Vorwahl**: 089.

**Postleitzahl**: 11-100.

**Kloster Stoczek**, Księża Marianie, Stoczek Klasztorny 30, 11 106 Kiwity, Tel. 766 09 11, www.stoczek.pl.

*Die Glocken des Klosters*

*In der Kirche des Klosters Stoczek*

## Bisztynek

Das nur 2500 Einwohner zählende Bisztynek (Bischofstein) blickt auf eine für Warmia Mazury ungewöhnliche Geschichte. Anders als die meisten Gründungen des Deutschen Ordens entwickelte es sich aus einer dörflichen Ansiedlung, die nie eine Burg besaß. Und was seinen früheren deutschen Namen betrifft, kommt ausnahmsweise einmal keine Heiligenerzählung, sondern der Teufel ins Spiel. Den Namen ›Bisschofstein‹, sagt man, verdankt der Ort einem mächtigen Findling, den einst der Gottseibeiuns persönlich aus Afrika ins nordöstliche Ermland gewuchtet hatte.

Fürstbischof Heinrich III. Sorbom verlieh Bischofstein 1385 das Stadtprivileg. Kurz danach begannen die Bauarbeiten zur **Sankt Matthiaskirche** (Kościół św. Macieja i Przenajświętszej Krwi Chrystusa), die im Jahr 1400 vollendet war. Noch aus der Gründungszeit stammt die Blutwunder-Legende, die seit dem 17. Jahrhundert einen Pilgerstrom nach Bischofstein auslöste. Aus einer Hostie, geht die Erzählung, die der Fürstbischof Heinrich in seinen Händen hielt, tropfte auf einmal Blut, und so wurde die Matthiaskirche dem teuersten Blut des Herrn Jesus geweiht.

Umbau- und Erweiterungsarbeiten am Gotteshaus prägten das 18. Jahrhundert. Bis 1739 war das nördliche Seitenschiff fertiggestellt, bis 1781 folgte das südliche Seitenschiff, und den von 1509 stammenden Glockenturm krönte man 1791 mit einer Barockhaube. Die barokke Möblierung überdauerte zu großen Teilen die Zeiten, so der Hochaltar aus dem Jahr 1772 von Christan Bernhard Schmidt und der Marienaltar mit der Unbefleckten im Silberkleid von 1726.

## Galiny

Eine Perle unter den ehemaligen ostpreußischen Herrensitzen liegt zehn Kilometer nördlich von Bisztynek: **Schloss, Gut und Dorf Galiny** (Gallingen), mit 1260 Hektar Fläche an der Wende vom 19. zum 20. Jahrhundert eines der größten Landgüter Ostpreußens. 1336 wurde Gallingen unter dem Komtur von Balga gegründet, bis 1945 befand sich das Gut im Besitz der Grafen zu Eulenburg, einem der bedeutendsten Adelsgeschlechter des deutschen Kaiserreichs, das Minister und Ministerpräsidenten stellte.

Ab 1589 ließ Freiherr Botho zu Eulenburg wohl unter Einbeziehung von Vorgängerbauten die ursprünglich U-förmige und von einem Wassergraben umzogene Schlossanlage erbauen. Im 18. Jahrhundert folgten Nebengebäude, Orangerie, Toreinfahrt mit Uhrturm, Remise, Speicher und Pferdeställe. Im 19. Jahrhundert wurden sie im neugotischen Geschmack umgestaltet, außerdem wurde der Graben zugeschüttet und ein Landschaftspark angelegt. Rund um den bereits seit 1745 stehenden Fachwerkspeicher wuchsen Wirtschaftsgebäude empor, von denen der großzügige Ziegelsteinbau von 1889 heute als elegantes Hotel fungiert.

Nach 1945 wurden Schloss und Gutsbauten in ein Staatliches Landwirtschaftsgut (Państwowe Gospodarstwo Rolne, PGR) umfunktioniert und die Anlage kam entsprechend herunter. Seit 1995 in Privatbesitz, begannen die aufwändigen Restaurierungsarbeiten. So bildet das Ensemble aus Schloss und Gutshof mit Vorwerk, das Dorf und die bereits 1350 erbaute Kirche, die insgesamt den Zweiten Weltkrieg einigermaßen unversehrt überstanden hatten, heute eines der wenigen noch vollständig erhaltenen Beispiele eines historischen Landgutes in Ostpeußen. Außer dem Hotel ist der Anlage ein Gestüt angeschlossen, das Reitausflüge und Kutschfahrten anbietet.

*Schloss Galiny*

▲ Karte S. 175

**Galiny**

**Vorwahl**: 089.

**Galiny Palast Gallingen**, 11-214 Galiny 110, Tel. 7612167, www.palac-galiny.pl; DZ um 320 Złoty. Drei-Sterne-Unterkunft im aparten Landhausstil im historischen Speicher von Gut Galiny. Das Restaurant serviert polnische Spezialitäten und internationale Gerichte.

**Gestüt Galiny** (Stadnina Koni Galiny), 11-214 Galiny, Tel. 7612174, www.palac-galiny.pl. Das Gestüt mit etwa 100 Trakehnern, Englischem Vollblut, Holsteinern, Westfalen und weiteren Pferderassen bietet Reitparcours, Reithalle, eine überdachte Reitbahn sowie Ausritte und Kutschfahrten in die schöne Umgebung.

## Reszel

Die größte Sehenswürdigkeit im keine 4000 Einwohner zählenden, verträumten Landstädtchen Reszel (Rößel) ist seine **Ordensburg**, mit deren Errichtung man um das Jahr 1350 begann. Vorher hatten die Prußen, die ursprünglich Ort und Region ›Resel‹ bewohnten, vergeblich gegen den Deutschen Orden gekämpft. Ein letzter Aufstand 1262 konnte dessen Eroberungszug nicht mehr aufhalten. Noch vor 1300 wurde Resel an der Grenze zur ›Großen Wildnis‹ Masuren von den Ordensrittern eingenommen und anschließend zum nordöstlichen Eckpfeiler des Bistums Ermland ausgebaut. Auf einem quadratischen Grundriss entstand die mit einem mächtigen Bergfried bestückte Backsteinburg, 1371 war sie fertiggestellt.

Der Zweite Weltkrieg zog an Reszel vorbei, ohne allzu viel Schaden anzurichten. Doch der Zahn der Zeit nagte an den mittelalterlichen Mauern. In den 1980er Jahren schulterte der Bildhauer und Burgherr Bolesław Marschall dann das Mammutprojekt, die alte Anlage möglichst originalgetreu zu restaurieren.

*Die Ordensburg von Reszel*

2001 konnten die Arbeiten abgeschlossen werden. Seitdem bietet die Burg, die sich am Ortsrand über den Dächern von Reszel erhebt, Raum für eine renommierte Galerie, die zeitgenössische polnische und internationale Kunst präsentiert. Darüber hinaus wurden die geschichtsträchtigen Gemäuer vom Künstler Marschall mit feinem Gespür für die historische Architektur in ein attraktives Hotel und Restaurant umgewandelt.

Der alte Ortskern mit kleinen Ackerbürgerhäusern rund um den **Marktplatz** zeigt sich heute noch so, wie er nach dem großen Stadtbrand von 1806 wieder aufgebaut wurde. 1816 konnte das **Rathaus** von Neuem seine Tore öffnen, 1817 war auch die Pfarrkirche wieder hergestellt. Insgesamt aber dauerte der Wiederaufbau noch bis in die 1840er Jahre. Die verheerende Feuersbrunst lastete man der Magd Barbara Zdunk an, der man Zauberkräfte nachsagte. 1811 wurde die arme Frau, nachdem man ihr den Prozess gemacht hatte, 42-jährig auf dem Scheiterhaufen außerhalb der Stadtgrenze verbrannt. Offiziell galt ›Hexerei‹ im aufgeklärten Preußen zwar nicht mehr als Straftat. Faktisch aber handelte es sich bei der Hinrichtung um die letzte behördliche Hexenverbrennung Europas.

Die ursprünglich von 1360 bis 1381 errichtete, nach dem Stadtbrand im Jahr 1817 neu eingeweihte **Pfarrkirche St. Peter und Paul** (Kościół św. Piotra i Pawła) verfügt über eine sehenswerte Inneneinrichtung aus den Jahren nach dem Wiederaufbau: die Kanzel von 1823, der 1820 bis 1823 vom Bildhauer Wilhelm Biereichel geschaffene Hochaltar und das 1833 gefertigte Taufbecken, das ebenfalls von Biereichel stammt. Aus der Zeit vor dem Stadtbrand blieben ein Tabernakel von 1767 und ein mittelalterliches steinernes Weihwasserbecken erhalten.

**Reszel**

**Vorwahl**: 089. **Postleitzahl**: 11-440. **Internet**: www.reszel.pl.

Eine kleine **Informationsstelle** ist im Sommer im Rathaus am Markt untergebracht; Mo–Fr 10–18, Sa 9–15 Uhr.

**Hotel Zamek**, ul. Podzamcze 3, Tel. 7550109, Fax 7551597, www.zamek-reszel.com; DZ um 280 Złoty. In ausgewählter Möblierung elegant wohnen wie früher die Rittersleut'; im Burgrestaurant werden köstliche polnische und regionale Delikatessen zubereitet.

**Galerie zeitgenössischer Kunst des Ermländisch-Masurischen Museums**, in der Burg Reszel; Mitte Mai–Sept. tägl. 10–17, das restliche Jahr tägl. 10–16 Uhr.

## Święta Lipka

▶ Karte S. 175

Sechs Kilometer Landstraße, von Kapellen und Wegekreuzen gesäumt, trennen das beschauliche Reszel vom Wallfahrtsort Święta Lipka (Heiligelinde), einer der meistfrequentierten, zu den wichtigsten Orten der Marienverehrung zählenden Pilgerstätten in Polen, zugleich ein herausragendes Juwel der barocken Sakralarchitektur. Neben den Touristenscharen,

*Skulptur in der Ordensburg von Reszel*

*Eingangstor zu einem der wichtigsten Wallfahrtsorte Polens*

die der prunkvollen Basilika ihre Aufwartung machen, pilgern alljährlich hunderttausende Gläubige zur Marienheimsuchungskirche mit der wundertätigen Madonna im Lindenbaum. Höhepunkte im katholischen Wallfahrtsjahr sind dabei Marias Heimsuchung am letzten Sonntag im Mai, das Fest der Heiligen Linde am 11. August und vier Tage später Maria Himmelfahrt, das größte und innigste aller der Heiligen Jungfrau gewidmeten Feste im katholischen Kirchenjahr.

Seit über sieben Jahrhunderten werden hier im Talgrund südöstlich von Reszel von der Gottesmutter Wunder vollbracht. So erzählt es zumindest die Sage: Um 1300 flehte im Verlies des Rastenburger Schlosses ein zum Tode Verurteilter die Heilige Jungfrau um Gnade an. Diese gab ihm darauf Werkzeug und Schnitzholz zur Hand, woraus er ein Abbild Mariens herstellen und es an der ersten Linde aufrichten sollte, die er zwischen Rastenburg (Kętrzyn) und Rößel (Reszel) ausmachen würde. Gesagt, getan, der Mann wurde freigelassen und löste voller Dank sein Versprechen ein – und das Standbild Mariens unter der Linde entfaltete sofort seine Zauberkraft. Blinde erhielten ihr Augenlicht zurück, Taube ihr Gehör, und Lahme konnten wieder gehen. Alle Versuche der Rastenburger, das wundertätige Bildnis für sich zu vereinnahmen und ihm einen Ehrenplatz in ihrer Kirche zu geben, scheiterten. Die Marienfigur kehrte stets über Nacht an ihren angestammten Platz unter der Linde zurück. Und auch »eine in der Nähe weidende Schafherde (ist) vor dem Bilde in der Linde auf die Knie gefallen«, so steht es im Büchlein des Jesuitensuperiors Thomas Clagius, der die Chronik der Wunder bis 1659 notierte. Die nachfolgenden Mysterien lassen sich anhand der zahllosen Votivmalereien an den Wänden, Pfeilern und Bögen im Gotteshaus von Heiligelinde nachlesen: »Gregorius Scurbowski wurde gesund von Schwellungen an den Füßen und am Unterleib und von Asthma 1654«; »M.D. Johannes Gaulowik, Konsul von Wien und Sekretär seiner Römischen Majestät, verlor nach langer Schlaflosigkeit den Schwindel im Kopf und wurde wieder gesund 1700«; »Die Herrin Johanna Grikowski gesundete nach einer schweren

*Laubengang um die Kirche*

▲ Karte S. 175

Geburt 1655«; ein »Kaufmann Andreas Kosakowski erlitt bei Thorn Schiffbruch, er lag drei Stunden im Wasser und tauchte mit Hilfe der Gottesmutter wieder glücklich auf 1688«.

Darüber hinaus ist verbürgt, dass die katholische Heilige Linde von der Reformation 1525 bis zur Westverschiebung Polens 1945 knapp hinter der Konfessionsgrenze auf protestantischem Boden stand. Und so sehr die ›Lutherischen‹ sich auch bemühten, die verehrte Madonna im Lindenbaum fortzuschaffen, es gelang ihnen nicht, selbst dann nicht, als sie die erste am heiligen Ort erbaute Kapelle niederrissen und an ihrer Stelle einen Galgen aufrichteten. Besagte Kapelle wurde erstmals 1473 schriftlich erwähnt, als der Domherr von Płock sich beklagte, dass das Bildnis der ›Madonna in Lipki‹ zwar von überall Pilger anzöge, jedoch keine Ablassrechte besäße, ergo der Stuhl Petri in Rom keinen müden Heller für Marias Wunder kassiere. Nach der Verkündung der Religionsfreiheit begannen die Gläubigen für eine neue Kapelle zu sammeln. 1619 wurde sie eingeweiht und gelangte 1631 unter die Obhut der Jesuiten. 1687 begannen schließlich die Bauarbeiten zu der gegenwärtigen Basilika. 1690 hielt man in dem dreischiffigen barocken Gotteshaus die erste Messe ab, 1694 war die Wallfahrtskirche grundlegend vollendet. Doch bis weit ins 18. Jahrhundert hinein wurde noch an den Ausbauten und an der prächtigen Innenausstattung gearbeitet. Zu den ersten Erweiterungsbauten gehören die in den Jahren 1694 bis 1708 entstandenen, das Gotteshaus umziehenden Kreuzgänge und Kapellen, die dem stetig anwachsenden Pilgerstrom Rechnung trugen. 1983 erhob Papst Johannes Paul II. die Wallfahrtskirche in den Rang einer Basilika Minor.

Um das Sanktuarium herum gruppieren sich verschiedene Dienstleistungsbetriebe, gleichermaßen für Touristen wie Pilger: eine kleine Informationsstelle, Devotionalienhandlungen, Imbissstuben und Cafés. In Nachbarschaft zur Marienheimsuchungskirche unterhält der Jesuitenorden ein Pilgerhaus.

### Besichtigung der Basilika

Bis auf wenige Ausnahmen stammen die einzigartigen **Fresken**, die die Wände und Gewölbe des dreischiffigen Gotteshauses sowie den westlichen und nördlichen Kreuzgang zieren, von Hand des Meisters Matthias Meyer aus Heilsberg (Lidzbark Warmiński). Noch mit der Ausmalung des Nordkreuzgangs beschäftigt, verstarb der Künstler 1737, ohne sein Werk vollendet zu haben. Matthias Meyer, der auch durch seine Arbeiten an der Szembeckschen Kapelle in Frombork (Frauenburg) bekannt ist, wurde mit drei Pinseln in der Hand in der Krypta unter dem Hauptschiff von Święta Lipka beigesetzt. Unter seinen beeindruckenden Freskomalereien verdienen die Deckengemälde im Chor und im Hauptschiff, welche die Verherrlichung Marias darstellen, besondere Aufmerksamkeit.

Unzählige **Votivtafeln** gläubiger Hilfesuchender bekleiden Pfeiler, Bögen und Wände, die in Bildunterschriften Auskunft über die Person, die Art der Erkrankung und das Datum der Heilung nach der Fürbitte in Heiligelinde geben. Das wundertätige Bildnis der Madonna mit Jesuskind im Lindenbaum befindet sich gegenüber der Kanzel am zweiten linken Pfeiler im Mittelschiff. Der holzgeschnitzte Lindenstamm mit schmiedeeisernem Blattwerk und einer silbernen Statue Marias mit Kind stammt aus dem Jahr 1645. Der Name des Künstlers ist unbekannt.

DIGNE SANCTORVM VIRGO REGINA VOCATVR

Die **Kanzel** und den kostbaren barocken **Hochalter** schuf der Königsberger Meister Christoph Peucker zwischen 1712 und 1714. Im Mittelpunkt strahlt im unteren Teil des Altars das Gnadenbild der Gottesmutter von Heiligelinde. Bartholomäus Pens malte es 1640. Das silberne Kleid trug 1719 der Königsberger Künstler Samuel Grew der himmlischen Königin an. 1720 stellte Goldschmied Grew das Tabernakel für den Hochaltar her. Als Szenen zeigt es ›Das letzte Abendmahl‹ und ›Jesus mit den Jüngern in Emmaus‹. Die beiden oberen Altarbilder sind der Heimsuchung und der Himmelfahrt Mariens gewidmet und stammen aus der Hand des ermländischen Malers Peter Kolberg.

Berühmtester Schatz in Heiligelinde ist die überbordend verzierte **Barockorgel**, 1719 bis 1721 in der Werkstatt Johann Josua Mosengels in Königsberg gebaut. Sie verfügt über 40 Register und 4965 Orgelpfeifen – von denen jedoch nur 200 sichtbar sind –, die in ihrer Größe von bleistiftlang bis zu vier Meter Länge variieren. Auf dem Orgelprospekt heben bewegliche Engelsfiguren, je nach gezogenem Register, zum Musizieren an, so dass die Orgelvorführungen in Święta Lipka nicht nur ein Ohrenschmaus, sondern auch eine Augenweide sind. Bei den Kirchenkonzerten, die verteilt über den Sommer stattfinden, erklingen unter anderem die päpstliche Hymne ›Christus vincit‹, das ›Ave Maria‹ und natürlich die ›Toccata d-moll‹ von Johann Sebastian Bach.

### Święta Lipka

**Vorwahl**: 089.
**Postleitzahl**: 11-440 Reszel.
**Informationsstelle,** in einem Kiosk vor dem Sanktuarium.

**Hotel Taurus**, św. Lipka 16, Tel. 755 37 37, www.hotel-taurus.pl; DZ um 220 Złoty. 2004 eröffnetes großes Haus im Fachwerkstil, Mittelklassekomfort, einen fünfminütigen Spaziergang oberhalb der Wallfahrtskirche gelegen.

**Pilgerhaus des Jesuitenordens**, św. Lipka 29, Tel. 755 14 18, www.swlipka.pl; Übernachtung pro Person ohne Frühstück um 35 Złoty. Einfache Unterkunft im Pilgerhaus des Jesuitenordens neben der Kirche.

Die **Marienheimsuchungsbasilika** kann außerhalb der Gottesdienste täglich zwischen 8 und 18 Uhr besichtigt werden; Messen und Andachten Mai–Sept. Mo–Sa 7, 9.50, 12, 18, So 7, 9, 11, 14, 17, April und Okt. Mo–Sa 7 und 17, So 7, 9, 11, 14, 17 Uhr, im Winter Mo–Sa 7 und 17, So 7, 9, 11, 14, 17 Uhr.

**Orgelvorführungen**: Mai–Sept. Mo–Sa stündl. 9.30–11.30 und 13.30–17.30 (bei Hochzeiten keine Orgelpräsentation), So 10.30, 12.30, 13.30, 15.30, 16.30, April und Okt. Mo–Sa 10, 12 und 14, So 10.30, 12.30, 13.30 und 15.30 Uhr (im April zusätzlich 16.30 Uhr; im Winter Präsentationen auf Wunsch nach einer Spende von mindestens 100 Złoty.

*Die Barockorgel in der Basilika von Święta Lipka*

»Wild fluten die Wellen auf
Vaterlands Seen,
Wie schön!
O tragt mich auf Spiegeln zu
Hügeln, Masovias Seen.
O Heimatland, Masovias Strand,
Masovia, lebe mein Vaterland.«

*›Masurenlied‹, 1855 geschrieben von Friedrich August Dewischeit*

# Land der tausend Seen

## Die Großen Masurischen Seen

Wo die Seen am größten sind, liegt das Herz von Masuren. Nirgends im Land der kristall'nen Seen und dunklen Wälder ist es schöner als hier, und so wundert es nicht, dass die Region rund um den **Jezioro Mamry** und **Jezioro Śniardwy** (Mauer- und Spirdingsee) zu den beliebtesten Sommerurlaubszielen Polens zählt.

Ein gutes Sechstel der Landschaft ist von Wasser bedeckt. Dabei warten die Seen mit einigen geografischen Superlativen auf: Auf beinahe 114 Quadratkilometern dehnt sich der Śniardwy-See aus, Polens größtes Binnengewässer, das deshalb auch ›Masurisches Meer‹ genannt wird. Es folgen der Mamry-See mit 104 Quadratkilometern Wasserfläche und als tiefster See in Masuren mit 51 Metern zwischen Wasserspiegel und Seeboden der Jezioro Tałty (Talter Gewässer).

**Giżycko** (Lötzen) zwischen Jezioro Kisajno (Kissainsee) und Jezioro Niegocin (Löwentinsee) sowie **Mikołajki** (Nikolaiken) am Übergang vom Talter Gewässer in den Jezioro Mikołajskie (Nikolaiken-See) haben sich zu bedeutenden Ferien- und Wassersportzentren entwickelt. Andere Ortschaften wie das am nördlichen Ufer des Mauersees gelegene **Węgorzewo** (Angerburg) oder ganz unten im Süden **Ruciane-Nida** (Rudschanny) stehen ihnen kaum nach. Über ein dichtes Netz von Flüssen und Kanälen, mit deren Bau man bereits Mitte des 18. Jahrhunderts begann, sind die ungezählten Gewässer miteinander verbunden. Auf insgesamt 170 Kilometern von Nord nach Süd über die Großen Masurischen Seen bieten sie Seglern, Paddlern und Kanuten paradiesische Wassersportmöglichkeiten.

In Naturschutzgebieten an den schilfwogenden Seeufern haben viele bedrohte Wasservögel eine Heimat gefunden. Die weiten Kiefernwälder der **Puszcza Piska** (Johannisburger Heide) sind Rückzugsgebiete einer Reihe von Raubvogelarten, darunter die sehr seltenen Seeadler. Im **Masurischen Landschaftspark** werden bei Popielno Tarpanpferde rückgezüchtet, und in der **Puszcza Borecka** (Borkener Forst) grast in einem Reservat eine Herde der fast ausgestorbenen Wisente.

Steinerne Zeugen wie Schloss Dönhoffstätt in der Nähe von **Kętrzyn** (Rastenburg) oder Schloss Steinort in **Sztynort** am Mamry-See künden von der deutschen Vergangenheit ebenso wie die Bunker von Mauerwald (Mamerki) und bei Kętrzyn die Ruinen des ›Führerhauptquartiers‹ **Wolfsschanze**, Hitlers Machtzentrale im Zweiten Weltkrieg.

Westlich der Großen Seen schlängelt sich das malerische Flüsschen **Krutynia** (Kruttinna) durch die Seen der Mrągowo-Seenplatte. Die über 100 Kilometer lange Paddelbootroute mit Start in Sorkwity (Sorquitten) nahe der quirligen Sommerfrische **Mrągowo** (Sensburg) gehört zu den schönsten Wasserwanderwegen im nordöstlichen Polen.

## Kętrzyn

▲ Karte S. 207

Wie die meisten Ortschaften Nordostpolens ist auch das fast 30 000 Einwohner zählende Kętrzyn (Rastenburg) eine Gründung des Deutschen Ordens. 1329 errichteten die Ordensritter hier im Süden des historischen Bartener Lands eine erste hölzerne Burg, 1345 wurde sie von den feindlichen Litauern jedoch wieder zerstört. Das Bartener Land, dessen größter Teil heute auf dem Gebiet des russischen Bezirks Kaliningrad liegt, trägt seinen Namen nach den ursprünglich

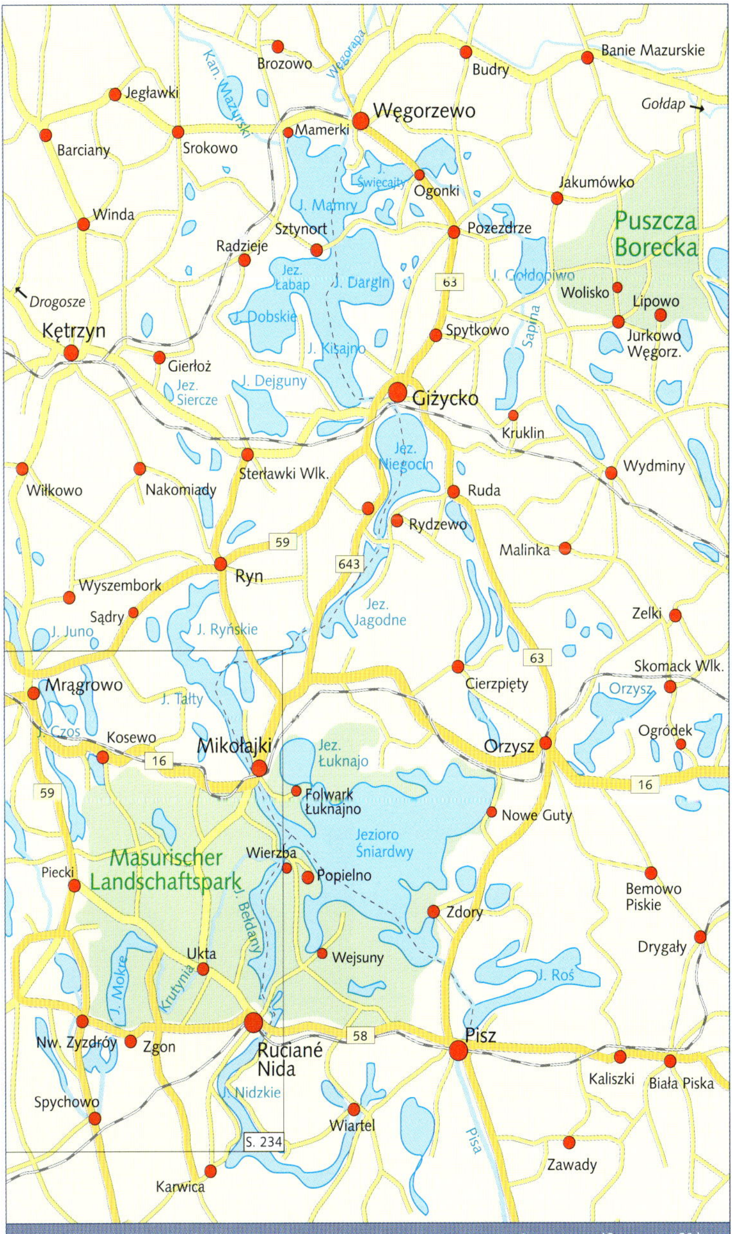


Die Großen Masurischen Seen

*In der Innenstadt von Kętrzyn*

dort beheimateten prußischen Barten, und auch der deutsche Name von Kętrzyn, Rastenburg, erinnert noch an den prußischen Stamm: Nach dem Einzug der Deutschritter fügten diese der prußischen Siedlung ›Rast‹ (deutsch: Pfahl) einfach das Wort ›Burg‹ hintenan.

Zwischen 1360 und 1370 wurde die verwüstete Ordensburg mit wehrhaften Backsteinmauern neu aufgebaut. Im Schatten des vorgeschobenen Grenzpostens gegen die Litauer, der bereits 1357 das Stadtrecht erhielt, siedelten sich mehr und mehr Kolonisten an. Schnell blühte die Ortschaft auf, deren tonige Böden rundum zu den fruchtbarsten weit und breit zählen – bis heute prägen großflächige Äcker und Felder die Landschaft rund um Kętrzyn – und Mitte des 17. Jahrhunderts war Rastenburg schließlich, nach Königsberg und Memel, die drittreichste Stadt im späteren Ostpreußen. Doch Kriege und Tatareneinfälle, Stadtbrände und schließlich die Pest machten den Reichtum bald wieder zunichte.

Nach dem Einmarsch der Roten Armee im Januar 1945 ging das alte Rastenburg in Flammen auf. Im Jahr darauf erhielt Rastembork, wie es auf polnisch hieß, seinen neuen Namen ›Kętrzyn‹. Damit ehrte man den Nestor der polnischen Masurenforschung, Wojciech Ketrzyński, der 1838 unter dem Taufnamen Adalbert von Winkler in Lötzen (Giżycko) das Licht der Welt erblickt hatte. Nachdem der Historiker, Volkskundler und mehrfach inhaftierte Anwalt für die polnische Sache die kaschubisch-polnischen Wurzeln seiner Familie wiederentdeckt hatte, vollzog er 1861 den Namenswechsel und nannte sich fortan Wojciech Ketrzyński. Elf Jahre später erschien seine Schrift ›O Mazurach‹ (Über Masuren), in der er den slawischen Stamm der Masuren ausmachte und darin den polnischen Anspruch auf die Region begründete.

## Sehenswertes

Das überschaubare historische Zentrum von Kętrzyn wird vom 48 Meter hohen Turm der gotischen **Wehrkirche Sankt Georg** (Kościół św. Jerzego) überragt. Der wuchtige, von einer bis zu anderthalb Meter dicken Mauer umzogene Backsteinbau wurde ab 1359 bis um 1370 als Teil der mittelalterlichen Stadt-

*Die Wehrkirche Sankt Georg*

▲ Karte S. 209

befestigung angelegt. Von 1470 bis 1480 erweitert und ausgebaut, erhielt das Gotteshaus bis 1515 seine aktuelle Gestalt. Die eigenartige Linksneigung des Altarraums, die wahrscheinlich von dessen Anfügung nach 1500 herrührt, verstehen die Gläubigen als eine Entsprechnung des auf die Schulter gesenkten Hauptes Jesu am Kreuz. Innen schmückt sich Sankt Georg mit einem Kristallgewölbe, unter dem eine Kanzel von 1594, ein 1862 errichteter neugotischen Hochaltar und die 1721 vom Königsberger königlich-preußischen Hoforgelbauer Johann Josua Mosengel geschaffene Orgel zu den besonderen Schätzen zählen.

In der wenige Schritte unterhalb von Sankt Georg gelegenen kleinen **Ordensburg** – 1360 bis 1370 erbaut und letztmals im 19. Jahrhundert umgestaltet – sind eine öffentliche Bücherei und das **Wojciech-Ketrzyński-Museum** untergebracht, das Wissenswertes zur Stadtge-

*Am Siercze-See bei Kętrzyn*

schichte sowie zu den Schlössern und Herrenhäusern der Region präsentiert. Bedeutende Kinder der Stadt sind die Begründerin der Landfrauenbewegung Elisabeth Boehm (1859–1943), der Komponist Siegfried Tiefensee (1922–2009), Vater des späteren Bundesverkehrsministers Wolfgang Tiefensee, und der Dichter, Dramatiker und Theoretiker des ›konsequenten Naturalismus‹ in der Literatur, Arno Holz (1863–1929). Nach letzterem hat sich die Kętrzyner Gesellschaft für polnisch-deutsche Verständigung den Namen ›Arno-Holz-Gesellschaft‹ gegeben. Nur einen Steinwurf vom großen Innenstadtkreisel entfernt residiert sie im **Haus der Freimaurerloge**. Das von 1860 bis 1865 im neugotischen Stil errichtete Gebäude, das heute eine kleine Grünanlage umgibt, diente der 1818 in Rastenburg gegründeten Freimaurerloge ›Drei Tore des Tempels‹ als Logenhaus. Im Zweiten Weltkrieg wurde es schwer beschädigt, bis 1981 wieder aufgebaut und bietet heute neben der Arno-Holz-Gesellschaft außerdem Platz für das Kętrzyner Kulturzentrum und die Touristeninformation.

## Ausflüge in die Umgebung

In **Nakomiady** (Eichmedien), rund zehn Kilometer südlich von Kętrzyn, lohnen Schloss, Gut und vor allem die angeschlossene **Keramikmanufaktur** einen Besuch. 1653 hatte der Große Kurfürst Friedrich Wilhelm von Brandenburg seinem Gesandten in Polen, Johann von Hoverbeck, das Land als Eigentum überschrieben. 1664 ließ der Gesandte den Grundstein zu dem schlichten Barockschloss legen, dessen Bau 1680 vollendet war. In sozialistischer Zeit nach 1945 hatten die Gemäuer die unterschiedlichsten Funktionen inne, verwaisten nach der politischen Wende in den 1990er Jahren und waren dem Verfall preisgegeben, bis 1998 der neue Privateigentümer mit der Sicherung, Instandsetzung und aufwändigen Restaurierung von Schloss und Schlosspark begann. Auch die bereits zu Beginn des 18. Jahrhunderts eröffnete Keramikmanufaktur arbeitet heute wieder und fertigt Repliken traditioneller Keramiken, Kacheln und Kachelöfen aus alten ostpreußischen Schlössern und Herrenhäusern an. Den Produktionsprozess – manuell vom

▲ Karte S. 209

Gießen über das Bemalen bis zur Glasur – kann man mitverfolgen und die Keramikkunstwerke auch kaufen.

Ungefähr 20 Kilometer nordwestlich von Kętrzyn erhebt sich beim Flecken **Drogosze** (Dönhoffstädt) das majestätische **Schloss Dönhoffstädt** (Karte siehe Seite 175). Im Jahr 1710 initiierte Graf Boguslaw Friedrich Dönhoff den Bau des imposanten, 100 Meter langen Barockschlosses, das in sechsjähriger Bautätigkeit als eine der größten und vornehmsten Adelsresidenzen Ostpreußens entstand. Die Baumeister Jean de Bodt und John von Collas griffen dafür auf ihre Pläne für das weiter nördlich gelegene Dönhoffsche Stammschloss Friedrichstein unweit von Königsberg im heutigen Oblast Kaliningrad zurück, mit dessen Errichtung sie bereits ein Jahr zuvor begonnen hatten – und von dem heute kein Stein mehr zu sehen ist. Anders dagegen Schloss Dönhoffstädt: In die fürstlichen Gemächer und Flure des Mitte des 18. Jahrhunderts noch um Seitenflügel erweiterten ›ostpreußischen Versailles‹, wie man es nannte, zog nach dem Zweiten Weltkrieg ein Mähdrescher- und Traktoristen-Schulungszentrum ein. Wenige Jahre nach der Wende ging es in Privatbesitz über, steht seitdem leer und ist ungeschützt Wind und Wetter ausgesetzt. Die einstige Pracht lässt sich jedoch noch immer erahnen, und vielleicht zieht ja einmal, wie in so viele der alten ostpreußischen Herrenhäuser, ein Luxushotel ein? Bis dahin lässt sich Schloss Dönhoffstädt von außen in Augenschein nehmen, und darüber hinaus schließt eine Nachbarin gegen einen kleinen Obolus die Pforte für eine kurze Innenbesichtigung auf.

Zur Marienwallfahrt Heiligelinde (Święta Lipka) knapp 20 Kilometer südwestlich von Kętrzyn siehe Seite 198.

### i Kętrzyn

**Vorwahl**: 089. **Postleitzahl**: 11-400.
**Internet**: www.ketrzyn.com.pl.
**Touristeninformation**, im Haus der Freimaurerloge, ul. Mickiewicza 1; Mo 8–16, Di–Fr 8–15.30 Uhr.

**Hotel Koch**, ul. Traugutta 3, Tel. 7522058, Fax 7522390, www.masuren2.de; DZ um 220 Złoty. Am Innenstadtkreisel zentral gelegenes, gepflegtes Mitelklassehotel und erste Adresse am Ort, im Restaurant traditionelle polnische Küche.

**Hotel Agros**, ul. Kasztanowa 1, Tel. 751524-0, Fax -1, www.hotel-agros.pl; DZ um 220 Złoty. Großzügige Anlage im postmodernen Schwarzwaldhausstil, am nördlichen Stadtausgang Richtung Bartoszyce in ruhiger Lage am Waldrand, 2005 grundlegend umgebaut und frisch renoviert.

**Hotel Zajazd pod Zamkiem**, ul. Struga 3, Tel. 7523117, Fax 7524120, www.zajazd.ketrzyn.pl; DZ um 140 Złoty. Kleines freundliches Hotel direkt neben der Ordensburg, mit Biergarten und Restaurant mit chinesischer und polnischer Küche.

**Stadtmuseum** (Wojciech-Ketrzyński-Museum), in der Ordensburg, pl. Zamkowy 1, www.muzeum.ketrzyn.pl; 15 Juni–15. Sept. Mo–Fr 9–18, Sa/So 9–17, sonst, Di–Fr 9–16, Sa–Mo 9–15 Uhr.

**Keramikmanufaktur Nakomiady Pałac**, Nakomiady bei Kętrzyn, www.nakomiady.pl; Juni–Sept. tägl. 10–18, Okt–Mai tägl. 10–15 Uhr.

## Die Wolfsschanze

Östlich von Kętrzyn liegt im Wald nahe dem Dorf Gierłoż (Görlitz) das ehemalige ›Führerhauptquartier Wolfsschanze‹ (Wilczy Szaniec). Hitlers Pläne für den Überfall auf die Sowjetunion 1941 erforderten ein strategisch günstig gelegenes Quartier, von wo aus Hitler und sein Stab die so genannte ›Operation Barbarossa‹ im Detail ausarbeiten und befehligen konnten. Der Rastenburger Forst mit seinen Sümpfen und Mooren, nicht weit von den Großen Masurischen Seen entfernt, bot sich als idealer Standort an. Für die Zivilbevölkerung wurde er hermetisch abgeriegelt, anschließend legten 3000 Arbeiter der ›Organisation Todt‹ auf 1000 Hektar einen Komplex mit annähernd 200 Objekten an. Betonbunker, ein Bahnhof und zwei Flugplätze sollten dem Obersten Heereskommando der Nationalsozialisten als Ausgangspunkt für ihren Eroberungskrieg im Osten dienen. Über die gesamte riesige Anlage breitete man Tarnnetze aus, so dass sie im Wald von feindlichen Piloten nicht ausgemacht werden konnte. Zusätzlich wurden auf den Bunkerdächern Gräser und Sträucher gepflanzt und die Wände mit Bäumen getarnt. Außerdem legte man rund um die Wolfsschanze breite Minengürtel an. Bis zum Abschluss der Entminung im Oktober 1955 entschärfte man in dem Waldgebiet fast 55000 Sprengkörper.

Ihren Namen erhielt die Bunkeranlage nach dem ›Herrn Wolf‹, wie sich Adolf Hitler in den 1920er Jahren gerne nannte. Sie gliederte sich in drei Sperrzonen. Im Sperrkreis 1 nördlich der Eisenbahnschienen wurden neben Kasino, Verwaltungs- und Wohnbaracken die Bunker für den Führer und seine in Kriegszeiten mächtigsten Schergen errichtet: Hermann Göring, Oberbefehlshaber der Luftwaffe, Martin Bormann, Leiter der Parteikanzlei und getreuer Hitler-Sekretär, Wilhelm Keitel, Chef des Oberkommandos der Wehrmacht (OKW), und Alfred Jodl, Chef des Wehrmachtführungsstabs im OKW – allesamt im Nürnberger Kriegsverbrecherprozess 1946 verurteilte Hauptkriegsverbrecher.

▸ Karte S. 207

In Zone 2 südlich der Schienen befanden sich unter anderem die Gebäude der Kommandantur des Führerhauptquartiers und des Führungsstabs der Wehrmacht, Versorgungsanlagen, Fernsprech- und Telegrafenzentrale, Krankenrevier und Mannschaftsunterkünfte. Beide Sperrkreise umgab Zone 3, in welcher sich Sicherungs- und Verteidigungsstellungen und die Mannschaftsunterkünfte der Bewachungseinheiten befanden.

Mit Unterbrechungen verbrachte Hitler hinter den meterdicken Bunkerwänden im ›Führerhauptquartier‹ über drei Jahre; von Juni 1941 bis November 1944 befand sich hier die deutsche Kommandozentrale des Zweiten Weltkriegs, von der aus der Führer und der Führungsstab der Wehrmacht die Militärstrategie der deutschen Kriegsmaschinerie planten. In einer der Lagerbaracken übten am 20. Juli 1944 Oberst Claus Schenk Graf von Stauffenberg und sein Adjudant Werner von Haeften ein missglücktes Attentat auf Hitler aus. Vier Monate später verließ dieser auf der Flucht vor der Roten Armee die Wolfsschanze und ordnete die Sprengung der geheimen Festung an. Acht Tonnen TNT waren dazu nötig, und trotzdem gelang das Zerstörungswerk nur relativ unvollständig.

Heute ist das ehemalige Führerhauptquartier ein vielbesuchtes Touristenziel. Hunderttausende Besucher aus aller Welt kommen jährlich in den Wald bei Gierłoż, um Hitlers geheimnisvolle Bunkerstadt wie einen Abenteuerspielplatz zu erkunden. Weniges erinnert noch daran, dass von diesem Ort aus der Mord an vielen Millionen Menschen geplant und befohlen wurde.

## Besichtigung

Mit dem Auto fährt man ab Kętrzyn auf der Straße 592 Richtung Giżycko/Ełk und biegt nach der Stadtgrenze hinter den Bahngleisen links via Gierłoż ab. Ab hier ist der Weg mit ›Wolfsschanze, Wilczy Szaniec‹ beschildert (etwa sechs Kilometer).

Je nachdem, wie intensiv man diesen geschichtsträchtigen Ort besichtigen möchte, hat man die Wahl zwischen **zwei Rundwegen**. Der **kürzere mit roter Markierung** führt durch die ehemalige Sperrzone 1 mit den Bunkern Hitlers, Görings, Bormanns sowie der Lagerbaracke, in der am 20. Juli 1944 das Attentat auf Hitler verübt wurde. Für diesen 1,3 Kilometer langen Rundgang benötigt man gut eine Stunde. Wer gerne sämtliche erhalten gebliebenen Objekte in den Zonen 1 und 2 besichtigen möchte, kann zusätzlich den **blau gekennzeichneten Weg** nehmen und die etwa 2,5 Kilometer lange Strecke in anderthalb bis zwei Stunden bewältigen.

Welchen markierten Weg man durch das Gelände auch nimmt, die grauen Betonruinen, deren moosüberwachsene morsche Wände oft abgestützt werden müssen, dürfen nicht betreten werden. Es besteht Einsturzgefahr. Außerdem warnen Hinweistafeln davor, wegen der bis heute nicht vollständig geborgenen Minen die ausgeschilderten Pfade zu verlassen.

Die Rundgänge, geführt oder individuell, beginnen am großen **Parkplatz am ehemaligen Hotel der SS- und Reichssicherheitsoffiziere**, in dem heute ein einfaches Hotel mit Schnellrestaurant untergebracht ist 1. An der Ruine des SS-Begleitkommandos vorbei 2, gelangt man zur **Lagerbaracke**, in der am 20. Juli 1944 das Hitler-Attentat verübt wurde 3.

Es schließen sich Dienstleistungsbaracken 4 5 7 8 an, wobei in Baracke 4 eine kleine Ausstellung und ein Modell

*Bunker in der Wolfsschanze*

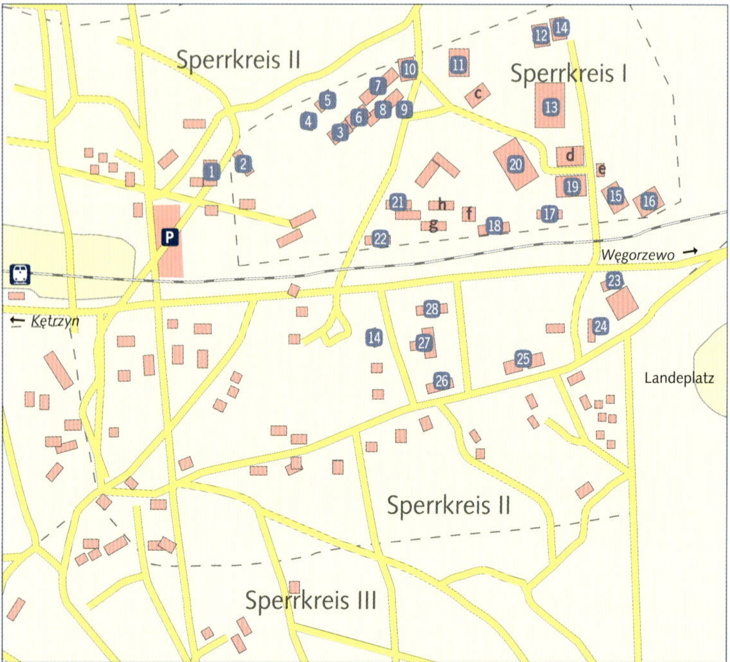


## Die Wolfsschanze

### Legende

1 Restaurant, Hotel
2 SS-Begleitkommando
3 Lagerbaracke, in der das Attentat auf Hitler am 20. Juli 1944 verübt wurde
4 Ausstellung
5 SS-Begleitkommando
6 Gästebunker
7 Stenografendienst
8 Reichssicherheitsdienst
9 Klärbecken
10 Vorratsraum
11 Bormann-Bunker
12 Flakbunker
13 Hitler-Bunker
14 Löschwasserbecken
15 Reichsmarschallhaus
16 Göring-Bunker
17 Bunker des Wehrmachtführungsstabs
18 Oberkommando der Wehrmacht
19 Chef des Oberkommandos
20 Adjutantur des Oberkommandos
21 Nachrichtenbunker
22 Garagen
23 Verbindungsstab des Oberkommandos Luftwaffe
24 Verbindungsstab des Oberkommandos Marine
25 Allgemeiner Luftschutzbunker
26 Führerbegleitbataillon
27 Todt-Bunker
28 Verbindungsstab Reichsaußenminister

der Wolfsschanze einen Überblick über das Gelände bieten. Nahebei steht auf der rechten Wegseite der mächtige **Gästebunker** 6, den Hitler bis zum Abschluss der Verstärkungsarbeiten an seinem Privatbunker von Juli bis Oktober 1944 bewohnte. Als 9 ist weiter unten auf der linken Seite des Weges ein Klärbecken gekennzeichnet, als 10 der Abstieg zu einem Vorratsraum. Die gesamte Anlage war mit Kanalisation, fließend Wasser, Zentralheizung und Strom ausgestattet. Gegenüber sind vom Bunker 11 und Haus (c) des Hitler-Sekretärs Bormann nur noch Reste vorhanden. 12 markiert einen Flakbunker und 13 den **Hitler-Bunker**, dessen Vorderseite der Sprengung 1945 standhielt. Der Bau hatte eine Deckenstärke von acht und eine Wandstärke von fünf Metern, die Fundamente reichten mindestens sechs Meter tief in die Erde.

Wer hinter dem Hitler-Bunker rechts abbiegt, gelangt auf dem kürzesten Weg zum Parkplatz zurück. Geradeaus geht es am **Reichsmarschallhaus** 15 und dem **Bunker des Reichmarschalls Göring** 16 vorbei. Im Anschluss passiert man den Bunker des Chef des Wehrmachtführungsstabs Jodl 17, den Bunker des Chef des Oberkommandos der Wehrmacht (OKW) Keitl 18 und die Adjudantur des OKW 20, einen Nachrichtenbunker 21 sowie Kasino [f], Teehaus [e], Heizhaus [f], Fahrerhaus [g], Kino [h] und Garagen 22.

**In Sperrkreis 2** südlich der Straße und Schienen befinden sich Betonbauten der Verbindungsstäbe 23 und 24, der allgemeine Luftschutzbunker des OKW 25, die Kaserne des Führerbegleitbatallions 26, der Bunker, den zunächst der Minister für Rüstung und Kriegsproduktion Fritz Todt bezog, der dort bis zu seinem Tod 1942 lebte, und nachfolgend ›Reichsarchitekt‹ Albert Speer 27 sowie der Bau des Verbindungsstabs Reichsaußenminister 28. Von dort geht es ein Stück an der Straße entlang zum Parkplatz zurück.

**Vorwahl**: 089.
**Internet**: www.wolfsschanze.pl.

**Hotel Księżycowy Dowrek**, Gierłoż, 11-400 Kętrzyn, Tel. 752 42-77, Fax -32, www.ksiezycowydworek.pl; DZ um 200 Złoty. Die 1913 erbaute, vornehme Villa der Hitler-Freundin Eva Braun im Wald an der Wolfsschanze ist seit 2004 ein elegantes Hotel. Innen von gediegenem Geschmack, mit Restaurant und kleinem Badestrand am Siercze-See vor dem parkähnlichen Grundstück. Anfahrt: Von Kętrzyn kommend an der Straße zur Wolfsschanze kurz nach dem Waldanfang abbiegen.

**Wilcze Gniazdo**, Gierłoż, 11-400 Kętrzyn, Tel. 752 44-29, Fax -32, www.wolfsschanze.pl; DZ um 100 Złoty. Einfache Unterkunft im Gebäude des ehemaligen Restaurants der SS- und RDS-Offiziere direkt auf dem Gelände der Wolfsschanze.

Das Gelände der Wolfsschanze ist ganzjährig täglich von 8 Uhr bis Sonnenuntergang geöffnet.

Eine **Badewiese** befindet sich am Siercze-See beim Hotel ›Księżycowy Dworek‹.

## Operation Walküre - Der 20. Juli 1944

Es war nicht der erste Umsturzversuch gegen das NS-Regime, und auch nicht das erste Attentat gegen den Massenmörder und Führer des Dritten Reichs Adolf Hitler. Doch es war der Staatsstreich mit dem Decknamen ›Operation Walküre‹, dessen Ereignisse sich am 20. Juli 1944 zuspitzten, der als zentrales Datum in die Geschichte des deutschen Widerstands einging. Der Großteil der Verschwörer des 20. Juli stammte aus den konservativen deutschen Eliten: Adelige, Spitzenbeamte und insbesondere ranghohe Wehrmacht-Offiziere beteiligten sich an Putsch-Plänen, die bereits seit 1938 in Militärkreisen gereift waren - damals noch, um den von Hitler beabsichtigten großen Krieg abzuwenden. Mit diesen Plänen war maßgeblich Generaloberst Ludwig Beck verbunden, der seit seinem Rücktritt als Generalstabschef des Heeres 1938 aus Gewissensgründen nunmehr im Hintergrund gegen Hitler operierte. Nach erfolgreichem Umsturz sollte Beck Staatsoberhaupt werden; als Reichskanzler war der führende Kopf des konservativen bürgerlichen Widerstands, der Politiker Carl Friedrich Goerdeler, vorgesehen.

Weitere Schlüsselrollen im Rahmen der ›Operation Walküre‹ spielten der Infanterie-General Friedrich Olbricht, der Leiter des Stabs des Allgemeinen Heeresamts Albrecht Ritter Mertz von Quirnheim, der Erste Generalstabsoffizier der Heeresgruppe Mitte Henning von Tresckow und schließlich der Stabschef des Befehlshabers des Ersatzheeres und wohl berühmteste aller Hitler-Attentäter, Claus Schenk Graf von Stauffenberg.

Anders als Tresckow, der den Zweiten Weltkrieg von Anfang an ablehnte und bis 1942 mehrere gescheiterte Attentatspläne gegen Hitler entwickelte, zeigte sich Stauffenberg

*Die zerstörte Lagerbaracke nach dem 20. Juli 1944*

zunächst von den Siegen über Polen und Frankreich begeistert. Erst die deutschen Massenmorde an Juden, Polen, Russen, und dazu seine Überzeugung, dass dieser Krieg nach dem Angriff auf die Sowjetunion nicht mehr zu gewinnen sei, führten zum Umschwung. Ab 1943 arbeitete er zusammen mit Tresckow den Umsturzplan aus, der am 20. Juli 1944 in der masurischen ›Wolfsschanze‹ seinen Höhepunkt fand: Mit zwei jeweils ein Kilo schweren Plastiksprengstoffladungen sollte während einer Lagebesprechung im Führerhauptquartier das Leben Hitlers und seiner obersten Schergen ausgelöscht werden.

*Erinnerung an die Attentäter in der Gedenkstätte Deutscher Widerstand im Bendlerblock in Berlin*

Doch weil unerwartet der italienische Diktator Mussolini für den Nachmittag seinen Besuch ankündigte, wurde die Besprechung um 30 Minuten vorverlegt. Wegen der Zeitknappheit konnte Stauffenberg nur noch eine der beiden Bomben schärfen, weshalb das Attentat scheiterte. Von 20 Anwesenden in der Baracke erlagen vier ihren Verletzungen. Hitler überlebte dagegen mit ein paar leichten Prellungen.

Davon wusste Stauffenberg allerdings nichts. In der Überzeugung, der Führer sei tot, flog er sofort nach Berlin und leitete die weiteren Maßnahmen der ›Operation Walküre‹ ein: die Abriegelung des Berliner Regierungsviertels, Übernahme des Rundfunks, Verhaftung der SS-Führung und Besetzung der Gestapo-Zentrale. Kurz danach wurde bekannt, dass Hitler nur leicht verletzt sei. Der Staatsstreich brach daraufhin noch in den späten Stunden des 20. Juli zusammen. Wenige Minuten nach Mitternacht wurden Friedrich Olbricht, Albrecht Mertz von Quirnheim, Stauffenberg und sein Adjutant Werner von Haeften im Hof des Bendlerblocks in Berlin standrechtlich erschossen. Der ebenfalls verhaftete Ludwig Beck durfte sich selbst erschießen und erhielt, nachdem dies misslang, einen Todesschuss. Henning von Tresckow wählte, nahe der Kriegsfront, den Freitod.

Keine drei Wochen später fanden die ersten Prozesse statt. Die Verschwörer Feldmarschall Erwin von Witzleben, Oberleutnant Peter Graf Yorck von Wartenburg, Generaloberst Erich Hoepner, Oberstleutnant Robert Bernardis und andere mehr wurden zum Tode verurteilt und in Berlin-Plötzensee hingerichtet. Weitere 50 Schauprozesse folgten, die in über 110 Todesurteile wegen Hochverrat mündeten. Es waren mutige Menschen, die mit ihrem Leben für das Leben eintraten, und über die der englische Premier Winston Churchill 1946, ein Jahr nach Kriegsende sagte:

»Diese Menschen kämpften ohne Hilfe von innen und außen, einzig getrieben von der Unruhe des Gewissens. Solange sie lebten, waren sie für uns unsichtbar, weil sie sich tarnen mussten. Aber an den Toten ist der Widerstand sichtbar geworden. Diese Toten vermögen nicht alles zu rechtfertigen, was in Deutschland geschah. Aber ihre Taten und Opfer sind das unzerstörbare Fundament eines neuen Aufbaus.«

# Jezioro Mamry

Unweit von Kętrzyn (Rastenburg) und der Grenze zum Ermland bildet der Jezioro Mamry (Mauersee) das nördliche Herz von Masuren. 104 Quadratkilometer ist er groß und besteht im Grunde aus einer Vielzahl miteinander verbundener Binnengewässer: im Norden dem eigentlichen Mamry-See mit dem Urlauberzentrum **Węgorzewo** (Angerburg) an seinen Ufern und im Süden am Jezioro Kisajno (Kissainsee) dem größten Wassersportzentrum Masurens, **Giżycko** (Lötzen). Dazwischen erstrecken sich die Seen Święcajty, Dargin, Labap und Dobskie (Schwenzait-, Dargainen-, Labap- und Dobensee), um nur die wichtigsten zu nennen. Alle diese Gewässer machen zusammengenommen mit gut 20 Kilometern Länge und bis zu 12 Kilometern Breite den Jezioro Mamry aus, den zweitgrößten See in ganz Polen: ein Paradies für Wassersportler ebenso wie für Vogelliebhaber. Auf seinen über 30 Inseln haben zahlreiche seltene Wasser- und Raubvogelarten in Naturschutzgebieten eine Heimat gefunden.

Um ihn an den noch größeren, südlichen Jezioro Śniardwy (Spirdingsee) anzubinden, hob man bereits in den Jahren 1765 bis 1772 die ersten Kanäle zwischen Mauersee, Löwentinsee (Jezioro Niegocin) und Talter Gewässer (Jezioro Tałty) aus. Allmählich entstand so ein über 200 Kilometer langes Wasserwegenetz, das südlich über die Pisa (Pissek) zudem noch an die Weichsel anknüpft. Dagegen wurde im Norden der **Masurische Kanal** (Kanal Mazurski), der Angerburg vom Mauersee aus über 50 Kilometer Länge mit dem Pregel und damit der Ostsee verbinden sollte, nie vollständig fertiggestellt. 1911 wurde der Bau der künstlichen Wasserstraße in Angriff genommen, doch zwei Weltkriege und die nachfolgenden Grenzveränderungen verhinderten seine Vollendung. Anschließend verlor das Projekt nicht zuletzt durch die nahe russische Grenze seine ökonomische Bedeutung. So dienen die 22 auf polnischer Seite verbliebenen Kanalkilometer heute, wie die meisten masurischen Gewässer, vor allem den Freunden des Wassersports.

▲ Karte S. 207

Für historisch Interessierte bieten sich rund um den Jezioro Mamry Ausflüge zum verfallenden **Schloss Steinort** in Stynort und zu den Bunkeranlagen des Generalstabs der deutschen Wehrmacht in **Mamerki** (Mauerwald) an. Und auch die quirligen Urlaubsorte Węgorzewo und Giżycko sollte man nicht verpassen.

## Węgorzewo

Keine 20 Kilometer unterhalb der Grenze zum russischen Bezirk Kaliningrad liegt am Nordufer des Jezioro Mamry am Flüßchen Węgorapa (Angerapp) die 12 000 Einwohner zählende Kleinstadt Węgorzewo (Angerburg). Einst wurde sie ›das nördliche Tor nach Masuren‹ genannt, denn bevor Stalin das alte Ost-

*Am Jezioro Mamry*

*Die Marina von Węgorzewo*

preußen 1945 mit dem Lineal in zwei Teile zerschnitt, war sie das beliebteste Ausflugsziel der Königsberger im Land der tausend Wälder und Seen. Selbst die Węgorapa orientiert sich nach Norden, strömt bei Węgorzewo aus dem Mamry-See aus, um schließlich nördlich bei Insterburg, dem heutigen Černjachovsk, am Zusammenfluss mit der Inster den Pregel zu bilden.

Węgorzewo ist eine relativ späte Gründung des Deutschen Ordens. 1335 errichteten die Ritter am Seeufer eine erste hölzerne Wehrburg, die jedoch noch im selben Jahr von den Litauern schon wieder zerstört wurde. Im späten 14. Jahrhundert wenig landeinwärts aus Stein wieder aufgebaut, entwickelte sich im Schatten der Ordensburg eine Siedlung, der Herzog Albrecht Friedrich von Preußen 1571 die Stadtrechte verlieh. 1945 gingen die meisten historischen Bauwerke in Flammen auf. Anschließend durch die hermetisch abgeriegelte Grenze nach Königsberg des angestammten Einzugsgebiets beraubt, wirkte sich nunmehr die Randlage Węgorzewos ungünstig für seine weitere wirtschaftliche Entwicklung aus. So liegt der Reiz des Städtchens heute besonders in seiner herrlichen Lage am nördlichen Gestade des Mamry-Sees, weshalb es sich als idealer Ausgangspunkt für Wasserwanderungen über die Masurische Seenkette anbietet. Und dies nicht nur in der schönen Jahreszeit. Im Winter ist der Mamry-See ein Dorado der Eissegler.

Von alters her sind die Bewohner Węgorzewos gewohnt, den Verkehr auf dem Wasserweg abzuwickeln. Bereits 1856 wurde eine Dampfschiffahrtslinie nach Lötzen (Giżycko) eingerichtet – lange bevor die Stadt an das Bahnnetz angeschlossen wurde. Und noch immer verbindet von Juni bis September die **Żegluga Mazurska** (Weiße Flotte Masuren) Węgorzewo kreuz und quer über die Großen Seen mit der Wassersporthochburg Giżycko weiter im Süden.

## Sehenswertes

Im Ort selbst, der im Zweiten Weltkrieg zu vier Fünftel in Schutt und Asche fiel, lohnt im Zentrum ein Blick in die ursprünglich aus dem 17. Jahrhundert stammende, rekonstruierte **Kirche Peter und Paul** (Kościół św. Piotra i Pawła), die auf einer leichten Erhebung über dem Plac Wolności (Freiheitsplatz)

*Auf dem Campingplatz von Węgorzewo*

steht. Am Platz eines älteren Gotteshauses wurde sie von 1605 bis 1611 erbaut. 1729 fügte man einen Querflügel an, erhöhte 1741 den Kirchturm und setzte diesem 1826 eine Haube auf. Zu den kostbarsten Stücken der Inneneinrichtung zählen der auf 1652 datierende Barockaltar, eine zwischen 1610 und 1620 geschaffene Kanzel und die 1647/48 vom Rastenburger Meister Joachim Thiele gefertigte älteste Orgel Masurens.

In der ebenfalls wiedererbauten, eher unscheinbaren kleinen Ordensburg am Młyński-Kanal waren bis 2006 kommunale Einrichtungen untergebracht, heute ist das Haus in Privatbesitz. Von dort nur wenige Schritte entfernt befindet sich in der ulica Portowa kurz vor dem Segelhafen Węgorzewos schönste Attraktion: das **Museum der Volkskultur** (Muzeum Kultury Ludowej), das in seinen Räumen und auf dem Freilichtgelände das Alltagsleben des alten Masuren noch einmal aufleben lässt – mit historischen Haushaltsgegenständen und Handwerksgeräten, Keramik, Tüchern, Trachten und Volkskunst.

Eine zauberhafte Aussicht auf den Święcajty-See bietet die ehemalige **Jägerhöhe** südöstlich von Węgorzewo. Einen etwa 30-minütigen Spaziergang vom Ortszentrum aus durch Felder und am Seeufer entlang, liegt der kleine Soldatenfriedhof aus dem Ersten Weltkrieg auf einer Anhöhe über dem See und zieht, im Schatten uralter Kiefern, durch seine herrliche Lage viele Wanderer an.

### Węgorzewo

**Vorwahl**: 087.
**Postleitzahl**: 11-600.
**Internet**: www.wegorzewo.pl.
**Touristeninformation**, an der Hauptstraße am plac Wołnosci 11, Tel./Fax 4274009; Mitte Juni–Mitte Sept. Mo–Fr 9–17, Sa 10–16, So 10–14, sonst Mo–Fr 9–16 Uhr.

**Weiße Flotte Masuren** (Żegluga Mazurska), www.zeglugamazurska.com.pl; Juni–Sept. Schiffsausflüge über den Mamry-See und nach Giżycko, Tickets und Abfahrt ab Anlegestelle Węgorzewo, Bulwar Loir et Cher.

**Pension Nautic**, ul. Słowackiego 14, Tel./Fax 4272080; DZ um 220 Złoty. Freundliche Unterkunft in großzügigem Gebäude hinter der kleinen Ordensburg am Młyński-Kanal, wenige Schritte zum Segelhafen, mit Sonnenterasse, kleinem Swimmingpool, Fahrrad- und Bootsverleih. Das Restaurant bringt polnische Küche und masurische Fischspezialitäten auf den Tisch.

**Feriendorf Mamry**, Trygort 132 (etwa 5 Kilometer westlich von Węgorzewo), 11-600 Węgorzewo, Tel. 4270343, www.sealand-travel.de; DZ ab etwa 140 Złoty. Die reizende Pension ›Aniata‹ hat sich um eine kleine Ferienanlage mit Holzhäusern im skandinavischen Stil erweitert. Nahe dem Weiler Trygort herrlich auf einer kleinen Halbinsel direkt am Mamry-See gelegen, von 13 Hektar Garten und Wiesen umgeben, mit eigenem Strand, Bootsanleger, Bootsverleih und großartigem Blick über die masurische Seenlandschaft; das Restaurant ›Góra Wiatrów‹ serviert schmackhafte polnische Hausmannskost.

**Jugendherberge**, ul. Prusa 10, Tel. 4722367; Juli und August.

▶ Karte S. 207

**Camping Rusałka**, ul. Leśna 2, Tel. 4272191, Fax 4272049, www.cmazur.pl; Mai–Sept. Vier Kilometer südlich von Węgorzewo am Święcajty-See, leichte Hanglage unter schattenspendenden Kiefern, die Sanitärausstattung recht einfach, mit Badewiese, Wassersportgeräteverleih und kleiner Speisegaststätte.

**Museum der Volkskultur** (Muzeum Kultury Ludowej), ul. Portowa 1; Mitte Juni–Mitte Sept. tägl. 10–18, sonst Mo–Fr 8–16, Sa/So 10–15 Uhr.

**Bootsverleih**, auf dem Campingplatz Rusałka.

## Mamerki

Etwa zehn Kilometer südwestlich von Węgorzewo und keine 20 Kilometer von der Wolfsschanze (siehe Seite 212) entfernt verbirgt sich im Wald am Mamry-Seeufer in der Nähe des Forsthauses Mamerki der **Bunkerkomplex des deutschen Oberkommandos des Heeres** (OHK). Von 1941 bis 1944 war die gespenstische Anlage, die unter dem Decknamen ›Mauerwald‹ entstand, inneres OHK-Hauptquartier sowie Sitz des Heereshauptversorgungsdienstes. Auf sechs Quadratkilometern dehnte sie sich aus, gut getarnt im Schutz des Waldes, mit damals über 250 Objekten – Stahlbetonbunkern, Wach- und Versorgungseinrichtungen sowie Unterkünften, die Platz für gut 1500 Offiziere und Wehrmachtsoldaten boten. 30 Betonluftschutzbunker, darunter der größte mit 25 Meter Länge und sieben Meter dikken Mauern und Decken sowie eine Reihe anderer Bauten sind bis heute komplett erhalten. Denn anders als im ›Führerhauptquartier‹ Wolfsschanze wurden die Bunker beim Rückzug der Wehrmacht im Januar 1945 nicht gesprengt.

Im dramatischen Gegensatz dazu steht die idyllische Lage, die die Besichtigung von Mamerki (Mauerwald) zu einem ambivalenten Erlebnis zwischen schönem Waldspaziergang und Gruselschau macht. Rund 50 Hektar der Bunkeranlage sind für die Besucher erschlossen.

Anfahrt: Etwa sechs Kilometer westlich von Węgorzewo nach Süden in die Landstraße Richtung Sztynort abbiegen. Kurz nach dem Kanal Mazurskie (Masurischer Kanal) folgt ein großer Waldparkplatz mit dem Einlass zum Bunkergelände.

**Mamerki** (Mauerwald), Karolewo 22/33, 11-400 Kętrzyn, Tel. 089/7524283, www.mamerki.com; Mai–Okt. tägl. 8–20 Uhr.

## Sztynort

Auf einer Halbinsel, die den Mamry-See (Mauersee) vom Dargin-See (Dargainensee) trennt, erhebt sich malerisch im Weiler Sztynort (Steinort) das Schloss Steinort. Annähernd 600 Jahre befanden sich Gut und Schloss im Besitz der Grafen von Lehndorff, bis zum Jahr 1422 lässt sich ihre Gegenwart in Steinort in Dokumenten zurückverfolgen. Seit dem 16. Jahrhundert war im Ort ein großes Gutshaus bekannt, auf dessen Fundamenten ab 1688 dann das heutige Barockschloss entstand. Bauherrin Marie-Eleonore Dönhoff hatte seine Errichtung nach dem Tod ihres Mannes Ahasverus Lehndorff in Auftrag gegeben. Ab 1860 folgte der Anbau zweier Seitenflügel, 1880 war das repräsentative Schloss in seiner gegenwärtigen Gestalt fertiggestellt – die ›Große Wildnis am See‹, wie es später Marion Gräfin Dönhoff (1909–2002) in den Erinnerungen an ihre ›Kindheit in Ostpreußen‹ beschrieb, »ein sagenumwobener Ort. Nicht nur, dass es dort – wie übrigens in jedem besseren Schloss in Ostpreußen – spukte, auch der See mit den vielen abenteuerlichen Geschichten, die die Fischer zu berichten wussten, sowie die Einsamkeit der Wälder, überhaupt der Natur, gab den lustigen Tagen dort eine unheimliche, fast magische Note. Natürlich spielte der Mauersee, dieses Paradies nicht nur der Wasservögel, sondern aller Vögel, eine riesige Rolle.«

Letzter Schlossherr auf dem einst so prachtvollen Anwesen war Marion Dönhoffs Cousin Heinrich Graf Lehndorff (1909–1944). Als Mitverschwörer des missglückten Attentats in der Wolfsschanze auf Adolf Hitler am 20. Juli 1944 wurde er wenig später verhaftet und am 4. September 1944 in Berlin-Plötzensee hingerichtet.

Mittlerweile erinnert kaum noch etwas an die vergangene Pracht. Der Zustand von Schloss Sztynort ist mehr als beklagenswert. Vorwerk und Wirtschaftsgebäude sind verwahrlost, und der seit vielen Jahren leerstehende Herrensitz selbst, ungeschützt Wind und Wetter ausgesetzt, zeigt sich inzwischen als eine Quasi-Ruine. Verschiedene neue Besitzer, darunter der letzte kommunistische Premier Mieczysław Rakowski und anschließend Privatinvestoren, versuchten mit einer Sanierung vergeblich ihr Glück. Jeder von ihnen unterschätzte bisher den finanziellen Aufwand allein für die Sicherung und Instandsetzung der verwitternden Anlage. So scheiterte auch der jüngste Investor, der Anfang des dritten Jahrtausends den neuen Sporthafen am Dargin-See baute und im alten Gemäuer ein Edelhotel plante. Schloß Sztynort ist einfach zu groß, und jedes Jahr, das weiter verstreicht, arbeitet gegen seinen Erhalt. 2007 gründete sich deshalb die Deutsch-Polnische Stiftung Kulturpflege und Denkmalschutz, die sich seitdem für die Rettung der Anlage einsetzt. Die 300- bis 400-jährigen Eichen im verwilderten Schlosspark wurden bereits vor längerer Zeit unter Naturschutz gestellt, und so sind die verwaisten Gemäuer heute wahrhaftig eine ›Wildnis am See‹.

Unterhalb der Schlossruine dehnt sich am Ufer des Dargin-Sees der moderne **Sporthafen** aus, mit einer Versorgungsstation für Boote und ihre Crews, Gaststätte, Snackbuden und einem neuen Hotel.

**Sztynort**

**Gospoda Sztynorcka** (Steinorter Gasthof), Sztynort 10, 11-600 Węgorzewo, Tel. 087/4275181, Fax 4275845, www.gospodasztynorcka.pl; DZ um 200 Złoty. Eleganz im zum Schloss Sztynort gehörenden, 300 Jahre alten, schön restaurierten ehemaligen Wirtschaftsgebäude; im Restaurant polnische und masurische Spezialitäten.

## Giżycko

Die 30000 Einwohner zählende Kreisstadt Giżycko (Lötzen) im Herzen der Großen Masurischen Seen ist nicht nur das größte, sondern neben Mikołajki auch das wichtigste und beliebteste Wassersportzentrum in der Region. Die im Stadtgebiet liegenden Seen machen rund 25 Prozent der Stadtfläche aus. Besonders die schöne Lage zwischen dem Jezioro Niegocin (Löwentinsee) im Süden und dem Jezioro Kisajno (Kissainsee) im

▲ Karte S. 207

*Restaurant am Hafen von Giżycko*

Norden der Stadt machten Lötzen schon in den ersten Tagen des Fremdenverkehrs zu einem vielbesuchten Ferienort. Der Kanal, der die beiden Seen miteinander verbindet, wurde bereits im Jahre 1772 ausgehoben. Die wirtschaftliche Bedeutung des Durchstichs schwand im Lauf der Jahrhunderte zwar, doch stieg dafür die Attraktivität des Seengebiets für den Wassersport umso mehr.

Gegründet wurde die Stadt mit den drei Brassen im Wappen im 13. Jahrhundert.

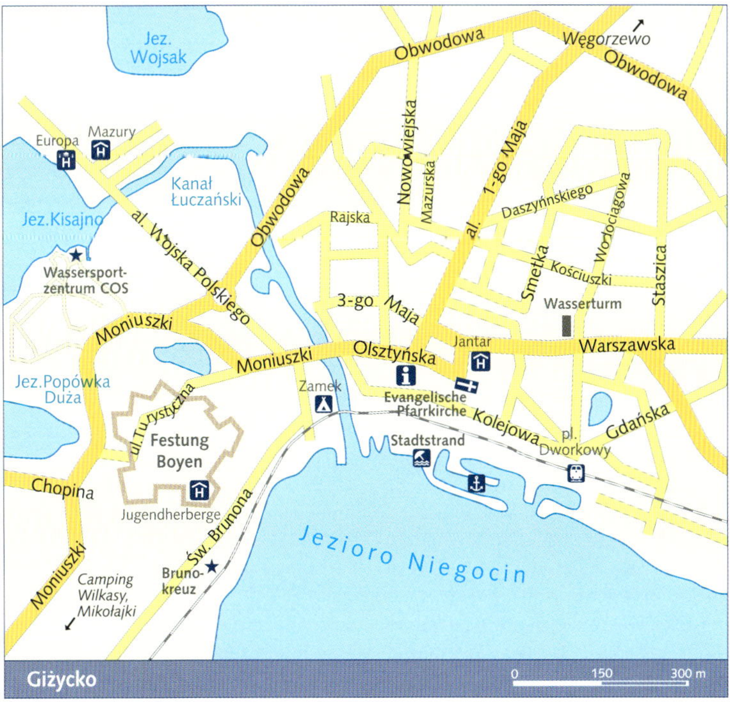

An der schmalsten Stelle und folglich einträglichsten Zollsperre auf dem Weg von Norden nach Süden zwischen dem Niegocin- und dem Kisajno-See errichtete der Deutsche Orden ein festes Haus. 1365 bei einem Einfall der Litauer zerstört, folgte ab 1390 in der Nähe der Bau einer neuen Ordensburg. Kolonisten ließen sich nieder, und 1612 erhielt Lötzen das Stadtrecht verliehen.

Die ›Tatarenwut‹ und der Schwedisch-Polnische Krieg Mitte des 17. Jahrhunderts sowie der Schwarze Tod Anfang des 18. Jahrhunderts prägten die Stadtgeschichte ebenso wie der Eisenbahnanschluss 1868 und die Gründung der ›Gesellschaft zur Erleichterung des Personenverkehrs auf den Masurischen Seen‹ im Jahr 1890. Mit jener 1892 in ›Masurische Dampferkompagnie Lötzen‹ umbenannten Schifffahrtslinie setzte der Wassertourismus in Lötzen ein. 30 Jahre später war das Städtchen bereits einer der größten Freizeithäfen Masurens. Am Ufer des Löwentinsees wurden Gaststätten hochgezogen, Segel- und Ruderklubs verzeichneten regen Zulauf, ein Strandbad eröffnete, und im Winter bevölkerten Eissegler die gefrorenen Seen.

## Aktivitäten

Das ist bis heute so geblieben. Urlauber bestimmen die muntere Atmosphäre Giżyckos. Hotels, Pensionen und Privatzimmer sind reichlich vorhanden, auf der über 170 Kilometer langen Bootspartie über die Großen Masurischen Seen gibt es Campingplätze und Versorgungsstationen für Wassersportler. Knapp zwei Dutzend Segelhäfen mit rund 1200 Liegeplätzen liegen an den Gewässern rund um Giżycko. Zahlreiche Wasserwandertouren lassen sich in einem Tagesausflug erpaddeln, darunter die 32 Kilometer lange **Sapina-Tour** auf dem gleichnamigen Flüsschen mit Start am Zeltplatz beim **Forsthaus Kruklin** und Endpunkt beim Dorf **Ogonki** am Święcajty-See, oder die **Galinden-Route**, die 30 Kilometer südöstlich in **Orzysz** beginnt und in **Giżycko** am Niegocin-See endet. Darüber hinaus führen markierte Vorschläge für **Radwanderer** von Giżycko aus zwischen 25 und 70 Kilometer weit durch die schöne Umgebung. Angaben und Adressen zu sämtlichen Sportmöglichkeiten rund um die Stadt hält die Touristeninformation parat.

Und auch wer nicht selbst segelt, paddelt, schwimmt, rudert oder zur Winterzeit auf dem Eis segelt, kann vom Wasserverkehrsknotenpunkt Giżycko aus schöne Ausflüge auf dem Wasser unternehmen. Die Schiffe der **Żegluga Mazurska** (Weiße Flotte Masuren) verbinden den Ort nördlich mit Węgorzewo und südlich mit Mikołajki.

## Sehenswertes

Historische Sehenswürdigkeiten wird man im Städtchen dagegen nicht viele finden. Allenfalls die im Zentrum aufragende Pfarrkirche ist eine Erwähnung wert. 1826/27 wurde sie nach Plänen Karl Friedrich Schinkels erbaut, doch will das nicht allzuviel heißen. ›Nach Plänen‹ meint oft nicht viel mehr als den Generalentwurf aus der Werkstatt des vielbeschäftigten preußischen Baumeisters.

Von 1910 stammt das auf einer Anhöhe am Niegocin-See stehende **Brunokreuz**. Nach der Zerstörung im Zweiten Weltkrieg wurde es wiedererrichtet und erinnert an den Missionar Bruno von Querfurt (um 974–1009), der im Jahr 1009 nahe Giżycko von heidnischen Prußen oder Litauern erschlagen wurde.

Das interessanteste, gleichwohl viele Jahre lang wenig beachtete Bauwerk ist

▲ Karte S. 223

die zwischen 1843 und 1851 auf dem schmalen Landstreifen zwischen Kissain- und Löwentinsee erbaute **Festung Boyen** (Twierdzu Boyen), die ihren Namen nach dem preußischen Kriegsminister und General der Befreiungskriege Hermann von Boyen (1771–1848) erhielt. Die aus Backsteinen gemauerten Wälle der sternförmigen Anlage sind noch sehr gut erhalten. Sukzessive wurden sie restauriert und für Besucher zugänglich gemacht. Dazu gründete sich 1993 in Giżycko die Gesellschaft der Freunde der Festung Boyen e.V., die seitdem mit viel Engagement den Erhalt dieses Denkmals der Militärarchitektur betreibt. Heute bietet die Festung Raum für ein stadtgeschichtliches Museum, eine Jugendherberge, ein Café und eine Freilichtbühne.

### Giżycko

**Vorwahl**: 087. **Postleitzahl**: 11-500.
**Internet**: www.gizycko.com.pl.
**Touristeninformation**, ul. Wyzwolenia 2, Tel. 428 52 65, Fax 428 57 60, www.gizycko.turystyka.pl; Juni–Mitte Sept. Mo–Fr 9–18, Sa/So 10–16 Uhr, das übrige Jahr Mo–Fr 8–16 Uhr, Zimmervermittlung.

**Weiße Flotte Masuren** (Żegluga Mazurska), Tel. 428 53 32, Fax 428 30 50, www.zeglugamazurska.com.pl; Juni–Sept. tägl. 9–18 Uhr Schiffsausflüge über die Großen Masurischen Seen bis nördlich Węgorzewo und südlich Ruciane-Nida, Tickets und Abfahrt im Hafen, ul. Kolejowa 8.

**Europa**, al. Wojska Polskiego 37, Tel. 42 93 00-1, -3, Fax 429 25 54, www.hoteleuropa-gizycko.pl; DZ um 240 Złoty. Großes Komforthotel mit Restaurant, eigenem Strand und Bootsanleger am Kisajno-See.
**Mazury**, al. Wojska Polskiego 56, Tel. 428 59 56, Fax 428 46 99, www.hotel-mazury.pl; DZ um 220 Złoty. Großes Haus gegenüber vom Hotel ›Europa‹.
**Hotel Mazurska Zagroda** (Masurischer Hof), 11-511 Rydzewo (9 Kilometer südlich am Niegocin-See), Tel./Fax 421 12 53, www.mz.mazury.com.pl; DZ um 180 Złoty. Idyllischer Gasthof am Seeufer, Zimmer im Landhausstil.
**Jantar**, ul. Warszawska 10, Tel./Fax 4285415, www.mazury.com.pl/jantar; DZ um 120 Złoty. Freundliches Haus, gediegene Zimmereinrichtung und herzliche Gastgeber an der Hauptstraße im Zentrum Giżyckos, im Restaurant reicht man herzhafte Küche und hausgebackenen Kuchen.
**Wassersportzentrum COS** (Centralny Ośrodek Sportu), ul. Moniuszki 22, Tel./Fax 428 23 35, www.gizycko.cos.pl; DZ um 100 Złoty ohne Frühstück. Funktionale Unterkünfte auf dem Gelände des größten Giżyckoer Wassersportzentrums, das auch den polnischen Olympioniken als Trainingsort dient, mit Wassersportgerätverleih und Badestrand.

**Jugendherberge in der Feste Boyen** (Schronisko w Twierdzu Boyen), ul. Turystyczna 1, Tel. 428 83 93; Mai–Sept.

**Camping Wilkasy**, ul. Niegocińska 1, 11-532 Wilkasy, Tel./Fax 428 00 78, www.pttkwilkasy.pl; Mai–Sept. Größter Platz am Ort, sechs Kilometer südlich beim Dorf Wilkasy am Ufer des

Niegocin-Sees, mit Campinghäuschen, Gastronomie und Wassersportgeräteverleih.

**Camping Zamek**, ul. Moniuszki 1, Tel. 428 34 10, www.cmazur.pl.; Juni–Sept. Zentral in Giżycko am Niegocin-See gelegener, einfacher Platz.

**Gasthaus Pod Czarnym Łabędziem** (Zum schwarzen Schwan), ul. Mazurska 98, 11-511 Rydzewo (9 Kilometer südlich von Giżycko), Tel. 421 12 52, www.gospoda.pl. In einem Fachwerkhaus auf einer Landzunge zwischen Niegocin- und Boczne-See. Das Restaurant, behaglich-elegant im Landhausstil mit vielen Antiquitäten eingerichtet, tischt Delikatessen der polnischen und litauischen Küche auf; angeschlossen sind ein kleiner Zeltplatz, Bootsanleger und Gästezimmer (DZ um 220 Złoty).

Mehr als zwei Dutzend Wassersportgeräte-Verleihe bieten vom Tretboot über Kanu und Kajak bis zu den unterschiedlichsten Segelboottypen eine ganze Palette an Wassersportmöglichkeiten. Eine vollständige Liste sämtlicher Jacht- und Paddelbootcharter hält die Touristeninformation bereit. Die größten sind:

**Wassersportzentrum Almatur**, ul. Moniuszki 24, Tel./Fax 428 58 98, www.sail-almatur.pl.

**Wassersportzentrum COS**, ul. Moniuszki 22, Tel./Fax 428 23 35, www.gizycko.cos.pl.

**Stadtstrand** mit großer Badewiese im Zentrum von Giżycko am Nordufer des Niegocin-Sees.

## Puszcza Borecka

Ein schöner Ausflug von Giżycko aus führt nordöstlich in die etwa 20 Kilometer entfernte Hügellandschaft der Puszcza Borecka (Borkener Forst).

In dem rund 250 Quadratkilometer großen Kiefer-, Fichten- und Laubwald wohnen im Dickicht zwischen Seen, Tümpeln und Mooren Marder, Iltis, Biber und Dachs. In den Baumkronen haben bedrohte Raubvögel ihre Horste gebaut, und sogar Luchse und Wölfe wurden in jüngster Zeit wieder gesehen.

In vier Reservaten ist die Natur sich selbst überlassen, so dass sich der urwüchsige Wald allmählich wieder in einen Urwald verwandelt. Im Reservat Lipowo kann man mit viel Glück sogar eine Herde der Anfang des 20. Jahrhunderts beinahe ausgestorbenen Wisente beobachten. Wenige Exemplare dieser sehr scheuen Verwandten der Bisons konnten im ältesten polnischen Nationalpark, dem Białowieża-Nationalpark südöstlich von Białystock, gerettet und wieder aufgezüchtet werden. 1956 brachte man eine Gruppe Wisente aus dem Nationalpark in die Puszcza Borecka.

Rund 70 dieser urtümlichen, scheuen Zottelgesellen tummeln sich heute im Borkener Forst. Am besten lassen sie sich an der **Wisentzuchtstation** (Stacja Hodowli Żubrów) in Wolisko nördlich vom Flecken Lipowo in Augenschein nehmen.

▶ Karte S. 207

### Puszcza Borecka

**Wisentstation in Wolisko** (knapp 20 Kilometer östlich von Giżycko); Fütterungen Mai/Juni 8–10 und 18–20, Juli 7–9 und 18–20, Aug. 7–9 und 17–19, Sept. 8–10 und 16–18 Uhr.

## Ryn

Keine 3000 Einwohner zählt der kleine Ort Ryn (Rhein), der eine der größten Deutschordensburgen im nordöstlichen Polen besitzt. An den nördlichen Ausläufern der langgestreckten Gewässerrinne, die sich nach Süden über Mikołajki und Ruciane-Nida bis ins Herz der Puszcza Piska (Johannisburger Heide) hinzieht, veranlasste 1377 der Hochmeister des Deutschen Ordens Winrich von Kniprode den Bau der mächtigen vierflügeligen **Burg** ›zur Ryne‹. Sie entstand auf einer sanften Erhebung über der Landenge zwischen den Seen Olów und Rynskie (Olow- und Rhein-See) anstelle einer älteren prußischen Festung. Unterhalb dümpelte im Hafen die Fischerflotte des Deutschen Ordens, und die Siedlung, die sich vermutlich schon zur Zeit des Burgbaus entwickelte, wurde 1405 das erstemal schriftlich erwähnt. Das Stadtrecht erhielt Rhein 1723 durch den preußischen Soldatenkönig Friedrich Wilhelm I. (Regierungszeit 1713–1740).

Als ein weiteres bedeutendes Datum ging das Jahr 1854 in die Annalen ein. In jenem Jahr fiel im Heimathafen Rhein der Startschuss für die ›Masovia‹, das erste Passagierdampfschiff auf großer Fahrt über die Großen Masurischen Seen. »Am 1. April 1854 traf der Kaufmann Hasenwinkel mit dem Dampfbugfierboot Masovia aus Königsberg nach einer sehr beschwerlichen Fahrt durch die Weichsel stromaufwärts durch den Narew und Pischfluss in Johannisburg ein, und nachdem die Schaufelräder wieder ausgebracht und die übrigen Zurüstungen getroffen waren, begann das Schiff seine regelmäßigen Fahrten zwischen Johannisburg, Nikolaiken und Rhein.« Mit diesen Worten lässt sich die Erfolgsstory der ›Masovia‹, die die Linienschifffahrt in Masuren einläutete, im Preußischen Handelsarchiv nachlesen. Zu ihrer Jungfernfahrt weilte König Friedrich Wilhelm IV. höchpersönlich an Bord, und bis heute ist der **Hafen** in Ryn ein wichtiger Anlaufpunkt der Masurischen Flotte.

Die Geschichte der Burg verlief ab Mitte des 19. Jahrhunderts dagegen weniger rühmlich: Nach mehrmaligem Eigentümerwechsel fungierten die dicken Mauern ab 1861 als Gefängnis. Den Zweiten Weltkrieg überstand die Vierflügelanlage relativ unbeschadet, in sozialistischer Zeit diente sie als Museum, Bibliothek, für die Verwaltung und anderes mehr und gelangte 2001 erneut in private Hand. Umfassende Sanierungs- und Restaurierungsarbeiten sowie der Umbau in ein luxuriöses Vier-Sterne-Hotel schlossen sich an. 2006 eröffnete das Schlosshotel ›Zamek Ryn‹, das zu den größten Burghotels der Welt gehört.

Wenige Kilometer südwestlich, auf halbem Weg nach Mrągowo lädt im Dorf **Sądry** (Zondern) das an die Pension ›Christel‹ angeschlosse kleine **Privatmuseum Masurische Hütte** (Mazurska Chata) in einem 200 Jahr alten Bauernhaus und in der Scheune zur Besichtigung ein. Gezeigt werden Möbel, Haushalts- und Landwirtschaftsgeräte vergangener Zeiten.

**Ryn**

**Burghotel Zamek Ryn**, pl. Wolności 2, 11-520 Ryn, Tel. 087/42 97 00-0, Fax -1, www.zamekryn.pl; DZ ab etwa 420 Złoty. Vier-Sterne-Hotel de Luxe mit großem Spa-Bereich, Pool, Sauna, Solarium in der sorgfältig restaurierten Deutschordensburg; die Zimmer und Suiten im Komtur-, Ritter-, Jagd- oder Gefängnisflügel mit gediegenen Stilmöbeln; das Restaurant im gotischen Kellergewölbe kredenzt altpolnische

Spezialitäten und internationale Gerichte.

**Pension Christel**, Sadry 3, 11-700 Mrągowo, Tel. 089/742 36 11, www.christel.com.pl; DZ um 160 Złoty. Relativ große Pension, dennoch familiär, rustikale Ausstattung, die Zimmer mit Kiefernholzmöbeln; zur Herberge gehören ein kleines masurisches Museum, ein Fahrradverleih und die weit und breit gerühmten hausgebackenen Streuselkuchen.

## Mrągowo

Im Herzen der Mrągowo-Seenplatte am Westrand der großen Masurischen Seen liegt die 23 000 Einwohner zählende Kreisstadt und muntere Sommerfrische Mrągowo (Sensburg) an den Ufern von Juno- und Czos-See (Schoßsee). Wie die meisten Orte in der Region geht sie auf eine Gründung des Deutschen Ordens zurück, der 1348 auf einem ringsum von Seen und Sümpfen umgebenen Platz eine hölzerne Wehranlage errichtete. Um diese herum entstand unter dem Hochmeister Konrad von Jungingen 1393 eine Siedlung, der Anfang des 15. Jahrhunderts bereits die Stadtrechte verliehen wurden.

Zahlreiche Feuersbrünste zogen im Lauf der Jahrhunderte über ihre Dächer hinweg: ein erstes Mal 1520 im so genannten ›Reiterkrieg‹, dem letzten Versuch der Ordensritter, die polnische Lehnshoheit über Ostpreußen abzuschütteln; 1568 und 1693 wüteten Stadtbrände und in den Koalitionskriegen 1806/07 schließlich die napoleonische und die russisch-preußische Armee. Unermüdlich bauten die Sensburger ihren Ort wieder auf, letzmalig nach einem verheerenden Großfeuer 1822, so wie er im Kern bis heute steht.

*Die Hauptstraße von Mrągowo*

Karte S. 229

Aus der Zeit nach dem Stadtbrand stammt das **Rathaus** am Marktplatz. Unter seinem Dach bietet es Platz für ein **Heimatmuseum**, das Wissenswertes über Stadt und Region präsentiert und sich außerdem Leben und Werk des Schriftstellers Ernst Wiechert (1887–1950) widmet, der nicht weit entfernt von Mrągowo im Forsthaus Kleinort bei Piecki (Peitschendorf) zur Welt kam.

Die **Evangelische Kirche**, deren Grundmauern von 1734 stammen, überdauerte das Feuer 1822 relativ unbeschadet. Ihre Rekonstruktion und die moderne Innenausstattung resultieren erst aus der Brandschatzung Ende des Zweiten Weltkriegs. Die nicht weit entfernte katholische **Kirche St. Adalbert** (Kościół św. Wojciecha) wurde 1860/61 neugotisch erbaut.

Aus der Chronik der Stadt mit der Bärentatze im Wappen sei noch vermerkt, dass nicht weit südlich von Mrągowo im Jahr 1804 der letzte masurische Bär erschlagen wurde. Die Sage greift noch weiter, bis ins 15. Jahrhundert zurück: Ein gefährlicher Meister Petz, wird erzählt, riss das Vieh und ließ sich die Vorräte der Menschen gut schmecken.

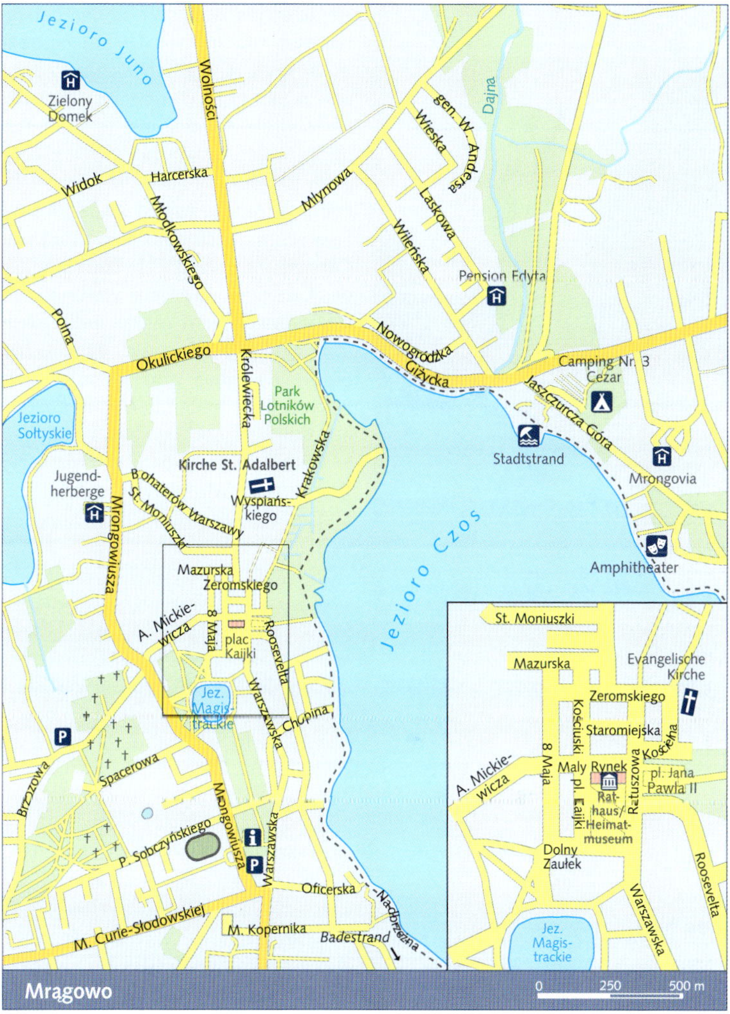


Erst nach langer Jagd konnte dem Schädling der Garaus gemacht werden. Die Tatze, die ihm die Jäger zum Beweis abschnitten, schmückt seither das Stadtwappen.

Nach dem Zweiten Weltkrieg erhielt Sensburg den Namen Mrągowo nach dem masurischen Pastor und Lehrer Christoph Coelestin Mrongovius beziehungsweise Krzysztof Celestyn Mrongowiusz (1764–1855). Im Sprachenkonflikt ab Mitte des 19. Jahrhunderts setzte sich der Gelehrte gegen das ›Germanisiren mit so unangemessenem Eifer‹ und für die Beibehaltung des Polnischen als Schulsprache ein.

*Im Stadtpark von Mrągowo*

Heute gehört Mrągowo zu den bedeutendsten masurischen Urlaubszentren, ist Ausgangspunkt zahlreicher Paddel- und Wandertouren und zeigt sich dabei als quirlige kleinstädtische Sommeridylle. Neben Wassersportlern und Feriengästen lockt sie außerdem jedes Jahr Ende Juli/Anfang August Countrymusic-Fans zum internationalen ›Picknick Country‹ ins Amphitheater am Nordufer des Czos-Sees. Es ist das größte Country-Festival in ganz Mittel- und Osteuropa, weshalb sich manch einer sicher die Augen reiben wird, wenn ihm im Hochsommer mitten in Masuren plötzlich Cowboys und Cowgirls begegnen. Seit 2008 zeichnet darüber hinaus die **Western-City Mrongoville** mit Saloon, Ranch und Sheriff-Büro das Leben im Wilden Westen nach.

### Mrągowo

**Vorwahl**: 089.
**Postleitzahl**: 11-700.
**Internet**: www.mragowo.um.pl (auch dt.).
**Touristeninformation**, (im Haus für Kultur und Tourismus), ul. Warszawska 26, Tel./Fax 7418039, www.it.mragowo.pl; Juni–Aug. tägl. 8–18, Sept.–Mai Mo–Fr 8–16 Uhr. Auch Zimmervermittlung.

**Mrongovia**, ul. Giżycka 6, 743 31 00, www.orbis.pl; DZ um 400 Złoty. Weitläufige Komfortanlage über dem Nordufer des Czos-Sees, mit schickem Restaurant, Pool, Spa und kleinem Privatstrand.
**Pension Edyta**, ul. Laskowa 10, Tel./Fax 741 43 66, www.edytapensjonat.republika.pl; DZ um 200 Złoty. Gepflegtes, freundliches Haus auf dem Hügel oberhalb vom Nordufer des Czos-Sees, mit Swimmingpool, Dampfsauna und Fischteich im großen Garten, Fahrräder und Paddelboote werden den Gästen zur Verfügung gestellt. Man spricht Deutsch.
**Hotel Zielony Domek**, ul. Młodkowskiego 24, Tel. 742 56 68, www.zielony domek.com.pl; DZ um 120 Złoty. 2003 in einem liebevoll restaurierten Fischerholzhaus eröffnetes kleines Hotel in schöner Lage außerhalb vom Ortszentrum unmittelbar am Juno-See, mit Badestrand und Zeltmöglichkeit auf dem großen Gartengrundstück (Boote, Kanus und Fahrräder stehen zur Verfügung). Im gemütlichen Restaurant werden neben Grillgerichten und mediterraner Küche – wie es sich für eine Fischerhütte gehört – köstliche masurische Fischspezialitäten serviert.

**Jugendherberge**, ul. Mrongowiusza 65b, Tel. 741 20 43; Juli und August.

▶ Karte S. 229

**Camping Nr. 3 Cezar**, ul. Jaszczurcza Góra 1, Tel./Fax 741 25 33; Mai–Sept. In sanfter Hanglage, terrassiert, am Stadtstrand am Nordufer des Czos-Sees, mit Grillbar und Campinghütten.

**Heimatmuseum**, ul. Ratuszowa 5 (im Rathaus); Juni–Sept. tägl. 9–17 Uhr, Okt.-Mai Di–So 9–17 Uhr.

**Western-City Mrongoville**, ul. Młynowa 50, 11-700 Mrągowo, Tel. 06 09/82 07 77, www.mrongoville.pl.

**Picknick Country**, Ende Juli/Anfang Aug. im Amphitheater am Czos-See. Größtes Countrymusic-Festival in Mittel- und Osteuropa mit namhaften Künstlern aus aller Welt; lustige Begleitveranstaltungen wie z.B. Wettbewerbe um die besten Reiter und originellsten Cowboy-Kostüme.

**Festival der Musik ehemaliger polnischer Ostgebiete** (Festspiele für die Grenzkultur), Mitte August. Traditionelle Lieder und Musikstücke aus den ehemaligen polnischen Gebieten in Litauen, Lettland, Weißrussland und der Ukraine, begleitet von Volkstänzen und Trachtenumzügen.

**Stadtstrand**, ul. Jaszczurcza Góra, am Nordufer des Czos-Sees, Verleih von Wassersportgeräten. Badestrand am Südwestufer des Czos-Sees (südlich vom städtischen Segelhafen).

## Piecki

Zehn Kilometer südlich von Mrągowo erblickte nicht weit vom Dorf Piecki (Peitschendorf) mitten im Wald im **Forsthaus Kleinort** (Piersławek) 1887 der Schriftsteller Ernst Wiechert das Licht der Welt. Neben dem Heimatmuseum im Rathaus in Mrągowo würdigt sein Geburtshaus Piersławek mit einer Ausstellung den großen Schriftsteller Masurens. Wie kein anderer schrieb Wiechert von den einsamen Wäldern, kargen Sandergebieten und weiten Seen der masurischen Heimat. Vor der nationalsozialistischen Machtergreifung erzielten seine Werke Millionenauflagen und zählten zu den meistgelesenen deutschsprachigen Titeln. Nach seiner Verhaftung und viermonatigen Internierung im Konzentrationslager Buchenwald 1938 lebte der Schriftsteller bis zum Untergang des Nazi-Reichs unter ständiger Aufsicht durch die Gestapo. Die Erlebnisse jener Zeit verarbeitete Wiechert in seinem 1946 erschienenen Roman ›Der Totenwald‹. An seinem Geburtshaus erinnert seit seinem 100sten Geburtstag eine Gedenktafel an den Schöpfer der Romane ›Die Jerominkinder‹ und ›Wälder und Menschen‹; sie ehrt den 1950 im Schweizer Exil verstorbenen Dichter als ›rechtschaffenen Menschen, Gegner des Faschismus und Häftling in Buchenwald‹.

Piecki

**Ernst-Wiechert-Museum**, Forsthaus Kleinort (Piersławek); Juni–Sept. Mo–Sa 9–17 Uhr. Anfahrt: Von Mrągowo die Landstraße etwa 10 km südlich in Richtung Szczytno; kurz nach dem nördlichen Ortseingang von Piecki (Peitschendorf) zweigt am nördlichen Ortseingang die Stichstraße nach Mikołajki ab, von dort noch etwa 3 Kilometer bis zum Fortsthaus mit Picknickanlage am Waldrand.

## Sorkwity

Südwestlich von Mrągowo schlängelt sich das seichte Flüsschen **Krutynia** (Krutinna) durch romantisches Seen- und Auenland. Still und sanft zieht es seine Bahnen durch die schöne Natur, verbindet dabei die Gewässer der Mrągowskie-Seenplatte miteinander, zieht beim Weiler Babięta in die Waldgebiete der Puszcza Piska (Johannisburger Heide) ein, schwenkt dann ganz im Süden bei Spychowo wieder nach Norden, um mit zahlreichen weiteren Schleifen, vorbei an den Dörfern Krutyń und Ukta, nach über 100 Kilometern Wasserweg und durch rund 20 Seen hindurch schließlich in den Jezioro Bełdany (Beldahnsee) einzuziehen.

Dem Flusslauf folgt die berühmte **Krutynia-Tour,** die schönste und beliebteste masurische Paddelroute. Startpunkt ist die **PTTK-Wasserstation** am Lampackie-See bei Sorkwity (Sorquitten), wenige Kilometer westlich von Mrągowo, die neben einem Zelt- und Caravan-Platz einfache Unterkunft anbietet und außerdem Boote verleiht.

Gleich nebenan blickt das zinnenbewehrte **Backsteinschloss** der Grafen von Mirbach – 1788 anstelle eines Vorgängers erbaut und 1850–1856 im englischen Tudorstil erweitert und umgestaltet – einer ungewissen Zukunft entgegen. Nach dem Zweiten Weltkrieg lokaler Verwaltungssitz und ab 1957 Ferienheim der Traktorenfabrik ›Ursus‹ bei Warschau, wurde das Schloss 1998 privatisiert und zum Hotel umgebaut. Mittlerweile ist das Hotel längst wieder geschlossen, und wie es mit dem hübschen roten Ziegelsteinschlösschen weitergeht, weiß man nicht.

Schönste und älteste Sehenswürdigkeit in Sorkwity ist die kleine **Dorfkirche** im Ortszentrum nördlich der Landstraße. Von außen wirkt das 1470 erstmals erwähnte, an der Wende zum 17. Jahrhundert neu erbaute Gotteshaus zwar relativ unspektakulär, doch innen zeigt es sich dem Betrachter als eines der reizendsten Beispiele des masurischen Bauernbarocks. Besonderes Augenmerk verdienen der auf 1694 datierende hölzerne Taufengel, der von der Decke herabschwebt und mit

▲ Karte S. 207

*Boote an der PTTK-Station in Sorkwity*

*Man muss nicht unbedingt selbst paddeln*

seiner silbernen Schale als Taufbecken dient, sowie der 1701 vom Königsberger Meister Isaak Riga geschaffene Holzschnitzaltar, in dessen Zentrum die Golgatha-Szene steht, umgeben von masurischen Fischern, Bauern in Sorquitter Tracht und im Hintergrund Schloss Mirbach in seiner Gestalt vor dem Umbau.

**Sorkwity**

**Vorwahl**: 089.
**Postleitzahl**: 11-700.

**Hotel im Park**, Jędrychowo 15, 11-731 Sorkwity, Tel./Fax 742 80 84, www.hotelimpark.com.pl; DZ im Hauptgebäude um 260 Złoty, in der Dependance um 190 Złoty. Romantisches historisches Gutshaus, idyllisch im großen Park am Lampackie-See gelegen, vornehm im Landhausstil, sehr guter Service, vorzügliches Restaurant, in dem der Gast zwischen altpolnischen und regionalen Köstlichkeiten, insbesondere Fisch- und Wildspezialitäten, wählen kann. Mit kleinem Badestrand. Ruder- und Paddelboote stehen zur Verfügung.

**PTTK-Wasserstation Sorkwity** (Stanica Wodna PTTK), ul. Zamkowa 13, 11-731 Sorkwity, Tel. 742 81 24, www.sorkwity.pttk.pl; Mai–Sept. Rasenplatz direkt am Lampackie-See, mit Gaststätte, Ferienhäuschen, Badestelle, Fahrrad- und Bootsverleih.

**Wassersportgeräte- und Fahrradverleih**, an der PTTK-Wasserstation in Sorwkity.

## An der Krutynia

Ganz zu Recht wird die sanfte Krutynia als der schönste Wasserlauf und die Krutynia-Paddeltour als die beliebteste Wasserwanderung Masurens gerühmt. Über die von dichtem Röhricht gesäumten Seen gleiten die Kanus und Kajaks dahin oder lassen sich von der schwachen Strömung auf dem Fluss treiben, durch grüne Wiesen und Auen, dichte Baumtunnel und an blumengeschmückten Ufern vorbei. An engen Stellen versperren umgestürzte Gehölze den Weg, und im seichten Wasser huschen die Fische wie Silberpfeile vorüber.

Dank der geringen Wassertiefe und Fließgeschwindigkeit ist die Krutynia-Tour auch für Anfänger gut geeignet. Mit Start an der PTTK-Station in Sorkwity plant man, ohne ehrgeizige Geschwindigkeitsrekorde aufstellen zu wollen, etwa acht bis neun Tage für die insgesamt 100 Kilometer lange Strecke ein.

Die Krutynia

*Paddler bei Ukta*

Etwa ein bis zwei Wasserwandertage südlich von Sorkwity fließt die Krutynia kurz nach dem Örtchen Babięta in die Puszcza Piska (Johannisburger Heide), vollzieht zwei Seen später bei Spychowo ihre südlichste Volte und zieht bald darauf in den Masurischen Landschaftspark ein. Dort lohnen in Zgon am südlichen Mokre-Seeufer masurische Holzhäuser, in Krutyń das Museum des Masurischen Landschaftsparks und schließlich in Wojnowo das malerische Kloster der russischen Altgläubigen einen Blick (siehe auch Seite 244).

Radler und Autofahrer können von der Tour, die wie kaum eine andere die landschaftlichen Schönheiten Masurens vorstellt, ebenfalls einen Eindruck gewinnen. Denn es besteht die Möglichkeit, sich an den Wasserstationen für einen kleineren Paddelausflug ein Boot auszuleihen, oft mit Rücktransport inklusive. In den Paddler-Hochburgen Krutyń und Ukta, wo die Krutynia mit nur noch einem halben Meter Tiefe am allerseichtesten ist, hat man darüber hinaus die Möglichkeit, sich ein kleines Stück über den romantischen Fluss staken zu lassen.

Unterwegs auf der Paddelstrecke bieten Wasserstationen in den Weilern Bieńki, Babięta, Spychowo, Zgon, Krutyń, Nowy Most, Ukta und Kamień Unterkunft und Versorgung. Bootsverleihe und Zeltplätze säumen das Ufer; und so geht es gemütlich über den Fluss, mit vielen Kurven und Kehren und durch rund 20 Seen hindurch, bis man über den Bełdany-See zum Endpunkt der Paddeltour in Ruciane-Nida gelangt.

Die Wasserstationen liegen meistens sehr malerisch, verfügen über Gästezimmer in festen Häusern und in Campinghütten, Gastronomie, einen angeschlossenen Zeltplatz und Bootsverleih. Für eine Übernachtung rechnet man für zwei Personen mit Frühstück um die 100 Złoty. Geöffnet sind die Wasserstationen in der Regel von Mai bis September.

**Sorkwity**, Stanica Wodna (Wasserstation), ul. Zamkowa 13, 11-731 Sorkwity, Tel./Fax 089/742 81 24, www.sorkwity.pttk.pl.

**Bieńki**, Stanica Wodna, 11-710 Piecki Bieńcki, Tel. 089/742 10 59, www.bienki.pttk.pl.

**Babięta,** Stanica Wodna, 11-711 Nawiady Babięta 43, Tel. 06 08/50 94 98.

**Spychowo**, Stanica Wodna, ul. Juranda 28, 12-150 Spychowo, Tel./Fax 089/622 52 78.

**Zgon**, Stanica Wodna, Zgon 46, 11-710 Piecki, Tel. 089/742 01 14.

**Krutyń**, Stanica Wodna, Krutyń 15, 11-710 Piecki, Tel./Fax 089/742 12 93, www.kajaki-krutynia.pl.

**Ukta**, Stanica Wodna, 12-210 Ukta, Tel. 087/425 70 46.

**Nowy Most**, Stanica Wodna, Nowy Most, 12-210 Ukta, Tel. 087/423 60 45, www.nowymost.pl.

**Kamień**, Stanica Wodna, 12-210 Ukta, Tel 087/423 60 22.

# Jezioro Śniardwy

Wie alle masurischen Seen ist auch der Jezioro Śniardwy (Spirdingsee) ein Kind der letzten Eiszeit. Mit fast 114 Quadratkilometern Ausdehnung ist er der größte See Polens und erstreckt sich bei einer maximalen Tiefe von 32 Metern über eine Länge von rund 22 Kilometer und eine Breite von fast 13 Kilometer. Bis weit in die Ferne zum Horizont wandert der Blick über das Wasser, weshalb man den Śniardwy-See auch ›Masurisches Meer‹ nennt. Wenn es vom Mamry-See heißt, dass er mit seinen Sandbänken ein unwegsames Gewässer sei, so kann das Masurische Meer unerfahrenen Wassersportlern sogar gefährlich werden. Vor allem im Bereich der Inseln und Halbinseln verstecken sich zahlreiche Felsblöcke manchmal unmittelbar unter der Wasseroberfläche, und hohe Schilfgürtel und steinige Untiefen machen die zur Hälfte sumpfigen Seeufer schwer zugänglich.
Typisch für den Śniardwy-See sind schnelle Wetterwechsel. Besonders im Frühjahr, sobald das Eis getaut ist, peitscht plötzlich scharfer Wind das Wasser zu hohen Wellen auf. Seelenverkäufer und Nussschalen sollten dann, bevor sich der Himmel vollends verdunkelt, unverzüglich das rettende Ufer ansteuern. Meist aber zeigt der Śniardwy-See sein friedliches Gesicht. Meterbreite Schilfgürtel wiegen im sanft über das Wasser streichenden Wind. Die Schilfgürtel bevölkern zahlreiche Vogelarten: Möwen, Kormorane und Fischreiher, und mit etwas Glück kann man auch Adler beobachten, deren Horste sich in den dichten Wäldern der südlichen Seeufer befinden.

Auf dem Inselchen **Czarci Ostrów** (Teufelsinsel), wo sich von 1784 an bis Mitte des 19. Jahrhunderts eine preußische Festung befand, sollen sogar böse Geister umgehen. Es seien die Seelen der den prußischen Hauptgöttern Perkunos, Pekollos und Patrimpe geopferten Menschen, erzählt man sich. Tatsächlich belegen Ausgrabungen die Annahme, dass die Insel im 12. Jahrhundert eine Kultstätte der Prußen war. Menschliche Überreste aus jener fernen Epoche hat man allerdings keine gefunden.

## Mikołajki

Wer sich auf dem Wasserweg nach Mikołajki (Nikolaiken), in den wohl beliebtesten Ferienort in Masuren begibt, wird die Bekanntschaft mit dem sagenhaften **Stinthengst** machen. In Gestalt eines Holzfischs mit kleiner Krone auf dem Haupt schwimmt der ›Król Sielaw‹ (König der Maränen), an einen Brückenpfeiler gekettet, an der Einfahrt in den Mikołajki-See. Seit dem 16. Jahrhundert soll er dort bereits gefangengesetzt sein, so berichtet zumindest die Sage: Als gefürchteter Feind der Fischer zerstörte der Stinthengst ihre Netze und brachte ihre Boote zum Kentern, so dass der Fischfang fast zum Erliegen gekommen war und die Menschen zu hungern begannen. Den Gebeten und Opfergaben, die eine tapfere Frau an die alten prußischen Gottheiten richtete, war es zu verdanken, dass der Fischkönig nach langem vergeblichen Mühen endlich ins Netz ging. Als die Nikolaiker anschließend über ihn Gericht hielten, begann er plötzlich zu sprechen und bot ihnen



*Am Jezioro Śniardwy*

zum Tausch für sein Leben allezeit volle Netze. Die Menschen ließen sich auf den Handel ein, schmiedeten den Stinthengst aber sicherheitshalber an den Brückenpfeiler – genau dort, wo er heute noch schwimmt. An der Fußgängerbrücke über die Wasserenge zwischen Jezioro Tałty (Talter Gewässer) und Jezioro Mikołajskie (Nikolaiken-See) wird das Wahrzeichen von Mikołajki jedes Jahr Ende Juni zu Wasser gelassen. Begleitet von einem bunten Stadtfest wird damit die Sommersaison eingeläutet, während der der Holzfisch die zahllosen Segel- und Paddelboote, die in den beliebten Ferienort einziehen, standesgemäß begrüßt.

Ein ebenbürtiger Gevatter aus Stein schmückt den Brunnen auf dem rechteckigen **Marktplatz** im Herzen des ›Masurischen Venedig‹, wie man das Dorf mit dem Stinthengst im Wappen dank seiner traumhaften Lage zwischen den Großen Seen auch nennt. 1444 wurde es erstmals als Nickelsdorf oder Niklasdorf erwähnt, nach dem Beschützer der Seefahrer, dem heiligen Nikolaus; 1726 bekam es von König Friedrich Wilhelm I. das Stadtrecht verliehen. Bis zur Erfindung der Sommerfrische Ende des 19. Jahr-

*Blick auf Mikołajki*

hunderts hielt das kleine Dorf einen Dornröschenschlaf. Nur im Juli und August zog mit einigen wenigen Sommergästen zeitweilig Unruhe ein. Doch bald darauf senkte sich wieder die Schläfrigkeit über den Ort, so wie sie Arno Surminski in seiner Erzählung ›Die Reise nach Nikolaiken‹ beschreibt: »Brachen neue Zeiten an, erreichten sie Masuren mit gehöriger Verspätung so um die Vesperzeit, nachdem sie sich unterwegs ausgetobt hatten.«

Doch auch in Masuren ist die Zeit nicht spurlos vorübergeeilt. Wer heute im Sommer nach Mikołajki reist, wird einen der größten masurischen Wassersport-Verkehrsknotenpunkte vorfinden. Vom Śniardwy- oder Tałty-See her halten die zahllosen Boote Einzug in der Touristenhochburg, um im großen Jachthafen vor Anker zu gehen. War das keine 4000 Einwohner zählende Dorf schon zu Zeiten der Volksrepublik eines der beliebtesten polnischen Ferienziele, prägt der Tourismus heute vollauf die Atmosphäre. Seit der Wende 1989 hat sich die bebaute Fläche mehr als verdoppelt. Vieles ist neu entstanden, zur Freude der Urlauber, die auf eine ausgezeichnete touristische Infrastruktur zurückgreifen können, ebenso wie für die Einheimischen, denen der Tourismus Arbeit und Einkommen bringt. Zahlreiche neue Hotels und Pensionen haben eröffnet, die Unterkunft für jeden Geschmack und Geldbeutel von luxuriös bis spartanisch bieten.

Zwischen Marktplatz und Mikołajki-See prangt ein neues **Fußgängerviertel** im historisierenden Fachwerkstil, in dem sich ebenerdig Cafés, Restaurant und Boutiquen einquartiert haben und in den Etagen darüber den Urlaubern Apartments zur Verfügung stehen. Den benachbarten, denkmalgeschützten alten Speicher hat man liebevoll restauriert und zur Seepromenade hin Restaurants in ihm untergebracht. **Ausflugsdampfer der Weißen Flotte** schippern von hier im Stundentakt zum Mamry- oder Śniardwy-See. Einen Steinwurf entfernt zeigt das **Museum der Polnischen Reformation** (Muzeum Reformacji Polskiej) neben der Pfarrkirche Dokumente der polnischen Reformation in Masuren.

Ein weiteres kleines Flanierviertel mit Pianobars, Restaurants, Galerien, Geschäften und Unterkunftsmöglichkeiten ist auf der anderen Seite der zentralen Dorfstraße entstanden, und noch mehr moderne Hotels und Ferienanlagen zie-

*Der berühmte Stinthengst von Mikołajki*

*Am Hafen von Mikołajki*

hen sich an den Ufern des Tałty-Sees entlang. 2011 wird in Mikołajki das polenweit fünfte Sheraton-Hotel eingeweiht werden.

Überall im Ort herrscht in der Sommerzeit Trubel. Im Hafenbereich klappern vor Biergärten und Schnellrestaurants die Tampen zahlloser Segelboote im Wind, und bis spät abends wummert die Diskomusik. Doch spätestens Ende September werden die Rollos schon wieder heruntergelassen und die Bordsteine hochgeklappt – und Mikołajki fällt wieder in seinen Winterschlaf.

### Mikołajki

**Vorwahl**: 087.
**Postleitzahl**: 11-730.
**Internet**: www.mikolajki.pl.
**Touristeninformation**, plac Wolności 3, Tel. 421 68 50, www.it.mikolajki.pl; Mai–Sept. Di–So 10–20 Uhr.

**Weiße Flotte Masuren** (Żegluga Mazurska), Tel. 421 61 02, http://zegluga mazurska.com.pl; Juni–Sept. tägl. ab 9 Uhr. Dampferpartien über die Großen Masurischen Seen, nach Norden über Ryn bis Giżycko und Richtung Süden über Wierbza bis Ruciane-Nida; ab Anlegestelle an der Fußgängerbrükke über den Mikołajki-See.

**Gołebiewski**, ul. Mrągowska 34, Tel. 429 07-00, Fax -44, www.golebiewski.pl; DZ um 480 Złoty. Weithin sichtbare, wie eine Festung auf einem Hügel über dem Ort thronende Hotelanlage mit über 550 Komfortzimmern, mehreren Bars und Restaurant, Tennisplätzen, Spaßbad, Kasino und Golf; Badespaß und Golfabschlag stehen gegen Entgelt auch Nicht-Hotelgästen zur Verfügung.

**Mazur**, pl. Wolności 6, Tel. 42 16 94-1, Fax -3, www.hotelmazur.pl; DZ um 320 Złoty, Okt.–April geschlossen. Im restaurierten historischen Rathaus am Markt, stilvoll, mit einem der besten Restaurants am Platz.

**Caligula**, pl. Handlowy 7, Tel./Fax 421 98 45, www.caligula.pl; DZ um 202 Złoty. Ansprechende Neubauvilla im Flanierviertel am neuen plac Handlowy, freundlicher Mittelklassekomfort, im Restaurant mit Biergarten polnische und regionale Spezialitäten;

▶ Karte S. 238

der für Kenner der antiken römischen Geschichte etwas anrüchige Name rührt vom bekanntesten masurischen Eissegelschiff ›Caligula‹ her, das Hotel ist das wichtigste Eissegelzentrum der gesamten Region und verfügt über die größte Flotte von Eisseglern, die den Urlaubern vom ersten Eis bis ins Frühjahr zur Verfügung stehen; angeschlossen ist ein Wohnmobilstellplatz.

**Pension Mikołajki**, ul. Kajki 18, Tel. 421 64 37, Fax 421 68 75, www.pensjonatmikolajki.mazury.info; DZ um 210 Złoty. Schöne, gemütliche Ferienvilla mit Holzbalkonen zur Straße und zum See, mit herrlichem Seeblick und Ankerplätzen für Segelboote direkt vor der Tür im Garten, Fahrrad- und Bootsverleih.

**Camping Wagabunda**, ul. Leśna 2, Tel./Fax 421 60 18, www.wagabunda-mikolajki.pl; Mai–Okt. Gut besuchte geplegte Rasenanlage am Südufer vom Mikołajki-See gegenüber vom Ortszentrum, mit Campinghütten, Gaststätte und Fahrradverleih.

**Wohnmobilstellplatz**, beim Hotel ›Caligula‹, Sanitär, Ver- und Entsorgungsstation.

**Museum der Polnischen Reformation**, Plac Kościelny 4; im Sommer tägl. 9–17 Uhr.

**Wassersportgeräteverleih**, beim Segelzentrum (Wioska Żeglarska) am Hafen, ul. Kowalska 3, Tel. 421 60 40.

**Stadtstrand**, am Nordwestufer vom Mikołajki-See gegenüber vom Ortszentrum.

**Driving Range und Golfakademie**, am Hotel ›Gołębiewski‹.

## Jezioro Łuknajno

Markierte Wanderwege führen von Mikołajki aus östlich zum etwa fünf Kilometer entfernten **Biosphärenreservat** am Jezioro Łuknajno (Lucknainer See), wo jährlich um die tausend Höckerschwanpaare ihre Nachkommen ausbrüten. Mit durchschnittlich nur 60 Zentimetern Tiefe bietet ihnen der Łuknajno-See optimale Aufzuchtbedingungen, da sie die Nahrung leicht vom Gewässergrund aufnehmen können. Im Frühjahr legen die zehn bis zwölf Kilogramm wiegenden Vögel, die damit zu den schwersten flugfähigen Tieren zählen, ihre Eier im Schilf ab, bebrüten sie über einen Monat lang und betreiben, nachdem die Jungen geschlüpft sind, bis zum Sommerende die Pflege. Erst Mitte bis Ende September sind die Kleinen flügge, so dass man sie die ganze schöne Jahreszeit über vom Ufer aus beobachten kann. Das Reservat selbst darf nicht betreten werden, einerseits um die Brutruhe nicht zu stören; und andererseits auch, um die Menschen vor den Schwaneneltern zu schützen, die, solange die Jungen unter ihren Fittichen sind, recht aggressiv sind und ordentlich zubeißen können. Von Hochsitzen am Westufer aus kann man den Tieren jedoch – am besten mit einem Fernglas – jederzeit zusehen. Ein weiterer Hochsitz steht im mannshohen dichten Schilfdickicht beim Gasthaus ›Zum Schwan‹ (Gościniec Pod Łabędziem) im Flecken Folwark Łuknajno am südlichen Seeufer.

**Jezioro Łuknajno**

**Gościniec Pod Łabędziem**, Łuknajno 2, Tel. 42168-62, Fax -75, www.luknajno.pl. Etwa 5 km östlich Mikołajki liegt das ›Gutshaus zum Schwan‹ allein weit und breit im Biosphärenreservat, wenige Schritte vom südlichen Łuknajno-Seeufer, die Zimmer kiefernmöbliert. Im Restaurant genießt man regionale Spezialitäten. Fahrrad- und Bootsverleih.

## Masurischer Landschaftspark

Südlich von Mikołajki dehnt sich auf 55000 Hektar der Masurische Landschaftspark (Mazurski Park Krajobrazowy) aus. Mit seinem Gründungsjahr 1977 ist er der älteste Naturpark in Ermland-Masuren und umfasst den gesamten Jezioro Śniardwy (Spirdingsee) sowie südlich und westlich davon große Teile der Puszcza Piska (Johannisburger Heide), einem der größten Waldgebiete Polens.

### Popielno

Im Landschaftspark noch relativ nahe an Mikołajki gelegen und mit einem schönen Fahrrad-Tagesausflug zu erreichen ist das Örtchen Popielno (Popiellnen) auf der Spitze der Landnase, die sich mit dichtem Wald, Sümpfen und Moorseen forsch zwischen Mikołajki-, Śniardwy- und Bełdany-See schiebt. Eine kleine Fähre, auf die vier bis fünf Autos passen, setzt im Sommer je nach Bedarf über das Wasser zum Flecken **Wierzba** über (Fährzeiten tägl. 11–17.40 Uhr, außerhalb der Sommersaison sicherheitshalber lieber nochmal in der Touristeninformation nachfragen). Wierzba besteht aus nicht mehr als einem Konferenzzentrum der Polnischen Akademie der Wissenschaften und einem idyllischen Jachthafen, an dem vornehmlich Warschauer ihre Liegeplätze haben. Von dort geht es quer über die Halbinselspitze nach **Polpielno** zur **zoologischen Forschungsstation**, wo sich die Wissenschaftler mit der Wiederansiedlung von Bibern, Wisenten und der Rückzüchtung der ausgestorbenen Tarpanpferde beschäftigen. Das letzte dieser ebenso robusten wie zierlichen, nur bis 1,30 Meter kleinen Wildpferdrasse, die einst in Ostpreußen und im Steppengebiet der Ukraine lebte, wurde 1876 erschlagen. Die heutigen Tarpans, wie man sie auf den Koppeln der ›Stacja Badawcza Rolnictwa Ekologicznego i Hodowli Zachowawczej Zwierząt‹ (Forschungsstation für ökologische Landwirtschaft und Züchtung bewahrenswerter Tiere) in Polpielno sieht, sind das Ergebnis der Rückzüchtungen seit 1957. Falls eine Führung erwünscht ist, muss man sich vorher anmelden (Tel. 4231519), ansonsten steht das Gelände jedem Besucher für Spaziergänge offen. Im Stationsgebäude informiert ein kleines **Museum** über die Arbeit.

Neben der Forschungsstation zählt Popielno noch einige wenige Plattenbauten und vier bis fünf masurische Holzhäuser direkt am Ufer des Śniardwy-Sees.

*Fähre nach Wierzba*

▲ Karte S. 207

Ebendort befinden sich ferner ein winziger Segelhafen mit Biwakplatz auf der Wiese sowie ein Restaurationsbetrieb.

### Die Krutynia

Weiter südwestlich schlängelt sich die Krutynia auf über 100 Kilometer Flussweg durch den dichten Wald der Puszcza Piska ihrer Mündung in den Jezioro Bełdany (Beldahnsee) entgegen. In Richtung **Krutyń** (Krutinnen) und **Ukta** (Ukta) weicht der Wald romantischem Wiesen- und Weideland, und in dem einen wie dem anderen Dorf hat sich zwischen staubigen Sandwegen manches typisch masurische Holzhaus bewahrt. Zugleich bilden Krutyń und Ukta mit großen Wasserstationen und Bootsverleihen gewissermaßen das ›Paddler-Mekka‹ auf der landschaftlich malerischen Krutynia-Paddelroute (siehe auch Seite 234). Wahlweise zwischen zwei und acht Stunden von Krutyń bis Ukta oder Zgon beziehungsweise bis Nowy Most oder Iznota kann man mit dem Mietboot einzelne Etappen der Krutynia-Route zurücklegen, Rücktransport zum Ausgangsort inklusive. Und wer nicht selbst paddeln mag, hat die Möglichkeit, sich von einem Bootsmann über das seichte Gewässer staken zu lassen. In Krutyń wartet in einem traditionellen Holzblockhaus von Anfang des 20. Jahrhunderts am Verwaltungssitz des Masurischen Landschaftspark zudem ein kleines **Naturkundemuseum** auf einen Besuch. Weitere alte Holzhäuser lassen sich im winzigen Flecken **Zgon** (Hirschen) am Südufer des Jezioro Mokre (Muckersee) in Augenschein nehmen.

### Gałkowo

Reiter finden ihr Glück in Gałkowo, gut zwei Kilometer von Ukta entfernt (Straße Richtung Piecki), im Gestüt ›Ferenstein‹. Für Ausritte, geführte Tagesreitausflüge, Kutschfahrten oder auch zum Reit- und Springunterricht stehen auf dem Hof rund 100 Pferde bereit sowie Ponys für die Kleinen und Drahtesel für alle diejenigen, die sich lieber auf mechanische Untersätze verlassen. In der Nachbarschaft lädt der Jagdhof Gałkowo (Dwór Łowczego) mit Gästezimmern und Restaurant zum Aufenthalt ein. Das historische Jagdhaus aus dem 19. Jahrhundert, das sich ursprünglich in Sztynort am ehemaligen Sitz der Grafen von

*Die Marina von Popielno*

*An der Krutynia*

*Holzhaus in Zgon*

Lehndorff befand, wurde hierher in die Puszca Piska versetzt und liebevoll restauriert. Im ersten Geschoss dient der **Salon Marion Dönhoff** der Erinnerung an die große Publizistin und Advokatin der deutsch-polnischen Aussöhnung, Marion Gräfin Dönhoff (1909–2002).

## Wojnowo

Das keine 200 Menschen zählende Dorf Wojnowo (Eckertsdorf) nicht weit südlich von Ukta besitzt eine ansehnliche Zahl masurischer Holzhäuser. Über ihnen ragt der – für Masuren ungewöhnliche – Zwiebelturm der 1840 errichteten **orthodoxen Holzkirche** auf, während sich am südlichen Ortsrand kurz vor der Straße nach Ruciane-Nida auf einem Hügelchen über dem Jezioro Duś (Dußsee) das winzige **Kloster der russischen Altgläubigen** erhebt.

Die orthodoxe Präsenz erklärt sich mit der russisch-orthodoxen Kirchenreform 1667 im zaristischen Russland, in deren Zuge die Verfolgung der Altgläubigen, auch ›Altkirchengebräucher‹ oder ›Philipponen‹ genannt, ihren Anfang nahm. Ab den 20er Jahren des 19. Jahrhunderts ließen sie sich in und um Eckertsdorf nieder, womit die russische Geschichte im damals protestantischen deutschen Ostpreußen begann. 1836 gründeten sie die Einsiedelei Eckertsdorf, 1847 wurde die Abtei eingeweiht, und noch bis weit ins 20. Jahrhundert konnte man in den Dörfern in der Region eine altrussische Mundart vernehmen.

Den Innenraum der ländlich-pittoresken **Klosterkirche der Heiligen Dreifaltigkeit und des Erlösers** schmücken eine reich verzierte Ikonostase und zahlreiche schöne Ikonen. Die kostbarsten Stücke aus dem Altgläubigen-Kloster befinden sich allerdings im Schlossmuseum von Lidzbark Warmiński. Hinter der Abtei liegt der Altgläubigen-Friedhof mit den für die Altkirchengebräucher typischen Dreifachkreuzen, auf dem auch die letzten beiden Klosterbewohnerinnen, Schwester Helena und Schwester Afimia, im Jahr 2005 beziehungsweise 2006 ihre ewige Ruhe fanden.

Auf Wunsch schließt der neue Besitzer des Anwesens das Gotteshaus zur Besichtigung auf. In den ehemaligen Klostergebäuden stehen einfache Gästezimmer und am Duś-See auf der Wiese ein Zeltplatz für Urlauber zur Verfügung.

*Das Kloster der Altgläubigen in Wojnowo*

▲ Karte S. 207

**Masurischer Landschaftspark**

**Jagdhof Gałkowo** (Dwór Łowczego), Gałkowo 46 (2 Kilometer nordwestlich von Ukta), 12-220 Ruciane-Nida, Tel. 087/425 70 73, www.galkowo.pl; DZ um 140 Złoty. Bildschöne Anlage, die Zimmer in traditionellen masurischen Holzhäusern; im Restaurant im restaurierten Jagdhaus aus dem 19. Jahrhundert werden die Gäste mit Gerichten aus frischen saisonalen Erzeugnissen der Region verwöhnt. Reiten und Kutschfahrten direkt gegenüber im Gestüt ›Ferenstein‹.

**PTTK-Wasserstation**, Krutyń 15, 11-710 Piecki, Tel. 089/742 12 93, www.kajaki-krutynia.pl. Zeltplatz, Campinghütten, Grill, Bar, Gastwitschaft, Bootsverleih, traumhaft schön an der Krutynia, die Gästezimmer im festen Haus mit Duschbad (DZ um 100 Złoty).

**Kloster Wojnowo**, Wojnowo, 12-210 Ruciane-Nida, Tel. 087/425 70 30, www.klasztor.com.pl; DZ um 80 Złoty. Freundliche, anspruchslose Unterkunft im ehemaligen Altgläubigenkloster, Zeltplatz unterhalb am See.

**Zoologische Forschungsstation der Polnischen Akademie der Wissenschaften Popielno**, 12-222 Wejsuny, Tel. 087/423 15 19, www.popielno.pl; Museum Juni–Sept. tägl. 10–17 Uhr.

**Naturkundemuseum des Masurischen Landschaftsparks** (Muzeum Przyrodnicze Mazurskiego Parku Krajobrazowego), Krutyń 66, 11-710 Piecki, Tel. 089/742 14 05, www.mazurskipark.pl; Mo–Fr 8–15 Uhr.

**Stakfahrten und geführte Paddelfahrten in Krutyń**, Krutyń 4, 11-710 Piecki, Tel./Fax 087/742 15 56, www.krutynia.com.pl.

**Bootsverleih in Krutyń**: **PTTK-Wasserstation** (siehe Hotels), **Wasserstation AS-Tour**, Krutyń 4, 11-710 Piecki, Tel. 089/742 14 30, www.splywy.pl.

In Ukta: **PTTK-Wasserstation**, Ukta 42a, 12-210 Ruciane-Nida, Tel. 089/425 70 16.

**Bootsverleih NEMO**, Most Ukta, 12-210 Ruciane-Nida, Tel. 06 97/21 52 77, www.ukta.pl.

## Ruciane-Nida

Wie Mikołajki zeichnet sich auch der Urlaubsort Ruciane-Nida (Rudschanny) durch eine traumhaft schöne Lage zwischen zwei Seen aus: Im Norden verbindet ihn der Jezioro Bełdany (Beldahnsee) als schmale Rinne mit dem Śniardwy-See (Spirdingsee), und im Süden erstreckt sich der Jezioro Nidzkie (Niedersee). Der 1966 aus den beiden Dörfern Ruciane und Nida zusammengelegte 4500-Einwohner-Ort ist Anlegestelle der Weißen Flotte Masuren, deren Dampfer vom Ortsteil Ruciane am Guzianka-Wielka-See aus von Juni bis September Kurs auf Mikołajki und Giżycko nehmen. Nebenan geben sich im **Seglerhafen** des südlichen masurischen Wassersportzentrums von Jolle bis Jacht die Segelboote und außerdem zahllose Paddler ein Stelldichein, und auch an der **Schleuse Guzianka**, die im gleichnamigen Ortsteil die Seen Bełdany und Nidzkie miteinander verbindet, herrscht in der Sommerzeit reges Kommen und Gehen. Zweieinhalb Meter unterschiedlicher Wasserstand werden bei der Schleusendurchfahrt ausgeglichen. Von einer kleinen Brücke aus kann man dem Schleusenbetrieb zusehen und den

Sportlern Mast- und Schotbruch zurufen, die entweder über den Bełdany-See dem ›Masurischen Meer‹, dem Jezioro Śniardwy, entgegenziehen oder über den romantischen Nidzkie-See den Süden der Puszcza Piska in Richtung Pisz (Johannisburg) erkunden.

## Am Nidzkie-See

Vielen gilt der malerische Jezioro Nidzkie südlich von Ruciane-Nida als das schönste masurische Gewässer. Seine Ufer sind an vielen Stellen mit dichten Schilfgürteln bedeckt, Seerosen blühen am Uferrand und überziehen die kleinen Buchten. Im Ufergebüsch leben Möwen und Seeschwalben, Wildenten, Schwäne, Gänse, Hauben- und Seetaucher, und auch Störche, Reiher und Greifvögel lassen sich an den Gestaden des insgesamt naturgeschützten Nidzkie-Sees sehen.

Wie eine Mondsichel zieht sich das Gewässer im Bogen durch die Kiefern- und Fichtenwälder der **Puszcza Piska** (Johannisburger Heide), die mit einer Ausdehnung von über 1000 Quadratkilometern eines der größten zusammenhängenden Waldgebiete in Polen ist. Neben vorherrschend Nadelbäumen und Wacholder im lichten Unterholz gedeihen auf den moorigen Sanderflächen Stieleichen, Ahorn, Moosbirken, Eschen und Erlen sowie eine große Beerenvielfalt. Auf den Lichtungen und im Dickicht tummeln sich Wildschweine, Rot- und Damwild, Hasen und Füchse. In Seenähe haben Kraniche, Reiher, Sumpfeulen und Uhus ein Refugium, und von den seltenen Seeadlern werden in der Pu-szczka Piska über 20 Horste gezählt.

Ein etwa zehn Kilometer langer Waldspaziergang führt vom Ortsteil Nida aus südwärts zum **Forsthaus Pranie** am Ufer des Nidzkiesees. Auf einer Lichtung in der Nähe des Steilufers liegt der weinumrankte Klinkerbau, und findet man ihn nicht auf Anhieb, helfen womöglich die Worte seines ehemaligen Bewohners weiter, des Schriftstellers Konstanty Ildefon Gałczyński (1905–1953), der schrieb: »Um ein Forsthaus in Masuren zu finden, muss man in den grünen Wäldern einfach nur nach roten Dachziegeln Ausschau halten«. In seinen letzten Lebensjahren zog sich Gałczyński als ebenso berühmter wie umstrittener Avantgarde-Dichter in die Idylle am Nidzkie-See ins Forsthaus Pranie zurück. Seit 1980 ist dort ein kleines Gałczyński-Museum untergebracht, das an sein Leben und umfangreiches Schaffen erinnert; im Sommer finden dort immer sonntags, musikalisch umrahmt, Lesungen seiner Gedichte statt.

### Ruciane-Nida

**Vorwahl**: 087. **Postleitzahl**: 12-220.
**Internet**: www.ruciane-nida.pl.
**Touristeninformation**, ul. Dworcowa 14 (an der Hauptstraße im Ortsteil Ruciane versteckt in der Ladenzeile gegenüber vom Bahnhof), Tel. 423 19 89; Juni–Aug. tägl. 8–20, Sept. 8–18 Uhr.

**Weiße Flotte Masuren**, http://zeglugamazurska.com.pl.; Juni–Sept. Schiffsfahrten über den Nidzkie-See sowie nördlich nach Wierzba, Mikołajki und Giżycko, von der Anlegestelle im Ortszentrum am Guzianka-See.

**Hotel Nidzki**, ul. Nadbrzeżna 1, Tel. 42 36 40-1, Fax -3, www.hotelnidzki.pl; DZ ab ca. 260 Złoty. Im Jahr 2000 eröffnet, herrlich im Wald am Ufer des Nidzkie-Sees gelegen, mit Restaurant, Badestelle und Spa. Anfahrt: Am östli-

▶ Karte S. 207

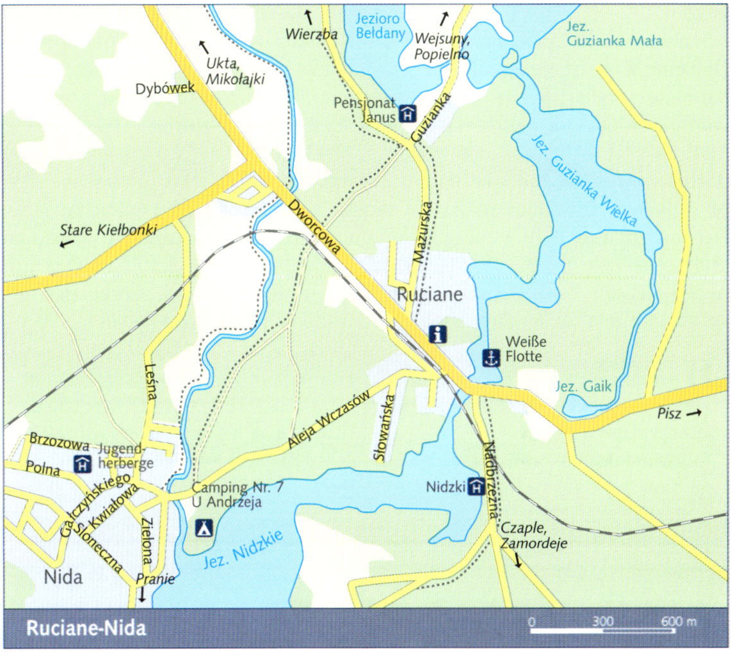


chen Ortseingang von Ruciane vor der Tankstelle in eine holprige Piste einbiegen, von dort wenige hundert Meter.

**Pension Janus**, ul. Guzianka 1, Tel./ Fax 423 64 50, www.janus.e-mazury.com.pl; DZ um 200 Złoty. Freundliches Haus im Ortsteil Guzianka in einer lauschigen Bucht am Bełdany-See, mit Café, Restaurant, großem Garten und eigenem Bootsanleger, Verleih von Rädern und Wassersportgeräten.

**Jugendherberge**, ul. Polna 2b, Tel. 423 17 08, Fax 423 11 28; ganzjährig.

**Camping Nr. 7 U Andrzeja**, al. Wczasów 17, Tel. 423 10 12, Fax 423 11 31, www.uandrzeja.pl; Mai–Mitte Sept. Ausgedehnter Platz im Ortsteil Nida, hübsch im Kiefernwald direkt am Nidzkie-See, mit angeschlossener kleiner Pension (DZ um 120 Złoty), Badestrand, Bootsanleger und Wassersportgeräteverleih.

**Camping Wejsunek**, in Wejsuny (6 Kilometer nördlich von Ruciane-Nida), Tel./Fax 423 14 84, www.wejsunek.pl; Mitte Mai–Mitte Sept. Idyllischer Rasenplatz im Weiler Wejsuny am Seeufer, mit Gastronomie, Campinghütten, Badestrand und Wassersportgeräteverleih.

**Gałczyński-Museum** (Muzeum Gałczyńskiego), Pranie, Tel. 425 62 48; Mai–Sept. tägl. 9.30–17 Uhr, Okt.–April Di–Sa 9.30–16 Uhr.

## Pisz

Das etwa 15 000 Einwohner große Pisz (Johannisburg) ist für masurische Verhältnisse vergleichsweise jung. Zwar wurde der Ort am Fluss Pisa bereits 1345 vom Deutschen Orden gegründet, doch bekam er erst 1645 die Stadtrechte verliehen. Die Stadt selbst ist an Denkmälern nicht reich. Häufige Brände und schließlich der Zweite Weltkrieg haben das alte Johannisburg beinahe vollständig zerstört. Im Zentrum am alten Marktplatz ist im 1898 erbauten **Rathaus** eine **Heimatstube** untergebracht, die Wissenswertes über Fauna und Flora der Puszcza Piska sowie die Stadtgeschichte ausstellt. Das Innere der 1843 errichteten Fachwerkkirche **Sankt Johannes** (Kościół św. Jana) schmücken ein Hauptaltar aus der Spätrenaissance und eine Barockkanzel von 1701. Im Stadtpark am Ufer der Pisa haben sich Überreste der im 14. Jahrhundert gebauten Ordensburg erhalten.

### Pisz

**Vorwahl**: 087. **Postleitzahl**: 12-200. **Internet**: www.pisz.pl.

**Touristeninformation**, ul. Daszyńskiego 16 (am zentralen Marktplatz), Tel. 425 09 47, Juli–Sept. Mo–Fr 8–18, Sa/So 10–18, das restliche Jahr Mo–Fr 8–18 Uhr, Zimmervermittlung.

**Hotel Nad Pisą**, ul. Ratuszowa 13, Tel. 423 32 53, Fax 423 31 76, www.hotelnadpisa.pl; DZ um 220 Złoty. Außen wie innen in einem kuriosen Stilmischmasch erscheinendes Komforthotel direkt am Flüsschen Pisa, erstes Haus am Ort.

**Hotel Jabłoń**, k. Pisza (3 Kilometer südwestlich von Pisz), Tel. 423 28 80, Fax 425 07 37, www.hotel-jablon.pl; DZ ab 220 Złoty. Im Fachwerkstil errichtetes, stilvolles Anwesen in idyllischer Alleinlage im Wald am Brzozolasek-See. Das Hotel verfügt über Badestrand, Wassersportgeräteverleih und Tennisplätze. Das Restaurant bietet Fusion und gehobene polnische Küche.

**Camp Pisz**, al. Turystów 11, Tel./Fax 423 04 59, www.camp.com.pl; Mitte Juni–Anfang Sept. Einfacher Platz am Roś-See im Zentrum für Segelsport und Wassertouristik (Ośrodek Żeglarstwa i Turystyki Wodnej), Fahrrad- und Wassersportgeräteverleih, Badestrand.

*Blick auf Pisz*

Karte S. 207

## Orzysz

Das Städtchen Orzysz (Arys) im Nordosten des Śniardwy-Sees, dem im Jahr 1443 durch den Hochmeister des Deutschen Ordens Konrad von Ehrlichshausen die Handfeste und in preußischer Zeit 1725 unter Friedrich Wilhelm I. das Stadtrecht verliehen wurden, besitzt keine besonderen Sehenswürdigkeiten. Allenfalls die **Marienkirche** (Kościół pw. Matki Boskiej Szkaplerznej) von 1872, deren Ursprünge auf das 16. Jahrhundert datieren, lohnt einen Blick. Dafür kann die 6000-Einwohner-Stadt stolz auf rund 20 Gewässer auf dem Gemeindegebiet verweisen. Eines der größten ist der Jezioro Orzysz (Arys-See), an dem in der ulica Leśna der Stadtstrand und zahlreiche städtische Freizeiteinrichtungen rund um den Wassersport liegen.

Zur Gemeinde gehört außerdem der etwa zehn Kilometer entfernte Badeort **Nowe Guty** am Ostufer des Śniardwy-Sees. Sein Badestrand mit herrlichem Blick weit über das ›Masurische Meer‹ zählt zu den schönsten Adressen, die die Großen Masurischen Seen an heißen Sommertagen für einen Sprung ins kühle Nass anbieten können. Eine ausgedehnte Badewiese mit Zeltplatz und Gastronomie befindet sich am südlichen Dorfausgang, eine kleinere in der Dorfmitte.

15 Kilometer östlich von Orzysz erblickte im Örtchen **Ogródek** (Ogrodtken) der masurische Dichter Michał Kajka

*Am Strand von Nowe Guty*

(1858–1940) als Sohn einer polnischsprachigen masurischen Familie das Licht der Welt. Bis zu seinem Tod 1940 setzte sich der gläubige Protestant gegen Zwangsgermanisierung und für den Erhalt der traditionellen Vielsprachigkeit und Toleranz in Masuren ein. So in seinem Gedicht ›Masurische Klagelieder‹:

*»Lass uns flehentliches Rufen*
*Für unser geliebtes Volk*
*Hinaufsteigen zu den Himmeln*
*Oder irgendwo über den Ozean,*
*Lass es ertönen mit traurigem Klang*
*Über der heimatlichen Sprache Tod.«*

In seinem ehemaligen Wohnhaus widmet sich das Michał-Kajka-Museum Leben und Werk des Dichters.

### Orzysz

**Vorwahl:** 087. **Postleitzahl**: 12-250.
**Internet**: www.orzysz.pl.
**Touristeninformation**, ul. Rynek 5, Tel. 4237187; Mai–Sept. Mo–Fr 9–17, Sa/So 10–14 Uhr.

**Michał-Kajka-Museum**, Ogródek 5 (15 Kilometer östlich von Orzysz), Tel. 4237426, www.lesniczowkapranie.art.pl; Di–Sa 9–16 Uhr.

**Badestrand und Wassersportgeräteverleih**, ul. Leśna in Osrzysz; in Nowe Guty am Śniardwy-See.

Land der tausend Seen

Sümpfe, Seen und Flußtäler prägen die im östlichen Masuren gelegene Region. Wer ursprüngliche Landschaften ohne Touristenmassen sucht, ist hier richtig.

Im hügeligen Moränenland des Dreiländerecks Polen/Russland/Litauen liegt das größte zusammenhängende Waldgebiet Polens.

# Östliches Masuren und Suwalszczyzna

# Östliches Masuren

Die Region zwischen **Gołdap** (Goldap) und **Olecko** (Marggrabowa) wird zu Recht auch ›Mazury Garbate‹ (Buckliges Masuren) genannt. Statt des lieblich gewellten Lands der Großen Masurischen Seen geht es nun Buckel hinauf und Buckel hinunter, dazwischen verlaufen tief eingekerbt Rinnenseen, Bäche und Flusstäler.

Zwischen 270 und 300 Meter über dem Meeresspiegel steigen die Hügel auf und markieren mit der höchsten Erhebung, der 309 Meter hohen Szeska (Seesker Höhe) südlich von Gołdap, zugleich Masurens nordöstlichen Endpunkt. Nur wenige Urlauber finden von den Großen Seen herüber in dieses herbschöne, von Sümpfen und Mooren durchzogene Land, das südlich von Olecko dann in die wieder belebtere Ełk-Seenplatte übergeht.

Pulsierendes Zentrum der südostmasurischen Ełk-Seenplatte ist **Ełk** (Lyck), die alte ›Hauptstadt Masurens‹ und ehemalige Provinzmetropole im südöstlichen Winkel des einstigen Ostpreußen.

## Gołdap und die Puszcza Romincka

Nur vier Kilometer von der Grenze zur russischen Enklave Kaliningrad entfernt, liegt am Fluss Gołdapa (Goldap) die 12 000 Menschen große Stadt gleichen Namens. Ihre Wurzeln reichen bis ins 16. Jahrhundert zurück, und seitdem war ihr oftmals kein großes Glück beschieden. 1657 brandschatzten Tataren die Stadt, 1694 suchte sie ein Großfeuer heim, 1709 raffte die Pest die Hälfte der Bevölkerung dahin, im Ersten Weltkrieg verheerten russische Soldaten den Ort, und 1945 wurde Goldap zu über 90 Prozent von der Roten Armee zerstört.

▶ Karte S. 253

Anschließend war die Ende des Zweiten Weltkriegs gezogene Grenze zum russischen Oblast Kaliningrad, dem vorher nördlichen Ostpreußen, hermetisch abgeriegelt. In der Puszcza Rominцka (Rominter Heide), die bei Gołdap beginnt und seit 1945 zu zwei Dritteln jenseits der Grenze in Russland liegt, sagen sich Fuchs und Hase gute Nacht. Traurige Berühmtheit erlangte die Stadt Anfang der 1980er Jahre, als im Ferienheim des Staatsfernsehens das polenweit luxuriöseste Internierungslager für Regimekritiker eingerichtet wurde. Es diente den damaligen Militärmachthabern als Vorzeigeeinrichtung für die internationalen Menschenrechtsorganisationen. Und wenn mittlerweile auch die gut bewachte EU-Außengrenze an der Straße von Gołdap in den Oblast für den kleinen polnisch-russischen Grenzverkehr wieder geöffnet ist (Touristen nur mit Visum!) – die Grenzlage der Stadt wirkt sich trotzdem nachteilig aus.

Dafür wird Gołdap mit der saubersten Luft in ganz Polen entschädigt und darf sich seit dem Jahr 2000 sogar Kurort nennen. Seither werden im einzigen offiziellen Kurort der Woiwodschaft Warmia-Mazury mithilfe der gesunden Luft, Heilschlamm und Mineralwassern allerlei Beschwerden gelindert.

Abseits der ausgetretenen Pfade lassen sich im 1998 gegründeten **Landschaftspark Rominter Heide** (Park Krajobrazowy Puszczy Rominckiej) außerdem herrliche Wanderungen unternehmen. Einst war der Wald Jagdgebiet der preußischen Herzöge und Könige, später der deutschen Kaiser. Besonders gern ging Kaiser Wilhelm II. in der Rominter Heide auf die Pirsch. Auf Spaziergängen durch die weite einsame Wildnis werden einem

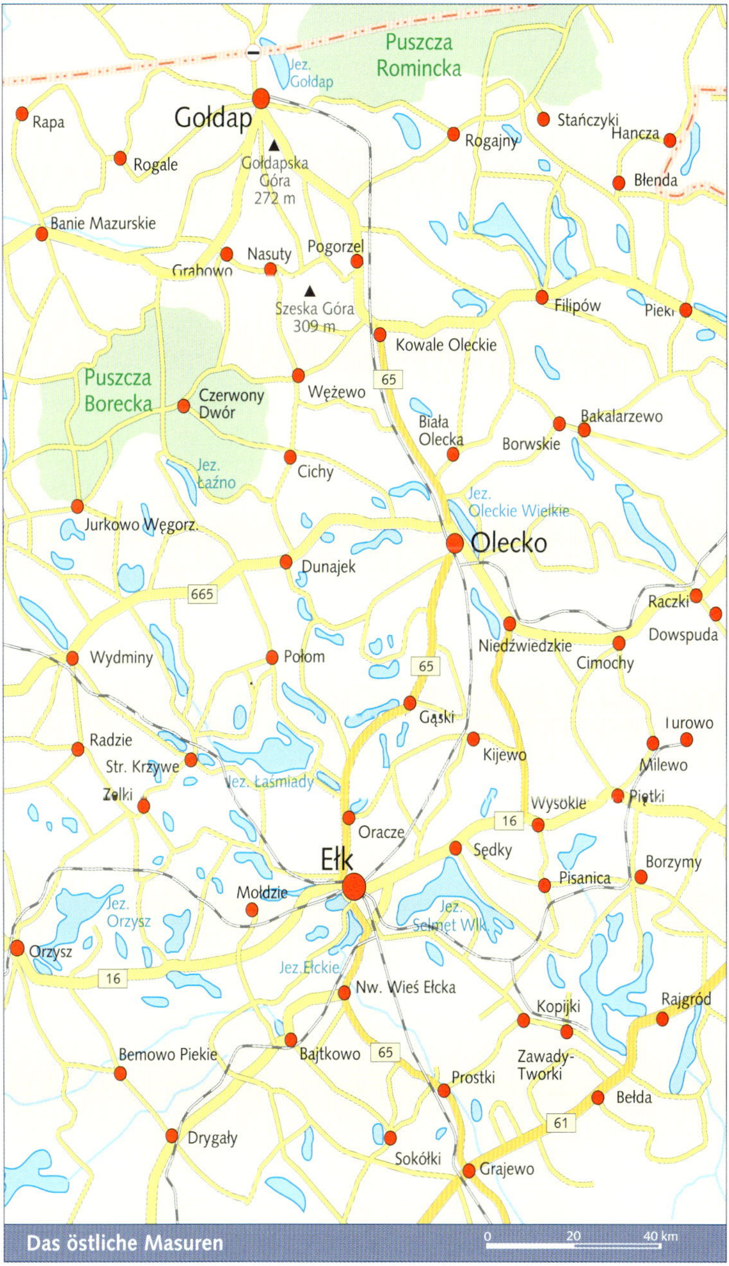


Das östliche Masuren

auch heute Rot-, Schwarz- und Damwild, womöglich sogar Elche, Wölfe, Luchse und Biber, aber selten nur Menschen begegnen. Eine breit in den Wald geschlagene Schneise sollte man unterwegs jedoch besser nicht überschreiten, es ist die Grenze nach Russland, und ein visumloses Einwandern in die Föderation empfiehlt sich auf keinen Fall. Es würde von russischer Seite mit hohen Geldstrafen und schlimmstenfalls sogar Gefängnis bedacht.

Im Ortszentrum verdient einen Steinwurf vom weitläufigen Marktplatz entfernt die ursprünglich Ende des 16. Jahrhunderts erbaute, zwischen 1981 und 1984 rekonstruierte **Marienkirche** (Kościół Naszej Marii Pannej) einen Blick. Im Norden Gołdaps erstreckt sich bis zur russischen Grenze der **Gołdap-See** mit einer Badewiese und anderen schönen Freizeiteinrichtungen.

Im Süden der Stadt guckt als 272-Meter-Buckel die **Gołdapska Góra** (Goldaper Berg), im Volksmund auch Piękna Góra (Schöner Berg) genannt, in den Himmel hinauf. Von einem Sessellift und einer Schneekanone unterstützt, rutschen im Winter die Skifahrer auf seinen Hängen zu Tal.

### Eisenbahnbrücke Stańczyki

Ungefähr 25 Kilometer östlich von Gołdap liegt am Rand der Puszcza Romincka beim Dorf **Stańczyki** eine der bedeutendsten Sehenswürdigkeiten der Region. Auf 150 Meter Länge wölbt sich, 36 Meter hoch über dem Talgrund, die höchste **historische Eisenbahnbrücke** Polens. Mit ihren Pfeilern und Arkaden erinnert die Zwillingsbrücke – die nördliche Brücke 1912 bis 1914, die südliche zwischen 1923 und 1926 errichtet – an ein antikes römisches Viadukt. Ihre Gleise demontierte 1945 die Sowjetarmee. Seitdem hat sie keine Funktion mehr, aber sie bildet ein schönes Wanderziel.

#### Gołdap

**Vorwahl**: 087.
**Postleitzahl**: 19-500.
**Internet**: www.goldap.pl.
**Touristinformation**, plac Zwycięstwa 16, Tel. 6152090, www.turystykagoldap.pl; Juli/Aug. Mo–Fr 8–18, Sa 9–14, So 10–13, Sept.-Juni Mo–Fr 9–15 Uhr, Zimmervermittlung.

**Hotel Jurand**, ul. Stadionowa 3, Tel. 615493-5, Fax -6, www.jurand.goldap.net; DZ um 150 Złoty. Still gelegene, schöne Fachwerkanlage, 600 Meter zum Gołdap-See, 1,5 Kilometer ins Ortszentrum, im Restaurant typische Köstlichkeiten der Region, zum Beispiel ›Kartacze‹ (Kartoffelklöße mit deftigem Fleisch).

**Hotel Gołdap**, pl. Zwycięstwa 21, Tel. 087/6150461, www.hotelikgoldap.pl; DZ um 140 Złoty. Gepflegtes kleines funktionales Mittelklassehotel am zentralen Marktplatz.

**Campingplatz**, ul. Stadionowa 5a, Tel. 6150641; Mitte Mai–Mitte Sept. Einfacher Platz am Ufer des Gołdap-Sees.

▸ Karte S. 253

*Die Stańczyki-Brücke bei Gołdap*

## Olecko

Im Jahr 1560 wurde Marggrabowa (Olecko) nahe der damaligen masurisch-polnischen Grenze gegründet. Die Sage erzählt, dies sei auf Initiative des polnischen Königs Zygmunt II. August und seines Cousins, des Hochmeisters des Deutschen Ordens und ersten Herzogs in Preußen, Albrecht von Brandenburg-Ansbach, geschehen. Die beiden Herrscher sollen sich hier in der Großen Wildnis zum gemeinsamen Jagen getroffen und anschließend vereinbart haben, in Erinnerung an ihre Begegnung – hüben im Preußenland und drüben, 40 Kilometer weiter östlich in Polen – jeweils eine neue Stadt zu gründen. Woraufhin in Polen Augustów und in Preußen Marggrabowa entstanden.

Tatsächlich gibt es keinerlei Belege für diese Geschichte. Hübsch ist sie trotzdem und wird vielleicht auch dem reichen polnischen Gutsbesitzer Adam Woynoffsky gefallen haben, der als Protestant nach Preußen einwanderte und in seiner Funktion als Lokator (Kolonistenvorsteher) die 1560 neue gegründete Siedlung Marggrabowa zur ersten Blüte führte.

Die ›Tatarenwut‹ 1656/57, die große Pestepedemie 1709–1711 und immer wieder Stadtbrände bilden elementare Einschnitte in der Stadtgeschichte. Anfang des 19. Jahrhunderts wurde Marggrabowa oder deutsch ›Markgrafenstadt‹ zur Kreisstadt ernannt, doch wirklich bedeutend wurde sie trotzdem nie – bis sie 1920 plötzlich in die Schlagzeilen geriet. In der Volksabstimmung zwei Jahre nach Ende des Ersten Weltkriegs über den Verbleib Masurens bei Polen oder der Weimarer Republik stimmten lediglich zwei Personen im ganzen Kreis für die Republik Polen. Acht Jahre später wurde Marggrabowa für seine ›Grenzlandgeist‹-Treue dem Deutschen Reich gegenüber in ›Treuburg‹ umbenannt. Nach der Zerstörung im Zweiten Weltkrieg wählte die polnische Bevölkerung den Namen Olecko, der auf eine Jagdhütte am Ort im 16. Jahrhundert zurückgeht.

Aus der Vorkriegszeit haben sich am großräumigen, gut sieben Hektar umfassenden **Marktplatz** im Zentrum der 16 000-Einwohner-Stadt Gründerzeitbauten und das **Rathaus** aus der ersten Hälfte des 19. Jahrhunderts erhalten. Am Ufer des Olecko-Wielkie-Sees wartet nahe dem Sportstadion die **historische Badeanstalt** an heißen Sommertagen auf einen Besuch.

*Am Olecko-Wielkie-See*

▲ Karte S. 253

**Olecko**

**Vorwahl**: 087.
**Postleitzahl**: 19-400.
**Internet**: www.olecko.pl (auch dt.).
**Touristeninformation**, im Kulturzentrum ›Buckliges Masuren‹ (Regionalny Ośrodek Kultury ›Mazury Garbate‹), pl. Wolności 22 (am zentralen Markt), Tel./Fax. 520 20 59; Mo–Fr 8–16 Uhr. Auch Zimmervermittlung.

**Hotel Mazury**, ul. Gołdapska 10a, Tel./Fax 520 40 50, www.mazury-centrum.com.pl; DZ um 160 Złoty. Urlaubervilla in schönem Garten, etwa 300 Meter vom See entfernt, mit Restaurant, Bar und wochenendlichem Tanzvergnügen.
**Hotel Centrum**, pl. Wolności 8c, Tel./Fax 520 12 00, www.mazury-centrum.com.pl; DZ um 120 Złoty. Wer eher das städtische Leben bevorzugt, ist in dem Mittelklassehotel am Marktplatz gut untergebracht, mit Bar und Restaurant.

## Ełk

Ełk (Lyck) liegt im Zentrum der gleichnamigen Ełk-Seenplatte (Pojezierze Ełckie). Zwar können die Gewässer in ihren Ausmaßen nicht mit den Großen Masurischen Seen mithalten, und auch die Landschaft präsentiert sich nicht mehr ganz so bilderbuchartig. Doch wird man dafür selbst in der Hochsaison im Juli/August allerorts ruhige Plätze vorfinden. Die schönste Paddeltour über die durch Flüsse und Kanäle vernetzten Seen führt von Czerwony Dwór in der Puszcza Borecka über 80 Kilometer in die Stadt am Jezioro Ełckie (Lycksee).
1398 wurde Lyck vom Deutschen Orden gegründet. Auf dem Eiland im Lycksee entstand eine hölzerne Festung, die zehn Jahre später einer steinernen Burg wich. 1536 erhielt der Ort die dritte Druckerwerkstatt in ganz Preußen, und mit der Eröffnung der herzoglich-preußischen Particularschule 1587, aus der Anfang des 19. Jahrhunderts das Gymnasium hervorging, stieg die Stadt zum geistigen und kulturellen Mittelpunkt in ›der Großen Wildnis‹ auf. 1669 erhielt Lyck die Stadtrechte, zwei Jahrhunderte später folgte 1868 der Eisenbahnanschluss und darin die Verbindung zur großen weiten Welt. Lyck entwickelte sich zur heimlichen ›Hauptstadt Masurens‹.

*Schmalspurmuseum in Ełk*

Berühmtester Sohn der Stadt ist Siegfried Lenz. 1926 erblickte der Schriftsteller, der wie kein anderer dem alten Masuren ein literarisches Denkmal setzte, im südöstlichsten Winkel des ehemaligen Ostpreußen das Licht der Welt. Keine 20 Kilometer von der damaligen deutsch-polnischen Grenze entfernt wurde das historische Lyck gegen Ende des Zweiten Weltkriegs beinahe völlig ausgelöscht.
Die mit 55 000 Einwohnern größte Stadt in Masuren verfügt deshalb kaum noch über bauliche Sehenswürdigkeiten. Die neugotische **Herz-Jesu-Kirche** (Kościół Najświętszego Serca Jezusowego) sei zu

erwähnen: Mitte des 19. Jahrhunderts errichtet und nach der Zerstörung 1914 im Ersten Weltkrieg wieder aufgebaut. Von der Ordensburg auf der Insel im Ełk-See ist dagegen kaum noch etwas zu sehen. Schon im 18. Jahrhundert wurde sie teils geschleift, von 1888 bis 1976 fungierten die verbliebenen Mauern als Gefängnis.

Ein herausragendes Ereignis in der Stadtgeschichte war der Besuch von Papst Johannes Paul II. (1920–2005), der im Juni 1999 in Ełk eine Messe abhielt. Seitdem ist an der **Promenade am Ełk-See** manches Neue entstanden. Cafés und Restaurants laden drinnen wie draußen mit kleinen Biergärten zum Auf-den-See-Gucken ein.

Die größte Touristenattraktion von Ełk aber ist die **historische Schmalspurbahn**. Direkt hinter dem Bahnhof der großen polnischen Eisenbahnen PKP liegt der ehemalige Kleinbahnhof. Von dort starten in den Sommermonaten schmale 750-Millimeter-Spur-Züge zu Ausflugspartien. In zwei Etappen in den

Jahren 1910 bis 1917 erbaut, führten die Dampfloks einst von Lyck aus in zwei knapp 40 Kilometer langen Gleisstrecken südöstlich nach Zawady beziehungsweise nordöstlich nach Turowo. Heute ist der reguläre Personenverkehr längst eingestellt, und umso lieber gehen die Schmalspurbahnfreunde auf einem Teilabschnitt bis zum Dorf Sypitki auf große Fahrt. Fast so beschaulich, wie sie schon Arno Surminski in seiner Erzählung ›Die Reise nach Nikolaiken‹ beschreibt: »Die Eisenbahn näherte sich mit Bedacht. Ihr größter Fehler war es, dass bei ihrem Anblick die Pferde durchgingen. Darum stahlen sich die Züge unauffällig durchs Land, nahmen gern die lieblichere Form der Kleinbahn an und vermieden unterwegs jedes Läuten und Pfeifen. Auch bewahrte sich die masurische Eisenbahn eine gewisse Beschaulichkeit dadurch, dass sie an Steigungen erschöpft stehenblieb und den Fahrgästen Gelegenheit gab, mit Wassereimerchen zum nahen See zu laufen, um Flüssigkeit für den Dampfkessel zu holen. Wintertags war sie oft bockig, wollte bei Stiehmwetter nicht fahren oder gab den Reisenden Zeit, sie aus Schneeschanzen zu befreien.«

Die touristischen Schmalspurbahnen verkehren im Juni immer am Samstag und im Juli/August mittwochs und samstag ab Kleinbahnhof Ełk unmittelbar östlich der Normalspurgleise am Bahnhof von Ełk. Ebenfalls dort zeigt das **Schmalspurbahn-Museum** historische Triebwagen, Waggons und Lokomotiven.

### Ełk

**Vorwahl**: 087.
**Postleitzahl**: 19-300.
**Internet**: www.elk.pl.
**Touristeninformation**, ul. Wojska Polskiego 47, Tel. 621 70 10, www.turystyka.elk.pl; Juni–Sept. tägl. 9–17 Uhr.

**Schmalspurbahn-Ausflüge**, ab Schmalspurbahnmuseum, ul. Wąski Tor 1 (am Bahnhof Ełk östlich der Gleise); Tel. 610 00 00, www.mosir.elk.com.pl/ekw; im Juni samstags, Juli/Aug. mittwochs und samstags Abfahrt 10 Uhr.

**Hotel Horeka**, ul. Wojska Polskiego 63, Tel./Fax 621 37 67, www.horeka.elk.com.pl; DZ um 160 Złoty. Großer Fachwerkbau an der Uferpromenade, mit Sauna und Sonnenterasse, das Restaurant an der Seepromenade bietet polnische und masurische Küche.
**Hotel Rydzewski**, ul. Armii Krajowej 32, Tel. 621 89-00, Fax -19, www.rydzewski.pl; DZ um 190 Złoty, am Wochenende um 140 Złoty. Gepflegtes postmodernes Haus an der Hauptstraße im Stadtzentrum, das Restaurant serviert polnische und internationale Gerichte.

**Camping Nr. 62 Ełk**, ul. Parkowa 9, Tel. 610 97 00, www.mosir.elk.com.pl; Juni–Ende Aug. Wiesenplatz am Stadtstrand am Ufer vom Jezioro Ełckie südlich der Brücke über den See, Gaststätte und Wassersportgeräteverleih.

**Schmalspurbahnmuseum** (Muzeum Ełckiej Kolei Wąskotorowej, EKW), ul. Wąski Tor 1 (Bahnhof Ełk östlich der Bahngleise); tägl. 8–15 Uhr.

**Stadtstrand Ełk**, am Campingplatz, ul. Parkowa 9.

# Der Nordosten

Im nordöstlichsten Winkel Polens liegt die **Suwalszczyzna**. Anders als das Ermland und Masuren gehörte die Region rund um die Städte **Suwałki** und **Augustów** nie zu Preußen beziehungsweise zu Deutschland - die 20 Jahre preußische Besatzung nach der Dritten Teilung Polens 1795 bis 1815 ausgenommen.

In der Suwalszczyzna lebte ursprünglich der prußische Stamm der Sudauen. Ab dem 13. Jahrhundert unterwarfen ihn die von Süden heraufziehenden Heere der polnischen Fürsten. Polen, Russen, Weißrussen, Juden, Tataren und Litauer besiedelten die Region, in der man nirgends mehr auf die weiter westlich so charakteristischen Backsteinburgen der Deutschordensritter stößt. Stattdessen schmücken kleine Holzhäuser in leuchtenden Farben, wie man sie im benachbarten Litauen findet, das hügelige Moränenland. Östlich der Linie Gołdap–Olecko–Ełk, an der mit wenigen Veränderungen bis 1945 die deutsch-polnische Grenze verlief, prägt im Dreiländereck Polen, Litauen, Weißrussland ein klarer, weiter baltischer Himmel das Land.

Nach dem Zweiten Weltkrieg verloren Suwałki und Augustów mit der Westverschiebung Polens den größten Teil ihres traditionellen Hinterlands, das einst fast bis Grodno reichte, an die Sowjetunion. Quasi über Nacht wurden sie von westlichen zu östlichen Grenzstädten. In sozialistischer Zeit wurde Suwałki Hauptstadt der 1975 geschaffenen Woiwodschaft Suwałki, die sich bis westlich der Großen Masurischen Seen ausdehnte. Sie ging im Zuge der Gebietsreform 1999 überwiegend in der neu geschaffenen Großwoiwodschaft Warmińsko-Mazurskie (Ermland-Masuren) auf. Die Suwalszczyzna selbst bildet seither den nördlichsten Zipfel der Woiwodschaft Podlaskie. Etwa 200 Seen zählt die Region, die sich als traumhaftes Mosaik aus Wasser und Land präsentiert. So wartet an der Suwałki-Seenplatte rund um den Hańcza-See, den tiefsten See Polens, der **Suwalski-Landschaftspark** auf einen Besuch. Ein Juwel unter den Gewässern ist der Wigrysee im **Wigry-Nationalpark**, der mit dichtem Kiefernwald den nördlichen Teil der **Puszcza Augustowska** umfasst. Namenspatronin des größten zusammenhängenden Waldgebiets Polens ist die Sommerfrische Augustów, Ausgangs- oder Endpunkt für die beliebten Paddeltouren auf dem Augustów-Kanal sowie den Flüssen Rospuda und Czarna Hańcza, die die zahlreichen Seen der Suwalszczyzna miteinander verbinden.

*Landschaft im Nordosten*

▲ Karte S. 261

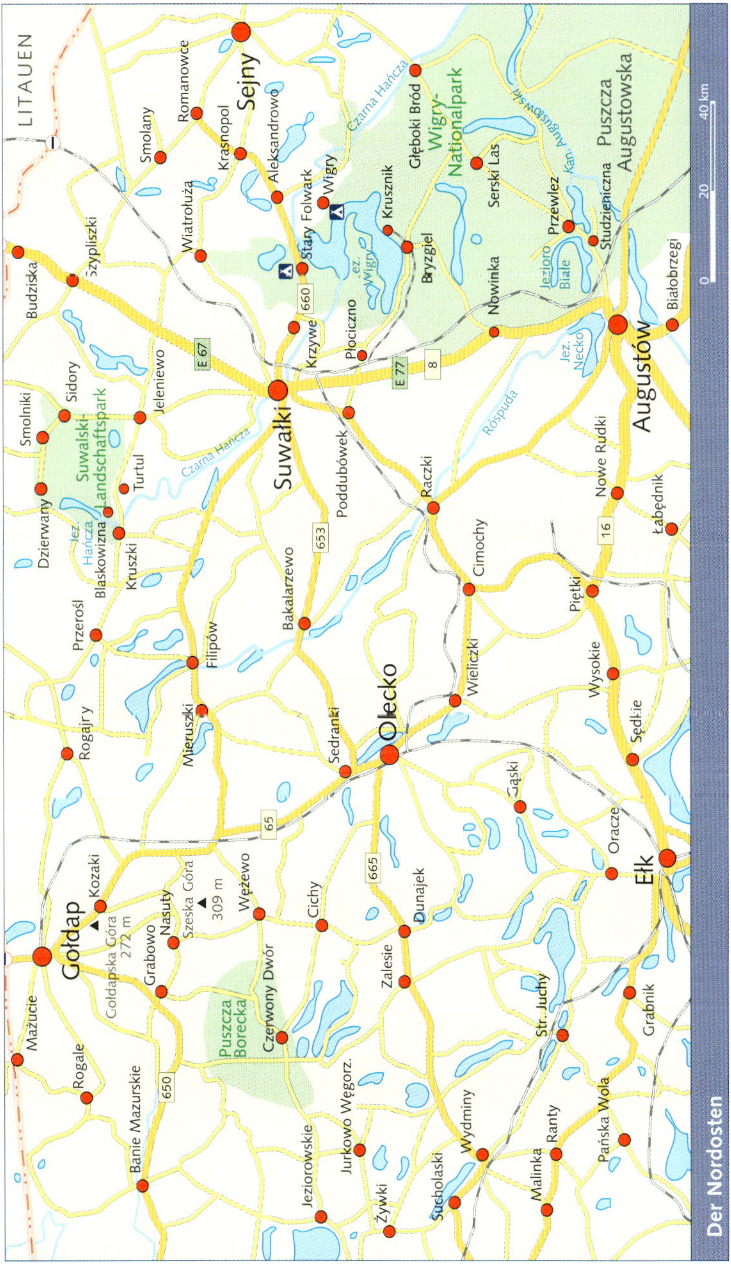


Östliches Masuren und Suwalszczyzna

## Der Storch

»Klapperstorch, mein Guter, bring mir einen Bruder; Klapperstorch, mein Bester, bring mir eine Schwester!« So sangen früher die Kinder, wenn sie sich ein Geschwisterchen wünschten, und würde das tatsächlich funktionieren, müsste Masuren einer der bevölkerungsreichsten Landstriche Europas sein.

Ende März, Anfang April kehren die masurischen Störche aus Südostafrika in ihre Brutheimat zurück. Langsam und mit beinahe unbewegten Flügeln, die bis zu zwei Meter Spannweite messen, segelt Meister Adebar – oder Wojtek, wie er in Polen heißt – durch die Lüfte, bis er wieder in seinem Heimatdorf an seinem angestammten Horst angelangt ist. Ursprünglich brütete der gefiederte Geselle aus der Familie der Stelzvögel auf alten Bäumen und Felsen, doch als Kulturfolger sucht er nun schon seit langem die Nähe zum Menschen.

Sein bis zu zwei Meter breites, vier Meter hohes und bis zu zwei Zentner schweres Nest baut er am liebsten auf Dachfirsten, Schornsteinen und Masten. Ein Storchenhorst auf dem Hausdach verheißt Glück, sagt der Volksmund, und bedeutet darüber hinaus, dass kein Gewitterblitz dem Haus etwas anhaben kann.

*Paarungszeit*

Der Storch stellt hohe Ansprüche an die Qualität seines Lebensraums. Im intakten offenen Feuchtgrünland, in Auen und auf Wiesen, über die er gemächlich dahinschreitet oder auch auf einem Bein stehend verweilt, sucht er sich seine Nahrung: Regenwürmer, Insekten, Mäuse, Frösche, Eidechsen, Schlangen und Fische – von denen der Nachwuchs pro Jungvogel täglich knapp anderthalb Kilo verschlingt. So schaffen die Eltern während der Brutsaison aus einem Umkreis von gut drei Kilometern insgesamt fast fünf Zentner Nahrung für ihre hungrigen Kleinen herbei.

Zuvor haben Herr und Frau ›Klapperstorch‹ arbeitsteilig zwischen 30 und 35 Tagen auf bis zu vier Eiern gebrütet, und noch einmal vorher ist während der Paarungszeit die Luft von ihrem aufgeregten Schnabelklappern erfüllt.

Im August neigt sich der masurische Storchensommer schon wieder seinem Ende entgegen. Die Jungstörche sind nun erwachsen und versammeln sich in Scharen auf den Feldern. Etwa eine Woche vor ihren Eltern begeben sie sich auf die lange Reise nach Afrika. Auf eine Führung sind sie nicht angewiesen, denn die Zugrichtung ist ihnen bereits in die Wiege gelegt: Es geht über den Balkan, den Bosporus, Kleinasien und den Sinai in die Winterquartiere nach Südostafrika, weshalb man die mittel- und osteuropäischen Störche auch ›Ostzieher‹ nennt – die westeuropäischen Störche bevorzugen die Strecke über Gibraltar. Aus Dänemark, Norddeutschland, Polen, dem Baltikum, Russland und Weißrussland, aus der Ukraine und Tschechien, der Slowakei, Österreich, Ungarn, Rumänien, Slowenien, Kroatien, Bosnien-Herzegowina, Makedonien und Jugoslawien strömen sie zusammen, um weiter südlich auf ihre Verwandten aus Albanien, Griechenland und der Türkei zu treffen und dann gemeinsam dem Nil nach Süden zu folgen.

Bei täglichen Reiseetappen zwischen 150 und 300 Kilometer kommen die Störche acht bis fünfzehn Wochen nach ihrem Aufbruch im südlichen Afrika an, wo sie, solange auf der nördlichen Halbkugel Väterchen Frost regiert, ihre Winterquartiere beziehen und Kraft für ihre Rückreise nach Europa im nächsten Frühling tanken.

Mit etwas Glück begegnet man in den urwüchsigen, undurchdringlichen Waldlandschaften im Nordosten Polens sogar dem sehr selten gewordenem Schwarzstorch: Noch etwa 700 Schwarzstorch-Paare sind in Polen zu Hause, fast die Hälfte aller in Europa beheimateten Schwarzstörche.

*Storchennest*

## Suwałki

Die knapp 70 000 Einwohner zählende Metropole in der Suwalszczyzna ist eine vergleichsweise junge Stadt. Im Jahr 1667 überantwortete König Jan Kazimierz (Regierungszeit 1648–1668) die Wildnis rund um den Czarna-Hańcza-Fluss Mönchen des Kamaldulenserordens. Bis ins 19. Jahrhundert blieb Suwałki ein Dorf, auch wenn ihm bereits 1720 die Stadtrechte verliehen wurden. Mit der Dritten Teilung Polens und der Einverleibung der Region durch Preußen 1795 endete für die nächsten 20 Jahre die polnische Geschichte der Stadt. Nach dem Wiener Kongreß 1815 und der Wiederherstellung eines kleinen Rumpf-Polens unter der Kontrolle des russischen Zaren – ›Kongresspolen‹ genannt – wurde Suwałki Kreisstadt. Ab 1825 wandelte man den weitläufigen Marktplatz in einen Lustgarten um. An der Hauptstraße, der heutigen ulica Kościuszki, die einen Teil des alten Handelswegs von Warschau über Kaunas nach Sankt Petersburg darstellte, entstanden repräsentative klassizistische Bauten, für die unter anderem die Architekten Antonio Corazzi, Enrico Marconi und Karol Majerski die Pläne entwickelten.

*Die Sankt Alexanderkirche*

Karte S. 265

*Im Zentrum von Suwałki*

So ist das historische Zentrum rund um den ausgedehnten plac Piłsudskiego von schönen spätklassizistischen Bauwerken geprägt. Mit einem eindrucksvollen Portal sticht unter ihnen die 1820 bis 1829 errichtete, strahlend weiße **Sankt Alexanderkirche** (Kościół św. Aleksandra) hervor. Das nach einem Entwurf des namhaften Baumeisters des polnischen Klassizismus Christian Piotr Aigner (1756–1841) entstandene, 1842 bis 1845 umgestaltete Gotteshaus bekam seine aktuelle Form mit dem Anbau der Kapellen im Jahr 1856.

Auf der Südseite des Platzes steht die **Herz-Christi-Kirche** (Kościół pod wezwaniem Najświętszego Serca Pana Jezusa), von Enrico Marconis (1792–1863) entworfen und zwischen 1838 und 1840 erbaut. Gegenüber sind das 1842 bis 1844 errichtete klassizistische **Rathaus** mit einem markanten Uhrenturm und nebenan das ebenfalls klassizistische, 1843 bis 1846 nach Plänen Antonio Corazzis erbaute **Gymnasium** einen Augenblick wert. Es ist nach der berühmtesten Tochter der Stadt, der Schriftstellerin Maria Konopnicka (1842–1910) benannt. Nur einen kurzen Spaziergang

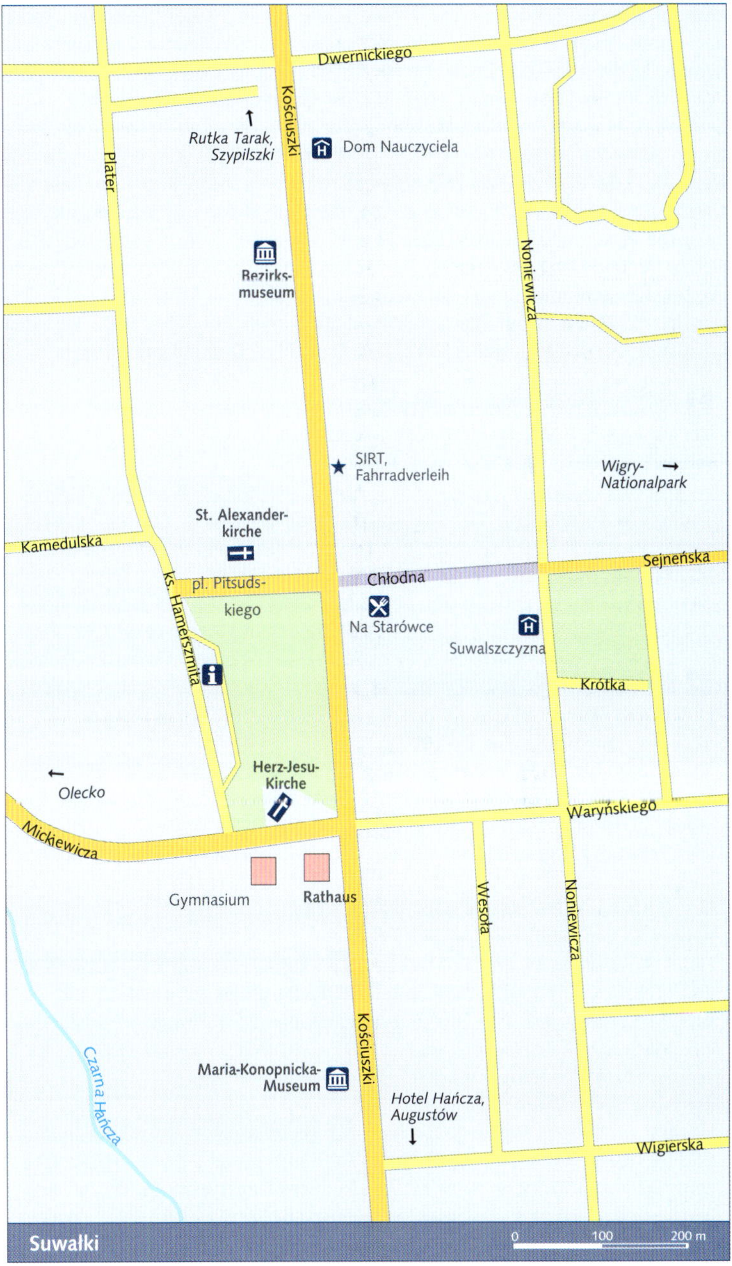
Dwernickiego
Kościuszki
Rutka Tarak, Szypilszki
Dom Nauczyciela
Plater
Bezirks-museum
Noniewicza
SIRT, Fahrradverleih
Wigry-Nationalpark
St. Alexander-kirche
Kamedulska
Sejneńska
Chłodna
ks. Hamerszmita
pl. Pitsuds-kiego
Na Starówce
Suwalszczyzna
Krótka
Herz-Jesu-Kirche
Olecko
Waryńskiego
Mickiewicza
Gymnasium
Rathaus
Wesoła
Noniewicza
Kościuszki
Czarna Hańcza
Maria-Konopnicka-Museum
Hotel Hańcza, Augustów
Wigierska
Suwałki
0
100
200 m

entfernt, kam die Schöpferin der Verse der ›Rota‹, Polens heimlicher Nationalhymne, in der ulica Kościuszki 31 zur Welt. In ihrem Geburtshaus erinnert heute das **Maria-Konopnicka-Museum** an die polnische Lyrikerin.

Ebenfalls in der ul. Kościuszki ist das **Bezirksmuseum** (Nr. 81) zu finden. Es zeigt polnische Malerei und informiert über die Geschichte und Natur der Region.

Weitere weltberühmte Kinder der Stadt sind der 1926 geborene Filmregisseur und Oscar-Preisträger Andrzej Wajda sowie der in Litauen gebürtige Nobelpreisträger für Literatur Czesław Miłosz (1911–2004), der lange in der Stadt an der Czarna Hańcza zuhause war.

Zur Weiterreise von Suwałki nach Litauen steht der 30 Kilometer entfernte Grenzübergang Budzisko/Kalvarija offen. Ein anderer Grenzübergang liegt 45 Kilometer östlich von Suwałki bei Ogrodniki/Lazdijai. Auf dieser Strecke empfiehlt sich in **Sejny** noch die Besichtigung eines 1602 bis 1632 erbauten ehemaligen **Dominikanerklosters**.

### Suwałki

**Vorwahl**: 087. **Postleitzahl**: 16-400.
**Internet**: www.um.suwalki.pl, www.suwalki.com.pl, www.suwalszczyzna.pl.
**Touristeninformation**, ul. Hamerszmita 16, Tel. 566 20 79, www.cmikt.pl; Juli/Aug. Mo–Sa 10–18, So 8–16, das übrige Jahr Mo–Fr 8–16 Uhr, Zimmervermittlung.

**Hotel Dom Nauczyciela**, ul. Kościuszki 120, Tel. 566 69 00, Fax 566 62 70, www.domnauczyciela.suwalki.pl; DZ um 190 Złoty. Von außen eher unscheinbar, entpuppt sich das im nördlichen Zentrum gelegene ›Lehrerhaus‹ als das vornehmste Hotel am Platz, mit Bar, Restaurant und vielen Dienstleistungen für den gehobenen Anspruch.
**Hotel Suwalszczyzna**, ul. Noniewicza 71a, Tel./Fax 565 19 00, www.hotelsuwalszczyzna.pl; DZ um 180 Złoty. Freundliches Mittelklassehotel im Herzen der Stadt, das Restaurant bereitet polnische Spezialitäten zu.
**Hańcza**, ul. Wojska Polskiego 2, Tel. 566 66-33, Fax -44, www.hotelhancza.com; DZ um 150 Złoty. Alter Hochhauskasten noch aus sozialistischer Zeit am südlichen Stadteingang, für ein Hotel unschlagbar preiswert, innen gepflegt.

**Jugendherberge**, ul. Wojska Polskiego 9, Tel. 566 58 78; Juli und August.

**Restaurant Na Starówce**‹ ul. Chłodna 2 (in der Fußgängerzone im Zentrum). Urig, der Küchenchef bereitet nordpolnisch-litauische Delikatessen zu.

**Bezirksmuseum**, ul. Kościuszki 81; Di–Fr 8–16, Sa/So 9–17 Uhr Di–So.
**Maria-Konopnicka-Museum**, ul. Kościuski 31; Di–Fr 8–16 Uhr, Sa/So 9–17 Uhr.

**Paddelausflüge**, Information und Organisation: PTTK Suwałki, ul. Kościuszki 37, Tel. 56 65 961, www.suwalki.pttk.pl.

Fahrräder verleiht die **Suwalska Izba Rolniczo-Turystyczna** (SIRT), ul. Kościuszki 82 lok. 7, Tel. 566 58 72, www.sirt.suwalki.com.pl.

▶ Karte S. 265

## Suwalski-Landschaftspark

Nördlich von Suwałki dehnt sich auf rund 6300 Hektar das seit 1976 unter Naturschutz stehende seen- und waldreiche Hügelland des Suwalski-Landschaftsparks (Suwalski Park Krajobrazowy) aus. Von den Flüssen Czarna Hańcza und Szeszupa durchzogen, führen seine Kuppen auf bis zu 300 Höhenmeter hinauf, weshalb man die wildromantische Gegend auch die ›Schweiz Nordpolens‹ nennt.

Im Dorf **Jeleniewo** an der südöstlichen Parkgrenze verdient eine 1878 aufgerichtete **Holzkirche** Aufmerksamkeit, bevor nur fünf Kilometer weiter der ›Fudjijama von Suwałki‹ zur schönen Aussicht einlädt. Von der Spitze des jäh aus der Landschaft hinaufragenden, 256 Meter hohen Kegelbergs, der eigentlich Cisowa Góra (Eibenberg) heißt, eröffnet sich ein herrliches Panorama über die Landschaft. Vom Parkplatz an der Landstraße 655 führt ein kurzer Spaziergang zum Gipfelkreuz.

Überall verstreut liegende Findlinge erinnern daran, dass der Baumeister der Suwalszyzna mit ihren Kuppen und Rinnenseen, die in den Senken aufleuchten, die letzte Eiszeit war. Eine besondere Perle unter den Gewässern ist der **Jezioro Hańcza**, mit 108 Meter Tiefe nicht nur der tiefste See Polens, sondern der gesamten Mitteleuropäischen Tiefebene. Er dehnt sich im Westen des Landschaftsparks auf über 300 Hektar aus und wird von der Czarna Hańcza auf ihrem Weg nach Suwałki durchflossen. Sein klares Wasser, das außergewöhnliche Sichtweiten zulässt, hat ihn zu einer Taucherhochburg gemacht und dem kleinen Flecken **Blaskowizna** am südöstlichen Seeufer den Spitznamen ›polnisches Hurghada‹ eingebracht.

Eine wunderbare Aussicht auf den Hańcza-See hat man von der Kuppe am **Forsthaus Turtul** aus. Turtul am südlichen Parkrand ist Sitz der Parkverwaltung, die im Fortshaus außerdem eine kleine touristische Informationsstelle betreibt.

Ein **Findlingsfeld** im Reservat ›Glazowisko Bachanowo‹ auf halbem Weg zwischen Jeleniewo und Turtul darf als Ausflugsziel nicht unerwähnt bleiben. Ebensowenig eine Besonderheit, die sich gegelegentlich im Dörfchen **Smolniki** am nördlichen Parkrand ereignet: Aufgrund des extrem eisenhaltigen Gesteins schlagen hier die Kompassnadeln Purzelbäume.

Durch den Landschaftspark führen eine Reihe markierte Wanderwege, der längste ist über 40 Kilometer, der kürzeste nur zwei Kilometer lang.

*Am Jezioro Hańcza*

**Suwalski-Landschaftspark**

Eine Informationsstelle unterhält die **Parkverwaltung in Turtul** (2 Kilometer östlich von Kruszki zweigt an der Landstraße Jeleniewo–Przerośl auf der Höhe von Blaskowizna eine Piste zum Forsthaus Turtul ab), 16-404 Jeleniewo, Tel. 087/569 18 01, www.spk.org.pl, Juli/Aug. Mo–Fr 8–19, Sa 9–17 Uhr; Sept.-Juni Mo–Fr 8–15 Uhr.

**Jugendherberge**, 16-407 Smolniki 9, Juli und August, mit einfachem Zeltplatz.

*Altes Boot am Wigry-See*

## Wigry-Nationalpark

1989 wurde unmittelbar östlich von Suwałki als 15. Nationalpark in Polen der Wigry-Nationalpark (Wigierski Park Narodowy) gegründet. Hier, im nördlichen, sanft gewellten Teil der Puszcza Augustowska gedeihen über die Hälfte der polenweit unter Naturschutz stehenden Pflanzen – das sind mehr als 750 verschiedene Arten von Bäumen, Sträuchern, Blumen, Gräsern, Moosen und Flechten. Aufgrund des nordischen Klimas fühlen sich boreale Gewächse wie die Lapplandweide oder die Zwergbirke wohl. In den bis zu 200 Jahre alten Kiefernwäldern tummeln sich Rehe, Hirsche und Wildschweine, zwischen Torfmooren und Seen leben Bisamratten und Flussotter, und der Biber legt seine Staudämme an. Wölfe und Füchse durchstreifen die Flure, der Auerhahn und der bunte Eisvogel sind im Nationalpark zuhause, und über den Baumwipfeln ziehen Seeadler und Fischadler ihre Kreise. Auch Schreiadler, Weihen und Mäusefalken sind zu beobachten, und in den Schilfgürteln der Seeuferzonen nisten Kormorane, Höckerschwäne und Haubentaucher.

▲ Karte S. 261

Ein gutes Fünftel des knapp 15 000 Hektar großen Nationalparks machen Gewässer aus, darunter der **Jezioro Wigry** als unbestrittene Schönheitskönigin, die dem Nationalpark mit dem Biber im Wappen den Namen schenkte. Der Wigry-See ist in der UNESCO-Liste zum Schutz von Wasserökosystemen, AQUA, verzeichnet, die in der Welt einzigartige, schützenswerten Gewässer aufführt.

Der Haupteingang des Nationalparks befindet sich etwa sechs Kilometer östlich von Suwałki in **Krzywe** am Sitz der Nationalparkverwaltung. Deren Gebäude beherbergt außerdem eine **National-park-Information** und ein **Naturkundemuseum**, das anhand von präparierten Tierexponaten und Schautafeln Kenntnisse über Fauna und Flora im Wigry-Park vermittelt, die Geomorphologie des Geländes darstellt sowie die Geschichte des alten prußischen Stamms der Jadwingen (Sudauen) veranschaulicht.

Für Schusters Rappen ist im Nationalpark ein Wanderwegenetz von rund 130 Kilometer Länge markiert, das größtenteils auch für Radler und Reiter geeignet ist. Nicht zu vergessen die Wasserwege über die Flüsse und Seen, die die Region zu einem der herrlichsten Paddelreviere Nordpolens machen. Von Norden her strömt die Czarna Hańcza durchs Land, durchfließt den Jezioro Wigry und weitere Seen, und mäandert danach still und friedlich durch den Urwald der **Pu-sz-cza Augustowska**. Über den Kanal Augustowski ist sie weiter unten im Süden mit den Seen rund um Augustów verbunden und bildet so die berühmte **Czarna-Hańcza-Route** – den neben der Krutynia-Tour schönsten Paddelwanderweg im nördlichen Polen. Gut 150 Kilometer ist er lang und beginnt an der PTTK-Station in **Stary Folwark** (zehn Kilometer östlich von Suwałki), das, keine 20 Häuser zählend, mit Pensionen, Gastronomie, Campingplatz, Kanu- und Kajak-Verleih aber das wichtigste Touristenzentrum im Nationalpark bildet.

### Kamaldulenserkloster

Kultureller Höhepunkt nicht nur im Nationalpark, sondern in der gesamten Suwalszczyzna ist das ehemalige **Kamaldulenserkloster zu Wigry**. 1694 bis 1745 von Kamaldulensermönchen erbaut, die König Jan Kazimierz zur Kultivierung der Wildnis ins Land gerufen hatte, thront das schöne Barockkloster gegenüber von Stary Folwark auf einer Halbinsel im Wigry-See. Es steht heute unter der Kuratel des Warschauer Kulturministeriums und beherbergt Künstler zu Stipendiatsaufenthalten. Sehenswert sind die Klosterkirche und auch die Räumlichkeiten, in denen 1999 Papst Johannes Paul II. auf seiner Pilgerreise durch Polen logierte; und unternehmenswert ist eine Dampferpartie von Wigry aus mit der ›Tryton‹ über den See, an der sich ebenfalls schon der verstorbene Heilige Vater erfreute.

*Das Kamaldulenserkloster zu Wigry*

*Ehemalige Mönchszellen im Wigry-Kloster*

### Schmalspurbahn

Auf Schienen geht es im Dampfross vom Kleinbahnhof in **Płociczno** aus (neun Kilometer südlich von Suwałki) auf schmaler Spur quer durch den südlichen Nationalpark über zehn Kilometer Strecke zum Weiler Krusznik (und natürlich auch wieder zurück). Über 42 Kilometer Entfernung, bis nach Zelwa fast an die litauische Grenze, führten einmal die Gleise. 1926 wurde die **Schmalspur-**

**bahn** für den Holztransport aus der Puszcza Augustowska eingeweiht, und bis zur Wende 1989 war sie noch in Betrieb. Anschließend stillgelegt und vor ein paar Jahren dank privater Initiative erneut in Gang gesetzt, tuckelt sie zur Freude der Urlauber in putzigen historischen Wagons seitdem wieder durch die schöne Natur. In der Nachbarschaft kann man im **Wigry-Schmalspurbahnmuseum** (Muzeum Wigierska Kolej Wskotorowa) seine Kenntnisse zum Wigry-Bähnlein erweitern und auf dem Freilichtgelände ein paar altertümliche Eisenbahnwagen in Augenschein nehmen (Mai–Sept. tägl. 9–16 Uhr).

### Wigry-Nationalpark

**Vorwahl**: 087.

**Touristeninformation Wigry-Nationalpark**, Krzywe 82 (6 Kilometer östlich von Suwałki im Haus der Parkverwaltung), 16-400 Suwałki, Tel. 5632562, www.wigry.win.pl; Mo–Fr 7–15, Juli/Aug., auch Sa/So 9–16 Uhr; **Infopunkt** im Kiosk auf dem Parkplatz, April–Sept. Mo–Fr 15–20, Sa/So 8–20 Uhr.

Von Mai bis September kreuzt mehrmals täglich der **Dampfer Tryton** über den Wigry-See, Abfahrt am Anleger im Dorf Wigry zu Füßen des Klosters.

**Wigry-Schmalspurbahn**, ab Płociczno (9 Kilometer südlich von Suwałki), Płociczno Tartak 40, 16-402 Suwałki, Tel. 5639263, www.augustowska.pl; Mai Sa/So 10 und 13, Juni tägl. 10 und 13, Juli/Aug. tägl. 10, 13 und 16, Sept. tägl. 13 Uhr.

**Kloster Wigry Dom Pracy Twórczej w Wigrach** (Haus der schöpferischen Arbeit), 16-412 Stary Folwark, Tel. 5637000, www.wigry.org; DZ ab etwa 150 Złoty. Schnörkellose Unterkunft im ehemaligen Kamaldulenserkloster. Das Restaurant bietet internationale Küche und Delikatessen aus den Seen und Wäldern der Region.

**Camping und Pension Wigry**, Wigry 12, 16-412 Stary Folwark, Telefon 5637042; ganzjährig. Schöne gepflegte Anlage, malerisch unterhalb der Wigry-Klostermauern auf der Halbinsel am See, angeschlossen sind eine Gaststätte und kleine Pension (DZ um 100 Złoty, man spricht Deutsch), mit Badewiese und Wassersportgeräteverleih.

**PTTK-Camping Stary Folwark**, 16-412 Stary Folwark 55, Tel. 5637727, Fax 5667947, www.suwalki.pttk.pl; Mai–Sept. Großer Platz in Stary Folwark am Wigry-See, mit Imbisslokal und Wassersportgeräteverleih, die schlichten Sanitäranlagen elementar verbesserungswürdig.

**Restaurant Dom Wigierski**, im Kamalulenserklosters in Wigry (siehe Hotels), regionale Spezialitäten.

**Nationalparkmuseum** (Muzeum Przyrodnicze Wigierskiego Parku Narodowego) in Krzywe 82, (5 Kilometer östlich von Suwałki); Mo–Fr 8–15 Uhr.

**Fahrräder und Paddelboote** vermieten der Camping ›Wigry‹ und der PTTK-Camping in Stary Folwark (siehe Campingplätze).

Karte S. 261

## Augustów

Von drei Seen umrahmt liegt am Südrand der Puszcza Augustowska die 30 000 Einwohner große Kreisstadt Augustów, größter Kurort und beliebtestes Wassersportzentrum der Woiwodschaft Podlaskie. Jagiellonenkönig Zygmunt II. August (Regierungszeit 1548–1572) verlieh der Siedlung am Netta-Fluss, wo sich die Handelswege von Litauen nach Masowien und Preußen kreuzten, 1557 die Stadtrechte. Die historisch zwar nirgends belegte, nichtsdestoweniger sehr hübsche Sage berichtet dazu, dass die Gründung Augustóws auf einem gemeinsamen Jagdausflug des polnischen Königs und seines preußischen Cousins, Herzog Albrecht von Brandenburg, be-

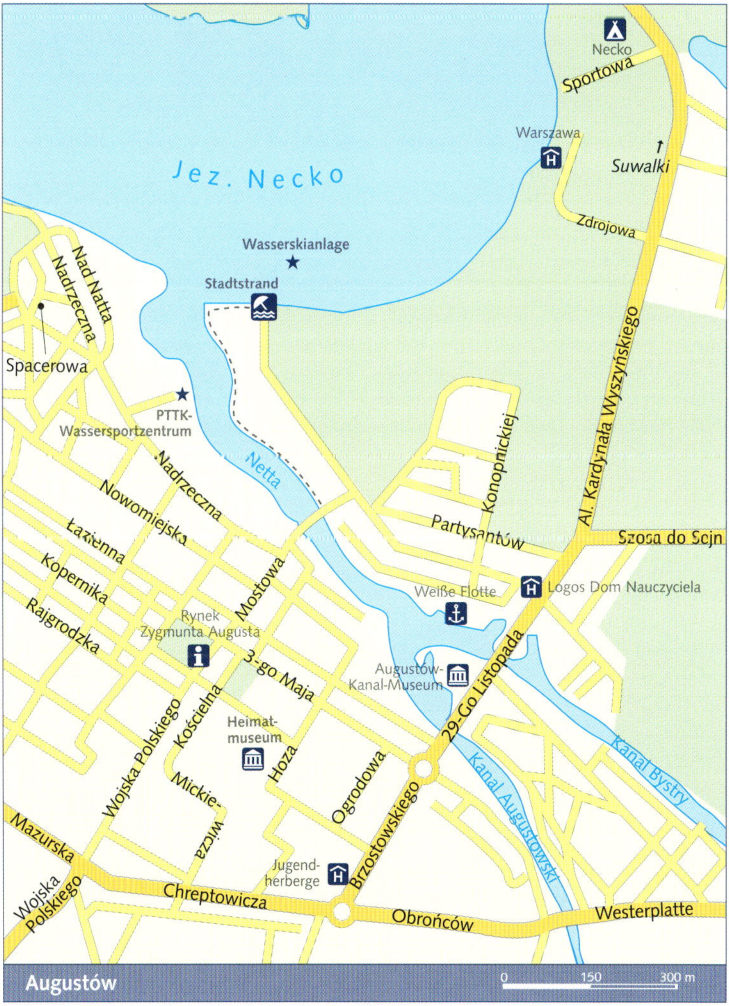

*Marktplatz in Augustów*

ruht. Erfreut über die gelungene Jagdpartie, heißt es, beschlossen die beiden Herrscher Partnerstädte ins Leben zu rufen, hüben im Preußenland Marggrabowa (Olecko) und drüben, 40 Kilometer weiter östlich in Polen Augustów. Tatareneinfälle 1656/57, die Pest, die von 1708 bis 1711 wütete, und verheerende Brände 1738 und 1766 setzten der Stadt zu, und erst mit dem Bau des **Augustów-Kanals** ab 1824 stellte sich ein bescheidener Aufschwung ein. Um die hohen Zölle zu umschiffen, die Ostpreußen auf polnische Warentransporte in Richtung Ostseehäfen erhob, projektierte man diesen durchgängig schiffbaren Wasserweg: ostwärts bis zur Memel bei Grodno im heutigen Weißrussland und südwärts über den Fluss Bierzba bis zur Weichsel nach Warschau. Nach 15-jähriger Bautätigkeit war die künstliche Wasserstraße 1839 mit 18 Schleusen auf 102 Kilometer Länge fertiggestellt – eine technische Meisterleistung des 19. Jahrhunderts, für deren Planung die Armee-Ingenieure General Mallets-kiego de Grandville und Oberst Ignacy Prądzyński verantwortlich zeichneten. Zwar erlangte der Augustów-Kanal nie die wirtschaftliche Bedeutung, die man sich erhofft hatte, und 4 der 18 Schleusen liegen seit 1945 zumal auf weißrussischem Gebiet. Doch dafür bietet er heute umso mehr Freizeitvergnügen für Wassersportler. Gegenwärtig wartet der Kanal mit seinen historischen handbetriebenen Schleusen darauf, dass ihn die UNESCO zum Weltkulturerbe der Menschheit erklärt.

Der Erste Weltkrieg brachte Augustów große Zerstörungen. Anschließend richtete ein Großfeuer 1922 kaum weniger verheerende Schäden an, weshalb die Stadt nahezu neu aufgebaut werden musste und seitdem über keine nennenswerten architektonischen Sehenswürdigkeiten mehr verfügt. Umso mehr besticht sie durch die schöne Natur. Noch in den 1920er Jahren stieg sie dank der idyllischen Umgebung zur ersten Sommeradresse der polnischen Reichen und Schönen auf. Wassersport kam in Mode, wofür das Städtchen an den drei Seen beste Bedingungen bot. Als betuchter Hauptstädter fuhr man zum Kuren in den mondänen ›Sommer-

▲ Karte S. 271

salon Polens‹, und zwar mit dem eigens eingerichteten Zug ›Luxtorpedo‹, der zwischen Augustów und Warschau pendelte. In sozialistischer Zeit kamen einen Reihe Betriebsferienheime für die Werktätigen hinzu. Heute zieht der lebhafte Urlaubsort Segler und vor allem Paddelfreunde an, die mit Kurs auf das örtliche Wassersportzentrum in ihren Kanus und Kajaks in den Necko-See einfahren.

Jüngste technische Errungenschaft am Jezioro Necko ist der ›Elektryczny wyciąg nart wodnych‹, der 1999 eröffnete erste **Wasserskilift** in Polen, der Brettlfans mit bis zu knapp 60 Stundenkilometern über die Seewellen trägt. Ohne körperliche Betätigung lassen sich die Schönheiten der Augustów umgebenden Gewässer von Bord der Ausflugsschiffe erleben. Von März bis Oktober starten sie von der Anlegestelle am Stadthafen. Und sollte die schönste Jahreszeit auch einmal einen Regentag bescheren, bieten sich Besuche im kleinen **Heimatmuseum** (Muzeum Ziemi Augustowskiej) oder im **Augustów-Kanal-Museum** an, die die Geschichte der Stadt und ihrer berühmten künstlichen Wasserstraße erzählen.



### Augustów

**Vorwahl**: 087. **Postleitzahl**: 16-300.
**Internet**: www.um.augustow.pl, www.augustow.pl.
**Touristeninformation**, ul. Rynek Zygmunta Augusta 44 (im gläsernen Bau auf dem zentralen Marktplatz), Tel./Fax 643 28 83, www. augustow.pl; Juni–Sept. Mo–Fr 8–20, Sa 10–18, sonst Mo–Fr 8–16 Uhr, Zimmervermittlung.

**Weiße Flotte Augustów** (Żegluga Augustowska), Tel. 643 28 81, www.zeglugaaugustowska.pl; März–Okt. ab Stadthafen, ul. 29 Listopada 7, täglich. 1,5-stündige Dampferfahrt über den Necko-See zum Rospuda-See und zurück, 2,5-stündige Dampferfahrten über den Białe-See nach Studzieniczna und zurück.

**Hotel Warszawa**, ul. Zdrojowa 1, Tel. 643 85-00, Fax -04, www.hotelwarszawa.pl; DZ um 380 Złoty. Exklusive Drei-Sterne-Anlage nördlich vom Stadtzentrum am Necko-See, Spa-Bereich, Bar und Restaurant.

**Hotel Logos Dom Nauczyciela**, ul. 29 Listopada 9, Tel. 643 20 21, Fax 643 54 10, www.augustow-dn.pl; DZ um 150 Złoty. Die Fassade zur Straßenseite hin ziemlich grau, überrascht das Hotel sowohl innen als auch mit seinen nach hinten gelegenen Anbauten an der Mündung von Augustów- und Bystry-Kanal in die Netta durch vornehme Eleganz, mit Restaurant, Sommergarten und eigenem Bootsanleger.

**PTTK-Wassersportzentrum**, ul. Nadrzeczna 70a, Telefon 643 38 50, Fax 643 34 55, www.szekla.pl; DZ ohne Frühstück um 35 Złoty pro Person. Schlichte rustikale Zimmer im Segelheim an der PTTK-Marina, Dusche/WC auf dem Gang, mit Gaststätte.

**Jugendherberge**, ul. Śródmieście 31, Tel. 643 24 02, www.schronisko.aqa.pl; ganzjährig.

**Camping Necko**, ul. Sportowa 1, Tel. 0603/37 89 03, www.necko.pl; Juni–Sept. Zwei Kilometer nördlich vom Ortszentrum (Straße nach Suwałki) liegt der Wiesenplatz am Ostufer vom Necko-See, mit Campinghütten, Badestrand und Wassersportgeräteverleih.

**Heimatmuseum** (Muzeum Ziemi Augustowskiej), ul. Hoża 7; Mai–Sept. Di–So 9–16 Uhr.

**Augustów-Kanal-Museum** (Muzeum Historii Kanału Augustowskiego), ul. 29 Listopada 5a; Mai–Sept. Di–So 9–16 Uhr.

**Wassersportgeräteverleih im PTTK-Wassersportzentrum**, ul. Nadrzencza 70a; Touristenagentur ›Szot‹, ul. Konwaliowa 2, Tel. 6446758, www.szot.pl, neben der Bootsleihe kann man hier auch geführte Paddelwanderungen buchen.

**Großer Stadtstrand** am Südostufer des Necko-Sees.

## Studzieniczna

Knapp zehn Kilometer östlich von Augustów liegt am Studzieniczna-See die gleichnamige Pilgerstätte. Bereits seit dem 18. Jahrhundert lockt das **Marienheiligtum** zahlreiche Wallfahrer an. Auf einem Eiland im südwestlichsten Seezipfel wurde 1770 bei einer wundertätigen Quelle, die vor allem Augenleiden kurieren soll, eine erste hölzerne Kapelle gebaut. 1872 entstand in der Nachbarschaft nach einem Entwurf von Louis Jeziorkowskiego die achteckige neuromanische Steinkapelle, deren Inneres das verehrte Bild der Gottesmutter von Studzieniczna – eine Kopie der Schwarzen Madonna von Tschenstochau – birgt. Das Bildnis aus dem 18. Jahrhundert stammt von Hand eines unbekannten Künstlers. Bereits 1847 wurde nahebei die hölzerne Pfarrkirche eingeweiht. Ihr Innenraum schmückt sich mit Volkunst und drei kostbaren Altären.

Von Augustów aus lässt sich Studzieniczna in einem Ausflug mit den Schiffen der Weißen Flotte oder auf einem Spazierweg durch die Puszcza Augstówska und am Białe-See entlang erreichen. Motorisierte trägt die Straße 16 Richtung Sejny zum Sanktuarium.

*Mit malerischen Paddelrouten lockt auch der Nordosten Masurens*

Karte S. 261

## Puszcza Augustowska und Czarna Hańcza

Die urwüchsige Puszcza Augustowska ist das größte zusammengängende Waldgebiet Polens. Es umfasst rund 1100 Quadratkilometer, drei Viertel liegen auf polnischer Seite, der Rest in Litauen und Weißrussland. Der sanft gewellte Norden der Puszcza ist im Wigry-Nationalpark streng naturgeschützt und verwandelt sich dort allmählich in einen Urwald. Im südlichen Abschnitt herrschen auf den weiten ebenen Sanderflächen lichte Baumbestände vor. Stille Seen, dazwischen ausgedehnte Wälder mit Birken, Erlen, Kiefern, Fichten und Wacholder bestimmen das Bild.

Ab Mitte des 16. Jahrhunderts war die Puszcza Augustowska königliches Jagdrevier, in dem die polnischen Herrscher Auerochsen und Wisente, Wildschweine, Bären und Wölfe jagten. Heute wird der Wanderer vor allem Rehe, Hirsche und Biber beobachten können sowie mit viel Glück sogar einmal einen Blick auf einen scheuen Schwarzstorch erhaschen. Wölfe und gelegentlich auch Elche wandern aus dem Baltikum und aus Weisrussland ein.

Von Norden her schlängelt sich die Czarna Hańcza durchs Land, fließt durch den Wigry-See im Nationalpark, durch romantische Baumtunnel und blühende Wiesen in den Urwald der Puszcza Augustowska hinein und trägt, sehr zur Freude der Wassersportler, mit ihrem sanften Flusslauf einen guten Teil zur **Czarna-Hańcza-Paddelroute** bei – der nach der Krutynia-Route beliebtesten Paddelstrecke im nordöstlichen Polen.

Wo der Fluss beim Örtchen Rygol mitten im Wald in Richtung Memel abbiegt, übernimmt der Augustów-Kanal, auf dem die Paddelfahrt via Augustów, dem Ausgangs- beziehungsweise Endpunkt der Czarna-Hańcza-Tour, weitergeht. Mit 14 noch von Hand betriebenen Schleusen verknüpft der Kanal im Wechsel mit kleinen Flüssen insgesamt 26 Seen und bildet so verkrautet und eingewachsen – einen der schönsten Wasserwanderwege in Polen.

*Paddler auf dem Augustów-Kanal*

*Schleuse am Augustów-Kanal*

Kaliningrad ist die Fortsetzung der Stadt mit anderen Mitteln. Die Stadt vor 1945 hatte 700 Jahre Zeit zu wachsen, die Stadt nach 1945 nur 50. Die eine hat im wilden Pruzzenland begonnen, die andere in einem Land, das aus der mitteleuropäischen Hochzivilisation zurückgebombt worden war in die Barbarei.

*Karl Schlögel,*
*Hannah Ahrendts Stadt*

# Kaliningrad und Umgebung

Das alte Königsberg ist verschwunden. Es existiert nur noch auf Fotografien, in alten Filmen, und in der Erinnerung aller, die dort einmal gewohnt haben. In den Bombennächten des August 1944 wurden fast alle historischen Gebäude zerstört. Vieles von dem, was übrig geblieben war, wurde in der sowjetischen Periode der Stadtgeschichte dem Verfall preisgegeben. Das Königsberger Schloss wurde 1968 gesprengt. An seiner Stelle begann man, das 16-stöckige Haus der Sowjets zu errichten, um das herum ein neues Stadtzentrum entstehen sollte. Heute sind diese fast 40 Jahre alte Bauruine, der Königsberger Dom und die nagelneue russisch-orthodoxe Kathedrale am Siegesplatz die markantesten Gebäude in einer Stadt voller Widersprüche.

2005 wurde Königsberg 750 Jahre alt. Der Dom, das Königstor und andere historische Gebäude wurden renoviert. Im Friedländer Tor präsentiert man die Vergangenheit der Stadt in einer bewegenden Multimediashow. Der Siegesplatz wurde mit Kathedrale, Siegessäule und drei großen Einkaufszentren zum neuen Stadtmittelpunkt, am Hafen schuf man mit dem Museum des Weltozeans einen neuen Anziehungspunkt für Touristen. Ein sowjetischer Bauunternehmer versuchte mit dem Gebäudekomplex des Fischdorfs an hanseatische Traditionen anzuknüpfen.

Dass es nur Plattenbau und Elend gibt, ist ein Vorurteil: Es gibt auch Gourmetrestaurants, Sushi, schicke Läden und Kinopaläste. An lauen Sommerabenden bevölkert die Generation der unter Dreißigjährigen die Straßen. Kaliningrad ist eine junge Stadt, in jeder Beziehung, und sie ist gegenwärtig auf der Suche nach sich selbst. Genau das macht diese Ostseemetropole so interessant.

▲ Karte S. 283

## Stadtgeschichte

Ursprünglich war das heutige Kaliningrader Gebiet von den Prußen bewohnt, einem baltischen Volksstamm, der 965 erstmals urkundlich erwähnt wurde. 1255 zerstörte der Deutsche Orden, dessen Ziel die Christianisierung Osteuropas war, die an der Stelle des heutigen Kaliningrad gelegene prußische Festung Tuwangste und errichtete eine Ordensburg. Rund um die Burg entstanden drei mittelalterliche Siedlungen, die der Hanse beitraten: Altstadt, Löbenicht und Kneiphof. 1457 verlegte der Deutsche Orden seinen Hauptsitz von der Marienburg, im heutigen Ostpolen gelegen, auf die Königsberger Burg. Zur Zeit der Reformation wuchsen Altstadt, Löbenicht und Kneiphof mit der Burg zu einer einzigen Stadt zusammen. Die Universität Königsberg, die Albertina, wurde 1544 von Markgraf Albrecht von Brandenburg mit einem Hintergedanken gegründet: Von dort aus sollte durch entsprechend ausgebildete Theologen die Reformation in Preußen verbreitet werden. Preußen wurde 1618 durch Personalunion mit Brandenburg vereinigt, und der Hauptsitz des Kurfürsten von Brandenburg wurde von Königsberg ins damals noch unbedeutende Berlin verlegt.

### Aufklärung

1701 krönte sich der brandenburgische Kurfürst Friedrich III. in Königsberg zum ersten preußischen König, Friedrich I. Im durch die Krönung neu entstandenen Königreich Preußen wurden die städtischen Rechte zugunsten der Zentralgewalt weiter beschnitten. Zwischen 1708 und 1711 wütete in Königsberg die Pest. Der Bevölkerungsrückgang wurde von Friedrich Wilhelm I., dem ›Soldatenkönig‹, durch die gezielte Ansiedlung von

*Kants Königsberger Tischgesellschaft*

Protestanten ausgeglichen. So kamen 1732 unter anderem 1000 Exilanten aus Salzburg in die Stadt. Während des Siebenjährigen Krieges, von 1756 bis 1763, war Königsberg russisch besetzt und Hauptstadt eines russischen Gouvernements. Das 18. Jahrhundert war für Königsberg eine Zeit der wirtschaftlichen und kulturellen Blüte: Der Handel florierte, die Neubebauung erfolgte im Stil des Barock und Rokoko, Immanuel Kant wirkte und unterrichtete an der Universität.

## 19. Jahrhundert

Im Sommer 1807 ergab sich Königsberg kampflos den Truppen Napoleons. Die französische Besatzung endete 1813 nach dem gescheiterten Russlandfeldzug Napoleons. Es folgten 100 kriegsfreie Jahre, die durch einen enormen wirtschaftlichen und kulturellen Aufschwung geprägt waren: Mitte des Jahrhunderts entstanden die Neubauten der Universität und der Börse, unzählige bürgerliche Wohngebäude im Stil des Eklektizismus wurden errichtet, und 1853 wurde die direkte Bahnverbindung nach Berlin eingeweiht. Während in vielen Städten die Befestigungsanlagen zugunsten von Parkanlagen niedergerissen wurden, bekam Königsberg eine neue Stadtmauer im neugotischen Tudor-Stil. Das Königstor ist das berühmteste Bauwerk, das von dieser Anlage bis heute erhalten ist. Zur Jahrhundertwende wurde der Hafen ausgebaut, in den 1910er Jahren wurden die von Stadtvillen geprägten Stadtteile Amalienau und Maraunenhof als Gartenstädte angelegt. Kurz vor dem Ersten Weltkrieg hatte Königsberg 250000 Einwohner.

## Erster Weltkrieg und Weimarer Republik

1914, zu Beginn des Ersten Weltkriegs, flohen knapp 400000 Menschen aus ganz Ostpreußen in Richtung Westen über die Weichsel. Im August 1914 fügte Hindenburg in der Schlacht von Tannenberg der russischen Armee eine vernichtende Niederlage zu. Königsberg blieb während des Ersten Weltkriegs von einer Besetzung verschont. Nach dem Krieg wurde im Versailler Vertrag der Status Ostpreußens als deutsche Exklave festgeschrieben. In der Zwischenkriegszeit folgte der Ausbau des Königsberger Hafens, die Grünanlagen wurden erweitert, und es entstanden bedeutende Bauten im Stil des Funktionalismus wie beispielsweise der Südbahnhof, von dem aus täglich fünf Züge in Richtung Berlin fuhren (die damalige Fahrzeit betrug knapp acht Stunden!). Zwischen 1920 und 1941 fand in Königsberg die Deutsche Ostmesse statt: Die Messe öffnete deutschen Firmen Märkte in Osteuropa und stärkte die Verbindungen zwischen dem Deutschen Reich und der Exklave.

## Zweiter Weltkrieg

1932 gewann die NSDAP in Königsberg die Reichstagswahlen. Erich Koch, Gauleiter Ostpreußens, weiter Teile Weißrusslands und der Ukraine, besaß in diesen Gebieten nahezu unumschränkte Macht; er war für einige der schlimmsten Kriegsverbrechen der Nationalsozialisten verantwortlich. 1941 dienten Ostpreußen und Königsberg als Aufmarschgebiet für den bevorstehenden Russlandfeldzug. Königsberg blieb von größeren Kriegshandlungen verschont, bis in den Nächten des 26. und 27. August 1944 britische Bomberverbände mit ihrem Flächenbombardement begannen. In den letzten Augusttagen brannte das alte Königsberg nahezu vollständig nieder. Im Januar 1945 erreichten sowjetische Truppen die Stadt. Die frühzeitige Evakuierung Königsbergs war von Gauleiter Erich Koch aus ideologischen Gründen verhindert worden. Zu einem Zeitpunkt, als Königsberg bereits von sowjetischen Truppen umschlossen war, hielt die Deutsche Wehrmacht einen Korridor nach Pillau (heute Baltijsk) frei, durch den viele Flüchtlinge in letzter Minute nach Deutschland fahrende Schiffe erreichten, die völlig überfüllt in See stachen.

▲ Karte S. 283

## Sowjetische Zeit

Nach dem Krieg legten die Siegermächte im Potsdamer Abkommen vom 4. August 1945 fest, dass der nördliche Teil des ehemaligen Ostpreußen dem Gebiet der Sowjetunion zugeschlagen werden soll, der südliche Polen. Am 4. Juli 1946 wurde Königsberg nach einem Weggefährten Stalins in Kaliningrad umbenannt. Unter Stalin hatte Kalinin formell die Position des Staatsoberhaupts inne, und er war wesentlich am Aufbau des Gulag-Systems beteiligt. In Kaliningrad begann man unmittelbar nach dem Krieg mit der Anwerbung von umsiedlungswilligen Bürgern der Sowjetunion, die dazu bereit waren, in der völlig zerstörten und entvölkerten Stadt eine neue Existenz

*Das restaurierte Königstor*

aufzubauen. Im Oktober 1947 ordnete Stalin die Zwangsaussiedlung der noch etwa 100 000 in Ostpreußen lebenden Deutschen an; verwertbare Industrieanlagen aus ehemals ostpreußischen Unternehmen wurden ins russische Kernland verbracht. 1951 wurde das ehemalige Ostpreußen, das nun Kaliningradskaja Oblast hieß, zum militärischen Sperrgebiet, das auch von Bürgern der Sowjetunion nur mit Sondergenehmigung betreten werden durfte. Das von Königsberg 30 Kilometer entfernte Baltijsk (früher Pillau) wurde zu einem der größten Marinehäfen der Sowjetunion. In Kaliningrad wichen die Ruinen der Innenstadt neuen Plattenbauten. Für den Erhalt historischer Baudenkmale aus deutscher Zeit zeigte man aus ideologischen Gründen und aus Geldmangel wenig Engagement.

### Kaliningrad heute

Was genau die kulturellen Fundamente Kaliningrads sind, ist unklar: Die heute in Kaliningrad Geborenen gehören mehrheitlich zur dritten Generation von Immigranten; die kulturelle Prägung der Elterngeneration ist sowjetisch. Vor allem die jüngere Bevölkerung ist auf der Suche nach einer eigenen Identität, die nicht mehr sowjetisch, nicht wirklich russisch und auch nicht europäisch ist – sondern irgend etwas Unbestimmbares dazwischen. Kaliningrad wurde schon 1991 zur Freihandelszone erklärt, doch so etwas wie ein russisches Shanghai ist auch heute noch in weiter Ferne – obwohl beispielsweise große internationale Automobilkonzerne in Königsberg Zuliefer-industrien aufgebaut haben. Seit am 1. Mai 2004 Polen und die Baltischen Staaten in die EU aufgenommen wurden, ist Kaliningrad eine russische Exklave inmitten der Europäischen Union. Auf dem Landweg ist Russland nur mit einem Transitvisum erreichbar. Der 2006 fertiggestellte neue Fährterminal in Baltijsk wurde unter anderem ausgebaut, um den Warenaustausch mit dem russischen Kernland zu verbessern. Die neue Fähre von Baltijsk nach Sassnitz auf Rügen ist ein positiver Nebeneffekt dieser Maßnahme.

## Stadtrundgänge

Weil das Zentrum Kaliningrads recht weitläufig ist, gibt es in diesem Reiseführer zwei Stadtrundgänge: Der erste führt mit Besuchen im Königsberger Dom und im Friedländer Tor in die Vergangenheit der Stadt. Der zweite, längere, ist mit Besuchen in den neuen maritimen Museen, im Geschichtsmuseum und im Bernsteinmuseum auch für schlechtes Wetter gut geeignet. Am Siegesplatz ist das Zentrum Kaliningrads mit der neuen Erlöserkathedrale zu entdecken, wenige Meter in Richtung Westen erreicht man den Zoo sowie die Villenvororte Hufen und Amalienau.

### Dominsel, Fischmarkt und Friedländer Tor

Erster Anlaufpunkt für fast alle Touristen ist der Dom mit seinen Ausstellungen zu Immanuel Kant und zur Königsberger Geschichte. Im Dom gibt es mehrmals wöchentlich Konzerte auf der neu installierten Orgel, die eine hervorragende Akustik hat. Eine Multimediashow im Friedländer Tor zeigt, wie Königsberg vor dem Zweiten Weltkrieg aussah.

#### ■ Königsberger Dom

Der Dom war einmal das zentrale Gebäude des dicht bebauten Stadtteils Kneiphof. Die Bebauung von Kneiphof, früher das unangefochtene Zentrum Königsbergs, fiel vollständig den Bränden der Bombennächte Ende August 1944 zum Opfer. Bis 1992 eine eigens dafür gegründete Firma mit der Restaurierung des Doms begann, waren seine Überreste dem Verfall preisgegeben. Finanzielle Unterstützung kam unter anderem von der russischen Regierung, der Landsmannschaft Ostpreußen und von der Stiftung der Wochenzeitung ›Die Zeit‹. Im Eingangsbereich des Doms gibt es heute eine russisch-orthodoxe und eine evangelische Kapelle. Über vier Stockwerke des Turms zieht sich eine historische Ausstellung, die sowohl die Geschichte Königsbergs als auch das Leben und Werk von Immanuel Kant thematisiert.

Der Innenraum des Doms ist wenig spektakulär: Durch den Brand und den anschließenden Verfall gingen die berühmte steinerne Kanzel und der Hochaltar verloren. Von den früher mehr als 100 Epitaphen des Innenraums sind nur noch wenige erhalten: Von kunstgeschichtlichem Wert sind das Epitaph der polnisch-litauischen Fürstenfamilie Radziwill und das Epitaph für Herzog Georg Albrecht I. von Brandenburg.

Seit 2008 gibt es im Dom wieder Orgelkonzerte, und die Konzerte bieten zurzeit die einzige Möglichkeit, außerhalb von organisierten Führungen in den Innenraum zu kommen. 2008 wurden im Dom zwei große Orgeln installiert, die auf dem neuesten Stand der Technik sind, in monatelanger Arbeit aufeinander abgestimmt wurden, und die zusammen ein wirklich herausragendes Klangerlebnis bieten.

Immanuel Kant starb am 12. Februar 1804 in Königsberg; sein Grab liegt heute an der Nordostseite des Doms. Der Grabstätte des wichtigsten Philosophen der Aufklärung ist zu verdanken, dass die Ruine des Königsberger Doms zu sowjetischen Zeiten nicht gesprengt wurde. Die Gedenkstätte ist immer mit Blumen geschmückt, und sie ist für die Kaliningrader Bevölkerung ein willkommener Anknüpfungspunkt an die vorsowjetische Geschichte der Stadt. Dies zeigt sich unter anderem darin, dass sich Hochzeitspaare gerne vor Kants Grab

*Schlösser an der Honigbrücke*

*Junges Kaliningrad*

▲ Karte S. 283

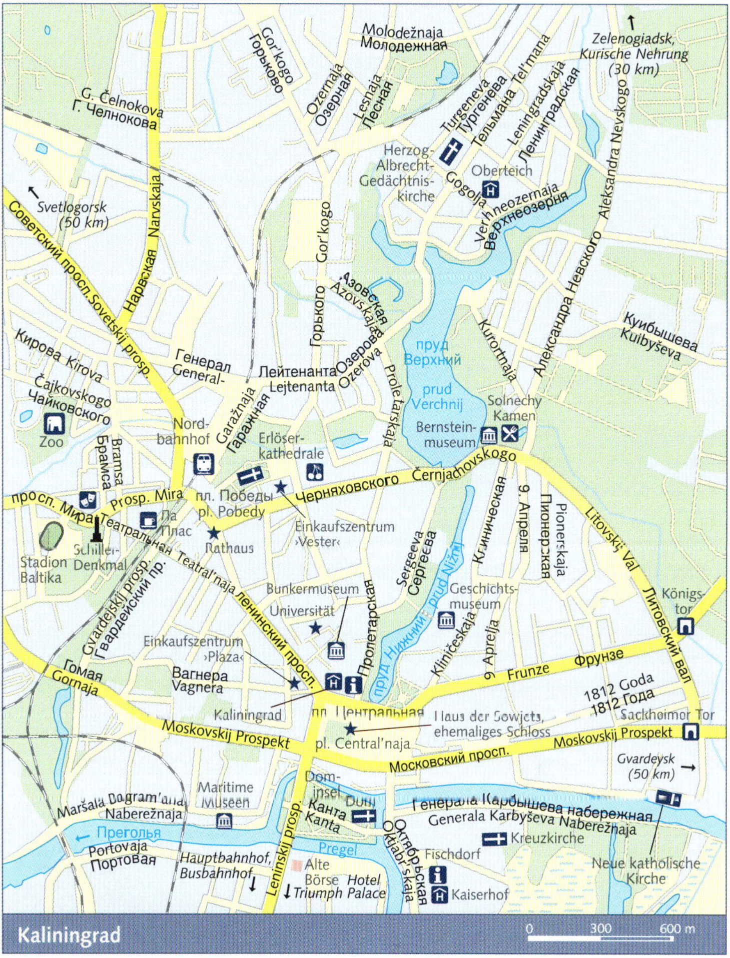


fotografieren lassen, um ihre Verbundenheit mit den freiheitlichen Traditionen der Aufklärung und ihrer Stadt zum Ausdruck zu bringen.

## Fischdorf

Die Honigbrücke führt an der Chorseite des Doms über den Pregel. Ihr Geländer ist mit hunderten von Vorhängeschlössern geschmückt, die frisch Verheiratete dort angebracht haben. Die Schlüssel liegen im Fluss. Jenseits der Brücke ist in den letzen fünf Jahren das Fischdorf entstanden, ein Bauprojekt russischer Investoren, die mit historisierenden Fassaden und einem Leuchtturm an die hanseatische Tradition Königsbergs erinnern wollen. Auf der Seite der Häuserzeile, die der Straße zugewandt ist, gibt es eine funktionierende private Touris-

*Der Dom*

teninformation, die gleichzeitig ein kommerzielles Reisebüro ist. Im Leuchtturm gibt es eine kleine Ausstellung zu maritimen Themen und ein Café mit Ausblick. Die Promenade am Pregel ist von Straßencafés gesäumt. An einer Anlegestelle fahren Ausflugsschiffe ab, die Rundfahrten durch Stadt und Hafen anbieten.

### Friedländer Tor

Über die Brücke am Hotel ›Kaiserhof‹ kommt man in die Südstadt. Auf der dem Fischdorf gegenüberliegenden Seite des Pregel geht es nach links, dem Lauf des Pregel folgend geht es zur nächsten großen Brücke und dann die ul. Džeržinskogo entlang zum Backsteinbau des am Rand eines Parks gelegenen Friedländer Tors. Der knappe Kilometer Fußweg lohnt sich: Im Friedländer Tor läuft stündlich eine sehr bewegende Multimediashow zu Königsberg, die zeigt, wie die Stadt vor dem Zweiten Weltkrieg aussah.

▶ Karte S. 283

### Südbahnhof

Vom Friedländer Tor aus führt die ul. Kalinina in Richtung Westen zum Südbahnhof. Nach etwa 500 Metern ist linker Hand eine Gedenkstätte für die Toten des Zweiten Weltkriegs zu sehen, auf der gegenüberliegenden Seite kommt man zur neugotischen katholischen Kirche ›Zur heiligen Familie‹, die heute als Konzertsaal der Philharmonie genutzt wird. Am Chor der Kirche vorbei käme man zurück zur Dominsel.

Wer den Rundgang durch die Südstadt fortsetzen will, geht zurück auf die ul. Kalinina; rechts herum einen Kilometer entfernt liegt der Südbahnhof. Ab dem frühen Abend kann diese Strecke etwas unangenehm sein, da sich dort der Straßenstrich befindet. Mit dem Bau des Südbahnhofs wurde noch vor dem Ersten Weltkrieg begonnen, fertiggestellt wurde er 1929. Die Fassade ist ein Beispiel für die von Jugendstil und Deutschem Werkbund inspirierte expressionistische Architektur der 1920er Jahre, die in diesem Fall auch Elemente der Backsteingotik zitiert. Die Eingangshalle ist sehr schlicht und monumental, beeindruckend ist auch der riesige Kronleuchter.

*Die Königsberger Börse*

### Börse

Vom Bahnhof aus geht es über den Leninskij pr. in Richtung Norden zurück zur Dominsel. Unmittelbar vor der Dominsel sieht man rechter Hand die Königsberger Börse, die 1875 im Stil der italienischen Neorenaissance errichtet wurde. Die Börse war nach den Bombennächten des August 1944 schwer beschädigt, doch da Stadtarchitekten und Politik meinten, im Gebäude Vorformen des sowjetischen Klassizismus entdeckt zu haben, wurde sie nicht gesprengt. Momentan gibt es im Gebäude eine Zwischennutzung durch freie Tanz- und Theatergruppen.

Weiter geradeaus, erreicht man an der Dominsel vorbei das Hotel Kaliningrad und das Einkaufszentrum ›Plaza‹. Im Hotel gibt es eine Touristeninformation, ein Café mit Terrasse und ein Sushi-Restaurant. Das Einkaufszentrum lockt mit langen Öffnungszeiten, einem internationalen Warenangebot, dem größten Kinokomplex der Stadt sowie mit Bars, Diskotheken und Restaurants.

## Hafen, Bernsteinmuseum, Siegesplatz und Zoo

Dieser Stadtrundgang führt zu den wichtigsten Museen der Stadt: Mit Meeresmuseum, Schifffahrtsmuseum und den Museumsschiffen am Ufer wurde eine Touristenattraktion ersten Ranges geschaffen. Das Königsberger Bernsteinmuseum zählt weltweit zu den bedeutendsten seiner Art. Der Siegesplatz mit der neuen russsisch-orthodoxen Kathedrale ist das eigentliche Zentrum Kaliningrads. Etwas weiter westlich liegen der Zoo und die Villenvororte Hufen und Amalienau, die den Zweiten Weltkrieg ohne größere Schäden überstanden haben.

*Museumsschiff ›Vityaz‹ am Hafen*

### Maritime Museen

Kaliningrad hat einen sehenswerten **Museumshafen** mit drei Schiffen, einem **Schifffahrtsmuseum** und einem zoologisch ausgerichteten **Meeresmuseum**. Die Eintrittskarte gibt es im Museum an Land; sie gilt auch für die Schiffe.

Die Ausstellungshalle des Schifffahrtsmuseums wird von den Überresten des Rumpfs einer hanseatischen Kogge dominiert. Neben zahlreichen Exponaten zur Seefahrt gibt es eine umfangreiche Fotoausstellung zur maritimen Geschichte Königsbergs. Das Erdgeschoss des Meeresbiologischen Museums nimmt ein Aquarium ein, in einem Nebenraum ist das Skelett eines Schwertwals zu sehen.

Wirklich interessant sind die Ausstellungen auf dem Museumsschiff Vityaz: 1939 in Bremen als Frachtschiff gebaut, wurde das Schiff, das damals ›Mars‹ hieß, schon ein Jahr später für kriegswichtige Aufgaben der deutschen Marine beschlagnahmt. Die ›Mars‹ war das letzte Schiff, das im Winter 1944 von Baltijsk (damals Pillau) aus Flüchtlinge

*Das Haus der Sowjets*

von Königsberg nach Deutschland brachte. Nach dem Krieg wurde die ›Mars‹ von der englischen Marine beschlagnahmt und an Russland übergeben, wo sie zum Forschungsschiff umgebaut wurde. Russische Meeresbiologen unternahmen mit der ›Vityaz‹ 65 Forschungsreisen, darunter auch Polarexpeditionen. Die Ausstellung zieht sich über drei Decks und zeigt Exponate aus allen Epochen der bewegten Geschichte des Schiffs.

Wer immer schon einmal wissen wollte, wie ein U-Boot von innen aussieht und wie eng es innen ist, sollte sich die wenige Meter weiter liegende B-413 ansehen. Am anderen Ende des Museumshafens kommt man zum Fischtrawler SRT-129. Entlang der Promenade liegen kleinere Boote unterschiedlichster Kategorien an Land. Der Industriehafen beginnt gleich hinter der markanten blauen eisernen Hebebrücke stadtauswärts.

## Haus der Sowjets

Vom Museumshafen aus führt der Rundgang zurück zum Hotel ›Kaliningrad‹. Unübersehbar ragt schräg gegenüber dem Hotel die Bauruine des 16-stöckigen Hauses der Sowjets in die Höhe. Es sollte einmal eine Mischung aus Rathaus und Behödenzentrum werden und steht an der Stelle, an der 1967 die Überreste des Königsberger Schlosses gesprengt wurden. Das Schloss stand dort seit 1255, es war gewissermaßen die Keimzelle der Stadt Königsberg und Sitz der Hochmeister des Deutschen Ordens. In der Schlosskirche ließ sich Friedrich I. zum ersten deutschen Kaiser krönen. Der 83 Meter lange und 13 Meter breite Moskowiter Saal war jahrhundertelang der größte Festsaal Deutschlands. Vor dem Zweiten Weltkrieg befanden sich im Schloss die Gemäldegalerie und ein archäologisches Museum zur Früh- und Vorgeschichte Ostpreußens. Während des Zweiten Weltkriegs wurde im Museum Raubkunst aus russischen Museen eingelagert: Hier war der letzte bekannte Aufbewahrungsort des weltberühmten Bernsteinzimmers. Was mit dem heute an gleicher Stelle stehenden Haus der Sowjets passieren soll, ist ungewiss: Die Bauruine wurde mittlerweile gegen den Verfall gesichert, die Fundamente stehen auf einem für das Gewicht des Gebäudes zu lockeren Boden, und es gibt Skandale um den Verkauf der Immobilie an einen Investor, der weit unter dem geschätzten Marktwert erfolgte.

## Universität

Vom Hotel ›Kaliningrad‹ aus wenige Meter den Leninskij prospekt Richtung Norden, führt auf der rechten Straßenseite an einer stark frequentierten Bushaltestelle ein Durchgang in Richtung Univer-

▲ Karte S. 283

sität. Auf dem Weg zur Universität erreicht man zunächst das im Lasch-Bunker untergebrachte historische Museum: In diesem Bunker unterzeichnete Otto Lasch, Kommandant der Wehrmacht in Königsberg, am 10. April 1945 die Kapitulation der Stadt.
Wenige Meter weiter steht linker Hand der in den 1960er Jahren errichtete Neubau der Königsberger Universität, die zum Zeitpunkt ihrer Gründung im Jahr 1544 ›Collegium Albertinum‹ oder kurz ›Albertina‹ hieß. Von 1770 bis 1796 lehrte Immanuel Kant an der Albertina Logik und Metaphysik. Mitte des 19. Jahrhunderts boten die Räume auf der Dominsel nicht mehr genügend Raum für die zahlreicher werdenden Studenten. So wurde an der Stelle, an der die heutige Universität steht, 1862 ein großzügiger Neubau im Stil der italienischen Neorenaissance eingeweiht, der den Zweiten Weltkrieg nicht überstand. Im Juli 2005 wurde die Albertina in Anwesenheit des russischen Präsidenten Vladimir Putin und des deutschen Bundeskanzlers Gerhard Schröder in Immanuel-Kant-Universität umbenannt.

## Geschichtsmuseum

An der Universität vorbei kommt man zum Schlossteich, links abbiegend, erreicht man ein am Ufer stehendes Denkmal, das an die Bombennächte des August 1944 erinnert. Auf der anderen Seite einer über den Teich führenden Brücke steht ein Alexander Iwanowitsch Marinesko gewidmetes Denkmal: Er war Kommandant des sowjetischen U-Boots S-13, das im Winter 1944/45 die Passagierschiffe ›Wilhelm Gustloff‹ und ›Steuben‹ versenkte. An Bord der Passagierschiffe waren etwa 12 000 Zivilisten, mehrheitlich deutschstämmige Flüchtlinge aus Königsberg und Ostpreußen. Das Denkmal wurde 2002 aufgestellt, nachdem das offizielle Russland Marinesko kurz zuvor zum Kriegshelden erklärt hatte. Oberhalb des Denkmals befindet sich das Museum für Geschichte und Kunst. Im Museum sind unter anderem 25 000 Exponate der Prussia-Sammlung zu sehen, die einmal mit rund 200 000 Exponaten die Vor- und Frühgeschichte Ostpreußens dokumentierte. Der Rest ging im Zweiten Weltkrieg beim Brand des Schlosses verloren.

## Bernsteinmuseum

Dem rechten Ufer des Schlossteichs folgend, erreicht man das Bernsteinmuseum. Neben Exponaten zu Geschichte und Geologie gibt es Bernsteinkunst aus allen nur denkbaren Epochen und Kulturen sowie aktuelles Schmuckdesign zu sehen. Das Bernsteinmuseum befindet sich im 1895 im neugotischen Stil gebauten **Dohnaturm**, der als wichtiger Teil der Königsberger Befestigungsanlage die Innenstadt nach Norden hin absicherte.

*Moderne Skulpur im Bernsteinmuseum*

## Sackheimer Tor

Wer dem Ring des ehemaligen Befestigungswalls folgen will, muss über die viel befahrene Kreuzung neben dem Museum in Richtung Südosten der ul. Litovskij folgen. An der Kreuzung mit der ul. Y. Gagarina steht das Königstor, das 2005 anlässlich des 750-jährigen Stadtjubiläums schön restauriert wurde und heute vor allem für Empfänge genutzt wird.
400 Meter weiter südlich steht das Sackheimer Tor, in dem es nichts zu sehen gibt. Ob sich die anderthalb Kilometer Fußweg entlang des permanenten Autostaus für den Anblick der beiden Tore lohnen, muss jeder für sich entscheiden. Interessanter ist der Weg nach Westen, am Südufer des Oberteichs vorbei. Nach einem knappen Kilometer erreicht man den Markt mit einer überdachten Markthalle, einem reichhaltigen Angebot an Nahrungsmitteln und allen nur denkbaren Gegenständen des täglichen Gebrauchs. Etwa 500 Meter weiter kommt man zum Siegesplatz mit seinen Einkaufszentren.

*Die Christ-Erlöser-Kathedrale*

▲ Karte S. 283

## Siegesplatz

Der Siegesplatz ist heute das unangefochtene Zentrum Kaliningrads. 2006 wurde die den Platz dominierende russisch-orthodoxe **Christ-Erlöser-Kathedrale** fertiggestellt, mit 73 Metern das höchste Gebäude Kaliningrads. Großflächige farbige Kirchenfenster sorgen innen für außergewöhnliche Lichtstimmungen, der Grundriss ist achteckig und vollkommen symmetrisch. Die Kirche bietet Platz für 3000 Menschen. Im November 2007 wurden durch den Metropoliten Kirill die Reliquien Aleksandr Nevskijs in die neue Kathedrale gebracht. Aleksandr Nevski hatte 1241 einen bedeutenden Sieg über den Deutschen Orden errungen, der ja Königsberg gegründet hatte.
Auch die **Siegessäule** aus rotem Marmor wurde 2006 fertiggestellt. Sie erinnert an den Großen Vaterländischen Krieg gegen Deutschland. Ein Fresko zeigt den heiligen Georg im Kampf mit dem Drachen. Im Sockel findet sich eine Kapsel mit der Botschaft des 2006 amtierenden Bürgermeisters und des Gouverneurs des Kaliningrader Gebiets, dass sich Reichtum und Schönheit der russischen Erde im Herzen Europas vergrößern mögen. Nicht alle Kalingrader stehen hinter diesem Bekenntnis zu Russland: Es gibt durchaus Autonomiebestrebungen, die über den seit 1991 existierenden Status des Kaliningrader Gebiets als Freihandelszone hinausgehen. Etliche Kaliningrader fänden die Unabhängigkeit des Gebiets oder einen Beitritt zur EU deutlich besser als eine enge Bindung an Russland.
Am Siegesplatz findet man das **Regierungsgebäude des Kaliningrader Gebiets**. Im Erdgeschoss liegt das **Café La Plac**, das schickste der Stadt. Davor stehen abends Luxuslimousien, innen präsentieren sich Geschäftsmänner und Politiker.

*Das Stadttheater*

## Stadttheater

Das Stadttheater am Mira pr. mit seiner klassizistischen Fassade wurde 1912 fertiggestellt und im Zweiten Weltkrieg schwer beschädigt. 1960 wurde der Spielbetrieb des russischen Ensembles aufgenommen, dessen Gründungsmitglieder von berühmten Moskauer Schauspielschulen stammten.

## Zoo

Den Mira pr. weiter stadtauswärts liegt linker Hand das 15000 Zuschauer fassende Fußballstadion, wenige Meter weiter findet man auf der rechten Straßenseite den Kaliningrader Zoo. Gleich am Eingang gibt es einen jahrhundertealten Ginkgobaum; auf dem Gelände stehen zahlreiche Tierskulpturen, die teils noch aus dem 19. Jahrhundert stammen.

Wappentier des Zoos ist das Nilpferd Hans, das neben einem Esel, einem Damhirsch und einem Dachs das einzige Tier war, das im Zoo den Zweiten Weltkrieg überlebte.

## Königin-Luise-Gedächtniskirche

Weiter stadtauswärts dem pr. Mira folgend, erreicht man den größten Park der Stadt, in dem die 1901 erbaute Königin-Luise-Gedächtniskirche steht. Sie sollte 1968 abgerissen werden, um einem Puppentheater Platz zu machen. Dass sie heute noch steht, ist dem Engagement des Architekten Juri Waganow zu verdanken: Um das Gebäude zu retten, schlug er vor, einfach das Innere der Kirche in ein Puppentheater zu verwandeln. Heute finden in der Luisenkirche gelegentlich auch Konzerte statt.

Jenseits des Parks findet man gut erhaltene Stadtvillen aus dem frühen 20. Jahrhundert. Hufen und Amalienau wie auch Maraunenhof nördlich des Oberteichs wurden als Gartenstädte angelegt. Auch weil viele der Villen zu sowjetischen Zeiten von hohen Funktionären bewohnt wurden, waren sie nie in einem wirklich schlechten Zustand.

Damals wie heute gelten diese Stadtteile als die besten Wohngegenden Kaliningrads.

## Kaliningrad

**Vorwahl Russland** 007, **Kaliningrad** 4012. Anrufe nach Deutschland: 8 wählen, auf Dauerton warten, danach 1049 und die deutsche Rufnummer.

Es gibt keine offizielle Touristeninformation. Eine **private Touristeninformation** ist im Hotel ›Kaliningrad‹: Leninskij pr. 81, Tel. 93 77 01. Am **Fischdorf**, neben dem Leuchtturm, gibt es eine weitere private Touristeninformation: ul. Oktjabr'skaja 2, Telefon 59 21 00. Eine Alternative sind vor allem für Gruppen kommerzielle **Reisebüros** und **private Fremdenführer**, die auch Ausflüge und Stadtrundgänge anbieten: Swena Tours, ul. Osjornaja 25a,Tel. 95 43 99, www.swena.ru. Ein kenntnisreicher und gut deutsch sprechender Fremdenführer ist Juri Malinovski, Tel. mobil 007/921/261 35 75, malinovski@rambler.ru.

In einigen Hotels und an populären Veranstaltungsorten liegt die zweiwöchentlich erscheinende russischsprachige **Stadtzeitschrift Бродвеи** (Baltiskij Broadway) aus. Der Inhalt besteht aus touristischen Informationen, einem umfangreichen Veranstaltungskalender und Berichten aus Kultur und Stadtleben. Seit 1993 erscheint jeden Mittwoch die **Wochenzeitung Königsberger Express** in deutscher Sprache, eventuell erhältlich in großen Hotels, www.koenigsberger-express.com.

Weitere Informationen siehe auch Kaliningrad-Reisetipps, S. 333.

Es gibt von Deutschland aus keine Direktflüge mehr nach Kaliningrad. Gängige Zwischenstopps sind Moskau, Riga und St. Petersburg. Der Flughafen liegt etwa 20 Kilometer nördlich von Kaliningrad. Bus Nr. 138 fährt stündlich zum Kaliningrader Busbahnhof.

An den Grenzen zu Polen und Litauen sind lange Wartezeiten zu erwarten. Zusätzlich zum Visum braucht man eine Grüne Versicherungskarte.

**Mietwagen**: Von den großen westlichen Ketten ist ›Hertz‹ in Kaliningrad vertreten: Sovietskiy pr. 21a, Tel. 76 15 55, www.hertz.com. Mietwagen lokaler Agenturen kann man in großen Hotels erfragen oder auf der Seite www.kaliningradcity.ru/de finden.

Ohne Russischkenntnisse bestellt man ein **Taxi** besser an der Hotelrezeption. Rufnummern für Taxen: 58 58 58, 33 33 33, 77 77 66, 36 56 66. Grundgebühr 90 Rubel (ca. 2,20 Euro), Kilometerpreis 20 Rubel (ca. 50 Cent). Der Gesamtpreis sollte schon bei Antritt der Fahrt ausgehandelt werden.

Derzeit fährt kein Nachtzug mehr von Berlin-Lichtenberg nach Kaliningrad. Doch wenn die Verhandlungen zwischen den beteiligten Staatsbahnen erfolgreich verlaufen, wird es ab Juni 2010 ein Alternativangebot zur im Herbst 2009 eingestellten Verbindung geben. Informationen gibt es bei der Deutschen Bahn oder bei einer der Ticketagenturen, die sich auf Osteuropazüge spezialisiert haben: **Kopfbahnhof**, Tel. 030/23 63 83 10; **Bahnagentur Spindlersfeld**, Tel. 030/65 47 28 00, **Gleisnost**, Tel. 0761/38 30 31.

Am Bahnhof werden die Abfahrtzeiten der Züge in Moskauer Zeit angezeigt (MEZ+2), in Kaliningrad gilt MEZ+1: Wer das nicht beachtet, verpasst seinen Zug um eine Stunde.

Über Stuttgart, Kassel, Hannover, Potsdam fährt mehrmals wöchentlich

▶ Karte S. 283

ein **Reisebus von Eurolines** nach Kaliningrad. Tickets und Informationen: www.touring.de.
Der **öffentliche Nahverkehr** ist gut ausgebaut, aber auch Busse und Straßenbahnen stecken oft im allgegenwärtigen Stau. Fahrkarten sind in Bussen und Straßenbahnen erhältlich. Weil der Nahverkehr teilprivatisiert wurde, ist das Streckennetz manchmal etwas unübersichtlich.

**Heliopark Kaiserhof**, Oktjabr'skaja 6A, Tel. 592222, www.kaiserhof.heliopark.ru; DZ ab 75 Euro. Neues Hotel gehobener Klasse am Fischdorf, österreichisch-ungarische Küche, Schwimmbad, Fitnesscenter.
**Triumph Palace**, pr. Bol'ševistskij 3, Tel. 777733, www.triumph-palace.ru; DZ ab 130 Euro. Neues Hotel der gehobenen Klasse in der Nähe des Südbahnhofs. Restaurant mit mediterraner Gourmetküche, Lobby-Bar mit roten Ledermöbeln, Konferenzräume. Schick und modern eingerichtete Zimmer, teils mit sehr großen Fenstern. Beliebtes Hotel russischer Geschäftsleute.
**Hotel Oberteich**, ul. Verchneozernaja 11, Tel. 365020, www.oberteich.com; DZ ab 70 Euro. Nördlich vom Zentrum im ehemaligen Villenviertel Maraunenhof gelegenes neues Hotel. Ruhig, viele Zimmer mit Blick auf den Oberteich, kleiner Hotelpark, auch Appartments, Konferenzräume. Kein Restaurant, aber ein Café, in dem es bis 12 Uhr Frühstück gibt.
**Hotel Kaliningrad**, Leninskij pr. 81, Tel. 350531, www.hotel.kaliningrad.ru; DZ ab 60 Euro. Zu Sowjetzeiten der Klassiker unter den Kaliningrader Hotels, inzwischen renoviert. Einzelzimmer gehen zur Straße und sind sehr laut, in den Doppelzimmern zum Hof hin ist es ruhig. Touristeninformation, Restaurant, Bar mit Terrasse und ein bei den Kaliningradern sehr beliebtes Sushi-Restaurant befinden sich auch im Hotel. Gegenüber ist ein großes Einkaufszentrum mit Restaurants, Kinos und zwei Diskotheken.

**Triumph Palace**, pr. Bol'ševistskij 3, Tel. 777733, www.triumph-palace.ru. Hotelrestaurant mit mediterran geprägter Gourmetküche, eines der besten Restaurants der Stadt.
**Nautilus**, Moskovskij pr. 40, Telefon 702525. Im Erdgeschoss des ›Baltic Business Center‹ gelegenes Gourmetrestaurant, auch Fischspezialitäten.
**Solnechy Kamen**, Vasilevskogo 3, Tel. 539104. Gilt als das beste Fischrestaurant der Stadt; neben dem Bernsteinmuseum, mit Blick auf den Oberteich.
**Papasha Beppe**, Pizzeria mit der besten Pizza der Stadt und drei Standorten: Leninskij pr. 12, Baltiskaja 6/12, Kosmonavta Leonova 66a.

**Bar**, Leninskij pr. 18, Tel. 535386. Eine modern eingerichtete, gute Cocktailbar mit entspannter Atmosphäre.
**Vagonka**, Stanočnaja 12, Tel. 956677, www.vagonka.net. Eher alternativ ausgerichteter Club, den es schon seit 30 Jahren gibt. Wechselnde, teils internationale DJs. Musikrichtungen: Indie, Techno, Hip Hop. Junges, studentisches Publikum.
**Zhara**, Leninskij pr. 30. Gegenüber dem Hotel ›Kaliningrad‹ auf der rechten Straßenseite vor der Brücke findet man den wohl schicksten Club der Stadt. Gespielt wird hauptsächlich Techno und House.

**Bernsteinmuseum**, pl. Maršala Vasilevskogo 1, Tel. 466888, www.ambermuseum.ru; Di–So 10–19 Uhr.
**Museum des Weltozeans**, nab. Petra Velikogo 1, Tel. 340244, www.world-ocean.ru; Di-So 10-18 Uhr (Kassenschluss 17 Uhr).
**Dom- und Kantmuseum**, im Dom, Telefon 446868; tägl. 9-17 Uhr.
**Museum für Geschichte und Kunst**, Kliničeskaja 21, Tel. 453844, www.westrussia.org; Di-So 10-18 Uhr.
**Museum im Friedländer Tor** (Geschichtsmuseum), An der Kreuzung Kalinina/Džeržinskogo, Tel. 644020; tägl. 10-18 Uhr.
**Lasch-Bunker** (Geschichtsmuseum), ul. Universitetskaja, Telefon 536593; tägl. 10-17 Uhr.

**Stadttheater**, Mira pr. 4., Tel. 212422. Schauspiel, Ballett und klassische Konzerte.
Das **Puppentheater**, das in der Luisenkirche im Park untergebracht ist, lohnt auch ohne Russischkenntnisse einen Besuch, Tel. 214335.
Im **Königsberger Dom** werden mehrmals in der Woche Orgelkonzerte gegeben; Informationen an der Kasse des Doms.
Die **Philharmonie** Kaliningrads findet man in der ehemaligen katholischen Kirche ›Zur heiligen Familie‹, Telefon 643451.
Den größten **Kinokomplex** Kaliningrads findet man im Einkaufszentrum gegenüber dem Hotel ›Kaliningrad‹; vorwiegend gibt es Hollywoodproduktionen: **Karo Film**, Telefon 535454.
Das Arthousekino der Stadt heißt **Zarya**: Mira pr. 41/43, Tel. 215970.

Die Kaliningrader Innenstadt hat vier große **Shoppingcenter** mit internationalem Angebot. Drei liegen rund um den Siegesplatz und das vierte gegenüber dem Hotel Kaliningrad.
Einen großen, klassischen **Souvenirladen** gibt es vom Hotel ›Kaliningrad‹ gesehen auf der rechten Seite des pr. Leninskij, etwa auf der Hälfte der Strecke zum Siegesplatz.
Der **Markt** mit seinem für russische Märkte typischen Mix aus Lebensmitteln aller Art, günstigen Textilien und allen anderen Arten von Billigware liegt auf der Hälfte der Strecke zwischen Siegesplatz und Bernsteinmuseum.

## Seebäder

Wenige Kilometer von Königsberg entfernt liegen Ostsee, Kurische Nehrung und Frisches Haff. Die an vielen Stellen von großen Dünen und Steilküsten geprägten Küsten sind von herausragender Schönheit, noch nicht touristisch überlaufen und gut erreichbar.

### Jantarnyi

50 Kilometer nordwestlich von Kaliningrad liegt der Küstenort Jantarnyi (früher Palmnicken). Dort wird seit Mitte des 19. Jahrhunderts Bernstein im Tagebau gefördert, der größte Teil des in Europa erhältlichen Bernsteins stammt aus diesem Ort. Neben der **Dorfkirche** gibt es eine **Bernsteinmanufaktur**, die besichtigt werden kann. Dort wird das Rohmaterial zu Schmuck verarbeitet.
Der Strand von Jantarnyi liegt einen Kilometer nördlich der Ortsmitte. Neben Souvenirs und zwei Strandrestaurants gibt es dort eine **Gedenkstätte**, die an das Massaker von Palmnicken erinnert: Angesichts der vorrückenden sowjeti-

▸ Umschlagkarte hinten

schen Truppen trieben die Nationalsozialisten 5000 Juden von Königsberg in Richtung Palmnicken. 3000 überlebten den Gewaltmarsch, und es war geplant, die Überlebenden lebendig im Stollen der an diesem Strand liegenden Zeche Anna einzumauern, wogegen sich der damalige Bergwerksbesitzer erfolgreich wehrte. Am 31. Januar 1945 kam es dann zu einer Massenerschießung, deren Opfer unter Maschinengewehrsalven der SS in die eiskalte Ostsee getrieben wurden.

Südlich und nördlich von Jantarnyi gibt es sehr einsame Strände, teils mit Steilküste.

In naher Zukunft werden in Jantarnyi eventuell Großprojekte zum Aufbau der touristischen Infrastruktur verwirklicht: Der damalige russische Präsident Putin hatte 2006 ein Gesetz auf den Weg gebracht, nach dem Glücksspiel in Russland nur noch in vier Sonderzonen zulässig sein soll. Eine davon liegt bei Jantarnyi.

## Svetlogorsk

Svetlogorsk (früher Rauschen) war vor dem Zweiten Weltkrieg ein mondänes Seebad, was auch heute noch an teilweise gut erhaltenen Villen zu sehen ist, die inmitten von Kiefernwäldern stehen.

*Willkommen in Jantarnyi!*

*Am Strand von Jantarnyi*

Svetlogorsk hat eine etwa einen Kilometer lange **Seepromenade** mit Cafés und Restaurants. Sehenswert ist die große Sonnenuhr an ihrem Ostende.

Oben im Ort gibt es neben durchaus akzeptablen Restaurants, Pensionen und Hotels einen schön angelegten Stadtpark.

Das 1908 nach Plänen von Wilhelm Kuckuck errichtete **Warmbad** mit seiner Sonnenuhr ist das Wahrzeichen des Seebads. Ein hässlicher Aufzug überbrückt die 30 Höhenmeter zwischen Ort und Seepromenade.

## Zelenogradsk

Zelenogradsk (früher Cranz) gilt als das Tor zur Kurischen Nehrung. Vor dem Krieg war Cranz das Seebad, in dem sich die Königsberger Aristokratie traf. Anders als in Svetlogorsk gibt es an der Strandpromenade kaum Cafés und Restaurants. Stattdessen lockt eine Fußgängerzone mit historischen Gebäuden, Einkaufsmöglichkeiten und Gastronomie. Zelenogradsk ist ein Kurort mit einer Quelle, die Wasser aus 240 Metern Tiefe nach oben befördert. Weil sich östlich des Ortes ein Moorgebiet ausbreitet, werden auch Moorbäder angeboten

**Seebäder**

Busse und Bahnen in die Seebäder fahren stündlich oder öfter vom Kaliningrader Südbahnhof ab; einen Fahrplan findet man unter www.kaliningradcity.ru/de/timetable.

**Hotel Bekker**, Sovjetskaja 72, 238580 **Jantarnyi**, Tel. 4102/565195, becker_h@bk.ru. Zum Hotel umgebautes Gutshaus, Eigentümer ist der Ururenkel des Gründers des Tagebaubergswerks. 16 Zimmer, Biergarten, Lokalbrauerei. 100 Meter zum Meer. DZ ab 50 Euro.

**Hotel Hoffmanns Haus**, Goffmann per. 4, 28560 **Svetlogorsk**, Telefon 4012/326698, www.hoffmannhouse.ru. Neues Hotel im Kiefernwald, 300 Meter zum Meer. Innen und im Garten stehen zahlreiche Skulpturen aus den Märchen von E.T.A. Hoffmann. 2 Luxuszimmer, 7 Doppelzimmer, Restaurant, Schwimmbad. DZ ab 80 Euro.

**Hotel Sambia**, Volodarskogo 20, 238530 **Zelenogradsk**, Telefon 40150/36331, www.sambiahotel.com. Großes, neues Hotel am Ende der Strandpromenade. Restaurant und Biergarten, Erlebnisbad im Haus, Wellnessangebote. DZ ab 60 Euro.

## Kurische Nehrung

Die Kurische Nehrung ist ein fast 100 Kilometer langer Landsteifen zwischen dem russischen Seebad Zelenogradsk und der litauischen Stadt Klaipėda. Er trennt die Ostsee vom dahinter liegenden Haff. Die dicht bewaldete Landschaft, an deren Küsten die höchsten Dünen Europas zu sehen sind, ist auf beiden Seiten der Grenze zum Nationalpark erklärt worden. Kurz hinter Zelenogradsk muss man an einem Schlagbaum eine Gebühr für Fahrzeug und Personen entrichten. Elf Kilometer weiter erreicht man **Lesnoe**, den ersten der drei Orte auf der russischen Seite der Kurischen Nehrung. Nördlich des Ortes befinden sich die mit 350 Metern schmalste Stelle des Landstreifens und ein Museum: In fünf Ausstellungsräumen werden Geschichte, Geologie und das Ökosystem der Nehrung vorgestellt.

*Düne bei der Vogelwarte Rybačij*

▲ Umschlagkarte hinten

Nach zehn Kilometern liegt rechter Hand die 1901 gegründete Vogelwarte von Rossitten (Rybačij). In der ältesten Vogelwarte des damaligen Deutschen Reiches versuchte man durch die Beringung von Vögeln hinter die Geheimnisse des Vogelzugs zu kommen. Heute gibt es Führungen von dort arbeitenden Ornithologen; Touristen können beim Beringen zusehen.

Von der Vogelwarte aus, zu Fuß an den Fangnetzen vorbei in Richtung Haff, erreicht man eine einsame Landschaft mit sehr hohen Dünen. Nördlich der Vogelwarte liegt der Ort Rybačij (Rossitten), ein der Haffseite zugewandtes Fischerdorf, in dem es seit dem 19. Jahrhundert etwas Tourismus gibt. Rybačij ist aufgrund seiner geografischen Lage nie von Wanderdünen oder Flutkatastrophen bedroht gewesen. In den 1920er Jahren gab es in Rossitten einen Segelflugplatz. Der berühmteste Segelflieger seiner Zeit war Ferdinand Schulz, der mehrere Weltrekorde über Zeit und Strecke flog und im Jahr 1929 bei einer Flugshow mit einem Motorflugzeug abstürzte.

Fünf Kilometer nördlich von Rybačij führt ein Wanderweg durch einen Wald, dessen Bäume merkwürdig gebogene Stämme haben. Der **Tanzende Wald** dürfte weltweit einzigartig sein. Bis heute kann sich niemand erklären, warum die Stämme des in den 1960er Jahren auf einer Düne gepflanzten Waldes solch seltsame Formen angenommen haben.

Nach weiteren fünf Kilometern kommt man zu einem Wanderpfad, der auf die **Epha Düne** führt, von der aus man einen schönen Blick auf das Fischerdorf **Morskoe** hat. Im Dorf bieten mehrere kleine Restaurants hervorragenden geräucherten Fisch an.

*Der Tanzende Wald*

Nördlich von Morskoe führt ein weiterer Wanderweg durch Wald und Dünen zum höchsten Punkt auf der russischen Seite der Kurischen Nehrung. Von dort aus in Richtung Norden ist eine sehr ursprüngliche Dünenlandschaft zu sehen, die leider Grenzgebiet ist, und die man, um Ärger zu vermeiden, auf keinen Fall betreten sollte.



**i Kurische Nehrung**

In vielen Pauschalreisen ist ein Ausflug auf die Kurische Nehrung enthalten. Wer den litauischen Teil der Nehrung besichtigen will, muss sich bei der Ausstellung des russischen Visums einen entsprechenden Vermerk über Aus- und Wiedereinreise eintragen lassen. Wer mit dem eigenen Auto kommt, muss am Schlagbaum des Nationalparks, fünf Kilometer nördlich von Zelenogradsk, eine Gebühr von 250 Rubel für das Auto entrichten. Hinzu kommen 30 Rubel für jede Person.

**Hotel Altrimo**, ul. Pograničnaja 11, 238535 Zelenogradsk raj., Rybačij, Tel. 40150/41139, www.altrimo.ru. Die ehemalige Jugendherberge des größten Ortes auf der russischen Seite der Nehrung wurde zu einem hübsch eingerichteten Hotel umgebaut. Es liegt unmittelbar am Haff. Viele der schönsten Stellen der Kurischen Nehrung sind weniger als zehn Kilometer entfernt.

## Bernstein

Seit der Antike ist der Bernstein ein beliebter Schmuckstein, dem aufgrund seiner Beschaffenheit auch mythische Eigenschaften zugeschrieben wurden: Er ist leichter als Wasser, brennbar und lässt sich elektrostatisch aufladen. An der baltischen Ostseeküste liegen 95 Prozent der heute weltweit bekannten Bernsteinvorkommen. Ein wirklicher Stein ist der Bernstein nicht: Er besteht aus dem gehärteten Harz der Wälder des Eozän, die sich vor 40 bis 50 Millionen Jahren zwischen Skandinavien und dem Ural erstreckten.

Als besonders wertvoll gelten Bernsteine mit Insekten- oder Pflanzeneinschlüssen. Der Handel mit Bernstein war schon für die vorchristlichen Kulturen des Ostseeraums von herausragender Bedeutung.

Nach der Christianisierung des Baltikums hatte zunächst der Deutsche Orden das Monopol auf den Bernsteinhandel. An der Ostseeküste wurde die lokale Bevölkerung zum ›Bernsteinfischen‹ gezwungen: Bei Sturm gelangte in Salzwasser schwimmender Bernstein mit Seetang vermischt an die Meeresoberfläche. Mit feinmaschigen Köchern schöpfte man das Gemisch ab und warf es an Land, wo es die Inspektoren des Deutschen Ordens an sich nahmen. Im Spätmittelalter kam das Königsberger Bernsteinkontor, über das der Rohstoffhandel mit baltischem Bernstein kontrolliert wurde, in den Besitz preußischer Fürsten.

Die künstlerische Arbeit mit dem leicht zu bearbeitenden Material war jahrhundertelang fester Bestandteil der Prinzenerziehung. Werke derjenigen Meister, die ihr Handwerk wirklich beherrschten, gingen an die führenden Höfe Europas. Das bekannteste Beispiel aus dieser Zeit ist das seit dem Zweiten Weltkrieg verschollene Bernsteinzimmer.

In Palmnicken wurde Mitte des 19. Jahrhunderts ein neues Kapitel der Bernsteingewinnung eingeleitet: Die Firma ›Stantien & Becker‹ errichtete Tagebaubergwerke an der Küste. Die größten Zechen hießen ›Anna‹ und ›Henriette‹, und das Hotel am Platz trug den schönen Namen ›Glück auf‹. Die Fördermenge baltischen Bernsteins stieg von etwa zehn Tonnen auf 400 Tonnen im Jahr, und vor allem die schweren, in Silber gefassten Bernsteinketten wurden zur Jahrhundertwende ein europaweit verbreitetes Massenprodukt.

Den Tagebau gibt es heute noch, und wer möchte, kann über einen Feldweg zur östlich von Jantarnyi gelegenen Bernsteinmine fahren. Für die Fahrt dorthin ist eine geringe Gebühr zu entrichten. Die wirkliche Bernsteinfabrik, nicht mit der blitzsauberen kleinen Manufaktur in der Ortsmitte zu verwechseln, ist für die Öffentlichkeit gesperrt und mit einem hohen Maschendrahtzaun gesichert. Der marode Plattenbau lässt eine Ahnung über die drinnen herrschenden Arbeitsbedingungen bei der Schmuckproduktion aufkommen. Um organisiertem Diebstahl und zuviel Kontakt zu den Arbeitern oder der Bevölkerung vorzubeugen, wird das Wachpersonal eigens aus St. Petersburg eingeflogen und alle zwei Wochen ausgetauscht.

Weiter den Feldweg entlang gelangt man zu einer Aussichtsplattform oberhalb der Mine, wo es einen Kiosk, Kaffee und Souvenirs gibt. Von oben sieht man, wie tief unten die den Bernstein enthaltene blaue Erde zu Tage gefördert und der Bernstein ausgewaschen wird.

# Sprachführer

Bis 1945 wurde im Ermland und im Oberland Deutsch gesprochen. Anders sah es in Masuren aus, dort war bis weit ins 20. Jahrhundert hinein – abgesehen von der deutschsprachigen kleinstädtischen Bürgerschicht – die Hauptverkehrssprache der einfachen Menschen mehrheitlich polnisch, genauer gesagt ein recht derber alter polnischer Dialekt, den die Deutschen ab Ende des 19. Jahrhunderts offiziell das ›Masurische‹ nannten. In der östlich angrenzenden Suwalczyzna, die nie zu Preußen beziehungsweise zum Deutschen Reich gehörte, war dagegen von jeher Polnisch die Amts- und Umgangssprache. Umso erstaunlicher ist es, dass man dort viele Menschen mit deutschen Sprachkenntnissen trifft.

In Ermland und Masuren sprechen ebenfalls noch einige vorwiegend ältere Menschen Deutsch. Nach jahrzehntelangen Schikanen in sozialistischer Zeit sind sie in der demokratischen Republik Polen inzwischen als deutschsprachige Minderheit anerkannt. Die jungen Polen, vor allem die, die im Tourismus beschäftigt sind, lernen indessen Englisch und Deutsch als Fremdsprache. Weshalb es mehr als nur ein Zeichen der Höflichkeit ist, sich im Gegenzug die wichtigsten polnischen Wörter und Redewendungen zu merken.

Zugegeben, leicht ist das sicherlich nicht. Das Polnische, das zur westslawischen Sprachfamilie gehört, ist eine sehr alte, sehr konservative Sprache und deshalb sehr kompliziert. Von allen slawischen Sprachen steht sie dem Altkirchenslawischen am nächsten und hat sich über viele Jahrhunderte nahezu unverändert bewahrt. Neben Adjektiven und Hauptwörtern werden zusätzlich Ortsbezeichnungen, Namen und Zahlen durch drei Geschlechter in sieben Fällen gebeugt, und auch die altslawischen Nasalvokale sind bis heute erhalten. So setzt sich das polnische Lautsystem aus den uns bekannten fünf Vokalen und zusätzlich ihren Variationen zusammen: nasaliert ą (wie französisch in ›pont‹), ę (wie französisch in ›fin‹), ó (wie u) und außerdem y (eine Mischung aus e und i). Darüber hinaus stoßen 35 Konsonanten zusammen, wobei die Sprachlaute, die keine Entsprechungen im lateinischen Alphabet haben, mit Doppelgraphemen wiedergegeben werden, wie sz (sprich: ›sch‹), cz (sprich: ›tsch‹), rz (sprich: stimmhaft ›sch‹) oder – bei Ausländern besonders gefürchtet – szcz (sprich: ›schtsch‹). Zu ihnen gesellen sich Buchstabengruppen wie dz (stimmhaft ›ds‹), dź und dż, die, ähnlich wie das weiche rz, aber zusätzlich mit einem leisen Anflug von ›d‹ ausgesprochen werden, sowie ferner diakritische Zeichen wie ź und ż, die noch einmal wesentlich weicher als das rz anklingen müssen. Gar nicht zu reden vom Buchstaben ł, dem man sich am besten mit einem englischen w (wie in ›world‹) annähern kann.

Kurz, alles recht kompliziert und eigentlich unaussprechlich, und so mag man sich mit der Tatsache trösten, dass das Polnische immerhin weltweit als eine der schwierigsten Sprachen anerkannt ist. Niemand in Polen wird böse sein, wenn der Ausländer selbst nach stundenlangem Trainieren weiter an ›Chrząszcz brzmi w trzcinie‹ (sprich: chschonschtsch bschmi wtschtzinje, ein Käfer zirpt im Schilf) bastelt; und sich umso mehr über ein kleines Danke (dziękuję, sprich: dschänkuujä) oder Bitte (proszę, sprich: proschä) freuen. Und noch ein weiterer Trost sei mit auf den Weg gegeben: Die Vokale werden grundsätzlich kurz und offen ausgesprochen und alle Wörter fast ohne Ausnahme auf der vorletzten Silbe betont. Das ist die Regel.

## Aussprache Übersicht

| Buchstaben(n) | Aussprache |
|---|---|
| e | offenes ›e‹ wie in ›Echo‹ |
| o | offenes ›o‹ wie in ›offen‹ |
| ó | entspricht ›u‹ wie in ›Muff‹ |
| y | bezeichnet dumpfes ›i‹ wie in ›Bitte‹ |
| ą | ähnlich dem französischen ›o‹-Nasal wie in ›mon‹, abhängig vom folgenden Laut auch wie ›am‹ oder ›an‹ |
| ę | ebenfalls ein Nasalvokal, ähnlich dem französischen ›e‹-Nasal in ›fin‹, abhängig vom nachfolgenden Laut auch wie ›em‹ oder ›en‹ |
| | Die Verbindungen ›au‹ und ›eu‹ sind wie zwei einzelne Vokale auszusprechen |
| | Gleiches gilt für Konsonantenverbindungen: Zum Beispiel wird ›ck‹ nicht zu ›k‹ (korrekte Aussprache: ›tzk‹) und ›nn‹ nicht zu ›n‹ verkürzt. |
| c | entspricht dem deutschen ›z‹, vor ›i‹ wie ›ć‹ |
| ć | weiches (palatalisiertes) ›tsch‹ |
| h, ch | bezeichnen denselben Laut, immer hart wie das deutsche ›ch‹ in ›Buch‹ |
| cz | entspricht ›tsch‹ |
| j | wie deutsches ›j‹ |
| ł | entspricht dem englischen ›w‹ wie in ›what‹, am Wortende wird es fast immer verschluckt |
| ń | ist ein weiches ›n‹, man kann sich ein nachgestelltes, angedeutetes ›j‹ denken, etwa wie in ›Cognac‹ oder ›Anja‹ |
| r | ist immer ein starkes, rollendes Zungen-›r‹ wie im Bayerischen |
| rz, ż | bezeichnen denselben Laut und werden wie französisches ›j‹ in ›journal‹ artikuliert |
| s | ist immer stimmlos, wie in ›Szene‹ oder ›Bus‹ |
| ś | ein weiches (palatalisiertes) ›sch‹ |
| sz | entspricht ›sch‹ |
| z | wie stimmhaftes s in ›Sommer‹, doch im Auslaut stimmlos |
| ź | wie französisches ›g‹ in ›Giselle‹ |

| deutsch | polnisch |
|---|---|
| **Allgemeine Wendungen** | |
| Danke | dziękuję |
| Bitte | proszę |
| Entschuldigung, Verzeihung | przepraszam |
| Guten Tag | dzień dobry |
| Guten Abend | dobry wieczór |
| Gute Nacht | dobranoc |
| Auf Wiedersehen | do widzenia |
| Hallo/Tschüss | cześć |
| Ja | tak |
| Nein | nie |
| Verzeihung | przepraszam |
| Ich spreche kein Polnisch! | Nie mówię po polsku! |
| Ich verstehe nicht! | Nie rozumiem! |
| gut/einverstanden | dobry (Adjektiv)/dobrze (Adverb) |
| Wie geht es Ihnen? | Jak się Pan ma? (wenn der Gesprächspartner ein Mann ist)<br>Jak się Pani ma? (wenn der Gesprächspartner eine Frau ist) |
| Wie geht's? | Jak się masz? |
| Wie heißen Sie? | Jak się Pan/Pani nazywa? |
| Wie heißt du? | Jak masz na imię? |
| Gut, einverstanden | dobrze |
| Deutschland | Niemcy |
| Österreich | Austria |
| Schweiz | Szwajcaria |
| Polen | Polska |
| **Ortsangaben** | |
| hier | tu/tutaj |
| dort | tam |

| deutsch | polnisch |
|---|---|
| links | lewo |
| nach links | na lewo/w lewo |
| rechts | prawo |
| nach rechts | na prawo/w prawo |
| geradeaus | prosto |
| gegenüber | na przeciw/na przeciwko |
| nah | blisko |
| weit | daleko |
| Wo ist ...? | Gdzie jest ... ? |
| Wie komme ich nach ...? | Jak dojść do...? |

## Zeitangaben

| | |
|---|---|
| Wann? | Kiedy? |
| Wie lange? | Jak długo? |
| Wie spät ist es? | Która jest godzina? |
| morgens/früh | rano/wcześnie |
| nachmittags | po południu |
| abends | wieczorem |
| jetzt | teraz |
| heute | dzisiaj |
| gestern | wczoraj |
| morgen | jutro |
| Tag | dzień |
| Nacht | noc |
| Woche | tydzień |
| Monat | miesiąc |
| Jahr | rok |

## Zahlen

| | |
|---|---|
| null | zero |
| eins | jeden |

| deutsch | polnisch |
|---|---|
| zwei | dwa |
| drei | trzy |
| vier | cztery |
| fünf | pięć |
| sechs | sześć |
| sieben | siedem |
| acht | osiem |
| neun | dziewięć |
| zehn | dziesięć |
| hundert | sto |
| tausend | tysiąc |

## Unterwegs in Masuren

| | |
|---|---|
| Bahnhof | dworzec, stacja kolejowa |
| Bahnsteig | peron |
| Zug | pociąg |
| Busbahnhof | dworzec autobusowy, dworzec PKS |
| Fahrkarte | bilet |
| Flughafen | lotnisko |
| Abfahrt | odjazd |
| Ankunft | przyjazd |
| Hotel | hotel |
| Unterkunft | noclegi |
| Zimmer | pokój |
| (Jugend-)Herberge | schronisko (młodzieżowe) |
| Wanderheim | dom wycieczkowy |
| Biwakplätze | pola biwakowe |
| Boot | łódź |
| Kanusport | kajakarstwo |
| Kanurouten | szlaki kajakowe |

| deutsch | polnisch |
|---|---|
| segeln | żeglować |
| Segelboot | żaglówka |
| Segelrouten | szlaki żeglugi |
| wandern | wędrować |
| Wanderkarte | mapa turystyczna |
| Wanderweg | szlak turystyczny |
| Fahrrad | rower |
| Angel | wędka |
| Angelschein | zezwolenie wędkarskie |
| See | jezioro |
| Fluss | rzeka |
| Naturschutzgebiete | rezerwaty przyrody |

## Notfall

| | |
|---|---|
| Hilfe! | Ratunku! Pomocy! |
| Apotheke | apteka |
| Arzt | lekarz |
| Zahnarzt | dentysta |
| Krankenhaus | szpital |
| Rettungswagen | pogotowie ratunkowe |
| Polizei | policja |
| Pannenhilfe | pogotowie techniczne |
| Notarzthilfe | pogotowie ratunkowe |
| Feuerwehr | straż pożarna |

## Post/Geld

| | |
|---|---|
| Postamt | poczta |
| Brief | list |
| Briefmarke/n | znaczek pocztowy/znaczki pocztowe |
| Telefon | telefon |

| deutsch | polnisch |
|---|---|
| Geld | pieniądze |
| Geldautomat | bankomat |
| Bank | bank |
| Wechselstube | kantor |
| Kreditkarte | karta kredytowa |

## Einkäufe

| | |
|---|---|
| Geschäft | sklep |
| Bäckerei | piekarnia |
| Fleischerei | sklep mięsny |
| Lebensmittelgeschäft | sklep spożywczy |
| Buchhandlung | księgarnia |
| Kaufhaus | dom towarowy/handlowy |
| Wieviel kostet das? | Ile to kosztuje? |

## Hinweise

| | |
|---|---|
| benzyna (bezołowiowa) | Benzin (bleifrei) |
| ciepła/ciepły/ciepłe (Adj.); ciepło (Adv.) | warm |
| Kobiety | Damen |
| Mężczyźni | Herren |
| dla (nie)palących | für (Nicht)raucher |
| grozi smiercia | Lebensgefahr |
| koniec | Ende |
| objazd | Umleitung |
| ostrożnie, uwaga | Vorsicht, Achtung |
| palenie wzbronione | Rauchen verboten |
| parking strzeżony | bewachter Parkplatz |
| przejście wzbronione | Durchgang verboten |
| stacja benzynowa | Tankstelle |
| toalety | Toiletten |
| uwaga | Vorsicht, Achtung |

| deutsch | polnisch |
|---|---|
| wejście | Eingang |
| wyjście | Ausgang |
| wstęp wzbroniony | Betreten verboten |
| wolne | frei |
| wyjazd | Ausfahrt (an Autobahnen) |
| zajęte | besetzt |
| zamknięte | geschlossen |
| zarezerwowany | reserviert |
| zimna/zimny/zimne (Adj.); zimno (Adv.) | kalt |

## Im Restaurant

| | |
|---|---|
| Speisekarte | jadłospis |
| Frühstück | śniadanie |
| Mittagessen | obiad |
| Abendbrot | kolacja |
| Herr Ober/mein Herr ... | proszę pana |
| Frau Ober/meine Dame ... | proszę pani |
| Prost! | Na zdrowie! |
| Bitte die Rechnung! | Proszę o rachunek! |

## Eine typische Speisekarte

**Suppen (zupy)**

| | |
|---|---|
| barszcz (z pasztecikiem) | Rote-Rüben-Suppe (mit Pastetchen) |
| flaki | Kuttelsuppe |
| kapuśniak | Deftige Weiß- und Sauerkohlsuppe |
| krupnik | Graupensuppe mit Fleischeinlages |
| zupa szczawiowa | Sauerampfersuppe |
| zupa pomidorowa | Tomatensuppe |
| żurek | Saure Roggenmehlsuppe mit Wursteinlage und hartgekochten Eierhälften |

| deutsch | polnisch |
|---|---|
| **Vorspeisen (przekąska)** | |
| golonka w galarecie | Eisbein in Aspik |
| nadziewane rolmopsy | Gefüllte Rollmöpse |
| śledzie w occie po polsku | Eingelegte Heringe nach polnischer Art |
| śledzie w śmietanie | Hering in Sahne |
| szynka w galarecie | Schinken in Aspik |
| **Hauptgerichte (drugie danie)** | |
| bigos | Sauerkraut, Weißkohl, Pflaumen und Fleisch zusammen gekocht |
| dzik | Wildschwein |
| golonka | Schweinshaxe, gekocht oder geschmort |
| gołąbki | Kohlrouladen |
| jeleń | Hirsch |
| kaczka | Ente |
| kotlet schabowy | Schweinekotelett |
| kurczę | Hähnchen |
| pieczeń wieprzowa | Schweinebraten |
| pierogi | Piroggen (Teigtäschchen mit Gemüse-, Fleisch- oder süßer Füllung) |
| rolada | Rindsroulade |
| sarna | Reh |
| szaszłyk | Fleischspieße |
| szawarma | gegrilltes Hackfleisch |
| **Fisch (ryba)** | |
| dorsz | Dorsch |
| gładzica | Scholle |
| karp | Karpfen |
| śledź | Hering |

| deutsch | polnisch |
|---|---|
| łosoś | Lachs |
| okoń | Barsch |
| płoć | Plötze |
| pstrąg | Forelle |
| sandacz | Zander |
| sieja/sielawa | Große/kleine Maräne |
| szczupak | Hecht |
| węgorz | Aal |
| **Beilagen (dodatki)** | |
| jarzyny | Gemüse |
| kluski | Nudeln, Klöße (Klößchen) |
| ryż | Reis |
| sałatka | Salat |
| ziemniaki | Kartoffeln |
| **Nachtisch (deser)** | |
| makowiec | Mohnkuchen |
| naleśniki | Pfannkuchen mit Obst oder Eis |
| sernik | Käsekuchen |
| szarlotka | Apfelkuchen |
| ü3 Getränke (napoje) | |
| herbata | Tee |
| kawa | Kaffee |
| piwo | Bier |
| szampan | Sekt |
| sok | Saft |
| wino | Wein |
| woda mineralna | Mineralwasser |

# Reisetipps von A bis Z

## Angeln

Angler finden im nordöstlichen Polen paradiesische Verhältnisse vor. Zum einen begeistert die Landschaft durch ökologisch intakte Gewässer und zum anderen durch ihren Fischreichtum. Über 60 Fischarten von Aal bis Zander werden gezählt.

Seine Angel auswerfen darf man nach dem Erwerb einer **Angelgenehmigung** (karta wędkarska), der deutsche Angelschein wird nicht akzeptiert. Die Gebühren richten sich nach Dauer, Gebiet, Beschaffenheit – niedrige oder tiefe Gewässer – sowie der Anzahl der Gewässer und liegen zwischen 15 und 60 Euro. Die Berechtigung wird von den jeweiligen Gewässerverwaltern ausgestellt und gilt für die allgemein zugänglichen Gewässer des Polnischen Anglerverbandes (PZW). Die Adressen der Gewässerverwalter halten vor Ort die Touristeninformationen parat. Für die wenigen nicht vom PZW betreuten Gewässer muss man sich direkt an den jeweiligen Besitzer wenden.

**Angelsaison** ist vom 1. April bis zum 31. Dezember jeden Tag von Sonnenaufgang bis Sonnenuntergang. In der Nacht angeln und Eisangeln ist nur mit Sondergenehmigung möglich.

Nicht nur vom Ufer, sondern auch vom Boot aus seine Leine ins Wasser werfen darf man von Anfang Juni bis Ende Oktober. Leihboote müssen zum Zeichen, dass sie registriert sind, auf beiden Seiten eine gut sichtbare Registriernummer tragen.

Grundsätzlich verboten ist das Angeln mit lebenden Köderfischen. Über die aktuellen Fangbeschränkungen, Schonzeiten, Mindestmaße der Fischarten und alles weitere rund um den Angelsport informieren das Polnische Fremdenverkehrsamt unter www.polen.travel und der Polnische Anglerverband:

**Polnischer Anglerverband PZW**
(Polski Związek Wędkarski)
ul. Twarda 42
00-831 Warszawa
Tel. 022/620 89 66, Fax 620 50 85
www.zgpzw.pl, www.fishing.pl

## Anreise/Weiterreise

Seit dem 21. Dezember 2007 ist Polen Mitglied im Schengen-Verbund, das heißt, die Grenz- und Passkontrollen zwischen Polen und Deutschland, Polen und Litauen, Polen und der Slowakei sowie Polen und Tschechien entfallen. Bürger der Schengen-Länder, darunter Deutsche, Österreicher und Schweizer, müssen beim Grenzübertritt nach Polen keinen Pass oder Personalausweis mehr vorzeigen. Die Pflicht zur Benutzung von Grenzübergängen ist ebenfalls aufgehoben, man darf die Landesgrenze an jedem beliebigen Punkt passieren.

Ein **gültiges Reisedokument**, in der Regel der Personalausweis oder Pass, oder ein anderer gültiger Identitätsausweis muss allerdings auch weiterhin mitgeführt werden. Ohne weiteres können sich EU-Bürger und Schweizer bis zu 90 Tage in Polen in einem Zeitraum von sechs Monaten aufhalten. Möchten sie länger verweilen, müssen sie ihren Aufenthalt bei der dafür zuständigen Woiwodschaftsbehörde registrieren lassen.

**Kinder unter 16 Jahren** reisen entweder mit ihrem eigenen Lichtbildausweis oder sind im Reisedokument ihrer Eltern mit einzutragen.

**Hunde und Katzen** müssen mindestens 30 Tage und maximal 12 Monate vor dem Grenzübertritt vom Tierarzt gegen

Tollwut geimpft worden sein. Die Impfung wird im **Heimtierausweis** dokumentiert, der an der Grenze vorgezeigt werden muss. Als Identitätsnachweis hat das Tier einen **Mikrochip** zu tragen oder muss übergangsweise (bis Juli 2011) eine Nummer lesbar eintätowiert haben.

Zur Weiterreise nach Litauen gelten für EU-Bürger und Schweizer die Bedingungen des Schengen-Abkommens (s.o.). Für die **Weiterreise nach Russland** inklusive Oblast Kaliningrad sowie nach Weißrussland ist ein Visum nötig, das bei den jeweiligen Botschaften rechtzeitig vor Reiseantritt zu beantragen ist (siehe Kaliningrad-Reisetipps, Seite 333).

Weitere Informationen erteilen:

Deutschland: **Auswärtiges Amt**
www.auswaertiges-amt.de (Button ›Länder, Reisen und Sicherheit‹)
Tel. 030/50000, Fax 50003402

Österreich: **Außenministerium**
www.bmaa.gv.at (›Bürgerservice‹)
Tel. 05011 50-4411, Fax 05011 5 90

Schweiz: **Departement für auswärtige Angelegenheiten**
www.dfae.admin.ch (›Reisehinweise‹)
Tel. 031/3238181

## Anreise mit dem Auto

Wer mit dem Auto nach Polen aufbricht, benötigt als EU-Bürger oder als Schweizer neben dem **nationalen Führerschein** außerdem den **KFZ-Schein**. Seit Polens EU-Beitritt am 1. Mai 2004 müssen Autofahrer aus den Mitgliedsstaaten in Polen keine Grüne Versicherungskarte mehr mit sich führen. Es reicht das Autokennzeichen mit Europaemblem als Nachweis der vorgeschriebenen PKW-Haftpflichtversicherung. Trotzdem kann die Grüne Versicherungskarte auch weiterhin nützlich sein, da sie die Abwicklung eines Schadensfalls in der Regel erleichtert. Eine zusätzliche Sicherheit bietet der Abschluss eines **Auslandsschutzbriefes**, der die hohen Kosten eines Autorücktransports oder einer Verschrottung des Wagens in Polen abdeckt.

Unterwegs in Polen sind im PKW ein Warndreieck, ein Verbandskasten sowie Feuerlöscher und Sicherheitsweste mitzuführen.

Steuert eine andere Person als der KFZ-Halter den Wagen, so braucht sie dazu eine schriftliche **Vollmacht des Eigentümers**, selbst wenn dieser als Beifahrer mit im Auto sitzt. Ein Musterformular für die Nutzungsbevollmächtigung hält die Polnische Botschaft unter www.berlin.polemb.net (Button ›Straßenverkehr und Transport‹) bereit (siehe auch ›Auto- und Motorradfahren in Polen‹, Seite 311).

*Allee in Masuren*

## Anreise mit der Bahn

Von Deutschland, Österreich und der Schweiz aus bestehen keine direkten schnellen Zugverbindungen ins nordöstliche Polen. Mit dem IC und EC muss man in der Regel in Poznań (Posen), Kraków (Krakau) oder Warszawa (Warschau) umsteigen. Über Nacht fahren der Euronight (EN) Amsterdam–Warschau über Köln, Hannover, Berlin; der Citynightliner Amsterdam–Stettin über Berlin; der D 50472 Basel–Warschau über Frankfurt/Main und Berlin; der D 50482 Innsbruck–München–Warschau über Berlin.

Ein grenzüberschreitender Regionalexpress (RE) verbindet mehrmals täglich Berlin und Szczecin (Stettin), einmal durchgehend, sonst mit Umsteigen in Angermünde. Eine Regionalbahn (RB) verknüpft außerdem Frankfurt (Oder) mit Poznań. Alle weiteren Zugverbindungen nach Polen enden in den Grenzstädten, wo man umsteigen muss.

Eine beliebte Verbindung ist der Schnellzug Szczecin (Stettin)–Białystok. Er führt durchgehend täglich ab Stettin über Gdańsk (Danzig), Malbork (Marienburg) und Olsztyn (Allenstein) zu den Großen Masurischen Seen und von dort weiter über Ełk (Lyck) bis Białystok nahe der weißrussischen Grenze. Weitere Auskünfte erhält man unter:

**Deutsche Bahn DB**
www.bahn.de
Tel. 0180/599 66 33

**Österreichische Bundesbahnen ÖBB**
www.oebb.at
Tel. 05/17 17

**Schweizerische Bundesbahnen SBB**
www.sbb.ch
Tel. 0900/30 03 00

**Polnische Staatsbahnen PKP**
Panoramastr. 1
10178 Berlin,
Tel. 030/242 34 53
Fax 24 72 99 99
www.pkp-berlin.de
pkpgv@pkp-berlin.de (keine Fahrkarten, keine Reservierungen)

**Bahnagentur Spindlersfeld**,
Ernst-Grube-Str. (im S-Bahnhof)
12555 Berlin-Köpenick,
Tel. 030/654 72 80-0, Fax -2
Bahnagentur.Spindlersfeld@t-online.de
Auf Osteuropa spezialisierte Bahnenthusiasten helfen auch bei komplizierten Verbindungen.

**Fahrräder** werden in ICs, ECs und EN bis auf wenige Ausnahmen befördert. Die Mitnahme ist reservierungspflichtig und wegen der knappen Anzahl an Plätzen spätestens einen Tag vor Reiseantritt am Schalter, im Internet oder telefonisch bei der Radfahrerhotline vorzunehmen.

Im grenzüberschreitenden Bahnverkehr werden Fahrräder überdies in einigen RE- und RB-Nahverkehrszügen transportiert, beispielsweise von Frankfurt/Oder nach Poznań (Posen) und von Berlin nach Szczecin. Im Schnellzug Szczecin–Białystok besteht ebenfalls die Möglichkeit der Fahrradmitnahme.

Damit das Rad mit auf die Reise darf, muss man für 10 Euro eine Internationale Fahrradkarte erwerben. Die nennt sich zwar ›international‹, gilt aber dennoch nur im Abfahrtsland, d.h. für die Hinfahrt nach Polen zum Beispiel von Deutschland aus kauft man sie bei der Deutschen Bahn (DB), für Binnenfahrten in Polen sowie die Rückfahrt bis zur Grenze löst man sie an einem Schalter der Polnischen Staatsbahnen (PKP) etwa zum gleichen Preis (siehe auch ›Bahnfahren in Polen‹, Seite 314). Detaillierte Auskünfte zur Fahrradmitnahme:

**DB Radfahrerhotline**
Tel. 01805/15 14 15

**Polnische Staatsbahnen**
Tel. 030/242 34 53

## Anreise mit dem Bus

Eine beliebte Alternative zur Bahn sind die internationalen Linienbusse nach Ermland und Masuren. Sie verkehren zwei- bis viermal die Woche und sind in aller Regel preiswerter als vergleichbare Bahnverbindungen (siehe auch ›Bus‹, Seite 316).

Feste Strecken unterhalten unter anderem:

**Deutsche Touring**
Am Römerhof 17
60486 Frankfurt
Tel. 069/790 35 01
www.deutsche-touring.com

**Becker Reisen**
Bremer Str. 36
21255 Tostedt
Tel. 01 80/115 53 33
Fax 040/317 45 87
www.becker-reisen.de

**Berlin Linien Bus**
Mannheimer Str. 33/34
10713 Berlin
Tel. 01 80/154 64 35
www.berlinlinienbus.de

## Anreise mit dem Flugzeug

Direktflüge in das nordöstliche Polen gibt es keine. Die nächsten Flughäfen, die im internationalen Flugverkehr angesteuert werden, sind Warschau und Danzig.

Wie überall auf der Welt gilt auch für Polen-Flüge: Passagiere dürfen Flüssigkeiten jeglicher Art, wie Getränke, Sprays, Zahnpasta, Haarwaschmittel o.ä., im Handgepäck nur bis maximal 100 ml, gut sichtbar in einem durchsichtigen Plastikbeutel, mitnehmen.

Unter anderem bieten folgende Fluggesellschaften Flüge nach Polen an:

**Deutsche Lufthansa**
Tel. 01 80/583 84 26
www.lufthansa.com
Ab Frankfurt/Main und München nach Danzig und Posen, ab Düsseldorf nach Danzig; ab Hamburg, Berlin, Düsseldorf, Frankfurt/Main, Stuttgart, München nach Warschau.

**Germanwings**
Tel. 09 00/191 91 00
www.germanwings.com
Ab Hamburg, Berlin, Leipzig/Halle, Dresden, Köln/Bonn, Stuttgart, München, Zürich, Wien nach Warschau.

**LOT Polish Airlines**
Tel. 01 80/300 03 36
www.lot.com
Ab Hamburg, Berlin, Düsseldorf, Frankfurt/Main, München, Wien, Zürich, Genf nach Warschau.

**Wizzair**
Tel. 09 00/120 40 21
www.wizzair.com
Ab Hamburg-Lübeck, Dortmund, Köln nach Danzig; ab Dortmund nach Posen und Warschau.

**Austrian Airlines**
Tel. 00 43/05/17 89
www.aua.com
Ab Wien über Warschau nach Danzig.

**Swiss International Airlines**
Tel. 00 41/08 48/70 07 00
www.swiss.com
Ab Zürich und Basel nach Warschau.

**Air Berlin**
Tel. 030/41 02 10 03
www.airberlin.com
Ab Berlin nach Danzig.

**Ryanair**
Tel. 09 00/116 06 00
www.ryanair.com
Ab Düsseldorf-Weeze nach Szczecin-Goleniów.

## Auto- und Motorradfahren in Polen

Die Straßenverhältnisse in Polen sind im wesentlichen gut, auch wenn sich das **Autobahnnetz** gerade erst im Aufbau befindet. Knapp 1000 Autobahnkilometer sind bereits fertiggestellt. Bis zur Fußballeuropameisterschaft 2012 werden weitere folgen und Danzig im Norden über Łódź und Kattowice mit Tschechien im Süden verbinden (A1), von West nach Ost Frankfurt (Oder)/Świecko über Poznań, Łódź, Warschau mit Weißrussland (A2) sowie Forst/Ol-szyna über Breslau und Krakau mit der Ukraine (A4). Die bereits bestehenden Autobahn-Teilstücke sind mautpflichtig. Die Höhe der Straßengebühr richtet sich nach der Streckenlänge und Fahrzeugkategorie.

Alle anderen **Fernstraßen** sind gebührenfrei. Schnellstraßen verfügen meist über drei Spuren, wobei die mittlere Spur die Überholspur für beide Fahrtrichtungen ist. Auf der Standspur fahren oftmals, sofern die weiße Linie nach rechts außen nicht durchgezogen ist, langsamere Vehikel, also auch alle die, die sich an die vorgeschriebene Geschwindigkeit halten. Denn rasen gehört in Polen, obwohl es saftige Strafzettel nach sich zieht, leider zum guten Ton.

Auf Fernstraßen wie Landstraßen sind besonders **unfallträchtige Stellen** als Czarny Punkt (Schwarzer Punkt) ausgewiesen, vor denen Verkehrsschilder rechtzeitig warnen. Wo der Straßenbelag noch nicht saniert ist, muss man sich abschnittsweise außerdem vor tiefen Spurrillen in acht nehmen.

Bei Landstraßen handelt es sich nicht selten um schmale zweispurige Asphaltbänder, oft ohne Randbefestigung, und auch ein Fuß- oder Radweg darf nicht vorausgesetzt werden. Neben Lastwagen und PKW bevölkern dann zusätzlich Radler und Fußgänger die Fahrbahn. Traktoristen und Mähdrescher, welche die gesamte Straßenbreite einnehmen, laden zur gemütlichen Tuckelfahrt ein, und vereinzelt klappert sogar noch ein Pferdefuhrwerk über den Damm oder Kühe und Gänse kreuzen die Bahn. Bäume links und rechts verwandeln die Straßen oft zwar in wunderschöne Alleen, aber selbst bei gleißendem Sonennschein zugleich in zwielichtige grüne Tunnel mit erheblich eingeschränkter Sicht. Es empfiehlt sich deshalb, sich auf Landstraßen auf ein gemütliches Reisetempo einzustellen. Vor allem in der Dämmerung oder Dunkelheit ist umsichtiges, vorausschauendes Fahren angebracht.

**Nebenstrecken von Dorf zu Dorf** sind oft sehr schmale Alleen ohne Seitenstreifen, und auch sie werden von allen Verkehrsteilnehmern genutzt. Besondere Achtsamkeit ist hier bei Straßenarbeiten geboten, die ohne vorherige Ankündigung manchmal direkt hinter einer Kurve auftauchen.

Vorsicht ist außerdem bei **Bahnübergängen** geboten, die sich nur selten auf Höhe des Straßenniveaus befinden.

Zebrastreifen taugen lediglich als Dekoration, Sicherheit bieten sie keine. Sogar Fahrschulen und Polizeiwagen stoppen nicht, sondern rasen über die markierten Fußgängerüberwege hinweg.

In Polen herrschen die internationalen Straßenverkehrsregeln. Darüber hinaus gelten folgende Vorschriften: Grundsätzlich wird auch **tagsüber mit Abblendlicht** gefahren. Im Stadtverkehr sind an den Ampeln **grüne Pfeile** üblich, die auch bei rotem Signal ein umsichtiges Rechts-Abbiegen erlauben. Es besteht **Gurtpflicht auf allen Plätzen**. **Telefonieren** während der Fahrt ist ohne Freisprechanlage verboten. Die **Alkoholgrenze** liegt bei 0,2 Promille, sie ist in der Regel bereits nach Genuss eines kleinen Biers erreicht!

In geschlossenen Ortschaften dürfen 50 km/h nicht überschritten werden.

*Ortsschilder in Mikołajki*

Außerhalb beträgt die **Höchstgeschwindigkeit** auf Landstraßen mit einer Fahrbahn pro Richtung für PKW und Kraftrad 90 km/h, auf Landstraßen mit zwei Fahrbahnen sowie Schnellstraßen mit einer Fahrbahn pro Richtung 100 km/h, auf Schnellstraßen mit zwei Fahrbahnen pro Richtung 110 km/h und auf Autobahnen 130 km/h. Fahrzeuge mit Anhänger fahren auf Landstraßen mit einer Fahrbahn maximal 70 km/h und ansonsten auf allen Straßenarten außerhalb von Ortschaften maximal 80 km/h. Die Bußgelder für Geschwindigkeitsüberschreitungen bewegen sich zwischen 50 und 500 Złoty, und deutsche Urlauber müssen sich sogar auf Strafpunkte im Flensburger Zentralregister einstellen.

Das **Tankstellennetz** ist gut ausgebaut, und das Benzin ist um etwa 20 Prozent günstiger als in Deutschland. Bleifreies Benzin, erkennbar an der grünen Schrift an den Zapfsäulen, ist flächendeckend erhältlich. Man tankt 98E Europlus (bleifrei, 98 Oktan, entpricht deutschem SuperPlus), 95E Eurosuper (bleifrei, 95 Oktan, entspricht deutschem Super), 95U Uniwersalna (bleifrei für Autos ohne Kat, 95 Oktan) sowie Dieselkraftstoff (markiert mit ›ON‹). Auch Autogas (PGG, Autogaz) ist an vielen Tankstellen erhältlich. Die meisten Tankstellen öffnen Mo–Fr 6–22 Uhr, So 7–18 Uhr, an wichtigen Fernverkehrsstraßen und in Großstädten rund um die Uhr.

Bei einer **Panne** hilft der Polnische Motorverband (PZM) landesweit unter der Telefonnummer 981. Die Zentrale des **PZM** befindet sich in Warschau:
ul. Kazimierzowska 66
02-518 Warszawa
Tel. 022/849 93 61
Fax 848 19 51
www.pzm.com.pl

Bei einem **Unfall** muss der Unfallort ordnungsgemäß gesichert und auf jeden Fall die Polizei benachrichtigt werden. Für eine spätere Schadensregulierung sollte man um eine Durchschrift des Polizeiprotokolls bitten.

**Notruf**: 112
**Polizei**: 997
**Feuerwehr**: 998
**Rettungsdienst**: 999
**Pannendienst**: 981

Deutschsprachige Hilfen für Kraftfahrer bieten an:

**ADAC**
www.adac.de
Notruf-Tel. 089/22 22 22
In Polen ist ein Notruf-Telefon des ADAC mit deutschsprachigen Mitarbeitern eingerichtet, Tel. 061/831 98 88.

**ÖAMTC**
www.oeamtc.at
Tel. 01/2512000
in Polen Tel. 061/831 99 02

**TCS**, www.tcs.ch, Notruf nur in der Schweiz. Tel. 022/417 22 20.

## Autoverleih

Die großen internationalen Autoverleiher haben in Polen zahlreiche Niederlassungen. Einen Mietwagen kann man schon von Deutschland aus buchen, ebenso direkt vor Ort. Alle Hotelrezeptionen und die größeren Touristeninformationen sind dabei behilflich. Technischer Standard und Preise entsprechen den internationalen Maßstäben.

## Baden

Das nordöstliche Polen verfügt über unzählige, meist auch zum Baden geeignete Seen. Die Wasserqualität ist gut bis sehr gut.

Da es im Verhältnis zur Anzahl der schilfwogenden Seen jedoch relativ wenige frei zugängliche Strand- oder Wiesenbadestellen gibt, kann eine **Luftmatratze** zum Hinauspaddeln nützlich sein. Wer den Kontakt mit einem teils glitschigen Seeboden scheut, sollte **Badeschuhe** einpacken. Große Badewiesen und feinsandige Strände bieten in der Regel die von Gemeinden bewirtschafteten Strandbäder.

Einem alten Brauch folgend darf man in Masuren erst nach dem 24. Juni, der Johannisnacht, ins Wasser eintauchen. Ohnehin wäre es den meisten Menschen vorher zu kalt. Im Sommer schwanken die Wassertemperaturen um 19 bis 20 °C, in Sommern mit viel Sonnenschein können es sogar um die 22 °C werden. Ähnliches gilt für die Ostsee.

*Am Stadtstrand von Olsztyn*

**FKK-Anhänger** haben kaum Möglichkeiten, ihrer Passion nachzugehen. Wie katholisch Polen ist, zeigt sich auch daran, dass sich ›oben ohne‹ nirgends durchsetzen konnte.

## Bahnfahren in Polen

Im Vergleich mit den Preisen, die beispielsweise die Deutsche Bahn ihren Fahrgästen abknöpft, sind die Tarife der Polnischen Staatsbahn (PKP) sehr moderat. Auf dem gut ausgebauten Streckennetz verkehren ECs, ICs und Euro-Night-Züge, Express-, TKL- und Schnellzugverbindungen sowie Personenzüge und InterRegios.

**Personenzüge** (pociąg osobowy) sind Bummelzüge und halten an jeder Gießkanne. **InterRegios** verbinden Orte im Regionalverkehr. **Schnellzüge** (pociąg pospieszny) stoppen in mittelgroßen Städten, **Expresszüge** in Großstädten und **Intercitys** nur am Zielort. Bei **TKL-Zügen** handelt es sich um spezielle Sondertarif-Zuglinien im Fernverkehr, die etwa 40 Prozent günstiger sind.

Für Wochenendausflügler haben die PKP das preiswerte **Bilet turystyczny** (Touristenticket) aufgelegt. Es gilt von Freitag 18 Uhr bis Montag 6 Uhr für eine unbeschränkte Zahl von Fahrten mit Personenzügen (30 Złoty) bzw. Personen- und Schnellzügen (60 Złoty).

Ein vergleichbares Angebot besteht für IC, TLK- und Expresszüge (außer Berlin–Warschau) mit dem ›Bilet weekendowy‹ (Wochenendticket) für unbegrenzte Fahrten von Freitag 19 Uhr bis Sonntag 24 Uhr. Kostenpunkt: 119 Złoty (2. Klasse) und 199 Złoty (1. Klasse).

Sieben Tage freie Fahrt in Personen- und Schnellzügen bietet das **Bilet tygodniowy** (Wochenfahrkarte) für 120 Złoty. Sieben Tage freie Fahrt in allen PKP-Zügen genießt man inklusive Platzreservierung mit dem Bilet sieciowy (Netzfahrkarte) für 400 Złoty (2. Klasse) oder 560 Złoty (1. Klasse). Mit entsprechenden Aufschlägen kann man die Netzfahrkarte auch für vier Wochen, drei Monate, sechs Monate oder ein Jahr kaufen.

Detaillierte Informationen in deutscher Sprache bekommt man bei den **Polnischen Staatsbahnen** (PKP), Panoramastr. 1, 10178 Berlin, Tel. 030/2472 99 98, Fax 2472 99 99, www.pkp-berlin.de, pkpgv@pkp-berlin.de (kein Fahrkartenverkauf, keine Reservierungen). Die aktuellen Fahrpläne kann man im Internet unter www.pr.pkp.pl (Regionalverkehr) und www.intercity.pl (Fernverkehr) abrufen.

Die **Fahrradmitnahme** in Polen ist nach dem Kauf einer Fahrradkarte in folgenden Zügen möglich:

- Züge mit Fahrradpiktogramm in Fahrplan und Kursbuch.
- Züge mit einem Abteil für größeres Handgepäck (mit ›E‹ gekennzeichnet).
- in allen weiteren Zügen im Vorraum des ersten und und im Vorraum des letzten Wagons, wenn dadurch niemand beeinträchtigt wird. Manche ECs, ICs, Express- und TLK-Züge führen einen Großraumwagen mit speziellen Griffen zum Festmachen der Fahrräder mit.

## Behinderte

Hinsichtlich der Reisemöglichkeiten von Menschen mit Behinderung gibt es in Polen leider noch viel zu verbessern. Bis auf die Hotels der gehobenen, zumeist internationalen Kategorie verfügen nur wenige Unterkünfte über behindertengerechte Einrichtungen. Akustische Ampelanlagen an großen Verkehrskreuzungen in größeren Städten sind zwar üblich, aber auf abgesenkte Bordsteine oder Aufzüge statt Treppen darf man selbst da nicht hoffen. Auf dem Land fehlen sämtliche dieser technischen Hilfen. Vor allem in preisgünstigen Unterkünften, auf Campingplätzen und leider auch Restaurants sind Barrierefreiheit und geeignete Sanitäranlagen eine Ausnahme. Reisen mit Bussen, Zügen und anderen öffentlichen Verkehrsmitteln stellen Menschen mit Handicaps in Polen vor große Herausforderungen.

Über behindertenfreundliche bis behindertengerechte Hotels, Lokale, Veranstaltungsorte, Aktivitäten und Transportmöglichkeiten informiert eine Datenbank der Polnischen Gesellschaft für Touristik und Landeskunde (PTTK) unter www.turystykadlawszystkich.pl. Umfassende Informationen gibt außerdem der Warschauer Verein ›Integracja:

**Integracja**
Stowarzyszenie Przyjaciół Integracji
ul. Sapieżyńska 10a
00-162 Warszawa
Tel. 022/63 51 330, Fax 182
www.integracja.org

## Bekleidung und Reisegepäck

Auch wenn man in der schönen Jahreszeit Polen bereist, ist **Kleidung für alle Wetterlagen** angebracht. Vom Badeanzug über leichte Sommersachen und Regenjuppe bis hin zu dicken Socken und Strickjacke gehört alles mit ins Gepäck. **Sonnencreme** und **Mückenschutz** können nicht schaden, lassen sich aber jederzeit vor Ort erwerben. Ein **Adapter für Schukostecker** ist wichtig, und auf Campingplätzen der untersten Kategorie sind auch **Badelatschen** für WC und Duschkabinen angebracht.

## Besondere strafrechtliche Vorschriften

In Polen ist der Konsum von **Alkohol und anderen Rauschmitteln in der Öffentlichkeit** verboten. Das gilt selbst für ein Bierchen abends am See zum romantischen Sonnenuntergang: Das Bußgeld für dieses Vergehen beträgt rund 100 Złoty.

Es versteht sich von selbst, dass die Einfuhr und der Besitz von **Drogen**, die in Deutschland unter das Betäubungsmittelgesetz fallen, auch in Polen schwer bestraft wird. Bestimmte gekennzeichnete militärische Anlagen oder Ämter dürfen nicht fotografiert werden.

Die **›grüne Grenze‹ zwischen Polen und dem russischen Oblast Kaliningrad** ist an verschiedenen Stellen im Wald nur schwer auszumachen. Weit auseinanderliegende, oft zugewachsene Grenzsteine bilden eine mehr oder weniger unsichtbare Markierung. Überschreiten darf man sie trotzdem nicht. Wer die Grenze auch nur für wenige Meter illegal quert, muss, falls ihn die russische Grenzpolizei erwischt, im ungünstigsten Fall mit einer mehrjährigen Haftstrafe rechnen!

## Botschaften und Konsulate

**Botschaft der Bundesrepublik Deutschland**
Ambasada Republiki Federalnej Niemiec
ul. Jazdów 12
00-467 Warszawa
Tel. 022/5 84 17-00, Fax -39
www.ambasadaniemiec.pl

**Deutsches Generalkonsulat**
Konsulat Generalny Republiki Federalnej Niemiec
al. Zwycięstwa 23
80-219 Gdańsk-Wrzeszcz
Tel. 058/340 65-00, Fax -38
www.danzig.diplo.de

**Botschaft der Republik Österreich**
Ambasada Republiki Austrii
ul. Gagarina 34
00-748 Warszawa
Tel. 022/84 10 08-1, Fax -5
www.ambasadaaustrii.pl

**Botschaft der Schweiz**
Ambasada Konfederacja Szwajcarska
al. Ujazdowskie 27
00-540 Warszawa
Tel. 022/628 04 81
Fax 621 05 48
www.eda.admin.ch/warsaw

**Botschaft der Republik Polen in Deutschland**
Lassenstr. 19–21
14193 Berlin
Tel. 030/223 13-0, Fax -155
www.berlin.polemb.net

**Botschaft der Republik Polen in Österreich**
Hietzinger Hauptstr.42c
1130 Wien
Tel. 01/870 15-100, Fax -222
www.wien.polemb.net

**Botschaft der Republik Polen in der Schweiz**
Elfenstr. 20a
3000 Bern 15
Tel. 031/358 02-02, Fax -16
www.berno.polemb.net

## Bus

**Linienbusse** der ehemaligen staatlichen Gesellschaft **PKS** verkehren im Nah- und im Fernbereich zwischen den Orten. Fahrkarten kauft man an den Busbahnhöfen (dworzec PKS), die sich meist neben den zentralen Eisenbahnstationen befinden, in Reisebüros oder auch direkt beim Busfahrer, falls er noch freie Plätze hat.

In **Überlandbussen** fahren Kinder bis vier Jahre auf dem Schoß gratis, Kinder bis zehn Jahre zum halben Preis. Die

Überlandbusse bedienen Normalstrecken (autobusy zwykle) mit Halt in jeder Ortschaft sowie Schnellverkehrslinien (autobusy pospieszne). Letztere sind auf den Abfahrtstafeln rot markiert.

Die Dörfer verbinden reguläre Buslinien des PKS miteinander, in Städten wie Gdańsk oder Olsztyn befördern einen Straßenbahnen, Omnibusse und Trolleybusse der Städtischen Verkehrsbetriebe. Tickets, die für die Fahrt entwertet werden müssen, erhält man an Kiosken und in einigen Läden. Für einige größere Städte kann man die Fahrpläne (rozkład jazdy) auch im Internet nachlesen unter www.pks.(Stadtname).pl, z.B. für Elbląg unter www.pks.elblag.pl und für Olsztyn unter www.pks.olsztyn.pl.

*An den PTTK-Stationen kann oft auch gezeltet werden*

## Camping

Der Nordosten Polens ist ein Paradies für Camper. Zahlreiche Plätze in meist malerischer Lage im Wald und am Seeufer laden zum Aufenthalt ein. Bis auf wenige Ausnahmen sind sie im Polnischen Campingverband PFCC (Polska Federacja Campingu i Caravaningu) zusammengeschlossen, haben überwiegend von Anfang Juni bis Ende September geöffnet, die großen nicht selten von Mai bis Mitte Oktober, einige sind sogar ganzjährig in Betrieb.

*PKS-Bus in Mrągowo*

Ihre Einteilung erfolgt nach dem **Sternesystem** in vier Kategorien, wobei vier Sterne die höchste, ein Stern die niedrigste Komfortstufe symbolisieren. Auf die gängigen Versorgungseinrichtungen wie Elektroanschlüsse für Zelte und Caravan, Waschmaschine und Sanitäranlagen mit Warmwasser, kleine Miethütten sowie oft auch Einkaufsladen, Imbiss und Gaststätte wird man auch auf einem 1-Sterne-Platz nicht verzichten müssen; aufwärts sind zusätzlichen Dienstleistungen von Tennisplätzen über Reit- und Wassersportmöglichkeiten bis hin zur Sauna keine Grenzen gesetzt. Die 4-Sterne-Plätze empfehlen sich darüber hinaus durch ihren hervorragenden Service, der oft mit dem ›Mister Camping‹-Abzeichen oder einer entsprechenden Auszeichnung geehrt worden ist. Die Platzgebühren sind uneinheitlich, in der Regel aber erheblich günstiger als etwa in Deutschland.

Auf schätzungsweise einem Viertel der Plätze besteht für **Wohnmobilisten** die Möglichkeit zur Chemietoiletten-Entsorgung. Ferner empfiehlt sich Womo-Urlaubern bei längerem Aufenthalt, eine Ersatz-Gasflasche mitzunehmen. Stromanschlüsse sind auf den Camping-Wohnmobilstellflächen überall vorhanden, und selbst bei den kleinsten Plätzen, die über keine speziellen Caravan-Einrichtungen verfügen, mit einem Verlängerungskabel gut zu erreichen.

An der Danziger Bucht und in den Urlaubsorten an den masurischen Seen ist die Auswahl an Campingplätzen recht groß; im agrarisch geprägten Ermland findet man dagegen bis auf wenige einfache Biwaks keine Camping-Infrastruktur. Neben den PFCC-Campings finden sich insbesondere rund um die Großen Masurischen Seen und an den beliebtesten Paddelrouten zahlreiche einfache Zeltplätze (pole namiotowe) und Biwakplätze (pole biwakowe). Wildes Kampieren ist in Polen verboten.

Die polnische Tourismusorganisation gibt jährlich ein Verzeichnis mit ausgewählten Campingplätzen heraus, das man über die polnischen Fremdenverkehrsämter beziehen kann (siehe ›Informationsstellen‹). Umfangreiche Informationen rund um Campingplätze in Polen findet man ferner im Internet auf der deutschsprachigen Seite www.campingpolska.com. Darüber hinaus veröffentlicht der polnische Campingverband (PFCC) jährlich auf Papier und im Netz eine aktuelle Liste seiner über 200 angeschlossenen Plätze.

**Polnischer Campingverband** – Polska Federacja Campingu i Caravaningu
ul. Grochowska 331
03-823 Warszawa
Tel./Fax 022/8106050
www.pfcc.eu

## Einkaufen

›Ladenschlussgesetz‹ ist in Polen ein Fremdwort. Kaufhäuser, Supermärkte und Selbstbedienungsläden öffnen normalerweise um 8 Uhr, in größeren Städten oft schon um 6 Uhr, und schließen erst gegen 20 bis 22 Uhr, sonntags etwa um 13 Uhr. Letztendlich entscheidet jeder Betreiber selbst, wie lange er sein Geschäft offen hält. Auf Märkten, die ebenfalls schon früh morgens beginnen, bieten Obst- und Gemüse-, Fleisch-, Wurst- und Käsehändler ihre Ware feil, oft aus eigenem Anbau oder eigener Produktion.

Als Souvenir für daheim ist vor allem Bernsteinschmuck beliebt, den man in allen nur denkbaren Anfertigungen beim Juwelier oder in der Kunsthandwerksboutique ebenso wie im örtlichen Kramladen oder bei den fliegenden Händlern findet.

## Elektrizität

Die Netzspannung beträgt 220 Volt. Die Steckdosen entsprechen der Euro-Norm, weshalb deutsche Urlauber für ihre Schuko-Stecker einen Adapter mitnehmen sollten.

## Feiertage und Schulferien

Die gesetzlichen Feiertage sind in Polen Neujahr (1. Januar), Ostersonntag und Ostermontag, 1. Mai (Tag der Arbeit), 3. Mai (Tag der Verfassung), außerdem Ende Mai/Anfang Juni Fronleichnam. Es folgen Mariä Himmelfahrt am 15. August, Allerheiligen am 1. November, der Unabhängigkeitstag am 11. November sowie Weihnachten am 25. und 26. Dezember.

Die polnischen Schulferien beginnen im Sommer Ende Juni und dauern bis Ende August. Von Heiligabend bis Neujahr ist schulfrei. Die Winterferien liegen je

*Urlaubsbummel in Suwałki*

nach Region zwischen Mitte Januar und Mitte Februar und dauern zwei Wochen. Die Osterferien beginnen am Gründonnerstag und enden am Dienstag nach Ostern.

## Fotografieren und Filmen

Bei unüblichen Batterien und speziellen Datenträgern empfiehlt es sich, sie von zu Hause mitzunehmen, sofern man, wenn man in ländlichen polnischen Regionen unterwegs ist, dafür nicht eigens die nächste Großstadt ansteuern möchte.

## Geld

Das Zahlungsmittel in Polen sind Złoty und Groszy (1 Złoty/100 Grosz). Im Umlauf befinden sich Münzen im Nennwert von 1, 2, 5, 10, 20, 50 Groszy und 1, 2, 5 Złoty sowie Banknoten zu 10, 20, 50, 100 und 200 Złoty. Polnische Złoty gelten als vergleichsweise stabile Währung. Der **Wechselkurs** im April 2010 betrug 1 Euro/3,85 Złoty, 1 Złoty/0,26 Euro sowie 1 SFr/2,66 Złoty, 1 Złoty/0,36 SFr.

Im Land tauschen **Banken** (üblicherweise Mo–Fr 8–18 Uhr, Sa 9–14 Uhr geöffnet) und Wechselstuben (Kantor) Bargeld zum aktuellen Kurs. An den Rezeptionen der meisten großen Hotels wird auch getauscht, der Kurs ist dort etwas ungünstiger.

In allen größeren Städten und touristischen Ortschaften befinden sich **Geldautomaten** (bankomaty), auch mit englisch- und deutschsprachigen Menüs, an denen man mit der Maestro-(EC-)Karte unkompliziert Bares ziehen kann.

Gängige **Kreditkarten** wie Eurocard, MasterCard und Visa werden von den meisten Hotels und Restaurants, Tankstellen und großen Geschäften akzeptiert.

Bei Verlust oder Diebstahl der Kredit- oder Maestro-(EC-)Karte sollte man sie unverzüglich sperren lassen. Kreditkarteninhaber von deutschen Sparkassen, Landesbanken und auch den meisten Privatbanken wählen dazu den einheitlichen **Sperr-Notruf 116116** (aus dem Ausland mit deutscher Länderkennung 0049 oder Tel. 0049/(0)30/40504050.

Für Karteninhaber von österreichischen und schweizerischen Geldinstituten gelten folgende Rufnummern:

**Maestro-(EC-)Karte**

A: Tel. 0043/1/2048800

CH: Tel. 0041/44/2712230

UBS: 0041/848/888601, Credit Suisse: 0041/800/800488

**MasterCard/VISA**

A: Tel. 0043/1/717014500 (MasterCard /Visa) sowie Tel. 0043/1/71111-1770 (VISA-Helpline)

CH: Tel. 0041/58/9588383 für alle Banken außer Credit Suisse, Corner Bank Lugano und UBS

**American Express**

A: Tel. 0049/69/97971000.

CH: Tel. 0041/44/6596333

**Diners Club**

A: Tel. 0043/1/5013514

CH: Tel. 0041/58/7508080

## Informationsstellen

In den meisten größeren Ortschaften findet man eine ganzjährig geöffnete **Touristeninformation**. Sie ist üblicherweise mit dem Zeichen ›it‹ (informacja turystyczna) gekennzeichnet, verfügt über einen **Zimmernachweis** oder eine Zimmervermittlung und informiert über den Ort und die Region. **Angebote örtlicher Touristikunternehmen** werden vermittelt, kulturelle und sportive Unternehmungen vorgeschlagen. Zudem halten die Touristeninformation die Adressen der lokalen Auto-, Fahrrad- und Bootsverleiher parat.

Manche ›its‹ haben nur über die Sommersaison geöffnet und sind, sofern sie über keine eigene Zimmervermittlung verfügen, zumindest bei der Quartiersuche behilflich.

Schon vor der Reise stehen für den deutschsprachigen Raum die **polnischen Fremdenverkehrsämter** in Berlin und Wien zur Verfügung. Man erhält dort allgemeine Informationen zu Land und Leuten, den schönsten touristischen Regionen sowie zahlreiche praktische Reisetipps zu Themen wie Unterkunft, Kultur, Gastronomie, Sport und Freizeitgestaltung.

**Polnisches Fremdenverkehrsamt Berlin**
Kurfürstendamm 71
10709 Berlin
Tel. 030/21009-20, Fax -14
www.polen.travel

**Polnisches Fremdenverkehrsamt Wien**
Lerchenfelder Str. 2
1080 Wien
Tel. 01/5247191
Fax 5247191-29
www.polen.travel

## Internet

Über 19 Millionen Polen, das ist fast die Hälfte der Bevölkerung, verfügen über einen Internet-Anschluss. Das Netz ist also längst Bestandteil des alltäglichen Lebens. Daneben finden sich in allen größeren Städten und Urlaubsorten **Internetcafés** (kawiarenki internetowe). Unter dem Kostenaspekt sei der Gang ins Internetcafé auch Notebook-Surfern und Smartphone-Usern anzuempfehlen; eine Netz-Einwahl über das Mobiltelefon kann wegen der Roaming-Gebühren recht teuer werden.

Kostenloses **WLAN** wird meist in größeren Hotels angeboten, aber mittlerweile auch in einigen Häfen und anderen touristischen Orten. Mit dem Hotspot-Service unter www.hotspot-locations.de kann man schnell ermitteln, wo es sich drahtlos surfen lässt.

## Medien

Im Radio kann man neben den Programmen des staatlichen polnischen Rundfunks zahlreichen Dudel-Stationen im UKW-Netz lauschen, so dass man keine Minute lang die internationale Popsong-Berieselung missen muss. Der Auslandsdienst des staatlichen Rundfunks sendet auch auf Deutsch, im Internet zu vernehmen unter www.polskieradio.pl/podcast/141/podcast.xml.

Die **Deutsche Welle** sendet auf Kurzwelle auf mehrmals im Jahr wechselnden Frequenzen. Die aktuelle Frequenz erfährt man beim Kundenservice der Deutschen Welle, Tel. 0028/4294000, www.dw-world.de.

Beim Fernsehen herrscht in Polen das Motto ›Schüssel statt Kabel‹. Die meisten Herbergen vom internationalen 5-Sterne-Hotel bis zur kleinen privaten Frühstückspension bieten ihren Gästen **Satelliten-TV**, das auch verschiedene deutschsprachige Programme aus der Bundesrepublik, Österreich und der Schweiz überträgt.

**Internationale Presse** ist an großen Kiosken und in zentralen Bahnhöfen tagesaktuell erhältlich. In der Sommersaison publizieren manche Touristenorte deutschsprachige Urlauberblätter mit vielen Veranstaltungstipps und Vorschlägen für Freizeitvergnügen.

## Medizinische Versorgung

Die medizinische Versorgung in Kliniken, Ambulanzen und Arztpraxen ist gut, ebenso wie die Dichte des Apothekennetzes. Apotheken (apteka) haben die meisten in- und ausländischen Medikamente vorrätig, lediglich Spezialarzneien müssen normalerweise bestellt werden. Wer also auf ein spezielles Medikament angewiesen ist und nicht ein bis zwei Tage warten will, sollte dies auf die Reise mitnehmen.

Als Mitglied einer gesetzlichen Krankenkasse oder Ersatzkasse ist man während des Urlaubs in Polen krankenversichert. Zum Nachweis benötigen gesetzlich Versicherte ihre **Europäische Krankenversicherungskarte** (EHIC), die in der Regel auf der Rückseite der persönlichen Versichertenkarte aufgedruckt ist. Die EHIC-Karte gilt in allen EU-Ländern, der Schweiz und einigen weiteren europäischen Ländern.

An **Behandlungskosten** werden gewöhnlich ärztliche Leistungen übernommen, die nicht bis zur Rückkehr nach Hause warten können, und zwar in dem Umfang, den der Krankenversicherungsschutz in Polen vorsieht. Dieser folgt den polnischen Rechtsvorschriften und ist nicht in jedem Fall mit denen in anderen EU-Ländern deckungsgleich. Darüber hinaus gibt es Unterschiede bei den gesetzlichen Zuzahlungen.

Liegen die Arztkosten höher als der Versicherungsschutz, ist die Differenz privat zu bezahlen. Die Kosten für **Krankenrücktransporte** ins Heimatland übernehmen die gesetzlichen Krankenkassen ebenfalls nicht. Eine zusätzliche **Krankheitskosten- und Rücktransportversicherung** für den Polen-Urlaub kann deshalb nicht schaden.

Die Abrechnung wird üblicherweise über die **EHIC-Karte** abgewickelt. Dennoch kommt es vereinzelt vor, dass ein Arzt oder ein Krankenhaus die Karte nicht akzeptiert und eine Privatrechnung schreibt. In diesem Fall heißt es, sich eine ausführliche Quittung ausstellen zu lassen, die neben Datum, Name, Bericht über Art und Umfang der Behandlung außerdem detailliert die Kosten der Behandlung und der verordneten Medikamente verzeichnet. Gegen Vorlage einer solchen Quittung werden die angefallenen Artzkosten bis zur Höhe des geltenden Versicherungsschutzes erstattet.

**Private Krankenkassen** ersetzen ihren Versicherten nach Vorlage der entsprechenden Quittungen die Arztkosten. Je nach Umfang der Leistungen empfiehlt sich für Privatversicherte der Abschluss einer zusätzlichen Auslandskrankenversicherung.

## Notruf

**Notruf**: 112
**Polizei**: 997
**Feuerwehr**: 998
**Rettungsdienst**: 999
**Pannendienst des Polnischen Motorverbands** (PZM): 981
**ADAC-Ruf**: deutschsprachiges Tel. in Polen 061/8319888, außerdem Tel. 0049/89/222222
**ÖAMTC-Ruf**: deutschsprachiges Tel. in Polen 061/8319902, außerdem Tel. 0043/1/2512000
**TCS-Ruf**: nur ins schweizerische Netz, Tel. 0041/22/4172220
Verlust von Geldkarten: siehe ›Geld‹.

Die Polnische Organisation für Tourismus bietet in den Sommermonaten einen deutschsprachigen Notfall-Telefondienst an. Er ist in der Regel vom 1. Juni bis 30. September täglich von 10 bis 22 Uhr zu erreichen. Da das Telefon jedes Jahr neu geschaltet wird und dann eventuell eine andere Nummer erhält, sollte man vor der Reise sicherheitshalber noch einmal beim Polnischen Fremdenverkehrsamt nachfragen (siehe ›Informationsstellen‹).

**Deutschsprachiges Notfall-Telefon**:
Tel. 08 00/20 03 00, gebührenfrei aus dem Festnetz
Tel. 00 48/608/59 99 99, gebührenpflichtig aus dem Festnetz und vom Mobiltelefon

*Eisdiele*

## Öffnungszeiten

Die Öffnungszeiten der Läden, Behörden und Museen in Polen sind unterschiedlich und ändern sich häufig. Generell kann gesagt werden: Je größer die Ortschaft und je gewinnorientierter das Unternehmen, desto günstiger die Geschäftszeiten. So gibt es in jedem größeren Ort einen Lebensmittelladen, der rund um die Uhr offen hat. In der Regel öffnen die Geschäfte zwischen 8 und 9 Uhr morgens und schließen zwischen 20 und 22 Uhr, samstags und häufig auch sonntags gehen die Verkaufszeiten von 8 bzw. 9 Uhr bis gegen 13 Uhr, manchmal auch länger. Da es kein Ladenschlussgesetz gibt, hängen die Öffnungszeiten letztendlich vom Geschäftsinhaber ab. **Supermärkte** in Städten und großen Touristenzentren halten ihre Pforten werktags oft von 6 bis 22 Uhr, Samstag und Sonntag bis 13 Uhr offen.

**Banken** öffnen überwiegend montags bis freitags von 8 bis 18 Uhr, samstags von 9 bis 14 Uhr (manche samstags auch gar nicht). **Wechselstuben** haben teilweise bis spät in die Nacht offen. Die **Postämter** stehen den Kunden regulär montags bis samstags von 8 bis 19 Uhr zur Verfügung, teils auch bis 20 Uhr. Postschalter in kleineren Orten schließen oft schon um 15 Uhr, einige Postämter in Großstädten haben 24-Stunden-Betrieb.

**Behörden** erreicht man von 8 bis 15 Uhr.

Die **staatlichen Museen, Freilichtmuseen und Burgen** haben montags mehrheitlich geschlossen. Kleinere Heimatmuseen, wie man sie vorwiegend in ländlichen Gebieten findet, schließen außerhalb der Saison oft schon bei Einbruch der Dunkelheit und sind den Winter über geschlossen. Leider sind mittlerweile auch zahlreiche **Kirchen**, die früher einmal rund um die Uhr für die Gläubigen offen standen, infolge von Diebstahl und Vandalismus nur noch zu den Gottesdiensten geöffnet.

Noch heute schließen selbst in gutbesuchten touristischen Orten die meisten **Restaurants** lange vor Mitternacht.

Nicht selten ist um 22 Uhr Feierabend, die Küche schließt bereits um 21 Uhr. Sogar die Restaurants internationaler Hotels setzen ihre Gäste vergleichsweise zeitig, in der Regel um 23 Uhr, vor die Tür.

## Polizei

Die Polizei untersteht den einzelnen Bezirken. Landeseinheitlich ist sie unter der Telefonnummer 997 zu erreichen. Bei Diebstählen sollte man die örtliche Polizeiwache aufsuchen und sich ein Aufnahmeprotokoll der Anzeige ausstellen lassen.

## Post

Die Briefkästen in Polen sind rot. Briefmarken erhält man in Postämtern, die überwiegend montags bis samstags 8 bis 19 Uhr geöffnet haben, aber auch in vielen Touristeninformation, Kiosken, Hotels und allen anderen Stellen, die Postkarten vertreiben. Das Porto für Brief und Postkarte ins Ausland beträgt 2,40 Złoty.

*Postkartenverkäuferin*

## Radfahren

Wegen der relativ geringen Steigungen ist das nordöstliche Polen für Radtouren recht gut geeignet. Kein Wunder also, dass zahlreiche Reiseveranstalter geführte Gruppenreisen mit dem Fahrrad anbieten. An europäischen Radwegen führen der **Internationale Ostsee-Radfernweg** von Świnoujście (Swinemünde) auf Usedom nach Danzig und der **Internationale Radfernweg R1** durch das nördliche Polen. Letzterer quert bei Küstrin/Kostrzyn an der Oder die deutsch-polnische Grenze und erreicht über Chełmo, Elbląg und Braniewo nach 675 Kilometern die polnisch-russische Grenze zum Oblast Kaliningrad.

In den polnischen Urlaubsregionen existieren darüber hinaus zahlreiche mehr oder weniger gut markierte regionale und **lokale Radwanderrouten**. Wer allerdings glattgezogene Asphaltwege nur für Pedalritter erwartet, wird enttäuscht werden. Separate Radwege sind eine Seltenheit, in den Städten wie über Land. Die Routen bestehen vielmehr aus holprigen Waldwegen, buckligen Kopfsteinpflastern und staubigen Sandpisten, die vor allem Radlern mit schwerem Gepäck viel abverlangen. Wo es über glatten Asphalt geht, teilt ihn der Fahrradtourist mit allen anderen Verkehrsteilnehmern – und das ist mitten im seit dem EU-Beitritt vervielfachten Schwerlast- und Autoverkehr oft kein Vergnügen. Polnische PS-Piloten nehmen absolut keine Rücksicht auf Radler. Hauptverkehrsstrecken sollte man zur eigenen Sicherheit deshalb besser meiden.

Als problematisch kann sich auf dem Land die Versorgung mit **Ersatzteilen für Hightech-Räder** erweisen, weshalb man die gängigen Verschleißteile am besten mit auf die Tour nimmt.

Der **Fahrradtransport auf den Ausflugsschiffen** der Masurischen Seen wird unterschiedlich gehandhabt und hängt oft einfach vom guten Willen des Personals, von einem Lächeln oder dem finanziellen Entgegenkommen des Radfahrers ab.

Die **Mitnahme in Zügen** ist gegen Gebühr möglich (siehe ›Bahnfahren in Polen‹, Seite 314).

**Fahrradverleihe** gibt es in beinahe allen größeren Urlaubsorten. In den Touristeninformationen liegen Prospekte und Handzettel der Anbieter aus. Außerdem verleihen die meisten großen Hotels sowie viele Pensionen Räder.

Für alle Belange rund ums Radfahren in Polen ist der **Polnische Radfahrerverband** zuständig:

Polski Związek Kolarski, PZKol
ul. Andrzeja 1
05-800 Pruszków
Tel. 022/43 03 40-0, Fax -1
www.pzkol.pl

## Reiseveranstalter

**Begegnung mit Böhmen**
Dechbettener Str. 47b
93049 Regensburg
Tel. 09 41/26 08-0, Fax -1
www.boehmen-reisen.de
Kultur- und Radreisen Masuren, Gdánsk.

**Biss Reisen**
Fichtestr. 30
10967 Berlin
Tel. 030/69 56 87 67
Fax 694 18 51
www.biss-reisen.de
Radtouren Masuren.

**DNV-Tours**
Heubergstr. 21
70806 Kornwestheim
Tel. 071 54/131 83-0, Fax 131 83-3
www.dnv-tours.de
Bahnreisen Masuren, Gdánsk, Kaliningrad, Rad- und Schiffsreisen Masuren.

**Einklang Reisen**
Ribnitzer Str. 3
18181 Graal-Müritz
Tel. 03 82 06/781-39, Fax -40
www.erlebnistour-mv.de
Radtouren in Masuren.

**Go East Reisen**
Bahrenfelder Chaussee 53
22761 Hamburg
Tel. 040/896 90 90
Fax 894940
www.go-east.de
Unter anderem Reisen nach Gdánsk und zur Marienburg.

**in naTOURa Reisen**
Auf dem Steinacker 13
37077 Göttingen
Tel. 05 51/504 65 71
Fax 504 69 24
www.innatoura-polen.de
Kanu-, Kajak- und Radtouren.

**Lernidee Erlebnisreisen GmbH**
Eisenacher Str. 11
10777 Berlin
Tel. 030/786 00 00
Fax 786 55 96
www.lernidee.de
Zugreisen entlang der Bernsteinküste.

**Litauen Reisen**
Kaiserstr. 22
97070 Würzburg
Tel. 09 31/842 34
Fax 864 47
www.litauenreisen.de
Rundreisen Masuren und Kaliningrader Gebiet.

**MasuRad**
Eppendorfer Landstr. 166
20251 Hamburg
Tel. 040/807 96 72-3, Fax -4
www.masurad.de
Individuelle Radreisen und Kajaktouren.

**Masuren Reisedienst**
Erwin-Rommel-Str. 6
71034 Böblingen
Tel. 07031/271909
Fax 271000
www.masurenreisedienst.de
Busrundreisen Masuren und Kaliningrader Gebiet.

**Ostreisen**
Paulinenstr. 29
32657 Lemgo
Tel. 05261/28826-00, Fax -26
www.ostreisen.de
Rund- und Städtereisen.

**Paradeast Reisen**
Adlerweg 6a
92637 Weiden
Tel. 0961/6344-168, Fax -142
www.paradeast.de
Große Auswahl an Rad- Wander- und Rundreisen.

**Perelingua Sprachreisen**
Gosslerstr. 24
12161 Berlin
Tel. 030/8518001
Fax 8516983
www.perelingua.de
Sprachkurse in Sopot.

**Polenreisen**
Hintere Insel Schütt 34
90403 Nürnberg
Tel. 0911/22503-1, Fax -3
www.polenreisen-nuernberg.de
Rad- und Rundreisen.

**Schnieder Reisen**
Hellbrookkamp 29
22177 Hamburg
Tel. 040/3802060
Fax 388965
www.baltikum24.de
Bus-, Wander- und Radreisen.

**Studiosus Reisen**
Postfach 50 06 09
80976 München
Tel. 089/50060-0, Fax -100
Wander-, Rad- und Studienreisen.

**Ventus Reisen**
Krefelder Str. 8
10555 Berlin
Tel. 030/39100332
Fax 3995587
www.ventus.com
Kaliningrader Gebiet, Busreisen Masuren.

**Wikinger Reisen**
Kölner Str. 20
58135 Hagen
Tel. 02331/9046
www.wikinger.de
Wander- und Studienreisen Masuren.

## Reiten

Über 1000 private und staatliche Gestüte und Reitzentren werden in Polen gezählt. Nicht wenige davon befinden sich in **Ermland-Masuren**, das mit der Trakehnerzucht im ehemaligen Ostpreußen auf eine lange Pferdezuchttradition zurückblicken kann. Am bekanntesten sind das **Trakehner-Gestüt von Liski**, rund sechs Kilometer nordöstlich von Barto-szyce (Bartenstein), und **Kadyny** am Frischen Haff, wo man sich der Aufzucht der großpolnischen Rasse widmet, einer Mischung aus Trakehner, Hannoveraner und arabischem Vollblut.

Doch ob großes Gestüt oder kleiner Stall, sie alle bieten vom Reitunterricht über Tagesausritte oder mehrtägige Reitwanderungen bis hin zum Urlaub auf dem Pferderücken eine große Palette an Sportmöglichkeiten an. Und für den, der nicht reiten mag oder kann, stehen Kutsch- sowie im Winter Pferdeschlittenfahrten auf dem Programm.

Zahlreiche Reitställe wetteifern um die Gunst der Pferdefreunde. Wo, wann und zu welchen Konditionen man aufsatteln kann, erfährt man am besten in den örtlichen Touristeninformationen oder direkt beim Polnischen Reiterverband.

**Polnischer Reiterverband**
Polski Związek Jeździecki
ul. Lektykarska 29
01-687 Warszawa
Tel. 022/639 32 40, Fax 833 61 58
www.pzj.pl

## Sicherheit

Jahrelang stand Polen im Ruf, kein sicheres Reiseland zu sein. Tatsächlich kam es nach dem Fall des Eisernen Vorhangs im Zuge der politischen Umwälzungen kurzzeitig zu einem Anstieg der Kriminalitätsrate. Doch seitdem sind über 20 Jahre ins Land gegangen, und umso bedauerlicher ist es, dass sich das Gerücht vom ›polnischen Autodieb‹ immer noch hält. Beliebte Reiseländer wie Italien, Spanien, Frankreich und sogar die solide Schweiz rangieren in der Diebstahlstatistik weit vor der Republik Polen.

Laut dem polnischen Institut für Rechtsprechung bewegte sich die Kriminalitätsrate 2007 auf dem Niveau von 1990 und sank bis 2009 noch einmal um weitere 40 Prozent. Es gibt weniger Einbrüche und Straßenraub, und insbesondere sank die Zahl der Autodiebstähle. Dank computergestützter Ermittlungsverfahren, weniger fälschungsanfälligen KFZ-Dokumenten und vor allem dem Preisverfall auch bei gestohlenen Gebrauchtwagen lohnt sich das Risiko häufig nicht mehr. Als Zukunftsmarkt für Ganoven erweist sich vielmehr das Internet. Fiktive Onlinegeschäfte oder das Plündern von Bankkonten per Internet liegen auch bei den polnischen Langfingern im Trend.

Kurz, als Urlauber hat man in Polen nichts zu befürchten. Es ist ein **sicheres Reiseland**, sofern man sich – wie überall auf der Welt – umsichtig verhält und seinen Reichtum nicht offensichtlich spazierenführt. Bekanntermaßen macht Gelegenheit Diebe.

An dunkler Stelle in menschenleeren Hafengegenden läuft man in Gdańsk ebenso wie in Hamburg Gefahr, um seine aus der Hosentasche hervorguckende Geldbörse erleichtert zu werden. An **vielbesuchten Orten** wie der berühmten Marienburg sollte man Taschendieben erst gar keine Gelegenheit zum Zugreifen geben. Wertvoller Schmuck gehört ohnehin besser nicht mit auf die Reise oder sollte zumindest im Hotelsafe eingeschlossen werden; ebenso sollte man selbstverständlich keine Wertsachen im Wagen zurückgelassen.

Das **Auto** selbst kann man entweder auf dem Hotelparkplatz oder gegen einen kleinen Obolus auf einem der zahlreichen bewachten Parkplätze abstellen, die es sogar noch im kleinsten Dörfchen gibt.

## Taxi

Taxifahren ist in Polen verhältnismäßig preiswert, doch variieren die Tarife geringfügig von Stadt zu Stadt und Unternehmen zu Unternehmen. Für den ersten Kilometer werden gewöhnlich 4 bis 5 Złoty fällig; jeder weitere Kilometer ist ungefähr 2 Złoty günstiger.

Gut, sicher und seriös fährt man mit den **Funktaxis** (Radio-Taxi), die man auch telefonisch bestellt; die örtlichen Telefonnummern liegen in der Regel in den Touristeninformationen aus. Ansonsten empfiehlt sich, schon vorher nach dem etwaigen Endpreis zu fragen und darauf zu bestehen, dass das Taxameter eingeschaltet wird. Am Wochenende, in der Nacht zwischen 22 und 6 Uhr sowie über Land gelten höhere Tarife.

## Telefon

Die **öffentlichen Fernsprechapparate** sind mit Kartentelefonen ausgerüstet. Telefonkarten mit Guthaben zu 15, 30 oder 60 Einheiten erhält man bei Postämtern und Kiosken sowie in einigen Hotels. Sie funktionieren entweder mit Chip oder mit Magnetstreifen und können ausschließlich in den jeweils dafür vorgesehenen Apparaten verwendet werden. Von jeder Telefonzelle aus kann man ins Ausland telefonieren (Vorwahl nach Deutschland 0049, in die Schweiz 0041, nach Österreich 0043).

Für eine Verbindung nach Polen wählt man die Länderkennung 0048 plus die Vorwahl der gewünschten Stadt oder Region (ohne die Null). Die Vorwahlen sind in diesem Buch bei den einzelnen Ortskapiteln zu finden.

Mobiltelefone funktionieren bis auf wenige Funklöcher flächendeckend. Mit rund 44 Millionen Handys ist Polen sogar rekordverdächtig. Es gibt mehr Mobilfunkanschlüsse als Einwohner! Vier Mobilfunknetzbetreiber sorgen für den reibungslosen Quasselverkehr: Era, Orange Polska, Plus GSM und Play Mobile. In den größeren städtischen Ballungsräumen unterhalten sie UMTS-Netze.

Das eigene Handy wird an der polnischen Grenze automatisch auf einen polnischen Anbieter umgestellt. Sodann fallen im Roaming-Verfahren recht hohe Gebühren an, und zwar gleich doppelt: Der Anrufer zahlt die üblichen Kosten ins heimische Netz und zusätzlich der Empfänger die teure Rufweiterleitung nach Polen. Insofern empfiehlt es sich, vor Reiseantritt bei seiner Telefongesellschaft nachzufragen, welcher Roamingpartner am günstigsten ist und dessen Netz dann gegebenenfalls von Hand einzustellen. Ausstellen sollte man dagegen besser die Mailbox. Denn auch bei ihr fallen doppelte Roaming-Gebühren an: für das ankommende Gespräch aus dem Ausland und zusätzlich, um die Box abzuhören.

Preiswerter sind SMS, zumal der Empfang, anders als beim Auslandstelefongespräch, in der Regel kostenfrei bleibt. Versenden und Erhalten von MMS ist dagegen vergleichsweise kostspielig.

## Toiletten

Öffentliche Toiletten sind manchmal nicht mit der Aufschrift ›Damski‹ oder ›dla Pań‹ (für Damen) und ›Męski‹ oder ›dla Panów‹ (für Herren) gekennzeichnet, sondern mit einem Kreis (für die Damen) und einem Dreieck (für die Herren).

## Trinkgeld

In Restaurants, Gaststätten und Cafés sind zehn Prozent der Verzehrsumme als Trinkgeld üblich. Alles, was darüber hinausgeht, ist ein Zeichen besonderer Zufriedenheit und löst auch bei der Bedienung besondere Freude aus.

*Toilettenschild*

## Unterkunft

Den Besuchern Nordostpolens steht ein ebenso reichliches wie vielfältiges Bettenangebot zur Verfügung. Wegen der großen Nachfrage in der Hochsaison im Juli und August empfiehlt sich – gerade bei preisgünstigeren Quartieren – für diese Zeit rechtzeitig zu buchen.

Die in diesem Reiseführer angegebenen Preise beziehen sich immer auf ein Doppelzimmer für zwei Personen mit Frühstück in der Hochsaison bei einer Spontanübernachtung. Das heißt, sie spiegeln jeweils den höchstmöglichen Preis und dienen somit lediglich der Orientierung. Wechselnde Rabatte, Nachlässe, Arrangements und Sondertarife auch in der Hochsaison sind keine Seltenheit, können hier aber aus Platzgründen nicht weiter berücksichtigt werden – weshalb es sich vor Reisebeginn immer lohnt, noch einmal ins Netz zu gucken oder zum Telefonhörer zu greifen.

Die Hotels und Pensionen sind in **Kategorien von ein bis fünf Sterne** unterteilt, wobei ›eins‹ in der Regel sehr schlicht und ›fünf‹ die Luxuskategorie mit der entsprechenden Preishöhe bedeutet. Die Kriterien für die Sterne-Vergabe sind gesetzlich geregelt. Trotzdem sollte man dieser Klassifizierung nicht blindlings vertrauen. Es kann passieren, dass man in einem Drei-Sterne-Hotel komfortabler logiert als in einem Vier-Sterne-Hotel, was oft mit der Abwertung durch den Hotelbetreiber aus steuerlichen Gründen zusammenhängt.

An der Spitze des Sternenhimmels stehen wie überall die **Luxushotels** der zumeist internationalen Hotelketten zu teilweise happigen Preisen (über 100 Euro). Es folgen die **Häuser des ehemaligen staatlichen Monopolunternehmens Polorbis, heute Orbis** (um 70 bis 100 Euro), der größten Tourismus- und Hotelgruppe Mitteleuropas, die außerdem die Ketten ›Ibis‹ und ›Mercure‹, ›Sofitel‹ und ›Novotel‹ betreibt. Die oft vielgeschossigen ehemaligen Polorbis-Valuta-Herbergen sind überwiegend längst modernisiert; manche atmen aber selbst heute noch einen nostalgischen sozialistischen Charme, mit Resopaltisch und Gummibaum. Ebenfalls in der Preislage zwischen etwa 70 und 100 Euro hat sich zwischenzeitlich eine Reihe eleganter neuer Hotels eingeführt. Sie präsentieren sich entweder in Neubauten oder in sorgsam restaurierten Schlössern und Herrenhäusern.

Gehobene Mittelklasse für einen Preis von 50 bis 70 Euro bieten **Burghotels**, die sich in den alten Gemäuern der Deutschordensritter einquartiert haben sowie elegante Hotels zum Beispiel in historischen Speichern, Villen und ehemaligen Gutshäusern. Zu ihnen haben sich insbesondere in den letzten zehn Jahren zahlreiche kleinere, **privat betriebene Hotels Garni und Pensionen** gesellt (um 35 bis 50 Euro), die es an Freundlichkeit und Behaglichkeit jederzeit mit der teureren Kategorie aufnehmen können.

Für 20 bis 35 Euro das Doppelzimmer die Nacht finden sich zahlreiche weitere gemütliche **Frühstückspensionen**. Unter 20 Euro wird man sich mit einer schlichten Ausstattung begnügen und mit Dusche/WC auf dem Gang vorliebnehmen müssen.

**Privatzimmer** sind meistens sehr preisgünstig (um 10 bis 15 Euro) und werden überall in den Ferienregionen angeboten. Für Urlauber, denen an einem engeren Kontakt mit den Menschen des Gastorts gelegen ist, stellen sie die ideale Übernachtungsmöglichkeit dar. Die Adressen der Privatvermieter erfährt man bei den Touristeninformationen,

darüber hinaus weist oft ein Schild mit der Aufschrift ›Wolne pokoje‹ (Zimmer frei) direkt am Haus oder Gartenzaun auf ein freies Plätzchen hin.
Eine günstige und naturnahe Möglichkeit seinen Urlaub zu verbringen bietet der **Landurlaub** (Agroturystyk). Kleine Bauernhöfe, aber auch Nichtagronomen mit eigenem Häuschen und Garten bieten einfache Unterkünfte mit meist herzhafter Verpflegung, für die um 10 bis 15 Euro pro Person und Tag zu bezahlen sind. Die Ausstattung reicht von einem Stern (sieben Quadratmeter, ohne Bad) bis zu drei Sternen (mindestens zehn Quadratmeter, mit Bad). Die Kategorisierung wird von der **Polnischen Föderation für Tourismus auf dem Lande** vorgenommen (leicht zu erkennen an ihrem Zeichen, einem Storch auf einem Dach), in der sich viele Anbieter zusammengeschlossen haben.
Zur allmählich aussterbenden Art zählen die noch aus sozialistischer Zeit stammenden **Ferienheime**. Die früher zu großen Betrieben oder Massenorganisationen gehörenden Betonplattenbauten verfügen über sehr einfache Zimmer. Unschlagbar preisgünstig, sind sie – wo noch vorhanden – im Juli und August restlos ausgebucht.
Ebenso funktional wie familiär sind die Unterkünfte, die die **PTTK** (Polnische Gesellschaft für Touristik und Landeskunde) in Form von Wanderheimen und Wasserstationen betreibt. Nichtsdestotrotz gibt es bei Wasserwanderern, Wanderern und Alpinisten kaum beliebtere Nachtquartiere als die Häuser der PTTK, eine der ältesten europäischen Touristikorganisationen, die sich seit vielen Jahrzehnten im Umweltschutz und Naturtourismus engagiert und polenweit Paddel-, Wander- und Reittouren organisiert. Mit einfachen **Berghütten**, **Bootshäusern** und **Wanderheimen** bietet sie preiswerte, auf die Bedürfnisse des naturnahen Freizeitsports zugeschnittene Übernachtungsmöglichkeiten. Den PTTK-Stationen ist in der Regel ein Zeltplatz angeschlossen, oft auch eine gastronomische Einrichtung. Der Zustand der Räumlichkeiten ist von Station zu Station unterschiedlich und reicht von komfortabel und sehr gepflegt bis hin zu rumpelig. Allemal gilt auch hier: Für die Saison rechtzeitig vorbuchen.
Eine Alternative für Reisende mit schmaler Börse stellen die von der Gesellschaft für das Jugendherbergswesen (PTSM) unterhaltenen **Jugendherbergen** dar. In den Sommermonaten werden neben den ganzjährig geöffneten Häusern zahlreiche Saisonjugendherbergen angeboten. Letztere sind meist in Schulen untergebracht, bieten keine Verpflegungsmöglichkeit und wenig Komfort, aber ein Dach über dem Kopf.
**Verzeichnisse polnischer Hotels und Pensionen im Internet**: www.welcome2poland.com, www.polhotels.com, www.hotelsinpoland.com, www.staypoland.com.

**Polnische Föderation für Tourismus auf dem Lande**
Polska Federacja Turystyki Wiejskiej ›Gospodarstwa Gościnne‹
ul. Marszałkowska 3/5, II pietro
00-624 Warszawa
Tel. 022/825 41 25
www.agroturystyka.pl

**Polnische Gesellschaft für Touristik und Landeskunde (PTTK)**
Polskie Towarzystwo Turystyczno-Krajoznawcze
ul. Senatorska 11
00-075 Warszawa
Tel. 022/82 62-251, Fax -505
www.pttk.pl

**Deutsches Jugendherbergswerk**
Bismarckstr. 8
32756 Detmold
Tel. 05231/7401-0, Fax -49
www.jugendherberge.de

**Polnische Gesellschaft für das Jugendherbergswesen**
Polskie Towarzystwo Schronisk Młodzieżowych (PTSM)
ul. Chocimska 14
00-791 Warszawa
Tel. 022/8498-128, Fax -354
www.ptsm.org.pl

**Österreichischer Jugendherbergsverband**
Gonzagagasse 22
1010 Wien
Tel. 01/533535-3, Fax -50
www.oejhv.at

**Schweizer Jugendherbergen**
Schaffhauserstr. 14
8042 Zürich
Tel. 044/36014-14, Fax -60,
www.youthhostel.ch

*Segler unterwegs*

## Wassersport

Die Landschaften Warmia-Mazurys sind ein Dorado für Wassersportler. Auf den miteinander vernetzten Flüssen, Kanälen und zahllosen Seen finden Ruderer, Paddler, Segler und Luftmatratzenkapitäne fantastische Möglichkeiten.

An den hunderte Kilometer langen **Paddelrouten** bestehen für Wasserwanderer ausreichend Möglichkeiten um auf einem der zahlreichen **Biwakplätze** über Nacht ein Zelt aufschlagen; darüber hinaus bieten sich eine Reihe größerer **Campingplätze** und **Wasserstationen** mit Versorgungseinrichtungen zum Aufenthalt an. Für alle, die es lieber nur ein paar Stunden oder auch einen Tag lang mit dem Paddeln probieren möchten, finden sich in den Ortschaften rund um die Seen, und insbesondere an den berühmtesten Paddelrouten, viele **Bootsverleihe**, die in der Regel auch den Rücktransport von Wassergefährt wie Personen mit im Servicepaket haben.

Einen **Wassersportgeräteverleih** unterhalten darüber hinaus die meisten großen Campingplätze sowie die PTTK-Stationen, zum Beispiel an der westlichen Masurischen Seenplatte in Iława und in Stare Jabłonki bei Ostróda oder an der Krutynia in Sorkwity, Babięta, Krutyń und Spychowo. Fündig wird man ebenso in der Region der Großen Masurischen Seen, wo in den touristischen Wassersportzentren Węgorzewo, Giżycko, Mikołajki und Ruciane-Nida in zahlreichen Sporthäfen ein Mietangebot vom Tretboot über Paddel- und Ruderboote bis hin zur Jolle und Jacht zur Verfügung steht.

Die Paddelrouten im nordöstlichen Polen sind überwiegend leicht zu bewältigen, denn die Flüsse sind seicht und fließen sehr langsam. Sie eignen sich deshalb sehr gut auch für Anfänger. Geübte Kanuten werden die sanften romantischen Wasserläufe, bis auf wenige kleine Portagen, kaum vor Herausforderungen stellen.

Professionelle Führer bieten **organisierte Wasserwanderungen** an. Ihre Adressen vor Ort halten die Touristeninformationen bereit. Ein kompetenter Ansprechpartner für alle Belange rund ums Wasserwandern sowie Betreiber der wichtigsten Wasserstationen in Polen ist die Polnische Gesellschaft für Touristik und Landeskunde (PTTK).

Bedeutende **Segelzentren** sind an der westmasurischen Seenplatte Iława sowie an den Großen Masurischen Seen Węgorzewo, Giżycko, Mikołajki und Ruciane-Nida. Wer mit dem eigenen Segelboot einreist, benötigt dafür die international gültigen Ausweise und Schifffahrtspapiere. Eine Mastlegevorrichtung ist anzuraten, denn unterwegs unterquert man zahlreiche niedrige Brücken. Flautenschieber bis sechs PS sind zulässig. Nachts herrscht auf den Seen ein Fahrverbot. Verboten ist außerdem das Segeln in Bade- und Naturschutzgebieten.

Segelboote, meist Jollenkreuzer, werden gegen Vorlage eines internationalen Segelscheins und Hinterlegung einer Kaution in allen großen Wassersportzentren vermietet, allerdings sollten sie für die Sommersaison rechtzeitig vorbestellt werden. Die polnischen Segler sind im Polnischen Segelsportverband PZŻ (Polski Związek Żeglarski) organisiert, auf dessen Internetseiten man ausführliche Informationen zum Segeln in Polen sowie die Adressen der regionalen Verbände nachlesen kann (leider bisher nur auf polnisch).

**Polskie Towarzystwo Turystyczno-Krajoznawcze PTTK**
ul. Senatorska 11
00-075 Warszawa
Tel. 022/82 62-251, Fax -505
www.pttk.pl

**Polnischer Segelsportverband**
Polski Związek Żeglarski (PZŻ)
ul. Chocimska 14
00-791 Warszawa
Tel. 022/848 04 82
www.pya.org.pl

## Wintersport

In den tief verschneiten, märchenhaften nordostpolnischen Wintern stehen **Pferdeschlitten-Kutschfahrten** durch die stille Landschaft auf dem Programm. Hier und da wird auch einmal eine **Langlaufloipe** gespurt, und für Hartgesottene stellt **Tauchen unter Eis**, wie sie manche Tauchschulen in Giżycko an den Großen Masurischen Seen organisieren, eine besondere Herausforderung dar.

An einigen masurischen Buckeln findet **alpiner Skisport** statt: so an der 272 Meter hohen Piękna Góra bei Gołdap mit Skiliften und vier Abfahrtspisten, die längste über 500 Meter; oder an der Góra Czterech Wiatrów bei Mrągowo, zu deren Höhen drei Schlepplifte hinauftragen und Pisten mit insgesamt über 2000 Meter Länge wieder hinabführen. Im Ermland bietet der Krzyżowa Góra bei Lidbzark Warmiński drei Tellerlifte und Abfahrten bis zu 400 Meter Länge. Man kann also nicht davon ausgehen, dass einer dieser Orte in Warmia-Mazury einmal zum ›Zakopane des Nordens‹ aufsteigen wird.

Dagegen erfreut sich eine Wintersportart, für die die Großen Masurischen Seen in den klirrend kalten nordostpolnischen Wintern geradezu ideale Voraussetzungen bietet, zunehmend größerer Beliebtheit: **Eissegeln** – längst kein Geheimtipp mehr, und mit den großen Eissegelzentren in Giżycko und Mikołajki mittlerweile führend in ganz Europa.

Bereits seit Anfang des 20. Jahrhunderts ist diese Wintersportart in Masuren populär. Und wenn damals noch selbstgebaute Kisten über das Eis rutschten, erreichen heute Hightech-Eissegelgeräte Spitzen von 150 km/h. Die weltbesten Eissegler treffen sich auf dem Niegocin-See bei Giżycko zu Europa- und Weltmeisterschaften. In Mikołajki, dem zweiten bedeutenden Eissegelzentrum an den Großen Masurischen Seen, ist das Hotel ›Caligula‹ der beliebteste Treff. Es besitzt die größte Eissegler-Flotte weit und breit und bietet darüber hinaus sogar Eissegel-Kurse für Anfänger an. Da die Sportart vom eisigen Wetter abhängt, sind die Hotels in den masurischen Eissegelzentren auf Spontanbuchungen eingestellt.

Im Trend liegt außerdem **Snowkiten** auf den masurischen Seen, was selbst dann möglich ist, wenn Väterchen Frost eine dicke Schneedecke auf die zugefrorenen Seen gelegt hat.

## Zollbestimmungen

Seit dem EU-Beitritt Polens am 1. Mai 2004 sind die Zollkontrollen an den Grenzen entfallen. Für die Ein- und Ausfuhr von Waren gelten seitdem die Bestimmungen der Europäischen Union. Ihnen zufolge dürfen EU-Bürger Dinge und Waren uneingeschränkt ein- und ausführen, mit folgender Ausnahme: Die zollfreie Ausfuhr von Tabakwaren bleibt auf 800 Zigaretten bzw. 1000 Gramm Tabak pro Person über 18 Jahren beschränkt.

Ansonsten dürfen im **EU-Binnenraum** Waren unbegrenzt ein- und ausgeführt werden, sofern sie keine gewerbliche Verwendung finden, sondern dem Eigenbedarf dienen. Als Richtmengen für den Eigenbedarf wurden festgelegt: 90 Liter Wein, 110 Liter Bier, 20 Liter Alkoholika bis 22 Promille, 10 Liter Spirituosen.

Für **Schweizer** besteht seit dem Beitritt zur Schengen-Zone im Dezember 2008 zwar die Reisefreizügigkeit. Der Warenverkehr ist davon jedoch nicht betroffen, da die Schweiz kein EU-Mitglied ist. Folgende Waren und Mengen dürfen Schweizer zollfrei in ihr Heimatland einführen: 2 Liter Alkohol bis 15 Promille und 1 Liter über 15 Promille, 200 Zigaretten oder 50 Zigarren oder 250 Gramm Schnitttabak.

Waren für den Privatgebrauch (ausgenommen Lebensmittel) bis zum Gesamtwert von 300 SFr.

Für alle verboten ist die Ausfuhr von Kunstwerken, Antiquitäten, Büchern und anderen Gegenständen, die vor dem 9. Mai 1945 hergestellt wurden. Genehmigungsgesuche sind an den jeweiligen Denkmalkonservator der Woiwodschaft beziehungsweise an den Denkmalkonservator der Nationalbibliothek in Warschau zu richten.

Nationale Ein-, Aus- und Durchfuhrbeschränkungen bestehen weiterhin zum Beispiel für Tiere, Pflanzen, Waffen, bestimmte Medikamente und Drogen.

Weitere Informationen findet man unter:

**Deutschland**: Zoll, www.zoll.de, Tel. 0351/44834510 und bei der Bundespolizei-Hotline, Tel. 01805/234566.

**Österreich**: Zentrale Auskunftstelle Zoll, www.bmf.gv.at,
Tel. 01/51433564053.

**Schweiz**: www.ezv.admin.ch und Zollkreisdirektion Basel,
Tel. 061/2871111.

# Kaliningrad-Reisetipps von A bis Z

## Auto

Die **Höchstgeschwindigkeit** ist innerorts 50, außerorts 90, auf Autobahnen 110 km/h. Die **Promillegrenze** beträgt 0,0. Autos müssen mit einem Feuerlöscher ausgestattet sein. Die Preise für Kraftstoff sind sehr niedrig und regional unterschiedlich. Das Angebot unterscheidet sich auch stark in der Qualität: Typ 76 ist eigenlich Terpentin, Typ 92 ist unser Normalbenzin, 95 ist Super und 98 ist Super Plus.

Jeder **Verkehrsunfall** ist der Polizei (Miliz) zu melden. Die Unfallaufnahme erfolgt durch Beamte der staatlichen Kraftfahrzeuginspektion (GAI). Das Unfallprotokoll hat erhebliche praktische und rechtliche Bedeutung, weil es den Unfallverursacher, an den Schadenersatzansprüche zu richten sind, nennt. In Russland gibt es keine obligatorische Kfz-Haftpflichtversicherung. Schadenersatzansprüche können in der Regel nur direkt beim Schädiger/Fahrer (oder unter Umständen beim Halter) geltend gemacht werden. Schadensabwicklungen mit russischen Versicherungen sind sehr schwierig und langwierig. Ohne Hilfe eines russischen Anwaltsbüros sind Ansprüche kaum durchzusetzen. Die Verjährungsfrist für Schadenersatzansprüche aus Verkehrsunfällen beträgt drei Jahre.

Pannenhilfe beim ADAC durch den **Automobilclub RAS Russian Automobile Society**, Leontjevskij pereulok, 23, Moskau 103009, www.voa.ru.

## Botschaften und Konsulate

**Botschaft der Russischen Föderation**
Unter den Linden 63-65
10117 Berlin
Tel. 030/2291110
Fax: 2299397
www.russische-botschaft.de

**Generalkonsulat der Bundesrepublik Deutschland**
Visowyj otdel
ul. Leningradskaja 4
236008 Kaliningrad
Tel. 0074012920218
www.kaliningrad.diplo.de

## Einreisebestimmungen

Für die (ein- oder mehrmalige) Einreise nach Russland benötigen alle Ausländer ein **Visum**. Für einen Visumantrag (russisch vizovaja anketa) ist ein Einladungsbrief von der Pass- und Visaverwaltung oder von einem dafür bevollmächtigten Reisebüro erforderlich. Das Visum kann in der russischen Botschaft oder im russischen Konsulat des Heimatlandes ausgestellt werden (persönliches Erscheinen erforderlich). Wem die bürokratischen Formalitäten lästig sind und wer die Kosten nicht scheut, kann sich auch gegen Gebühr online bei der Beschaffung eines Russland-Visums helfen lassen (ca. 25 Euro, sehr zu empfehlen), zum Beispiel durch www.visum.de, Tel. 0228/367990, oder www.visumexpress.de, Tel. 0221/69065990. Viele Reisebüros bieten inzwischen einen Expressservice an, der für einen Aufpreis die Formalitäten in wenigen Tagen erledigt. Ein einfaches Touristenvisum kostet derzeit 35 Euro. Wer auf die litauische Seite der Kurischen Nehrung und wieder zurück will, braucht ein Visum, auf dem die Daten dieser Aus- und Einreise vermerkt sind.

Reisende sollten eine Kopie von Reisepass und Visum sowie vier Passbilder getrennt vom Originalpass mitnehmen. Die Unannehmlichkeiten bei Verlust der

Dokumente werden dadurch erheblich reduziert. Reisepass, Visum, Zollerklärung usw. sind am besten an einem sicheren Ort in der Unterkunft aufgehoben. Es reicht aus, wenn man während seines Aufenthaltes nur Kopien der Dokumente bei sich hat. Den Originalpass braucht man nur zum Geldwechseln.

## Fest- und Feiertage

1./2. Januar: Neujahr
7. Januar: russisch-orthodoxes Weihnachtsfest
8. März: Tag der Frau
1./2. Mai: Tage der Arbeit
27. April: russisch-orthodoxes Osterfest
9. Mai: Tag des Sieges
12. Juni: Unabhängigkeitstag
7. November: Tag der Eintracht und Aussöhnung (vormals Jahrestag der Oktoberrevolution)
12. Dezember: Tag der Verfassung

*Erstklässler in Kaliningrad*

## Geld

Landeswährung ist der Russische Rubel zu 100 Kopeken. In Umlauf sind Banknoten zu 500, 100, 50 und 10 Rubel und Münzen zu 5, 2 und 1 Rubel. 1 Euro entspricht momentan rund 43 russischen Rubel.

Sämtliche **Wechselstuben** (Obmen Waljuty) akzeptieren Euro. In großen Städten gibt es solche Stellen nahezu alle 100 Meter. Wechselkurse und -gebühren variieren, doch ist der Unterschied zu gering, als dass sich ein Vergleich lohnen würde. Zusätzlich kann man in vielen Hotels und Restaurants Bargeld tauschen, wenn auch manchmal zu einem ungünstigeren Kurs. Wichtig ist dabei die Vorlage des Reisepasses. In russischen Großstädten finden sich ähnlich viele Geldautomaten wie in deutschen Städten. Die normale deutsche ec-Karte erlaubt ein problemloses Abheben von Rubeln zu einem günstigen Kurs. Bei vielen Banken gibt es gegen recht hohe Gebühren Bargeld auf Kreditkarten (Visa, Eurocard usw.). In etablierten Geschäften und Restaurants werden die gängigen Kreditkarten und zunehmend auch ec-Karten akzeptiert. Die meisten Banken sind zumindest von 9–13 Uhr geöffnet, Wechselstellen in der Regel von 10–20 Uhr, in den Hotels auch rund um die Uhr.

## Notfallrufnummern

Feuerwehr: 01, Polizei: 02, Notarzt: 03.

## Öffnungszeiten

Die Öffnungszeiten sind in Russland recht unterschiedlich. In Großstädten sind manche Supermärkte und auch

kleinere Läden rund um die Uhr geöffnet. Staatliche Geschäfte haben von 8, 9 oder 10 Uhr bis 18, 19 oder 21 Uhr geöffnet, mit einer Mittagspause von einer Stunde (13–14 oder 14–15 Uhr). Viele Läden sind Sa ganztags und So für ein paar Stunden geöffnet. An Feiertagen sind alle Geschäfte geschlossen.
Die Museen öffnen meist um 10 und schließen gegen 18 Uhr. Ein Tag in der Woche ist Ruhetag.

## Strom
Die Netzspannung in Russland beträgt wie in Deutschland 220 Volt. Für die russischen Steckdosen sind deutsche Schutzkontakt-Stecker manchmal etwas zu dick, Adapter gibt es überall preiswert zu kaufen. Deutsche Flachstecker passen in die russischen Steckdosen.

## Telefonieren
Die internationale Länderkennung für Telefonate von Deutschland nach Russland ist 007. Die Städtevorwahl von Kaliningrad ist 4012. Für Anrufe ins Ausland wählt man: 8 (Freizeichen abwarten!)/10/Länderkennung ohne Null-Vorwahl ohne Null-Rufnummer; also z.B. nach München: 8/10/49/89/Rufnummer.

## Trinkgeld
Üblicherweise gibt man in Hotels und Restaurants etwa zehn Prozent der Summe als Trinkgeld, macht dies aber auch von der Qualität der Bedienung abhängig. Münzen griffbereit zu haben, ist sehr nützlich.

## Vorsicht!
Das Fotografieren von Militär-, Verkehrs- und Industrieobjekten ist in Russland verboten. Es ist nicht ratsam, in Hotels Leitungswasser zu trinken.

## Zeitzonen
Der Zeitunterschied zwischen Kaliningrad und Deutschland beträgt Mitteleuropäische Zeit plus 1 Stunde. Der Zeitunterschied bleibt immer gleich, da die Uhren wie in Westeuropa von März bis Oktober auf Sommerzeit umgestellt werden (siehe auch S. 290).

## Zoll
Folgende Artikel können zollfrei eingeführt werden: 1000 Zigaretten oder 1000 g Tabakwaren, 1,5 l Spirituosen und 2 l Wein, Parfüm für den persönlichen Gebrauch, Geschenke und andere Waren bis zu einem Wert von 10 000 US-Dollar. Bei der Einreise muss eine Zolldeklaration ausgefüllt werden, die bis zur Ausreise aufzuheben ist. Auf diesem Formular müssen alle eingeführten privaten Gegenstände, einschließlich Devisen und Wertgegenstände, vermerkt werden. Deviseneın- und -ausfuhr von Beträgen unter 1500 US-Dollar sind deklarierungsfrei. Für die Ausfuhr von Kunstwerken muss grundsätzlich für alle Stücke, die älter als 100 Jahre sind, eine Genehmigung vorgelegt werden muss, aus der hervorrgeht, dass sich nicht um ein bedeutendes Kulturgut handelt. Die meisten Antiquitätengeschäfte und Galerien erledigen das für ihre Kunden.

*Einkaufszentrum in Kaliningrad*

# Ermland-Masuren im Internet

**http://wrota.warmia.mazury.pl** ›Wrota‹ bedeutet ›Tor, Eingang, Pforte‹, und tatsächlich eröffnet dieses Portal allen, die sich näher mit Warmia-Mazury beschäftigen wollen, von Politik und Gesellschaft über Bildung, Kultur und Medien bis hin zu Tourismus und Sport einen intensiveren Zugang zum Land. Noch sind die meisten Artikel nur auf polnisch verfügbar, aber manches ist inzwischen auch auf deutsch zu lesen.

**www.welcome2masuria.com** Der deutschsprachige online-Reiseführer bietet ein umfassendes Informationsangebot zum nordöstlichen Polen, über Orte, Sehenswürdigkeiten und Ausflugziele, mit zahlreichen Tipps für Naturerlebnisse, Sport- und Freizeitaktivitäten, kulturellen und touristischen News sowie insbesondere einem großen Katalog ausgewählter Unterkunftsmöglichkeiten der verschiedensten Kategorien, von Hotels und Pensionen über Ferienhäuser und Privatquartiere bis hin zu Campingplätzen, die man direkt buchen kann.

**www.masuren-online.de** Großer deutschsprachiger Info-Service rund um das Thema Frisches Haff, Ermland und Masuren von Aktivurlaub über Kultur bis zur Unterkunft. Ferner beinhalten die Seiten Minisprachkurse, Literaturtipps, Reisevorschläge und vieles mehr.

# Polen im Internet

**www.kprm.gov.pl** Die offiziellen Seiten der polnischen Regierung geben auf polnisch und englisch kurze Informationen über das Land. Links zu den Ministerien und Woiwodschaftsverwaltungen.

**www.polen.travel** Das Portal der Polnischen Tourismusorganisation (POT) bietet in vielen Sprachen Informationen zur Land und Leuten, Kunst und Kultur, Veranstaltungen, Vorschläge für die aktive Freizeitgestaltung, ausgewählte Hotelempfehlungen und praktische Reisetipps, Vorstellung der touristischen Attraktionen und vieles mehr.

**www.virtualpolen.de** Umfassende deutschsprachige Seiten mit viel Wissenswertem, Touristischem und Aktuellem.

**www.infoseite-polen.de** Unabhängiges Nachrichtenportal zu den neuesten politischen und gesellschaftlichen Entwicklungen in Polen, deutschsprachig.

# Literaturtipps

## Sachbücher

**Brigitte Jäger-Dabek**: Polen. Eine Nachbarschaftskunde, Links Verlag, Berlin. Ebenso kompakte und informative wie unterhaltsame und flüssig lesbare Abhandlung zu Geschichte und Politik, Religion, Kultur und Alltagsleben.

**Radek Knapp**: Gebrauchsanweisung für Polen, Piper Verlag, München. Ironisch, witzig und anekdotisch beleuchtet der polnische Schriftsteller und Wahl-Wiener Knapp die Sitten und Unsitten seiner ›lieben und widerspenstigen Landsleute‹.

**Andreas Kossert**: Masuren. Ostpreußens vergessener Süden, Siedler Verlag, Berlin. Profunde postnationale Studie und umfassende Darstellung der Geschichte Masurens von der Eroberung durch die Deutschordensritter bis zum Ende des Zweiten Weltkriegs.

**Adam Krzemiński**: Polen im 20. Jahrhundert, Beck Verlag, München. Historischer Essay des polnischen Intellektuellen, Redakteurs der Wochenzeitung ›Polityka‹ und Kenners der deutsch-polnischen Beziehungen über die wechselvolle politische Geschichte Polens im 20. Jahrhundert.

**Steffen Möller**: Viva Polonia, Fischer Taschenbuch Verlag, Frankfurt/Main. Der Kabarettist, Schauspieler und Polen-Immigrant Möller wurde durch die Seifenoper ›M jak Miłość‹ (L wie Liebe) zum TV-Star und ist in seiner Wahlheimat heute der zweitbekannteste Deutsche nach dem Papst. In über 50 Schlagwörtern von ›Aberglaube‹ bis ›Zeitzone‹ wirft er zum Schmunzeln verführende Schlaglichter auf die polnische Mentalität und Lebensart.

## Danzig-Romane

**Stefan Chwin**: Tod in Danzig, Rowohlt Taschenbuch Verlag, Reinbek bei Hamburg. Der 1995 erschienene Roman des Schriftstellers und Literaturhistorikers Chwin ist im kriegszerstörten Danzig 1945 angesiedelt. Die Deutschen fliehen; aus ihrer östlichen Heimat vertriebene Polen suchen in den verlassenen Wohnungen ein neues Zuhause. Die Geschichten der alten und neuen Bewohner verknüpfen sich.

**Günter Grass**: Die Blechtrommel, dtv, München. 1959 erschien der voluminöse erste Teil der Grass'schen Danziger Trilogie und machte den späteren Literaturnobelpreisträger schlagartig berühmt. Erzählt wird die Geschichte von Oskar Matzerath, der sich als Dreijähriger weigert, weiter zu wachsen. Der groteske Schelmenroman spannt einen Bogen von der Kaschubischen Schweiz 1899 über Danzig im Nationalsozialismus bis in die Bundesrepublik der 1950er Jahre.

**Paweł Huelle**: Weiser Dawidek, Luchterhand Literaturverlag, Frankfurt/Main. Danzig im Jahr 1957 ist der Schauplatz des Romans. Erzählt wird die Geschichte eines Sommers, an dessen Ende der 13jährige jüdische Junge Dawidek, der Anführer einer Gruppe gleichaltriger Freunde, auf geheimnisvolle Weise verschwindet. Neben Grass und Chwin gilt Paweł Huelle als der dritte große Chronist Danzigs.

## Erzählungen über das alte Ostpreußen und Masuren

**Marion Gräfin Dönhoff**: Namen die keiner mehr kennt, Eugen Diederichs Verlag, Düsseldorf/Köln. Die Familiengeschichte der Dönhoffs vom Mittelalter bis zum Ende des Zweiten Weltkriegs, die Geschichte Ostpreußens vom Deutschen Orden bis zu Flucht und Vertreibung 1945 – erzählt von der Publizistin und großen Dame der deutsch-polnischen Aussöhnung Marion Gräfin Dönhoff; zum Zeitpunkt des Erscheinens 1963 ein Bestseller und heute längst Klassiker.

**Marion Gräfin Dönhoff**: Kindheit in Ostpreußen, Siedler Verlag, Berlin. Die Erinnerungen der Gräfin an ihre Kindheit und Jugend in Ostpreußen – Biografie und zeitgeschichtliches Dokument zugleich.

**Siegfried Lenz**: So zärtlich war Suleyken, Fischer Taschenbuchverlag, Frankfurt/Main. In seinen 1955 erschienenen, ebenso komischen wie rührenden Geschichten über die ›Leutchen‹ im fiktiven Dorf Suleyken ›irgendwo und nirgendwo in Masuren‹ hat Lenz der Landschaft und ihren Menschen ein literarisches Denkmal gesetzt.

# Ortsregister polnisch-deutsch

## Ortsregister deutsch-polnisch

## Ortsregister Kaliningrader Gebiet



## Personen- und Sachregister

## Bildnachweis

Deutsches Bundesarchiv, Bild 146-1972-Bildnachweis
Augustowska Organizacja Turystyczna: S. 275 u.
Deutsches Bundesarchiv, Bild 146-1972-025-12/Fotograf: unbekannt/Lizenz CC-BY-SA 3.0: S. 216
Adam Carr: S. 217
Volker Hagemann: S. 276/277, 280, 282, 284, 285, 286, 287, 288, 289, 293, 294, 295, 297, 334, 335
Informacja Turystyczna Toruń: S. 91
Michał Kaliński: S. 275o.
Marcin Konieczny: S. 94
Ralf Lotys: S. 42
Gian Mario Manca: S. 99
Kerstin und André Micklitza: Titelbild, S. 72
Detlev von Oppeln: S. 81
Gerhard Palnstorfer: S. 188
Claudia Quaukies: S. 76, 79
Maren Rathke: S. 10, 16/17, 19, 21, 22, 23, 25, 26, 27, 28, 29, 30, 33, 50, 51, 52, 56, 57, 59, 70, 71, 73, 74, 75, 77, 78, 82/83, 86, 87, 89, 92, 95, 97, 102, 104, 107, 109, 111, 112, 113, 114, 116, 117, 120, 121, 126/127, 129, 130, 131, 132, 133, 136, 140, 141, 146/147, 151, 152, 153, 154, 156, 161, 162, 164, 166, 167, 168, 172/173, 176, 179, 180, 181, 184, 186, 189, 190, 191, 193, 195, 196, 197, 199, 200, 202, 204/205, 208, 210, 213, 218, 219, 223, 228, 230, 232, 233, 235, 236, 239, 240, 242, 243, 244, 249, 250/251, 257, 262, 263, 267, 268, 269, 272, 274, 309, 313, 314, 317, 319, 322, 323, 327, 330
Tomasz Sienicki: S. 53
Robert Smolenski: S. 254
Kakouris Spyridon: S. 93
Robert Young: S. 256

S. 44: Gemälde von Hugo Vogel
S. 62: Gemälde von Walenty Wańkowicz (1827/1828)
S. 67: Zeichnung von Anthony Kolberg
S. 110: Porträt von Ludwig Sigismund Ruhl (1818)
S. 110: Porträt von Daniel Schultz dem Jüngeren

Titelbild: Segelboot auf dem Jezioro Mikołajskie
S. 16/17: See in Masuren
S. 82/83: Blick auf Motława und Krantor in Gdańsk
S. 126/127: Frische Nehrung bei Krynica Morska
S. 146/147: Blick auf das Dorf Rus bei Morąg
S. 172/173: An der heiligen Quelle in Gietrzwałd
S. 204/205: Am Jezioro Śniardwy
S. 250/251: Aussicht vom Cisowa Góra im Suwalski-Landschaftspark
S. 276/277: Fischdorf in Kaliningrad

## Kartenlegende

- Bahnhof
- Bar
- Brunnen
- Burg/Festung
- Campingplatz
- Denkmal
- Fähre
- Hafen
- Hotel
- Kirche
- Museum
- Pilharmonie, Konzerthalle
- Restaurant
- Sehenswürdigkeit
- Segelclub, Marina
- Strand, Strandbad
- Theater
- Tor
- Touristeninformation
- Turm

- Autobahn
- Autobahn im Bau
- sonstige Straßen
- 243 Straßennummern
- Eisenbahn
- Grenzübergang
- Staatsgrenze
- Hauptstadt
- Stadt/Ortschaft

## Kartenregister